学習意欲を
デザインする

ARCSモデルによるインストラクショナルデザイン

J.M. ケラー 著
鈴木 克明 監訳

北大路書房

Motivational Design for Learning and Performance

The ARCS Model Approach

John M. Keller

Springer

Translation from the English language edition:
MOTIVATIONAL DESIGN FOR LEARNING AND PERFORMANCE; The ARCS Model Approach
by John M. Keller
ISBN:978-1-4419-1249-7
Copyright © 2009 Springer SBM,New York
as a part of Springer Science+Business Media
All Rights Reserved
Japanese translation published by arrangement with
Springer-Verlag GmbH through The English Agency (Japan) Ltd.

日本の読者の皆さまへ

　まず，鈴木教授をリーダーとする翻訳チームの皆さんに深い感謝の意を示したい。日本語版が本書の最初の翻訳として世界に先駆けて出版されたことをとても誇りに思う。と同時に，日本での翻訳がまず行われたことはとても理にかなっていると考えている。鈴木教授とは長い付き合いがある。彼は日本にARCSモデルを紹介し，さらにその発展に少なからぬ貢献をしてくれた。彼がまだフロリダ州立大学で学ぶ大学院生だった時，ARCSモデルをコンピュータ利用教育に応用することについてある本の1章を共同執筆した。1988年に発刊された本だが，彼がおもに担当した応用への提言は今日でもまだ妥当で有用なものだ。1995年に宮城県の仙台市立第一中学校でのコンピュータ利用教育についての文科省委託事業に招かれて来日した時に，学習意欲のデザインに取り組む教師向けに彼が考案した実践者向けの「簡易版」アプローチが成功を収めていることを知った。この方法は本書第11章に述べたとおりであり，その後，韓国やオランダをはじめ他国の研究者やインストラクショナルデザイナーもこの手法を用いて成功してきた。

　彼の研究成果は，このモデルを開発してそれを拡張・応用してきた私の積年のゴールを実現する1つの手助けとなった。教師やインストラクショナルデザイナーに向けた理論や実践的なガイダンスを構築していく方法の1つに，彼らが実際に使える具体的な方略を処方するアプローチがある。たとえば，あるアメリカのカリキュラム専門家がある地方の教育委員会が地域の全学校で課題解決型のコース開発手法原理を採用することを決定したと宣言した。このやり方は効果的かもしれないが，コース開発手法にはさまざまなものがあることを考えると，限定的過ぎる感が否めないし，特定の状況に固有なニーズに基づいて動機づけ方略を工夫することに制限を加えることにもなりかねない。さらに，このような処方的なアプローチは，それが生み出された文化背景のなかでしか機能しないことも多い。それに対してARCSモデルは，動機づけ理論に根ざし，それと異文化間で妥当性が確かめられているシステム的な問題解決プロセスとを統合したものである。研究者やインストラクショナルデザイナーには，まず自分の対象とする学習者の特性を分析し，その状況に適切な動機づけ方略をデザインしていく機会が与えられることになる。

　鈴木教授らによる日本での成功やその他の国の研究者の同様な動きに接し，ARCSモデルはこのゴールを達成したことを実感する。私の最初の来日は1991年であった。東京で開催された国際会議（ICOMMET）で学習意欲とマルチメディアについて発表した。また，その時には，仙台にある東北学院大学の教養学部第20回教員セミナー

で「ARCSモデル：その起源と応用」と題する講演もした。外国人研究者として初めてこの会に招かれたことを光栄に思った。私の直近の来日は，2004年の関西大学で開催された国際セミナー（ICoME）であった。その時には，本書第1章で簡単に述べたARCSモデル誕生以来の主要な拡張について世界で初めて話した。その2回の来日の間，あるいはその後も，ARCSモデルを活用した多くの実践や研究開発が日本で展開した。このモデルを巡って，向後千春・故岡田ロベルト・斐品正照・西渕あきこ・山本雅之・鈴木庸子・梅田康子・水田澄子・菊池尚代・来嶋洋美・松崎邦守・北條礼子・中山実・王文涌・池田満・大江宏子・佐伯昭彦・氏家亮子・菅原良・佐藤喜一・村木英治・星野幸広・光永文彦・齋藤長行・権藤俊彦・山川裕子・Kennth J. Mackin・松下孝太郎・布広永示・石川達朗・武村泰宏・森田晃子・中嶌康二・宮原詩織・児玉あゆみ・根本淳子・柴田喜幸・井口巌・岩本正敏・高鳥雄吾・小林浩・影戸誠・佐藤慎一・酒井紀幸・細川都司恵・上田理恵子・山島一浩・斎藤九一・小山田誠・岩崎信・伊豆原久美子・テリー長橋・仙台市立第一中学校・埼玉大学付属中学校・広島県三原市立本郷中学校・神石高原町立豊松中学校（広島県）など多くの研究者や学校が独自の研究を考え，実行した。また，鈴木教授はARCSモデルについて放送大学大学院での講義を含めさまざまな機会をとらえて紹介してくれた。

　本書の刊行によって，より多くの人々が本書で紹介している概念やプロセスが役立つものだと感じてくれることを望んでいる。教育に携わる人にとって最も重要で，しかも最もチャレンジングな仕事である「学びたい，そして成功と幸せを手に入れたい」という学習者の生涯にわたる気持ちを刺激し，維持するために！

　　真心を込めて

2010年6月14日
ジョン・M・ケラー

監訳者はしがき

　本書は，フロリダ州立大学教授ジョン・ケラー博士が1980年代に提唱して世界的に有名になったARCSモデルについて自ら解説した待望の単著「*Motivational Design for Learning & Performance: The ARCS Model Approach*」の全訳である。インストラクショナルデザイン（ID）のモデルや理論は数多く提案されているが，そのなかにあって，教育実践の「効果・効率・魅力」を高めるというIDの3つの目的のうちの「魅力」を直接扱ったものである。学習活動を開始する際に，あるいはそれが一段落したところで，「もっと勉強したい」と思わせるためにはどうしたらよいか，という重要課題に真っ向からチャレンジしたモデルとして世界中（ケラー博士自身の調べで50か国以上）で用いられている。

　魅力の設計，つまり学習者をいかに動機づけ，意欲を高めるかを考えるときにID専門家であれば誰もが参照しているARCSモデルについて，これまでに提唱者であるケラー教授自身やその学恩を享受した者，あるいは文献で学んで触発された者によって，数多くの学術論文や実践的解説などが公表されてきた。学術書の一部としての章の執筆はこれまでにいくつかあったが，提唱者自身による単著は，驚くことに本書が初めてである。

　本書は，大学院レベルのテキストとして執筆され，ARCSモデルを用いた学習意欲のデザインを初学者にもわかるように（教育学・心理学の前提知識を仮定せずに）書かれた入門書である。これまでの心理学書に見られるような特定の動機づけ理論について詳細に解説しているものや動機づけ理論を概観した類書とは一線を画し，また教育書に見られる体験に基づく「ヒント集」にとどまらず，教師や研修担当者，あるいは教材設計者が教育実践の魅力を高めるために何をなすべきかに特化して，理論的・実践的な裏づけを伴った体系的実践法をまとめている点にその特徴がある。まさに，教育の実践知を心理学理論で裏づけて体系化し，両者を橋渡ししようとするIDモデルのお手本だといえる。

　わが国でもこれまでにARCSモデルを活用して教育実践の魅力を高めようとする試みが多くの学校や企業でなされてきた。ケラー教授と出会って，ARCSモデルに魅了された筆者も，帰国後微力ながら，わが国におけるARCSモデルの普及に役立つように各所を訪問したり，また入門的・実践的ガイドを執筆してきた。あれからケラー教授の来日も15回を数えた。本書が脱稿した時点で，原書の発売前にもかかわらずケラー教授からその原稿を入手し，若手研究者とともに翻訳作業に着手し，1日も早い本書の日本語版を，との思いで準備した。その結果，いつもながらの北大路書房の

奥野浩之さんのお世話で皆さまのもとにお届けすることができた。

　本書でARCSモデルにふれた読者諸氏が，筆者のようにARCSモデルのファンになり，自らの教育実践の魅力を高める糸口を見いだし，その結果としてわが国の教育実践の魅力が高まることを切に願っている。学ぶことの魅力が見失われようとしている今こそ，ARCSモデルの真骨頂が発揮され，学ぶ者も教える者もともに学ぶ喜びを再発見できることを！

鈴木克明

はしがき

- 学習意欲に不可欠な要素は何だろう？
- 学習意欲を高めるために設計者，教師，カウンセラー，コーチ，あるいは親がなすべきことは何だろう？
- 学習意欲を高める作戦の何をいつ使うべきかをどうやって決めたらよいのだろう？

　学習意欲についての書籍や論文を書き始めるにあたって，意欲が行動に与える影響がとても大きいことや人間行動の複雑な一面であることを指摘することがよくある。その点については，本書も例外ではない。上記の言説はもちろん正しい。しかし，目の前にいる学習者の意欲を刺激し，維持できる学習環境をどうデザインしたらよいかという難題を抱える人にとっては，学習意欲に関する概念や理論を知るだけでは不十分である。本書は，教育の設計や実施に携わる人々のために書かれた。インストラクショナルデザイナー（教育設計者）やパフォーマンステクノロジスト，研修担当者，教師，カリキュラム開発者，その他の職にあり，学習に対する意欲を刺激・維持する責任を担う専門家のために，である。本書で述べられている原理や方法は，学校のみならず，すべての公的・私的教育機関や軍などで教育や研修・訓練を行う人々に役立ててもらえるものである。実際に，本書で述べられている方法は，これまで内外の多様な場面で効果的に用いられてきた。本書の読者に求める前提知識はない。学生であれ専門家であれ，心理学や教育学の背景知識がない人でも読めるように書かれている。

目的

　本書の目的は，「学習意欲のデザイン」というコンセプトを紹介し，それを実現するための動機づけ概念や理論，ならびにシステム的な学習意欲設計のプロセスとツールを提供することにある。学習意欲の研究者によって，これまでに数多くの方略が提案されてきた。それらは，学習意欲のある1つの要素を取り上げたり，あるいはある1つの応用場面では効果的なものだった。しかし，本書の目的は，より応用範囲が広くシステム的な解決策を学習意欲の全側面をカバーする形で提供することにある。学習意欲のデザインプロセスを実行する方法をていねいに解説し，それを支えるために必要不可欠な学習意欲の概念を学ぶことができるという意味で「自己完結型」のテキストをめざした。

　本書のもう1つの目的は，正統的な心理学研究のフレームワークから少し広げた視

点で学習意欲の概念をとらえる道に読者を案内することにもある。人が今やっていることをなぜやっているのだろうか，ということに関心を寄せ，その「なぜ」に答えようと試みることは何も特定の学問領域の占有物ではない。古くから学者のみならず哲学者，詩人，小説家たちもこの疑問への答えを導き出すことに貢献してきた。科学的なアプローチが実証可能な原理を生み出す一方で，その他の方法で私たちは洞察・理解・共感を獲得してきた。実践家（設計者・教師などを含む広い意味での概念）たちにとっても，自らの価値観や経験のなかで人々の行動を解釈できることは意義深い。私は，この領域で長く経験を重ねるなかで，異なる分野や時代の異なる視野を持った人々がどのようにこの問題をとらえてきたのかを知ることによって，心理学的概念である学習意欲のことをより深く，豊かにとらえることができるという確信にいたった。そこで，少しではあるが，基盤となる心理学的概念を説明する章（第4章～第7章）には文化的・学問的背景についての解説を盛り込むようにした。しかし，焦点をおいたのはあくまで学習意欲を高める環境を構築し，学習者を動機づけるために有用な，実証されてきた心理学的概念であることには変わりない。

背景

本書を書きおろす目的は，学習意欲の問題を分析し解決策をデザインするための，実証されていて，理論に基づいた，手続き的なアプローチを提供することにある。本書の各章で書かれているように，このアプローチは長い開発の歴史を持っている。多くの異なる文脈で用いられ，各国の多くの教育者や教育研究者たちの間ですでに親しまれている。本書には私が長い間かけて開発して改訂してきたものも含まれているが，一方で最近手がけたものも含まれている。私のアプローチの基盤となる前提は，学習意欲のデザインが問題解決プロセスであり，問題を原理に基づいて分析し，それにふさわしい動機づけ方略を開発する一連の流れであるという考え方である。この方法論は，特定の心理学説に依拠しているものではない。むしろ，あらゆる心理学説をシステム理論を用いて統合し，心理学説のそれぞれが最もすぐれた説明力を発揮できるようにプロセス全体に位置づけるための上位概念を用いる。最初の3つの章で，これらの組織的・概念的構造を説明する。

構成

本書は4部から構成されている。第1部（第1章～第3章）では，動機づけとは何かを学習の文脈で説明し，学習意欲のデザインとは何かを詳しく述べる。ARCSモデルについての説明がそれに続く。学習意欲の理論と設計プロセスを示すものであり，本書の骨格をなす。ARCSは，注意（Attention），関連性（Relevance），自信

(Confidence), 満足感 (Satisfaction) の頭文字である。ARCS のそれぞれは，関連する動機づけ概念や理論をまとめる役割を果たしている。研究と実践のベストプラクティスを集大成し，それらの知見を学習意欲の問題解決に用いるためのシステム的なアプローチである。

第2部（第4章～第7章）では，ARCS モデルの4要因それぞれを扱う。これまでに提案されてきた重要な動機づけ概念や理論についての包括的な要約を提供する。各章には，関連する動機づけ概念や理論を含んだ心理学的な基盤を含む。それに加えて，主要な概念に基づいて設定された下位分類と動機づけ方略・方策の例も紹介する。

本書の第3部（第8章～第10章）では，システム的な学習意欲デザインプロセスについて説明する。手順を実行する手助けとなるワークシートを用いて，プロセスを詳細に述べている。最初の2つの章では，テンプレートをどう用いるかを2つの事例をもとに紹介し，第10章ではそのうちの1つを詳述する。

本書の最後（第11章・第12章）は，状況に応じて学習意欲のデザインを適用するための補足的情報を提供する。ARCS モデルの応用や研究を支えるチェックリストや評価手法，あるいは，対面指導や自己主導型学習などの実施状況に応じた設計プロセスなどである。さらに研究を進めるために有望な領域についてもいくつか紹介している。

謝辞

　この領域で私が最初に論文を発表し，それがやがて ARCS モデルと呼ばれる研究成果に発展していくこの 30 年間にわたり，数多くの方々からの刺激を受けてきたことをとてもうれしく思っている。個々の名前をもれなくあげることは困難であり，誰かをあげ忘れることになるかもしれない。名前をあげ始める前に，まずこのことをお詫びしておきたい！　共同研究者として私とともに研究を進め，あるいは ARCS モデルのさまざまな観点を強化する研究を行ってくれたことで貢献度が高かった人の名前を順不同であげるとすれば，鈴木克明，Chan Min Kim, Markus Deimann, Hermann Astleitner, Seung-Yoon Oh, Tom Kopp, Sang Ho Song, Ruth Small, Bonnie Armstrong, Sanghoon Park, Bernie Dodge, Tim Kane の各氏になる。本書の原稿を注意深くレビューし，本書を準備するために必要であった多大な時間を私に使わせてくれたことに対し，妻 Cecilia にも深く感謝の意を表したい。

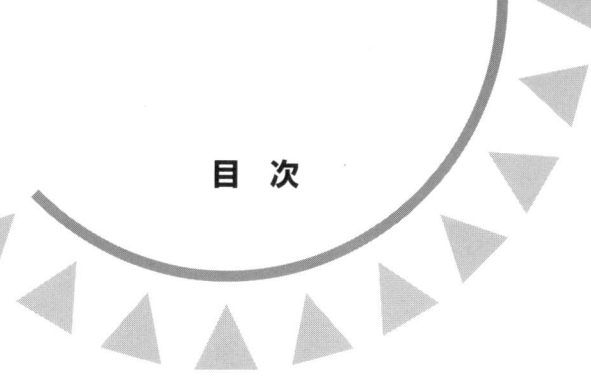

目次

日本の読者の皆さまへ　i
監訳者はしがき　iii
はしがき　v
謝辞　viii

第1章　学習意欲を研究するということ……1
本題に入る前に……　1
はじめに　2
意欲とは何か？　4
ARCS-V モデル：伝統的な ARCS モデルの拡張　7
　動機づけ研究の概念的課題／情意的・認知的領域／特性と状態
内発的・外発的動機づけ　17
　要約　20

第2章　学習意欲のデザインとは何か？……21
本題に入る前に……　21
はじめに　22
デザインの特徴　23
学習意欲のデザインモデル　27
　人間中心モデル／環境中心モデル／相互作用中心モデル／オムニバスモデル
プロセスとモデル：全体的・システム的アプローチの利点　36
動機づけに関するデザインの挑戦　37
　動機づけ問題の定義と独立化／変化させるのは個人か環境かを決定する
学習意欲のデザインの限界　40
　要約　41

第3章 学習意欲をデザインする ARCS モデル　45

本題に入る前に……　45

はじめに　46

ARCS モデルの分類枠　47
　研究からのサポート

下位分類とおもな支援方略　49
　注意を喚起する方略／関連性づくりの方略／自信を形づくる方略／
　達成感を生じさせる方略／分類枠間の関係

学習意欲のデザインのシステム的プロセス　59
　学習意欲のデザイン

学習意欲のデザインと ID の統合　68
　ARCS と ISD：項目ごとの比較／プロセスの適用

<要約>　78

第4章 注意を生み出し維持する作戦　79

本題に入る前に……　79

はじめに　80

注意に関する心理学的基盤　80
　覚醒理論と古典的概念／好奇心／退屈／刺激追求

注意と好奇心への方略　97
　A.1. 興味の獲得（知覚的喚起）／A.2. 探求心の刺激（喚起）／A.3. 注意の持続（変化性）

<要約>　102

第5章 関連性を確立し支援する作戦　103

本題に入る前に……　103

はじめに　104

関連性が意味するものは何だろうか？　105

関連性についての心理学的基礎　105
　目的の選択／動機／将来指向性と将来時間／興味／内発的動機づけ／フロー／
　次のステップへ

関連性の方略　132
　R.1. ゴールと関係づけること（目的指向性）／R.2. 興味（動機）との一致／
　R.3. 経験とのつながり（親しみやすさ）

> 要約　140

第6章　自信を構築する作戦　……………………………………　141

本題に入る前に……　141
はじめに　142
自信に関する心理学的基礎　144
　統制の所在／指し手・コマ理論／自己効力感／自己効力感の効果／原因帰属理論／
　自己成就予言／教師（管理者）の自己効力感／学習性無力感／学習性楽観主義／
　能力についての信念／ゴール指向性／次のステップへ
自信を持たせるための方略　168
　C.1. 成功への期待感（学習要求）／C.2. 成功の機会／C.3. 個人の責任（個人的なコントロール）
> 要約　173

第7章　満足感をもたらす作戦　……………………………………　175

本題に入る前に……　175
はじめに　176
満足感の心理学的基盤　177
　強化と条件づけ／外発的強化と内発的動機づけの関係／認知的評価と満足感／
　次のステップへ
満足感の感情を促進する方略　200
　S.1. 内発的満足感（内発的な強化）／S.2. 報酬のある成果（外発的な報酬）／
　S.3. 公平な待遇（公平感）
> 要約　204

第8章　学習意欲の問題を見つける　……………………………………　205

本題に入る前に……　205
はじめに：デザインプロセスに取りかかる　206
ステップ1：科目の情報を得る　209
　概要／ワークシート1のつくり方：科目の情報を得る／ワークシート例／
　次のステップへ
ステップ2：学習者の情報を得る　218
　概要／ワークシート2のつくり方：学習者の情報を得る／ワークシート例／
　次のステップへ
ステップ3：学習者を分析する　220

概要／ワークシート3のつくり方：学習者分析／ワークシート例／次のステップへ

ステップ4：既存の教材を分析する　232
概要／ワークシート4のつくり方：既存の教材を分析する／ワークシート例

要約　238

第9章　動機づけの目的と方策を練る　239

本題に入る前に……　239

はじめに　241

ステップ5：目標と評価を列挙する　244
概要／ワークシート5のつくり方：目標と評価方法を書く／ワークシート例／まとめ

ステップ6：可能性のある方策を列挙する　249
概要／ワークシート6のつくり方：可能性のある方策を列挙する／ワークシート例／次のステップへ

ステップ7：方策を選んでデザインする　255
概要／ワークシート7のつくり方：方策を選択してデザインする／ワークシート例

要約　261

第10章　学習支援設計に組み入れる　263

本題に入る前に……　263

はじめに　263

ステップ8：インストラクショナルデザインに統合する　264
概要／ワークシート8のつくり方：指導案の詳細／ワークシート例

ステップ9：教材の選択と開発　271
概要／ワークシート9のつくり方：教材の選択と開発／次のステップへ

ステップ10：評価と改善　273
概要／ワークシート10のつくり方：評価と改善

要約　275

第11章　学習意欲のデザイン支援ツール　277

本題に入る前に……　277

はじめに　279

学習意欲の設計マトリックス：簡略化されたアプローチ　279
はじめに／学習意欲適応型教材への応用／遠隔学習への応用

動機づけアイディアのワークシート　285

はじめに／利用方法
ARCS モデルに基づく学習意欲の測定　287
はじめに／開発プロセス／科目の興味度調査／教材の学習意欲調査／CIS と IMMS の現状
動機づけ方策チェックリスト　296
はじめに／利用方法
動機づけ実施チェックリスト　301
はじめに／利用方法
> 要約　303

第12章 学習意欲のデザインに関する研究と開発 …………… 305
本題に入る前に……　305
はじめに　306
動機づけメッセージ　309
インストラクターに支援された学習環境　312
インストラクター支援のオンライン学習環境
自己主導的な学習環境　319
学習意欲適応型のコンピュータ教材／教育エージェント（エージェント支援型コンピュータ教材）／再利用可能な動機づけオブジェクト
学習意欲のデザインジョブエイドとマニュアル　328
> 要約　332

引用文献　333

索引　349

第1章 学習意欲を研究するということ

 **本題に入る前に……**

コーヒーショップで耳にした会話（図1.1）。

図1.1　コーヒーショップでの会話

　私が教師や研修担当者，あるいは大学教授と仕事をするときに学習者の意欲について尋ねると，多くの場合，図1.1のような理由をつけて学習者の意欲についての責任を回避したがる。あなたはこれらの理由づけのどれかに賛成するだろうか？　これら

は正当な理由だろうか，それとも単に動機づけの責任を受け入れないための言い訳に過ぎないのだろうか？　こういう態度は教育者の間ではけっしてめずらしくないし，ある面では正しいともいえる。確かに，他者の学習意欲をコントロールすることはできない。人は自分の理屈に基づいて行動するのであり，あなたの理屈に基づいてではない。しかし一方で，教育者やその他の権威者が，他者の学習意欲に影響力を持っていることも確かである。学習者の意欲を刺激することもできるし，逆に彼らの意欲をそいでしまうこともできる。あなたの影響はけっして中立的ではないだろう。

 **はじめに**

　学習意欲のデザインが本書の中心トピックである。動機づけについての研究と人の学習意欲を高めたり変化させる教育実践を結ぶ架け橋を提供する。架け橋の一方には，動機づけ研究から導き出された理論や原理があり，もう一方には学習者の意欲を高めようと努力してきた設計者や実践者の仕事から導き出された成功事例や設計プロセスがある。しばしばこの架け橋は「理論から実践へ」という言葉に示されるように一方通行であると主張される。つまり，科学者が基本原理を発見し，実践者がそれを応用するという流れである。しかし，両者はそれほど直線的な関係ではない。実証研究に裏づけられている動機づけ原理すべてをそのまま実践に応用できるように処方することはできないし，その逆に，実践上の成功事例をある特定の動機づけ概念で説明できるとも限らない。それはなぜだろうか？　1つの理由には，研究に基づく動機づけ原理は通常，固定的な実験場面から導き出されている一方で，実践場面は固定的ではないという点がある。実験的ないし準実験的な研究では，実験場面のある条件に着目して，その他の条件を一定に保って比較する。質的研究では，特定文脈の環境条件下での限定的な数の観察に基づいて，その一般化を図ろうとする。一般的に考えて，どちらの場合も実践場面にすぐに無条件で適用可能な研究成果をもたらすわけではない。「それはなぜ？」と，もう一度疑問を投げかけることもできよう。それはなぜかというと，研究者のように強く，設計者が学習環境をコントロールできるわけではないし，質的研究からの一般化を阻むほどに現実場面は多くの変数に満ちあふれているからである。設計者は，一般論ではなく，ある特定の学習場面に実際に存在する，あるいは生起させる可能性があるすべての影響要因を予測し，そのなかのどの要因をどの程度まで取り上げるかを決めなければならない。その後に，設計者は学習者がおかれている環境の動機づけ上の特徴を変化させるためにどんな方策を使うか，あるいは学習者の意欲に望ましい変化をもたらすためのより直接的な介入として何を用いるかを決め

第 1 章 学習意欲を研究するということ

る必要がある。というわけで，この架け橋は双方向である。設計者や実践者は研究者の仕事から学び，研究知見を実践に生かす方法を考える。研究者は応用場面における影響因子の関係性について学び，そこから理論化や検証の基礎を得ていくのである。

　実践から導き出される知識という点では，経験・個性・知識・直感によって，とても優れた動機づけスキルを持つ才能あふれた人々が存在する。しかし，研究者がもたらす知識が研究場面に限定されているのと同様に，優れた実践者の知識もまた，文脈依存である。その知識や才能が持ち主その人自身にとどまる場合が多い。つまり，とても優れた実践のある一側面を，実践者個人の行動や個性から引き離すことが難しく，他者がそのスキルや知識を転用できにくいのである。学習者の動機づけは，上記の2つの条件が重なり，教育者にとっての最重要課題として存在し続けている。一方に才能にあふれる実践者がいて，他方に動機づけについての研究が山のようにある。しかし，目の前の学習者の意欲を高めようと試みている多くの実践者向けの，ある程度の効果が予測できるシステム的な指針が不足している。本書の主たる目的は，そのような指針を学習意欲の設計プロセスという形で提供することにある。動機づけ理論に依拠する一般化可能な設計モデルを提案すると同時に，ある特定の場面に存在する動機づけ上の問題点を4要因に基づいて診断するシステム的な学習者分析手法を含むものである。学習者分析の結果を動機づけ方略の設計・選択の基礎とすることで，学習者・インストラクター・学習環境に適合させることができる。

　学習意欲のデザインと動機づけ理論との違いは，インストラクショナルデザインと学習・教授理論との違いに似ている。実際，この区別は，臨床実践と基礎研究との関係として，ほぼすべての職種でも見られることである。著者の立場は，設計者は単なるテクニシャンでも理論家でもなく，問題解決者でなければならないというものである。処方箋のリストから方略を選択して実行に移すだけの人（テクニシャン）でも，ある特定の概念や視座に縛られる人（理論家）でもない。状況を診断し，適切な概念や方略を余すところなく採用する問題解決者であることが求められると思う。行動分析学者・人間中心主義・構成主義など特定の立場を採用して自分の仕事の概念基盤を限定するアプローチも考えられる。しかしその場合には，問題状況を定義したり解決策を創出したりするうえで，不要な制限を設けてしまいがちになる。本書は，システム的な問題解決法を採用して多面的なアプローチで臨むほうが，より豊かで効果的な結果を導き出せるとの仮定に立っている。本章の残りの部分では，動機づけとは何かという問いや動機づけ研究にかかわる2つの概念的な論点を取り上げて，関連する問題を掘り下げていくことにしよう。

 意欲とは何か?

　意欲（motivation）とは，人々が何を望み，何を選んで行い，そして何を行うことに全力を傾けるかを一般的に意味する。つまり，意欲を解明するとは，「私たちがやっていることをなぜやっているのか」という人類の最大の関心事を説明しようと試みることである。この問いへの答えを模索する試みは，文学・音楽・哲学・科学などを含む広範囲の学究や表現の領域で見いだすことができる。ニコス・カザンザキスの「その男ゾルバ」で，ゾルバは，「なぜ若くして死ぬのか，そもそもなぜ死ぬのか」と問うた。村の掟を破った罪で残虐な死をとげた未亡人を描くこの場面には，「なぜ」と聞いてみたくなる人生最大の悲哀が満ちあふれている。しかし，そんな悲哀がなくても，「なぜ」と聞いて答えを求めたくなる場面は多く存在する。作家や芸術家，あるいは哲学者たちは，この問題を人生の機微への洞察を得るために探求するかもしれない。しかし心理学では，人間の経験を予測的に説明したり向上させるための科学的な知識を得ることをめざしてきた。

　意欲は，行動の方向性と大きさを説明する概念として定義されるのが一般的である。つまり，人々が何を目的として選び，それを達成するためにどの程度，活動的で熱心に取り組むかを説明する。これにはすべての目的指向的行動が含まれる。赤ちゃんが母親の注意をひこうと努力することから，古代ペルー文化遺産で発見された結び紐の配列が意味することを解き明かそうとする人類学者の行動にまで及ぶ。一方で，この定義には意欲には方向性と強さという要素があることは説明されているが，人が達成したいと思った目的を，なぜ，どのように見つけて選択したのかが説明されているわけではない。

　意欲の力学や属性を説明しようとする理論や概念はたくさん存在する。探求領域や前提の違いによって，それらの動機づけ理論（motivational theory）は大きく4つに分類することができる。1つ目は，生理学や神経学に依拠するもので，遺伝的特徴，あるいは覚醒や調整の生理学的プロセスを扱う研究である。2つ目は，行動主義のアプローチによるもので，正の強化（オペラント条件づけ）や古典的条件づけ，誘因による動機づけ，あるいは環境の感覚刺激への影響などを扱う。3つ目は，近年に最も注目を集めている認知的理論で，期待×価値理論，社会的動機づけ，原因帰属理論，コンピテンス理論などがある。4つ目は，感情や情意を扱う研究で，学問的研究においても流行になるほど，急速に人気を高めている。

　この分類は，現存する研究を整理する枠組みとしては便利であるが，臨床への応用

や新しい研究分野を開拓するという目的にはあまり役立つものではない。設計者や臨床家には，診断や処方が含まれる問題解決プロセスを支えるために，自分の専門領域についての全体的な理解が不可欠である。一方で，すでに確立された基礎研究では，それぞれに支配的なパラダイムがあり，研究者が領域をまたいで追究を進めないという傾向がある。たとえば，人間行動に報酬が与える影響の研究では，ある特定の強化の随伴性を観察できる形で試みることが前提となってきた。この伝統のなかで行われる研究では，学習者の内省結果を用いて内面の心理的特徴を推測するという測定法は用いられないのが一般的である。

　そうなると，新しい研究の流れをつくったり，全体設計や臨床的診断の助けになるような統合的理論を構築していくことは難しい。実際問題として，研究開発の確立されたアプローチのなかからは，統合的理論を導き出すことは不可能なのかもしれない。ある理論の前提になっている支配的な認識論上の視座に立てば，その基盤となる前提や原理を追究することに関心が向けられることになるし，また，仮説演繹的で実証的な理論構築がその前提となっているからである。仮説演繹的アプローチでは，基盤理論に基づいて仮説を形成し，それを制御された研究によって確かめていく。実証的アプローチでは，研究を行い，データをとり，一般化が試みられる。原理や仮説が生み出され，さらにそれが，理論を検証するための仮説をつくりテストするという仮説演繹的な研究のサイクルのなかに組み込まれていく。どこからスタートしようとも，仮説演繹的な理論構築の伝統のなかで単一の理論的視座から取り組む研究からは，統合的な理論は生み出されないのだろう。なぜそうか？　理論領域を移動することで，前提が変わり，研究領域すらも変わってしまうからである。たとえば，行動心理学では環境に存在する刺激に人がどのように反応するかを調べることで人間行動の適切な理論が構築できると考えられている。しかし，認知心理学者はこの見方に原則的に反対する。人の内部で行われている情報処理活動を考慮することなく人間行動を十分に説明することは不可能だ，と信じているからである。それでは，互いに相容れない仮定のもとに成り立つ両方の研究からの知見が統一的な理論構築に必要だとしたら，それは果たして可能なのだろうか？

　本書で採用した立場は，透視主義（perspectivalist）である（Wheelwright, 1962）。これは，真実は文脈依存で相対的であるという前提に立つ哲学的な立場である。それぞれの理論にはそれぞれの前提や研究方法があり，研究が行われる領域も限定的である（Kuhn, 1970）。内的妥当性の高い研究を行えば，1つの文脈内での現象を説明することは可能である。その一方で，文脈を超えて他の領域の現象を同じ理論によって十分に説明することは，通常できない。したがって，行動主義心理学では，人間の内的な情報処理活動を説明することはできない。もちろん，行動主義者は観察可能な環

境刺激と人間行動の関係ですべてを説明できると考えているので，内面に踏み込もうともしないだろう。原理的にも，内的プロセスを説明することは，やろうとしても不可能なのである。しかし，これらの理論をより高レベルのモデルに統合させることで，全体として説明力を高めることは可能である。

ARCSモデルの各構成要素に対して，基盤と参照枠を提供する理論がある（J. M. Keller, 1979, 1983b）。「動機づけとパフォーマンスのマクロモデル」と呼ばれるもので，入力・プロセス・出力の概念を用いて各部の関係を説明するシステム理論である（図1.2参照）。このモデルは3つの部分で構成されている。まん中の部分は，動機づけとパフォーマンスの測定可能な出力を示す主要部である。一番上は，動機づけ・学習・パフォーマンス・態度に影響を持つ心理特性を示す。一番下は，行動に影響を及ぼす環境要因である。

ARCSモデルの最初の3つの構成要素（注意・関連性・自信）は図の左上に置かれている。ARCSの名称といっしょに，各部の主たる心理学的基盤となる領域名も記されている。2つの異なるボックスにこれらを配置することで，動機づけ研究の期待×価値理論を反映した。また，「価値」の側面は好奇心（注意）と動機（関連性）にさらに分割することで，それぞれの概念的基盤を反映した（第3章参照）。ARCSモデルの最後の側面「満足感」は図の右上に示されている。パフォーマンスの結果として実際に起こった結末とそれを学習者が認知して評価したことによる内的・外的な結果

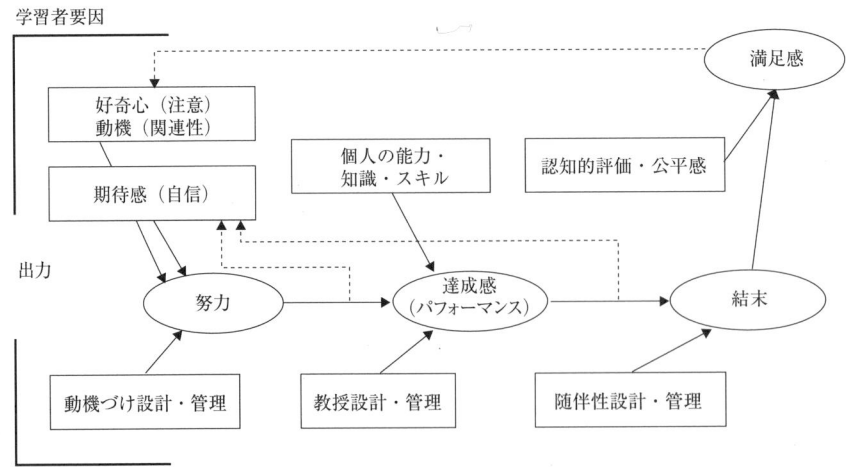

図1.2　ケラーの動機づけとパフォーマンスのマクロモデル（Keller, 1979, 1983bを修正）

とを統合させたことによる。つまり，行動の結果として生起した実際の結末を，彼らが期待していた結末や他者が得た結末と比べることで，学習者がそれを肯定的または否定的な感情や態度で受け止めるという考え方である。

「動機づけとパフォーマンスのマクロモデル」には，また，目的達成に向けての努力量に影響を持つ学習意欲が，学習者が持つ知識やスキルと組み合わさってパフォーマンスに影響を与えるようすが描かれている。最下部には，動機づけや学習，パフォーマンスに与える環境の影響が示されている。教師や教材が好奇心を高揚させ，個人的に関連性を感じられるような刺激を与え，また自信を高めるような挑戦レベルに設定された課題で，かつ努力の妨げになるストレス要因もないときには学習意欲が高まる。同様に，目標や説明が明確で，事例や学習活動と組み合わせて提供されるといった教材の教授特性によって，パフォーマンスが向上することになる。

このシステム図には，さらにフィードバックループも含まれている。たとえば，「期待感」に戻る点線が2か所から描かれている。このフィードバックループは，学習者が課題をうまく完了し，それが期待通りの成果を生んだ場合，将来の成功への期待感が高まるという効果を持つことを示している。また，満足感から注意と関連性に戻るフィードバックループがある。これは，ゴールの達成をめざした行動が一定の成果を上げたという経験を持つことで，将来学習者が同じゴールに付与する価値が高まることを示すものである。たとえば，ラスベガス旅行の資金を得る目的で賭けごとのコツを猛勉強したとする。もし実際の旅行で成功をおさめるというわくわくする経験をした場合は，将来にわたってもっとこの分野の活動をする意義があると思うだろう。しかし，期待通りにいかなかった場合には，この欲望はおそらく減退するだろう。

ARCS-V モデル：伝統的な ARCS モデルの拡張

もしある目的を達成しようとする意欲が十分に強い場合は，その目的が達成されるまであきらめないで挑戦するだろう。それを阻むものは少ない。この関係は，図1.2に示されるように，伝統的な期待×価値理論において，「成功への期待感と達成される目的の個人的価値との掛け算で行動ポテンシャルの強さが規定される」と考えられてきたことを反映する。このモデルでは，行動ポテンシャルが自動的に実際の行動につながることが想定されている。つまり，期待と価値の掛け算から得られる最大値のパワーで実際に目的に向かう行動に出るという想定である。ところが，この想定は現実には必ずしもあてはまらない。人は同時に複数の目的を持つため，ある目的が持つ吸引力は，他の目的との比較次第でどの程度突出してくるかが左右される。マーカ

スという名前の青年の例を見てみよう。彼は,「心理学入門」で好成績を収めたいという強い気持ちがあった。それは,心理学を専攻し,将来,臨床療法士としての道を歩みたいと思っていたからだ。この場合,「心理学入門」で優秀でありたいという直近のゴールには高い価値があるといえる。彼の将来のゴールへ,手段として直結しているためである。ところが,文献レビューのレポートの締め切り前の土曜日に,友だちからサッカーに誘われた。彼は友情に高い価値を置いているし,サッカーをするのも好きであるが,文献レビューとそのまとめにはまだ何時間も必要だということもわかっていた。さて彼はどうしただろう？　レポートに必要な時間のことを考えて友人の誘いを断っただろうか,それとも締め切りまでにまだ1週間あることを理由にサッカーを選んだだろうか？　その答えは,彼のもともとの意図（intention）の強さによるだろう。また,目的どうしがコンフリクトを起こしたのだから,意志のスキル（volitional skills）の強さにも左右されるだろう。後者は,自己規制行動（self-regulatory behaviors）とも呼ばれるものである。

　意欲とは,期待×価値理論に反映されているように,人々の欲求や選択を説明するものである。一方で,意志（volition）は,目的達成のために人がとる行動に関係する概念である。さらに,意志には2つの段階があるとみることができる。1つ目は,コミットメントないしは活動前計画であり,2つ目は,自己規制ないしは活動制御である。活動前計画には,ゴルウィッツア（Gollwitzer, 1993）によれば,目的にまず魅せられること,目的達成へのコミットメントの意図形成をすること,そして活動計画と呼ばれる活動への意図を固めることという特徴がある。自分の意図を管理することは,自分の目的達成に向けた方向性とコミットメントを維持するうえで不可欠である。意図を表明することについては,実際にそれをやるかどうかは不明だからあまりあてにならないとして,重視しないことが多い。しかし,ゴルウィッツアは,あてにならないような意図は弱い種類であり,それを強い意図にするためには条件があるという。強い意図には,単にコミットメントの表明だけでなく,目的をいつどのように達成するかについての具体的な計画が伴うとする。たとえば,冬休みに入る直前のドイツの大学生に対して,クリスマス休暇の体験についてのエッセイを戻ってきたら提出するように求めた研究がある（Gollwitzer & Brandstätter, 1997）。この研究では,冬休みの課題について取り組む意図を説明する文章を,教授に向けて書いてもらった。その文章の具体性について,いつどのようにエッセイを書くつもりかが記述してあるか,それともエッセイを書くことへのコミットメントがおおまかに書かれただけのものかを研究者が分析して得点化した。学生が冬休みから戻った時には,強い意図と課題達成との間に正の相関があることがわかった。たとえば「クリスマスの次の日の朝食の後に,自分の部屋の机に向かってエッセイを書く」のように具体的に書いていた

学生のほうが,「クリスマスが終わったらすぐに,大学に戻る前にはエッセイを書く」のようなおおまかな記述の者よりも,実際に課題を完成させた人が多かったのである。

意志のもう1つの側面には,クール（Kuhl, 1984）が活動制御理論（action control theory）と呼ぶものがある。自分の意図を守るための自己規制行動を次の6つの原理もしくは方略で説明している。つまり,自分がある目的を達成することにコミットしたのちに,どのように障害を避けてその課題をやり遂げるか,という作戦である。6つの活動制御方略は以下のとおりである（Kuhl, 1984, p. 125）。

1. 選択的注意：「意志の防衛機能」とも呼ばれる。対立する活動傾向のための情報処理を禁止することで,現在の意図を保護する。
2. 記号化制御：「意志の防衛機能」を促進するために,入ってくる刺激のうち現在の意図に関係するものだけを選択的に記号化し,それ以外の無関係な要素は無視する。
3. 感情制御：感情的な状態を管理し,現在の意図を支援するような感情のみを許容し,それを弱体化するような対立的な意図や悲しみ・誘惑などを抑圧する。
4. 動機づけ制御：現在の意図の卓越性を再確認し維持する。特に初期の傾向があまり強固でない場合に有効（「本当はやりたくないんだけど,それでもやらなければならないのだ」）。
5. 環境制御：制御不能な障害をなくした環境をつくる。何をやる計画があるかを人に伝えるなど,現在の意図を守るための社会的なコミットメントをつくる。
6. 情報処理の倹約：やめるべき時を知り,情報量が十分あると判断するなど,現在の意図を守る行動を積極的に維持できるような決定をする。

クールは,これらの活動制御のプロセスは,どんな種類の活動にも求められる前提であると主張する。現在の意図を守るために,特に競合傾向が強まったり初期の意図が弱まるなど,意図している活動を実行する能力が低下した時には,意識的に採用するのが効果的だとしている（Kuhl, 1985）。活動制御方略を採用することの効果は,行動変容場面（Kuhl, 1987）や教育場面（Corno, 2001; Zimmerman & Schunk, 2001）など,さまざまな文脈での多くの研究で確かめられている。

以上述べた意図とコミットメントに基づく活動前計画や活動自己規制などの行動を管理による課題遂行という概念によって,ARCSモデルの概念基盤となっているマクロモデルの拡張がなされた。初期のマクロモデルは図1.3の上半分に描かれている。

その左側には，注意・関連性・自信の3つの概念を支える期待・価値の要素が含まれている。ゴールを達成するために人がどの程度の努力をするかを規定する要素である。拡張版のモデルには，もう2つの出力が追加された。初期のモデルにあった「努力」という概念に修正が加えられ，ある目的を選択することにより特化した「努力の方向性」となった。第2の行動結果は「努力の始動」と呼ばれ，意図とコミットメントを示す。そして第3は「努力の持続性」と呼ばれる活動制御の結果である。このモデルでは，意図へのコミットメントや自己規制についてのメタ認知的方略を常に採用する必要があるとの立場はとらない。なぜならば，目的達成への欲求が十分に強ければ，それらの方略は不要だからである。したがって，自己規制に関するモデルへの付加要素は，必要なときにのみ統合できるように，学習者の制御下に組み入れられている。このモデルにはまた，自己規制スキルが十分に発達していない学習者を支援するために，激励や足場がけ，あるいは中間的なゴール設定などの環境要因をどう組み入れていくかも示されている。この拡張版モデルの全貌は，「意欲・意志・パフォーマンス（MVP）理論」と呼ばれ，意欲に焦点をあてた本章では十分に説明しきれていない修正も含んでいる（J. M. Keller, 2008b）。

　新マクロモデルもMVPモデルも利用価値が複数ある。第1に，人間行動に関する多くの概念や理論を概念的に並べることで，行動の説明に効果的な側面を洗い出していること。たとえば，動機づけに関する多くの概念や理論は，意欲と意志の処理に束ねることができる。図1.3の出力として描かれているように，動機づけ概念や理論は，ある目的達成のために投入する努力の量と，成功するまでその努力を継続できるかどうかに影響を与える。学習理論が「何ができるようになるか」を説明するために用いられるのに対して，動機づけ理論は「何をやりたいと思うか」の説明に用いられる。学習理論では，目的達成のために学習者がどんな能力・前提知識・情報処理スキルをどの程度有しているかを扱うが，それはその目的を達成したいと学習者が思うことが前提でのことになる。このモデルは情報や運動処理で扱われる学習の原理がどのように動機づけの影響と組み合わさって，学習とパフォーマンスに結びつくのかを描いている。さらに，教授理論が外から学習環境への入力の1つである学習方略として，モデルのなかに含まれていることが読み取れるだろう。

　研究プロジェクトは，通常これらの広範な領域のなかから特定の概念や変数をめぐって行われるだろう。すべてを統一的に表すような1つの変数は存在しないからである。このモデルは，それぞれの研究がどの領域で行われているかを特定する参照枠を提供する。しかし，1つの研究で，たとえばこのモデルの3つのボックスで示されている期待・学習・パフォーマンスの効果をすべて同時に扱うことはないだろう。そうではなく，自己効力感（Bandura, 1997）と思慮深い練習（Ericsson, 2006）が専門

第1章 学習意欲を研究するということ　11

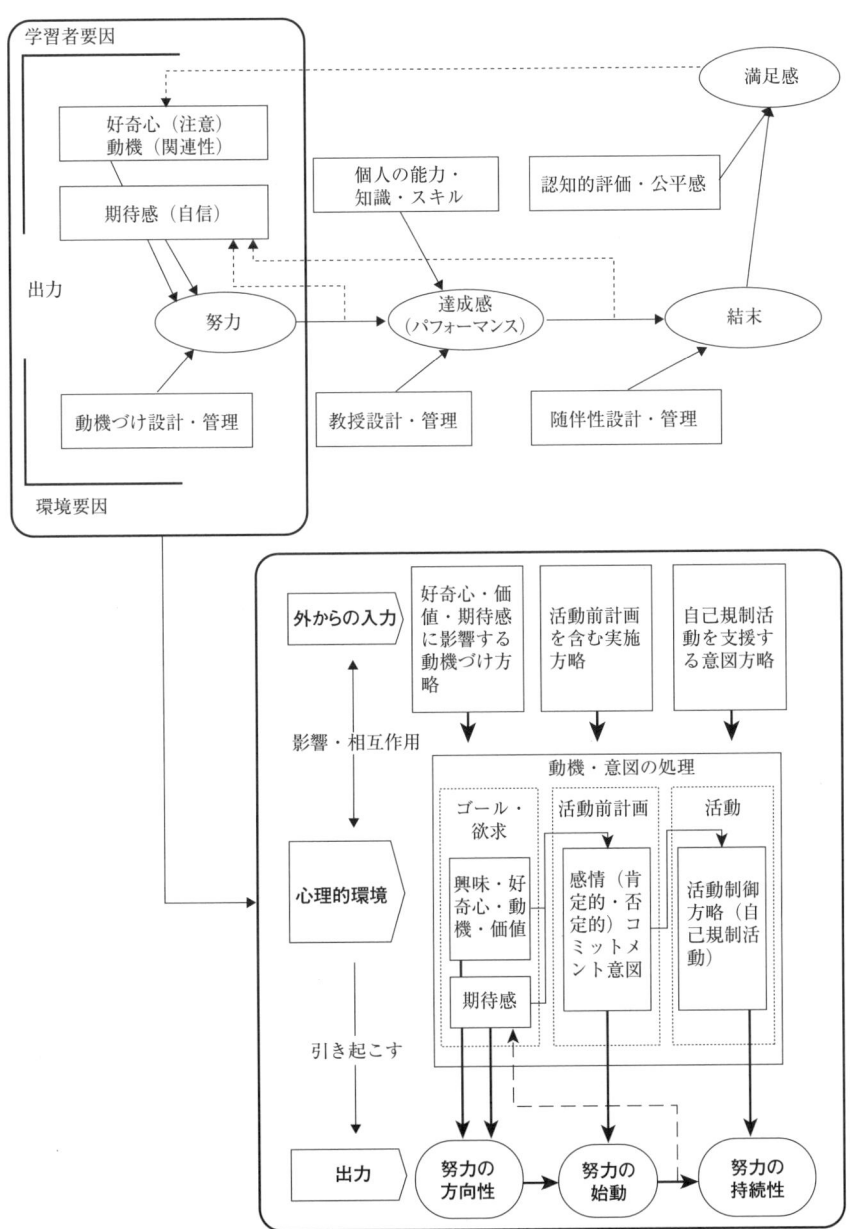

図1.3　コミットメントと意志を組み込んだケラーのマクロモデル修正版

性開発 (Ericsson, 2006) に与える効果を扱うなどのように，バスケットボールでの3つのフリースローのごとく，3つのボックスに含まれる特定の概念や変数を扱うことになる。同様に，このモデルを準拠枠として用いることで，これまでに研究があまり行われていない領域を特定できるので，新しい研究の機会を探し出し着手するための手段としても有効である。たとえば，図の中央に描かれている動機づけの処理と情報処理との相互作用については，これまでに蓄積された知見はあまりない。

　このモデルのもう1つの用途として，臨床的実践への応用がある。学習・実行環境の診断の基礎として用いることで，特に学習者の態度やパフォーマンスが期待値より低い場合に，問題の所在が意欲・意志・学習のいずれにありそうかを見極められる。その後に，もし意欲に問題がある場合には，意欲のどの側面に問題がありそうかをより詳細に検討していくことになろう。この作業を支援するのが本書の主たる目的となる。その診断情報を用いて，特定の問題を解決することに焦点化した動機づけ方略を生みだしていく。この一連のシステム的な動機づけ設計プロセスはシステム的なインストラクショナルデザインプロセスと類似している。何が要求されているかをまず確認し，求められるゴール達成に向けて学習環境を設計していく方略を立てていくのである。

▶ 動機づけ研究の概念的課題

　動機づけ研究は複雑である。数多くの概念や理論が提唱され，意欲の多くの側面を説明しようとしてきた。また，環境・文化・個人の要因が複雑に絡まりあって，その時々の意欲に影響を与えている。本書の第2章と第3章では，学習意欲に影響を及ぼすそれらの動機づけ概念や要因のすべてを整理する枠組みとモデルを提供する。しかしその前に，動機づけ研究についての誤解を解消し，概念的な難点を説明するために，全体に共通するメタレベルの特徴をいくつか見ておこう。最初の関心は，動機づけの情意的領域と認知的領域の関係についてである。次に，特性（形質）（trait）と状態（state）の概念についてである。伝統的な形質心理学の研究はすでに過去のものになったが，動機づけ条件の概念として依然，有効である。そして最後に，内発的・外発的動機づけという概念についてである。動機づけ研究や理論で多く取り上げられ，人の行動の開始やその結末とそれに続く意欲についての理解を深めてきた。以下にこれらの概念を概観する。本書の他の部分でもさらに取り上げることになるだろう。

▶ 情意的・認知的領域

　意欲は情意的領域にのみ属するものなのか，それとも認知的領域にも関係があるのか？　そもそも2つの領域に分けて考えることは，意欲を検討するときに意味があることなのだろうか？　教育目標を分類する方法として，1950年代から1970年代にかけて，認知的領域（Bloom, 1956），情意的領域（Krathwohl et al., 1964），精神運動領域（Harrow, 1972; Simpson, 1972）を区別する考え方が導入された。意欲は多くの場合，情意的領域のもの（Martin & Briggs, 1986; Tennyson, 1992），あるいは「認知的でない変数」（Messick, 1979）として扱われてきた。これに対して，ブリッグス（Briggs, 1984）は，学習意欲は情意領域からは独立したものであり，それ自体として集中的に研究すべき領域だとした。

　意欲はある特定の目的を達成しようとする行為のもととなる内的条件を指している。したがって，この人間行動の広範な要素を，情意的な（あるいは認知的でない）ものとして扱うことはおかしい。そこには必ず認知的な要素も含まれているからである。意欲にはさまざまな要素が含まれている。恐れや魅惑などの感情的要素もあるし，欲求不満や攻撃性などの精神運動的要素もある。飢えや覚醒といった生理学的要素もあるし，成功への期待感などの認知的な要素もある。たとえば，動機づけの原因帰属理論（Rotter, 1966; Weiner, 1974）は，主として認知的である。原因と結果を人がどう解釈するか，また将来の成功をどう予測するかに焦点をあてている。

　このように，意欲を情意的領域のみのもの，あるいは認知的領域のみのものとして扱うのは無意味である。動機づけ概念によって属する領域が異なるし，2つの領域にまたがる属性もある。達成動機という概念には，許容できる成功・失敗のリスクレベルや目的を熟慮して選択すること，成功率を上げるための促進要因や障害を確認すること，さらに成功・失敗に伴う感情を予測することが含まれている。

▶ 特性と状態

　動機づけをめぐる議論でよく出てくることの1つに特性と状態の概念がある。パーソナリティ特性とは，異なる状況下でも同じようにふるまう予測可能な傾向を指す。たとえば，達成動機が強い人は，どこでも競争的に行動する。職場でも，高速道路の上でも，ゲームをしている時でも，さらには友人や家族との会話・議論でも同じように。特性の概念はもともと遺伝学から来たものであるが，パーソナリティ理論にも応用された。心理的特性を概念化し，研究するためにさまざまな方法がとられてきた。

パーソナリティを特性のタイプで定義することの目的は，人の特徴をとらえる基礎として十分な枠組みを提供することにあった。しかし，よく引用されるオルポートの研究（Allport, 1937）では，人のパーソナリティ上の特徴，すなわち特性を示すと考えられる用語が，大辞典から 4500 以上も見つかった。この数字は，人の特徴を端的にとらえるには，明らかに多すぎ，非現実的である。そこでオルポートは，特性の3層構造を提唱した。最上部は「主要特性」（cardinal trait）と呼ばれ，ある人の行動のほぼすべてを説明できるものである。たとえばジミー・カーター元大統領の人道主義，男優ロビン・ウィリアムスの喜劇的社交性，モハメッド・アリのボクサーとしての攻撃性などがこれにあたる。しかし，これらの例のような支配的な特性があることはまれである。より一般的には，オルポートが「中心的特性」（central trait）と呼んだ一連の特性を持つ。これが2層目である。5つから10の中心的特性で，人々のたいていの状況における行動を説明できるとする。3層目には，オルポートが「2次的特性」（secondary trait）と名づけたものがあり，たいていの状況にはそれが示されるがすべての場合ではないとする。職場では攻撃的で支配的な上司が，家庭や社交の場では穏やかでやさしいというような場合である。

このやり方によって，特性を分類する枠組みが提供された。しかし，人のパーソナリティを特徴づけるために用いられるような一般化可能な特性群を確認することはできなかった。4500以上の用語リストから始めて，キャッテル（Cattell, 1950）は同義語を除き因子分析を行うことで用語数を減らした。リストにあるすべての用語の相互関連性を調べる統計的な手法である。因子と呼ばれる用語のかたまりが生成され，因子内の用語は互いに統計的に有意に相関していることになる。この手法により，キャッテル（Cattell & Cattell, 1995）は 16 のパーソナリティ因子を抽出した（表 1.1 参照）。今日でも広く用いられているパーソナリティ質問紙（16PF 人格検査）がここから誕生した（Cattell, 1957）。

キャッテルの研究（Cattell, 1950, 1957）は 1960 年代にさらに短い5因子リスト（Norman, 1963）が開発される基礎となったが，それが 1980 年代まで注目されることはなかった（McCrae & John, 1992）。今では，この5因子は「特性5因子論」（McCrae & Costa, 1987）と呼ばれ広く知られるようになり，現在の（ほとんどすべてでない

表 1.1　キャッテルによる 16 のパーソナリティ因子（Cattell & Cattell, 1995 から引用）

温かさ	活気	警戒心	変化容認性
論理性	公徳性	抽象性	自立性
感情の安定性	社会的大胆さ	プライベート性	完璧性癖
支配性	感受性	不安感	緊張感

表 1.2 特性 5 因子論（McCrae & John, 1992, pp. 178-179; Paunonen & Ashton, 2001, p. 529）

因子名	説明的特徴
外向性 (Extraversion)	活動的な，アサーティブ，情熱的な，熱心な，刺激を求める，外向的（社交的）な，よい感情，話好きな，温かい
調和性 (Agreeableness)	利他的な，感謝している，素直な，寛大な，惜しみない，親切な，謙虚な，率直な，共感的な，信頼がある
誠実性 (Conscientiousness)	達成へ努力する，堪能な，忠実な，効率がよい，まとまった，計画的な，頼りになる，責任のある，自制心のある，几帳面な
神経症的傾向 (Neuroticism)	不安な，怒っている，憂うつな，敵意のある，衝動的な，自意識過剰な，自己を憐れむ，緊張した，神経質な，不安定な，傷つきやすい，気をもむ
開放性 (Openness to experience)	芸術的な，審美的な，好奇心のある，空想的な，感情，アイディア，想像力に富んだ，洞察力に富んだ，独創的な，価値感，広い興味

としても）多くのパーソナリティ研究で用いられている。これらの 5 因子を示す用語には多少のバリエーションはあるものの，ノーマン（Norman, 1963）が用いた外向性・調和性・誠実性・神経症的傾向・開放性がよく用いられている。表 1.2 に 5 因子とその説明的な形容詞を示す。

　これらの 5 因子は，世界中で通用するような文化間の妥当性がある基本的中核特性としてパーソナリティ心理学では広く受け入れられている（McCrae & John, 1992; Paunonen & Ashton, 2001）。一方で，特性心理学には，そもそも英語で書かれた辞書からリスト化された特性を共通の意味で括り出して，より短いリストにしたという統計的分析の手法による限界がある。これらの用語で表された人間の特性は世界の多様な文化に共通なものかもしれないが，一方で，言語の意味するものは文化間で違いがあるかもしれない。したがって，実証的な裏づけがあるといっても，それは用いられた言葉に対する人々の連想に基づいたものであり，特性と関連する行動を直接観察した結果として得られたものではないのである。

　人間の意欲に関する研究では，心理学的概念としての特性を仮定して，パーソナリティのさまざまな側面を説明しようとしてきた。たとえば，達成動機，制御感，好奇心，成功・失敗の原因帰属，不安感などがある。そこでは，ほぼすべての動機づけ概念に対して，特性と状態が区別されてきた。特性は，ある一定のやり方で行動する基盤となる安定した人間の性質を示す。一方の状態は，特定の時と場所において，ある動機やパーソナリティ特徴を見せる傾向を示す。たとえば，好奇心という概念について考えれば，高いレベルの好奇心を特性として持っている人は，多くの状況において

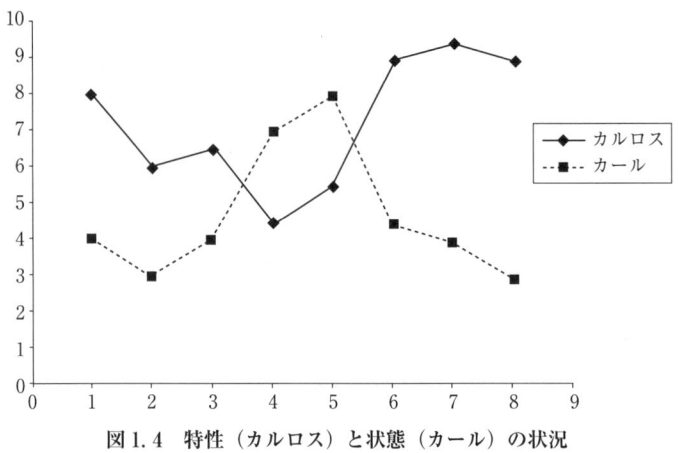

図 1.4　特性（カルロス）と状態（カール）の状況

好奇心を持って行動するだろう。しかし，いつもそうとは限らない。それとは対照的に，好奇心が低い特性の人は，一般的にはあまり好奇心を示すことはないが，ある特定の状況ではとても好奇心旺盛な状態になる可能性もある。図 1.4 には，8 つの異なる状況において，カルロスとカールが示す好奇心の状態が示されている。

1. 自然科学
2. 文学
3. 歴史
4. ダンス
5. 車
6. 投資
7. ビデオゲーム
8. Web サイト開発

　全体としては，カルロスは平均 7.25 の高得点を示す一方で，カールの平均は 4.69 である。ここから，カルロスのほうが好奇心特性が高いと結論づけることができる。カールがダンスと車の 2 つの領域でカルロスよりも高得点を示していても，である。この図からは，人が全体的な傾向（特性レベル）とはかなり違う行動を，特定の状況では示す（状態レベル）ことが読み取れる。

　この一般原理は，形質心理学があまり重要視されなくなった今でも，とても重要で

ある。「特性」という用語がより比喩的な意味で安定的なパーソナリティ特質を示すものとしてよく使われ，状況に応じて出現する「状態」と対比され，ほとんどの動機づけ変数で用いられている。

　特性と状態の対比は，動機づけ設計に応用すると便利である。コース設計などにあたっては，まず対象者の意欲特性を知り，それに応じた適切な動機づけ方略を準備することが求められる。学習者の傾向を予測するためには，語学学習ならば以前の語学学習というように，同類の場面で以前どのような意欲であったかを知ることが最もよい。つまり，学習者の特定状況での意欲状態を知ることが最も近道である。しかし，学習者が以前経験した特定状況についての情報が入手できなかったり，あるいは学習者がその内容に初めて取り組むような場合には，一般化された特性レベルの測定値，たとえば「学業に対する意欲」が最有力の予測手段になるだろう。また，この概念は，学習意欲の問題を教師や設計者が見誤るのを防ぐかもしれない。過去の特定の状況での学習者のふるまいに基づいて，過度に一般化する間違いはよくあることといえる。たとえば，文学や語学一般の授業であまり興味を示さない少年に対して，学校での勉強に興味がない子だとか，好奇心が低いレベルにあると結論づけたりする。しかし，その原因がこの少年が勉強に意義を見いだせなかったり自信が低かったりしたために，彼の好奇心を引き出す授業になっていなかった，あるいは授業の内容や方法がその子に合わなかっただけであり，好奇心レベルは実際にはとても高い子なのかもしれない。本書の第4章から第7章で紹介する設計プロセスにおいて，この概念を理解・応用することで，学習者の意欲について正確にその全体像を把握し，効果的な動機づけ方略を設計することができるだろう。

内発的・外発的動機づけ

　もう1つの動機づけ研究に関する論点に，内発的（intrinsic）動機づけと外発的（extrinsic）動機づけの区別がある。この2つの概念の意味は，その用語の意味を比較することで直感的に把握できそうである。実際，研究者間で正式な意味はほぼ合意されているといえる。デシ（Deci, 1975）によると，内発的に動機づけられている活動とは，「その活動そのもの以外に何も明らかな報酬がないもの」（p.23）である。つまり，内発的な意欲を持つ人は，活動そのものから得られる楽しみのためにその活動に取り組んでいる。その一方で，外発的に動機づけられている人は，活動そのものから得られる楽しみではなく，その活動を完了したことに伴う報酬のために取り組んでいる。外発的に動機づけられた活動そのものも楽しめないものとは限らないが，それ

が主たる理由ではない場合に「外発的」があてはまる。外発的に動機づけられた活動には，それに道具的な価値があるから取り組む。つまり，意味があると感じる目的を達成するために必要なステップに過ぎない。すなわち，内発的に動機づけられた活動は，そのものがめざすものとみなされるが，外発的なものは，別のめざすものへの手段とみなされている。たとえば，高校3年生が進学者用の微積分科目をとるのは，内発的に微積分が学びたいからではなく，工学部に進学する準備のためだとする。大学に入学した後，その学生は宿題として課されていなくてもロボット工学の研究室に入り浸り，自由時間のすべてを費やした。人工装具としての可能性に魅せられたからである。外発的に動機づけられた要求事項を高校時代にこなすことによって，内発的に動機づけられた活動ができる機会が与えられた例である。実際，ロボットをプログラムする際に微積分が役立つことを，この学生は後になって知るのである。別のシーンでは，家族を持つ若いスーパーマーケットの店長が，ゆくゆく管理職になりたいと思い夜学で会計学を学んでいる。彼は，家族と野外キャンプを満喫したいという希望を叶えるために，より多くの収入がほしいと考えている。この場合は，外発的に動機づけられた目的を達成することによって収入が増え，内発的に満足できる活動を満喫する助けになる，というわけである。もちろん場面によっては，内発・外発の両方が混合していることもある。一方で，2つが両立せずに葛藤を起こす場面も，後に見るようにあり得る。

　内発的・外発的動機づけをめぐる初期の研究では，両者の相互作用が多く取り上げられた。そこでの結論は，内発的に動機づけられた課題に対して外発的な報酬を付加すると，行動の頻度や期間が少なくなる，というものであった。この結論は，第7章で説明する強化理論の基本前提を覆す意外なものだった。実験参加者が自由意思である課題に取り組む時間の長さを，気づかれないように観察する実験があった（Deci, 1971; Lepper et al., 1973）。実験に参加した人は，その年齢層に応じて読書やパズル，あるいは水性フェルトペンでの遊びなどのうち，やりたい活動を自由に選んで行った（何もやらないことも選択できた）。次に参加者は実験室に招き入れられ，前と同じ活動をするたびに，報酬が与えられた（統制群には報酬は与えられなかった）。第3段階として，参加者は以前の待合室に戻され，同じ活動とさらに追加された種類の活動のなかから自由に選んで行う機会が与えられた。気づかれないように行った観察の結果，報酬をもらった参加者は，以前に比べて，また報酬をもらわなかった参加者に比べて，報酬の対象となった活動に少ない時間しか費やさなかった。この結果は強化理論の予想に反するものだった。参加者が飽きない限りは，報酬を受けた活動はより頻繁に起きるはずなのに。この現象についてその後行われた数多くの研究からの結論は，外発的な報酬が内発的な意欲を弱体化する，というものであった（Condry, 1977）。

しかし両者の関係はそれほど単純なものではない。このことは第7章でより詳細にふれることにする。

　内発的・外発的動機づけという概念については，多くの場面でその一方のみが働いているという2分法で語られることが多い。理論的にはどちらか一方が働いているという純粋な状態も想定されるかもしれない。しかし，人間とその課題の複雑性を考慮すれば，ある特定の場面では2つの要素が複雑に絡み合っていると考えるのがより自然だろう。筆者の同僚の1人に，ランの花を栽培する傍らで興味深い木片を旋盤で回してとても美しい木の皿をつくる教授がいる。両方とも内発的に動機づけられた活動であることには違いない。しかし，同時に，彼はその園芸と工芸のスキルを活用して売り物もつくり，趣味を続けるための資金も得ている。一方，知人の大学の警備員の場合は対照的である。職務中は彼の性格を生かして学生と楽しそうに交流しているが，主たる動機づけは家族を養うために職を続けることにあり，他の選択肢よりは気に入っている仕事だということに過ぎない。もし許されるのならば，彼はハイキングや探検，あるいは詩を創作することにすべての時間を使いたいだろう。もう1人，知人のなかに，年を重ねて自動車の整備工としての自分の仕事が嫌いになった人もいる。昔は好きで始めた仕事かもしれないが，今は収入を得るという外発的な必要性に迫られているという理由だけで仕事を続けている。このように，内発的・外発的な理由のそれぞれに動機づけられた行動には，多くのバリエーションがあるだろう。

　最後に，学校に行くことについて考えてみたい。若い時代の多くを過ごす学校だが，学校へ行くことは内発的に動機づけられたものなのか，それとも外発的か？　教育者の多くは，内発的に意欲を持って学習することを重視するし，それが教育の目的だともいう。学ぶことに興味を持ってもらいたいし，そこから生涯にわたって学習する人になってほしいと思うからだろう。しかし，これは現実的なのだろうか？　そもそも可能なことなのだろうか？　もし選択権が与えられたら，いったい何人の子どもが学校へ行くだろうか？　そしてもう1つの問いとして，すでに学校を出た子どもたちに「もし選べたとしたらどうしたか」を聞いた場合，「内発的な興味から，あるいは将来の仕事や人生一般に備えるという意味の外発的な価値があったから」行っていただろう，と答える人はどのぐらいいるのだろうか？　学校には，内発的に動機づけられるような活動はあまり多くない。しかし，矛盾しているようだが，学校を訪問して子どもたちを観察すると，とても好奇心に満ちあふれてすべてを吸収しているようにみえる。

　デシとライアン(Deci & Ryan, 1985)という2人の研究者が自己決定理論を提唱し，内発的・外発的動機づけの区別という単純な2分法にいくつかの解釈の方法を付加した。自己決定理論については第5章と第6章で詳細に紹介するが，無動機づけ，内発的動機づけ，さらに4種類の外発的動機づけの条件を区別したのがその特徴である。

最も重度の外発的な状態は「外的制御」と呼ばれ，筆者の知人の自動車整備工のように，外発的報酬でほぼすべてを操られた状態を指す。最も軽度の外発的な状態は，「統合的制御」と呼ばれ，前出の警備員がそれにあたる。彼の場合，仕事にかかわる価値や目的をかなりの部分内面化しているが，それでも主として外的要求によって動機づけられている。この両者の間に，さらに2つの状態の外発的動機づけがあるとされている。

ここで言いたいことは，この問題は複雑である，ということだ。学習者すべてが内発的に動機づけられるようになることを期待しないとしても，自分が教えることに少しでも興味を持ってもらうだけでも大変である。学習者の意欲の方向性を大切に尊重しながらも，同時に，よい成長が遂げられるように導いていく努力を怠ることはできない。

要約

動機づけ研究の歴史は長くて深い。誰もいったいどのぐらいの長さなのか，実は知らない。何千年もの間人々が熟考してきた歴史に比べれば，記録に残っている動機づけ研究はごく最近のものである。哲学者の黙想や作家や芸術家の洞察を離れて考えれば，学問的な研究として行われてきた歴史は高々数百年に過ぎない。心理学としての動機づけ研究の歴史からは大量の知識が生み出されてきたが，科学的知識構築は積み上げることをその特徴とするため，比較的短い時間で主たる動機づけの理論や概念を概観することができる。概観するという言葉は重要である。動機づけ研究者が真剣に取り組めば，参照可能な研究報告・文献論評・理論的論文のなかには多くの知識が詰まっている。本書はこの大量の知識への入門書である。設計者や教師，その他動機づけの問題解決にあたる人々が応用しやすいように概念枠を組み立て，そこに大量の知識を統合した。

本書の主目的は，学習意欲デザインのシステム的なプロセスを実施するノウハウを学んでもらうことだが，それを効果的に進めるためには，あなた自身が人間の動機づけについて必要最低限の知識を持ってもらうことも必要である。まず第4章から第7章で主要な動機づけ概念と理論についての学びを深めるための統合枠を示し，その次に，動機づけ設計プロセスにあなたをガイドしていくことにしよう。

第2章 学習意欲のデザインとは何か?

本題に入る前に……

　意欲の概念について考えるときに,意欲を表現する比喩として,あなたは枯れ葉と1つの岩(図2.1)のうちどちらの図を選択するだろうか？

図2.1　枯れ葉か,それとも岩か？

はじめに

　意欲は，枯れ葉が積み重なったように不安定で，頻繁に変化し，とらえがたく，そして「変革の風」のような外的要因によって簡単に修正されてしまうため，多くの人が「枯れ葉」を選択するだろう。学習者がある一瞬にして高い興味を持って学習に没頭し，その次の瞬間にはまったくの「別世界」に行ってしまうことを考えれば，その比喩は適切であろう。

　一方で，意欲がどっしりとした岩のように，確固たるものとみなし，ひたむきで，強い意思があり，そして変化を拒むものだからという理由で，なかには「岩」を選んだ人もいるかもしれない。ヘレン・ケラーやランス・アームストロングのように，人々は情熱的で，かつ揺るがない個人的な動機によって大きな障害を乗り越えることができ，見事な成果を成し遂げることができる。しかし，自滅的なゴールに向かって高く動機づけされているときは，その目的を変えようとするはたらきかけを拒んでしまうように，強固な意欲はネガティブな側面も持つ。

　このように，意欲の固有の性質とは何かという点については矛盾する見方が存在する。もし意欲が，「枯れ葉」のようなものであれば，学習意欲のデザインはより挑戦的なものになるだろう。この場合，さまざまな動機づけ手法をつくりだすことができるであろうが，その効果は短期的なもので，ある瞬間に学習者がどの程度動機づけされた状態かを予想するのは難しいであろう。一方，対象となる人がすでに強いやる気を持っていて，それが岩のように強固なものであった場合，その人の学習意欲のプロフィールを診断し，変化をもたらす方略を処方することは簡単であろう。しかし，実際に変化を起こすことはより難しいかもしれない。自分が掲げるゴールと合致しない方向にその人がよりよい成果を上げるように動機づけできる可能性はありそうにもない。

　実際，ここで紹介した一見矛盾する意欲の特質は，学習意欲をデザインするプロセスにおいて考慮すべき点である。人間の意欲とは複雑で多面的であるが，それに関してはずいぶん明らかになってきており，それらの知識をシステム的な設計過程に組み込むことも可能である。本章の目的は，学習意欲のデザイン概念を説明することであり，そのアプローチを分類するためのモデルについて解説し，そして，関連するいくつかの問題と課題について議論することである。

デザインの特徴

　デザインとは何か？　これは複雑な概念であるけれど，一言で簡単にいおうとするならば，「デザインとは夢を現実にするプロセスである」。これはコーベルクとバグナルが初期に出版した本の裏表紙を飾った言葉である（たとえば，Koberg & Bagnall, 1976）。この表現は，デザインプロセスには不安定性と冒険性があることをとらえている。しかし，より具体的には，目的を特定するプロセスを含んでおり，それは実際の姿とそうあってほしいと思う姿のギャップで表現される。さらに，目標を達成するための活動やツールを含む方略を考えるプロセスがあり，目標達成のための意図的な努力を行うプロセス，そして，得られた成功の度合いを評価し内省するプロセスで構成される。同様に，学習意欲のデザインには，教育者や他の行動変革推進者，あるいは人材開発部のマネージャーなどの夢をかなえることを目的にして，プラスの変化を起こそうとする行動を刺激・持続する狙いがある。より具体的には，人のやる気を変化させるような手順やリソースを準備するプロセスを指す。学習意欲のデザインは，その結果として，インストラクションを学習者のめざすゴールと結びつけること，適切な度合いのチャレンジと刺激を提供すること，そして，学習者の成功または失敗の受けとめ方に影響を与えることに関心を寄せることになる。

　学習意欲のデザインは，学習者の学ぼうとする意欲だけでなく，従業員の働こうとする気持ち，選択したキャリアパスを遂行しようとする気持ち，あるいは，人々の意志の強さ（自己制御力）を高めるために応用できる。また，好奇心を高めたり，肯定的な自己効力感を醸成したり，あるいは，不安感や無力感という感情を打破したりするような，個人のパーソナリティの特定要素を変化させるためにも用いることができる。学習意欲のデザインはシステム的であり，追試可能な原理とプロセスをめざしたものである。この点において，学習意欲のデザインは人間の動機づけに関する科学的文献をふまえている。直感や格言に基づいて，主として感情喚起の領域を対象にした動機づけに関するカリスマ的な講演やワークショップなどとは対照的な立場にある。動機づけに関する講演や他人の動機づけに影響を与えようと試みた人たちの成功要因について，たとえ後づけであったとしても，動機づけ概念を用いて説明・調査することは可能である。カリスマ的なアプローチではすでに成功した個性豊かな個人の分析に依存することが多いが，学習意欲のデザインは，説明力と予測力に重点がおかれるという違いがある。

　本書で扱う学習意欲のデザインにおいて最も重視していることは人々の学習意欲で

あり，より具体的には，学習者の目標指向型な行動を刺激・維持するための方略・原理・プロセス・方策である。学習意欲のデザインに関するさまざまな側面を説明するとき，方略（strategy）と方策（tactics）という概念を明確に区別し続けることは難しいかもしれない。方略は一般的なガイドラインであり，目的を達成するための全体的なアプローチである。一方，方策は方略を実現するために役立つある特定の活動を示す。たとえば，読者の関心をひきつける方略として，人間的興味要因（Flesch, 1948）に基づいたロドルフ・フレンチの読みやすさ原理を体系的・継続的に取り入れることが考えられる。一方で，方策としては，一般冠詞（それらの，彼ら，その）を用いる代わりに特定の用語を取り入れたり，ある会話を引用したりして，「読みやすさ原理」を実現するだろう。本書では，特に学習意欲のデザインのプロセスについて解説する第 8 章から第 10 章において，方略と方策を区別することに注意を払っているが，明確に区別しようとすると時にぎこちない場合もある。その状況では，積極的な動機づけをもたらす活動を意味する用語として，「方略」をより幅広い意味で用いている。

図 2.2 で示すように，学習意欲のデザインは，インストラクションそのものや学習環境などの他の学習への影響要因と独立して起こることはない。学習意欲のデザイン

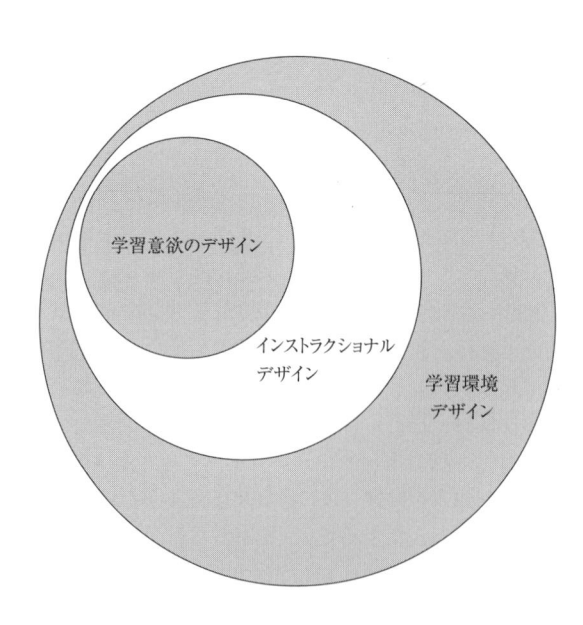

図 2.2 学習環境デザインとインストラクショナルデザインの下位概念としての学習意欲のデザイン

はそれ自体が特徴的なプロセスである。にもかかわらず，インストラクショナルデザイン（ID）のシステム的アプローチと組み合わせて活用され，また，IDに新たな側面を1つ付加するものとして用いられる。インストラクショナルデザイナーのなかには，対象となるインストラクションがよく設計されていれば，そのインストラクションは動機づけもできていると信じている人もいるかもしれない。しかしながら，インストラクションがどんなによく設計されていても，動機づけできていない場合があることを説明するのは簡単である。IDの伝統的な見方では，効率的かつ効果的なインストラクションのためのプロセスと手法を網羅してきたからである。効率とは，学習者が学習に費やす時間，教授時間，教材，そして他のリソースの利用を無駄なく活用する経済的側面である。一般的には，マイナスの影響において以外は，動機づけの側面と関連しているとは考えられていない。もし，ある教授事象が非効率的に時間やリソースを用いた場合は，対象者にとってつまらなく，飽きさせるものになる可能性がある。しかし，実施の効率化を達成しても，そのことで学習者の内発的な興味を増加させることはない。

　効果は，しかしながら，時に動機づけの要素を含むとみなされる。この議論は，もし人々にとって魅力的でない場合，インストラクションが効果的であるはずがないという点にある。だが実際には，インストラクショナルデザイナーは，効果的という言葉を，言外に，学習者が学びたいと思っていることを前提として，ある教授事象からどの程度学ぶことができるのかを示す用語として使う傾向にある。もし，学習目標が明確で適切なもので，教授内容が目標と一致しており，首尾一貫した例示・練習・テストなどが含まれるならば，インストラクションは効果的である。ただし，人々が学習することにやりがいを感じている場合に限り効果的になるが，それは，効果とは独立した別の側面が加わることを意味するとみなされてきた。したがって，IDモデルでは，ガニェの9教授事象の第1事象「学習者の注意を喚起する」要素（Gagné, 1965; Gagné et al., 2005）としてか，もしくは正解に反応する強化を与える要素（Skinner, 1954）として，動機づけの側面が伝統的に扱われてきた。

　ある教育場面のなかで学習者が成功したいと思う願望は，インストラクションそのものから来るものとは限らない。より長期的な目的，所属組織の要求，または他の多くのことに起因しているかもしれない（J. M. Keller, 1983b）。学習者は，認定証，成績や地位の向上，または学びたくはないが早く終わらせたいというような単なる外発的な報酬によって成功するのかもしれない。この場合も，教育効果が確認されたとみなされるだろう。インストラクションは，歯科への通院のようにまったく魅力的でなくても効果的である場合もある。しかしながら，その経験は絶対に必要でない限り避けられてしまう。それに対して，学習意欲のデザインは，インストラクションが内発

的におもしろいものになることをめざすのである。

　他方の対極にあるものとして，インストラクションがまったく効果がなくても魅力的なものになり得る場面がある。特に以下の会話のように教材の魅力が単純にその娯楽性からきている場合がそうである。

　　　子ども：ねぇ，この教科書には，たくさんのおもしろい漫画が描かれているね。
　　　教　　師：そうね。温暖化問題に関して，その筆者はなんといっているの？
　　　子ども：うーん。だんだんと暖かくなること？

　効果的にするためには，動機づけ方策は学習目的の達成を支援するものでなければならない。時に動機づけのための工夫によってインストラクションは楽しく，愉快にさえなる。しかしながら，それらは学習の目的や内容に学習者を引き込むようでなければ，学習を促進するものにはならない。学級経営の手法として，マローン（Malone, 1981）が彼の研究のなかでコンピュータ支援授業における学習と動機づけについて研究したときのように，教師は，学習成果や努力態度に対する外発的報酬として楽しい活動を導入することができる。外発的報酬を利用することで，学習者の科目や教師に対して全体的に好感度をアップすることはできるかもしれないが，報酬自体が学習を促進させることはない。不適切にかつ，頻繁に活用されすぎると，学習者は外的報酬のためのみに作業しようとしてしまい，これらの娯楽的要素は学習者の意欲に弊害をもたらす（Deci & Porac, 1978）。学習意欲のデザインは，単におもしろくさせることにならないように，インストラクションを魅力的にする方法を考えるものである。

　もう1つの重要な区別として，学習意欲のデザインと行動矯正（behavior modification）との違いがある。教師や雇用者は時として，学習能力不足・感情稚拙性・反社会的な態度などのために対人能力がきわめて低い者を相手にする必要がある。これらの問題には，通常，行動矯正の領域に属する解決法が用いられる。もし，その人の行動を変容させることが不可能であれば，その人を除斥することになる。これらの問題の支援策には，カウンセリングや心理的教育，サイコセラピー，雇用専門家などの領域の専門性が求められる。これは本書が扱う学習意欲デザインの領域外であるが，行動矯正に応用される前提概念や動機づけ理論も用いられることになる。学習意欲デザインは，動機づけ状態や特性を改善することによって，改善された行動を導きだすことにつながる場合がある。特に，動機づけ設計者が自己動機づけや自己制御力のスキルを発達させることに注力するときにはその可能性が高まる。しかしながら，学習意欲のデザインは主として学ぶ・働く準備がある程度できている人を対象にしてインストラクションや職場環境の魅力を改善しようと試みるものである。その範囲を超え

るようなより挑戦的な状況でも，ここで紹介する方法と同じものを用いたアプローチが可能かもしれないが，その場合には本書の内容を超えた人間行動矯正に関する専門知識も必要となる。

　より幅広い視点に立って，学習環境のデザインでは，学習者に対して動機づけとインストラクションの両方の影響を与える工夫が必要になる。これらの2つの活動は学習者の目的と潜在的能力のみならず，態度やパフォーマンスに影響を及ぼす文化的・環境的要因を考慮する必要がある。もちろん，効果的・効率的・魅力的な学習環境をデザインすることは複雑な行為である。学習環境をつくりあげていくシステム的な知識としての技術が発展してきてはいるが，デザインして教えるうえでの成功には芸術的な側面（art）も必要である。デザインや教えることの芸術的側面とは，関連知識と経験の両方をふまえたうえでもなお，個人の判断力と問題解決の必要性が存在することを示している。教師や設計者が直面する多くの挑戦は，書籍のみでは解決することができないことである。しかしながら，システム的な問題解決手法と，これまでの総合的な経験や専門的知識をふまえた個人の判断を組み合わせることで解決できるかもしれない。システム的な問題解決プロセスを学習して適用することによって，また，さまざまな問題の種類を見極めて分類する方法を学ぶことによって，人は専門性と判断力を高めていくことができる。本書で取り上げるこのプロセスは，動機づけ問題に対して自動的に解答を導くものではないが，システム的で予測可能な形で，インストラクションと全体的な学習環境の動機づけの質を改善していくことに役立ち得るだろう。

学習意欲のデザインモデル

　学習意欲のデザインモデルは4つのグループに分けることができる（J. M. Keller, 1988, 1994）。最初の3つは人間行動の心理学理論に基づいている。これらは人間中心理論，環境中心理論，そして相互作用説に分類できる。4つ目のモデルは，オムニバスモデルと呼ばれ，より実利的で教育実践に根差し，学習意欲とインストラクショナルデザイン方略の両方を明確に区別することなく取り込んでいる。これらのオムニバスモデルは効果が検証された成功実践の成果に基づいて構築されることが多いが，特定の理論的フレームワークに依拠せず，また，特定の手法やテーマのみに限定されていることがある。

▶ 人間中心モデル

　人間中心モデルは，もとは1つまたはそれ以上の個人の動機づけに関するパーソナリティ特性を扱った心理学的概念や理論に基づいている。これらのモデルの目的は，心理学的調整や学習の促進をめざして，当該のパーソナリティ特性に積極的な変化をもたらすことにある。このアプローチは，1960～70年代における急激な発達や成長があり，「心理教育」(psychological education)と呼ばれていた。フラナガン(Flanagan, 1967)は44万人の高校生を対象に調査を行い，高校が生徒の個人的・教育的・社会的発達を含む自分の行動に対する自己責任の感覚を発達させることに失敗していることを報告した。このような証拠は，職業的・学術的スキルの教育を補完して，生徒が将来によりよく準備できることをめざした心理教育の発達に貢献した。アルシューラ(Alschuler, 1973)によると，心理教育科目のなかで用いられた手順には4つの共通目的が存在した。この「科目」という用語は，単独開催のワークショップから通常の数学・国語などの科目の一部にまで及ぶさまざまな教授単位として用いられている。

1. 最初の目的は，好奇心とファンタジーを刺激することを含む手順についてである。この文脈では，ファンタジーとは，今とは違うことをやっている自分自身や目的を達成している自分を想像することなどを含む。
2. 2番目の目的は，単に認知的に学ぶ代わりに，参加者が新しい方法で考えたり行動する経験をする活動を描いたものである。ゲームやロールプレイ，シミュレーションなどが用いられる。
3. 3番目の目的は，感情発達に焦点をあてている。学習者は感情的な反応を刺激する経験に没頭し，自分たちの感情をどのように把握し，制御するのかを学ぶ。自己決定力を育てたり，成熟に達するために必要な要素である（Goleman, 1995)。
4. 4番目の目的は，学習者が今・ここに生きることを完全にそして集中して学べるように支援する。心理療法研究では，人は過去にとった行動に対し後悔したり将来の出来事を心配するのにどれぐらいの時間を費やすかが報告されている。カバットジン(Kabat-Zinn, 1990)はこれを「完全カタストロフィー生活」(full catastrophe living)と呼んでいる。しかしながら彼が指摘しているように，過去の出来事は変わることがなく，恐がっている出来事の大半は現実には起こらない。よって，過去の出来事に終止符を打ち，可能な限り将来について計画する一方で，現在に集中するほうがきわめて健康的である。これによって，感

情的に集中してオープンな気持ちで学習に向かえる自由を獲得することができる。この「感情に満ちた生活」（mindfulness living）の概念は，85歳の女性の次の言葉によって美しく表現されている（Kabat-Zinn, 1990）。「あぁ，私は私の時間を生きた。もし人生をやり直すのならば，同じ時間をもっと多く持ちたい。他のことは何もほしくない。将来のために日々を過ごすのではなく，毎日毎日その時を生きていたい」(p. 17)。

人間中心モデルの例に，マクレランド（McClelland, 1965）によって考案された成人向けの達成動機を高めるための動機内面化プロセスがある。アルシューラ（Alschuler et al., 1971）によって学校環境でも応用されている。達成動機は目的に挑戦しようという気持ちを持つという特徴があり，時として，競争意識も含まれる。営業部門などの競争的な環境で働く人や起業家たちは，通常，高い達成動機を持つ。マラソン選手が自己新記録でのゴールをめざすように，自分で設定した最高基準を達成したり，他の誰かに勝つことを願う気持ちとして表れる。他者との戦いというよりは，自己との戦いになる場面もみられる。達成動機を示唆するほかの指標としては，長期間をかけて達成目的へ向かうプロセスのなかでよい成果を出したいと思ったり，発明家や研究者のように何かユニークなことを行いたいと思う気持ちなどもある。

マクレランド（1965）による成人の達成動機を発達させる膨大な研究をふまえて，アルシューラ（Alschuler, 1973; Alschuler et al., 1971）は青年期における達成動機開発モデルを考案した。彼のアプローチは，動機を覚醒化して内面化するための6つのステップで構成されている。

1. 注視する：中程度の目新しい変化によって，学習者の関心をひきつけ，持続する。
2. 経験する：動機に関連する考え方・感情・行動をみずみずしく経験させる。
3. 概念化する：動機の構成要素を記述・解説することで，学習者が概念化の方法を学ぶことを支援する。
4. 関連づける：動機が，彼ら自身のイメージや，基本的な動機，そして生活での要求にどのように関連しているかの概念化を支援する。
5. 応用する：学習者に動機を活用する機会とガイダンスを与え，それに伴う感情や考えを経験させる。
6. 内面化する：学習者が動機をより自発的にそして個人責任において実行するような機会を継続的に提供しながら，徐々に支援を減らしていくことで動機を内面化させる。

通常，このプロセスはワークショップで教えられる。さまざまな自己申告による評価やリフレクション活動，動機に関連する参加者の行動を経験させるためのゲームなどで支援される。たとえば，達成動機を示すために用いられる典型的なゲームに「輪投げゲーム」(ring toss game) がある。参加者は目標を提示され，自分のゴールと挑戦レベルを設定し，ゲームを遊び，その結果を内省的に解釈する。このゲームはさまざまな形をとるが，その基本形は，1つのポールにできるだけ多くの輪を投げることが目的だといわれる。参加者には4〜6つの輪が与えられ，どれぐらい近くまたは遠くから投げるかは自由に選択できる。論理的に考えれば，成功する確率を最大にするためにはポールの目の前に立ち，上からリングを落とすことが一番であり，実際にそのようにする人もいるかもしれない。しかし実際には，多くの参加者はポールから数フィート離れたところから投げることを選択し，実際に投げてみた結果にあわせて距離を縮めたり伸ばしたりする。このことは，人々が挑戦の度合いを中程度に加減したがるという達成動機を表している。このゲームやその他のものにはいくつかのバリエーションがあり，報酬や競争を追加することがどのように参加者の目的指向や決定に影響を与えるのかを体験することができる。

　達成動機と学習成果との関連性は常に明らかではない。特に，外から課された基準に従うコンプライアンス状態で成果を出すことが求められることが多い学校の授業では，両者は直接結びつかない。このような状況では，成功したいという気持ちが達成動機にとって代わる。達成動機は，自律性をある程度行使できる環境で活性化される。自分でゴールを設定して，達成基準を自分で定義し，目的達成に必要なリソースを制御することができる機会が不可欠である。また，一度に複数のタスクを実行しようとするときに，状況は複雑になる。複数のタスクに同時に取り組むことはよくあることだが，動機づけが高まるに従って，2番目のタスクの成果は下がり，1番目のタスクの成果は上がる傾向にある (Humphreys & Revelle, 1984)。

　学習者の態度と習慣の形成と直接的に関連してパフォーマンス改善に役立つ心理教育のもう1つの領域に，意志 (volition) がある。意志は，自己制御 (self-regulation) とも呼ばれ，これらの2つの用語は本書で同じ意味合いで用いられる。これは公式な形の心理学的な構成概念ではないが，目標を達成するために努力し続けることに関連する行動と態度全般を示す概念である。内発的に動機づけられたゴールや個人的に重要なゴール達成の道具となる外発的に迫られた要求を持つことと，妨害や落胆に抵抗して設定したゴールに向かって努力を続ける行動をとることとは別のことである。ここでいう後者の「別のこと」が，意志という概念に統合されるものだが，異なる理論によって少しずつ異なる方法で表現される。よく知られているモデルの1つに，「行動制御方略」(action control strategies) と呼ばれる以下の6つの方略をリストしたクー

ル（Kuhl, 1984, 1987）によるものがある。タスク指向性を維持するために用いることができる。

1. 選択的な注意：「意志の保護機能」（Kuhl, 1984, p. 125）と呼ばれており，競合する行動傾向についての情報処理過程を抑制することで現在の意図を保護する。
2. 符号化の制御：現在の意図と関連する刺激を選択的に取り入れ，関係がないことを無視する選択的符号化で「意志の保護機能」を助長する。
3. 感情の制御：感情的な状態を管理するために，現在の意図を支援するような感情を許容する一方で，悲しみや誘惑などの現在の意図を台無しにするような競争的意図を抑える。
4. 動機づけ制御：もともとの意欲傾向が強くなかった場合（「本当はやりたいというわけではないけど，しなくてはいけない」というような場合）に，現在の意図の突出度を維持・回復する。
5. 環境の制御：制御不可能な気を散らす要因を除外したり，どんな計画をしているかを他者に伝えるなどの社会的なコミットメントをすることで中止が困難な状況を自らつくりあげ，現在の意図を保護する環境を構築する。
6. 控えめな情報処理：いつやめるべきかを知り，どれぐらいの情報量で十分かを判断し，現在の意図を支援する積極的な行動を維持するような決定を下す。

　クールの行動制御理論は，自己制御行動を確立し，維持するための妥当な方略を提供できることを証明している（Kuhl, 1987）。しかし，このアプローチに関する研究の大部分は実験室内における心理実験的な研究であり，不適応行為を扱ったものが多い。特に子どもを対象にしたもので，学習環境に直接的な関係がある研究としては，コルノ（Corno, 1989）とジマーマン（Zimmerman, 1989）によるものがある。
　たとえば，コルノとランディ（Corno & Randi, 1999）は教室内での自己制御学習のためのデザイン理論を提唱した。彼らのアプローチは，科目設計に統合された要素として自己制御スキルの方略に学習者が自然に接するように単元のインストラクションを設計することによって，学習者に自己制御スキルを身につけさせようとするものである。1つの研究では，冒険の旅についてのテーマ的な課題を取り扱った文学の授業が対象になった。学習者はホメロスの叙情詩「オデュッセイア」から，冒険の旅を成功裏に終わらせたオデュッセウスの行動を分析した。学習者によって作成されたリストは，自己制御行動に関するコルノとランディの5つの指標ととてもよく合致していた（表2.1）。これらはまた，クールの行動制御方略や自己制御方略の他の特徴に

表 2.1 自己制御方略と事例

自己制御方略	冒険の分析に見られた該当方略の例
メタ認知的制御	・計画 ・モニタリング／基準設定 ・進捗の評価
動機づけ制御	・集中／ポジティブシンキング ・耐久性／自己依存
感情の制御	・可視化／心的イメージ
タスク状況の制御	・資源利用／魔法 ・自分の器用さを活用／策略
タスク設定における他者制御	・友人の手を借りる ・手下を制御する

類似していた（Boekaerts, 2001）。

　学習者がこの活動を自分の生活に転移できるようにするために，コルノとランディは学習者に彼らが経験した探求について説明するエッセイを書かせるフォローアップ活動を実施した。自己制御方略の証拠を見つけるために学習者のエッセイを分析したところ，10人中9人の学習者が彼らのエッセイのなかで少なくとも8つの事例を含めて記述していることを確認した。学習者はこの革新的な教授アプローチから肯定的な結果を得ていた一方で，新しい経験のなかでその方略を活用したという確認ができなかったのが本研究の限界である。しかしながら，このデザインモデルは発見学習的なアプローチを用いて開始し，そのあとに，自己制御学習者の特徴をより明示的に調査した段階に移行していった点が興味深い。

　コルノとランディのアプローチは，アルシューラによるものとは異なったが，この人間中心モデルの2事例は同じような目的をめざしていた。両者とも，学習者の自己依存や達成力を向上させるために，意欲や意志に関する態度や習慣を育てる支援をめざしたものであったといえよう。

▶ 環境中心モデル

　環境中心モデルは，行動は環境の影響に対する有機体の反応として適切に説明され得ると仮定する行動主義心理学の原理に基づいている。この観点から，動機づけの概念をスローンとジャクソン（Sloane & Jackson, 1974）は，「ある刺激物や事象の存在が，ある行動の発生または不発生に影響する程度である」（p. 5）と定義している。認知や感情などの内的状態には言及されていない。動機づけに影響を与えるおもな方法は，

心的な欠乏（deprivation）と飽和（satiation）の操作を通じたものである。人々が嫌がるまたは，成果が得られない行動よりも，心地よい，好ましい結果を得られる行動を繰り返す傾向があるということは，すでに確立された原理である。さらに，心地よい結果は通常，望んでいるよりも少なめにしか得られていなかったものを得たときか，現在得られているよりもそれ以上に望んでいるものを得たときに感じることがわかっている（Premack, 1962）。心的飽和は，その人がこれ以上望まないものを受け取ることから起こる。したがって，もしある教師が，生徒が好ましい行動を示すまでは肯定的な個人称賛を与えないようにした場合には，その生徒は無視されたり好ましくない結果となるような行動よりも，その好ましい行動を示そうとするだろう。しかしながら，もしその生徒が好ましくない行動を人の関心をひく手段として用いているのであれば，教師はその生徒に対し，好ましい別の行動を過分に注目して強化し，好ましくないその行動を無視することで，心的飽和を用いることができる。これらの例は，現実の設定をかなり単純化したものではあるが，基本となる原理を表している。

随伴性マネジメント（contingency management）の原理を組み込んださまざまな行動変容モデル（Gardner et al., 1994; Medsker & Holdsworth, 2001）が存在する。それらの大半は次の5つのステップを含んでいる。第1ステップは，変化させたいと思う行動を定義することであり，次のステップは，介入を開始する前に発生の頻度を測ることで基準値（ベースライン）を定めることである。3番目は強化の随伴性を計画することである。これは，望ましい行動の発生または未発生を基準にした結果管理のパターンをつくることを意味する。4番目には，プログラムを実施し，そして最後は基準値と比較して行動の頻度に条件を満たすだけの変化があったかどうかを判断する評価である。しかしながら，これらの原理は，行動変容一般に適用されてきたが，インストラクションや学習に特化して適用されてはこなかった。

プレッシー（Pressey, 1926）やスキナー（Skinner, 1954, 1968）の業績によって，学習環境におけるインストラクションと動機づけにこれらの原理のシステム的な適用がもたらされた。おそらく最も著名なのはスキナーであり，動機づけ設計と呼べる形で教育へこれらの概念を適用した（Skinner, 1968）。しかし，彼のアプローチの学習理論要素と動機づけ要素は，はっきりとは区別されてはいなかった。スキナーの研究の一番の成果はプログラム学習と呼ばれており，IDと動機づけ設計モデルを組み合わせたものである。正しい反応に伴って即時的な正の強化を与える動機づけ原理を用い，可能な最大限に正しい反応を確実に生起させるために構造化されたインストラクションを必要とした。この初期研究は多くのID原理の開発につながった（Markle, 1969）一方で，結果の知識を提供する形式をとった肯定的な強化の役割に関する説明についての根強い問題が残った。学習を強化し，また，動機づけ的な報酬効果がある

とみなされたが，学習と動機づけに対する強化とフィードバックの影響を支持する研究成果は得られなかった。トスティ（Tosti, 1978）は，動機づけと矯正的フィードバック（corrective feedback）を区別し，それぞれに最適な時期を明らかにすることで，この点を明確にした。

　主として学習意欲に焦点をあてた強化原理に基づく動機づけ設計モデルとしては，フレッド・ケラー（Fred Keller, 1968）による個別化教授システム（Personalized System of Instruction: PSI）が最もよく知られている。PSIは，プログラム学習と，他の教授活動，そして教授管理システム一式を組み込んだものである。自分のペースで進めることが可能であり，学習者が準備ができたと思った時にテストを受けることができ，1回目のテストに成功しなかった場合は，再受験することができる。PSIはその初期には大学の教員・学習者双方にとって魅力的なシステムであったが，かなり効果の高いIDの1つである（Kulik et al., 1979）といわれながらも，実践を重ねるにつれてさまざまな問題が生じた。たとえば，教員にとっては，高品質の教材を開発するには予想以上の時間がかかり，授業を教室で実施・管理するのが予想以上に大変であることに気づいた（Gallup, 1974）。学習者のなかには，自分たちの作業を終わらせるために，適宜自己ペース学習の利点を活用した者もいたが，他の多くの学習者は，やるべきことを先延ばしし，成績は不振だった（Gallup, 1974）。つまり，成果向上のための道具的動機づけとして入手可能な外発的な強化が，多くの学習者の行動を刺激するのに十分ではなかったといえる。教員は，締め切りを先延ばしにしがちな学習者対策に役立つ締め切りや他の制御を設けなければならなかった。

　異なるアプローチとして，スローンとジャクソン（Sloane & Jackson, 1974）は条件づけと強化の基礎概念がどのように学習者の動機づけを制御するのに用いられるのかを解説したモデルを提唱した。このモデルは，学習者を外発的強化システムから内発的な報酬条件へどのように移行させるのか説明を試みたものである。内発的動機に対して外発的制御が潜在的に否定的な影響を与えることを考えると（Lepper & Greene, 1978），ある意味挑戦的な試みといえるが，学習者側に内発的な動機づけが最初になかった場合，成功する見込みもある。デシとライアン（Deci & Ryan, 1985）は，本書の第1章などで紹介しているように，自己決定理論と関連させて，より包括的な設計プロセスを考案した。内発的動機づけを促進することに加えて，外発的動機づけを異なるレベルで内在化するものである。

▶ 相互作用中心モデル

　相互作用中心モデルは，個人的または環境的条件のどちらも人間の動機づけについ

て説明・理解するために十分な基礎を提供するものではないという仮説に基づいている。社会的学習理論または期待×価値モデル（J. M. Keller, 1983b）とも呼ばれる本アプローチにおいて，人間の価値と生得的な能力は環境状況と互いに影響しあっているとみなされる。現在，相互作用中心モデルは，人間の学習と教育文脈における動機づけの研究においておそらく最も幅広く用いられている（Eccles & Wigfield, 2002; Pintrich & Schunk, 2002）。ハントとサリバン（Hunt & Sullivan, 1974）は授業スタイルや称賛の用い方（Brophy, 1981）のような社会的要素を含む行動に対する環境的な影響を用いて，個人の特性と環境が行動に与える影響に焦点をあてた動機づけ研究の理論と論考をまとめている。

期待×価値理論の一般的な文脈において，ド・シャーム（deCharms, 1968）が価値要素としての達成動機と期待要素としての個人的因果付与（personal causation）という2つの主変数を用いて応用的なモデルを開発した。ド・シャームのモデルはマクレランドとアルシューラ（Alschuler, 1973; McClelland, 1965）の研究にならってつくられているが，個人的因果付与の概念を含むことによって，相互作用モデルとなっている。学習者がより高い自信を持ち，自分の運命を変えられるという気持ちが持てるように，個人の行動を変化させることに主眼がおかれている。一般的なIDプロセスにおける多くの動機づけ方略を含んでいる。

ウロッドコウスキー（Wlodkowski, 1984）は動機づけに対する包括的な応用アプローチを提案している。彼は人間主義的・行動主義的原理の両方を含む多くの動機づけ要素を提案し，動機づけ方略を態度・ニーズ・刺激・感情・能力・強化の6つに分類した。また，これらの6分類を，レッスンまたはモジュールの開始時・実施中・終了時に行うものに分類するプロセスモデルにあてはめた。このモデルは要素の論理的構成を拠り所にしており，統合的な理論的基盤は持っていない。モデルには，成人教育レベルと併せて中学・高校レベルの多くの動機づけ方略に関する具体的な説明が含まれている。

本書の基盤となっているモデル（J. M. Keller, 1983b）は相互作用中心モデルであり，期待×価値理論・強化理論・認知評価理論に基づいている（図1.2）。これらの理論は，それぞれがいつそしてどのように努力・成果・満足感と関連しているのかに基づいて，システム的に配置・統合された。このモデルは，注意・関連性・自信・満足感（ARCS）の動機づけ変数の4分類を含んでいる（J. M. Keller, 1987b）。これらの分類は，動機づけ概念と研究の包括的なレビューと統合から導き出された。ARCSモデルの代表的な特徴は，動機づけ概念を4分類に統合することに加えて，どのような方略を用いればよいかを決定するために学習者分析を用いる，システム的なデザインプロセスである（J. M. Keller, 1987c, 1999）。ある教授系列における特定のポイントにおいて用い

るための特定の方略を処方するアプローチとは対照的な方法である。

▶ オムニバスモデル

　オムニバスモデルは，与えられた教育目的を達成する完成された解決方法として説明するのが最適である。これらのモデルは本来動機づけ設計モデルではないが，動機づけ方略のすぐれた例を提供しているのでここに含めている。理論的土台を持っている場合もあるが，基本的には特定のタイプの教育目的を達成するために設計された授業方法と学級経営を含む完全なシステムを組み込んだ実利的なものである。動機づけ方略はこれらのモデルの全体に盛り込まれているが，通常は動機づけのためのものとして，強調されたり，ラベルづけされたりはしていない。その代わり，それらは機能的分類のなかで小見出しとしてリストされている。たとえば，これらは注意をひきつけること・価値を明確化すること・進捗を管理すること・実績に値する報酬を与えることなどである。

　ジョイスとワイル（Joyce & Weil, 1972; Weil & Joyce, 1978）とその他の研究者（Medsker & Holdsworth, 2001）は，オムニバスモデルを集めた書籍をまとめた。彼らはモデルの目的によって，社会的相互作用・情報処理・個人的成長・行動変容の4つの分類にさまざまな教授モデルをまとめ，首尾一貫したフォーマットを用いて紹介している。これらのモデルの例としては，社会調査：社会科学のための調査モデル，調査トレーニングモデル：情報としての理論構築（子ども向け理論構築と科学的調査法の教育），そして，統合：創造性を養うモデルなどがある。

　この分類には学習環境設計の構成主義的アプローチが多く含まれている（Duffy et al., 1993）。意味のある，文脈化された知識体系を学習者が構築できるために，どのように支援できるかという点に焦点をあてている。彼らの関心は，真正な学習経験を開発することにあり，そのなかには，宣言的知識などを含む低いレベルの学習が個人的・社会的に価値ある概念理解の構造・問題解決スキル・複雑な認知的スキルに統合されることを含む（Van Merriënboer et al., 2003）。

◯ プロセスとモデル：全体的・システム的アプローチの利点

　これまでの動機づけ設計モデルの多くは，ある特定の動機づけ概念や理論に関する手続き的ガイドラインか，変数や成果物相互の関係を描いた構造モデルであった。言い換えれば，これらは動機づけ問題を解決するある特定のアプローチを表しており，

逆にいえばある特定の状況における動機づけ目標を達成するためのアプローチであった。しかしながら，学習意欲のデザインは，「デザイン」という言葉に重きをおいて，システム的な分析と問題解決として一般化可能なプロセスとしてとらえることができる。システム的な観点からみると，学習意欲の特性と状態とは多くの重なりあうそして相互に影響しあう下位システムや上位システムから影響を受けている。そのことについては，人の学習意欲そのものが多次元であるといえよう。たとえば，ある授業での子どもの意欲には，学ぶことへの意欲の他にも，他者に影響を与えること・他者から好かれること・関心を避けることなどが含まれているかもしれない。これらの学習意欲は，家族や文化，友人や教師などのロールモデル，あるいは，気温や騒音などの物理的環境や，刺激の豊かさを含む教室環境の特徴，そして授業の目的や内容の明確さや挑戦レベルなどさまざまな要因によって影響を受ける。これらの学習環境のすべての要素とその文脈をシステムモデルのなかに描き，それらの動機づけとその成果に対する影響に関して研究することが，原理的には可能である。そして，これらのさまざまな要素間の関連性に関する理論と研究の成果は，原理的には，システム的な視点のなかに組み込むことができる（例として J. M. Keller, 2008b を参照）。

● 動機づけに関するデザインの挑戦

　学習意欲のデザインに関する研究と実践に対する正式なアプローチを生み出すには多くの課題が存在しているが，そのうちの2つが興味深い。最初の課題は意欲の本質である多次元性である。この点に関しては，多くの要因がかなり不確実である。能力などと同じようにほぼ確定的であり，予想可能な人間の特徴のような要因も，意欲にはある程度はある。たとえば，人はかなり安定した方向性や動機のプロフィールを持つ。たとえば，高い達成動機を持つ人は，高い親和動機を持つ人や達成動機の低い人に比べて，より困難な種類の活動を好む確かな傾向がある。しかし，与えられた状況において高い優先度であるとみなされる場合や，物理的な安全性が求められるような場合には，達成動機が成功や安全への動機にとって代わられることもあり得る。一方で，その他の動機づけの側面はとても変わりやすい。たとえば，講義に完全に集中している人でも，思いもよらなかった雑音やまわりの人からの干渉によって簡単に集中を邪魔されることもある。さらに，意欲の強さはとても短時間に激しく変化する。この強度の変動または喚起のレベルは学習成果との間に山なりの2次曲線を描く関係を持つ傾向にある。低いレベルの喚起は，興味が不足し，退屈で，低いレベルの努力しか生み出さず，低レベルの学習成果を生む傾向にある。動機づけや喚起の増加によっ

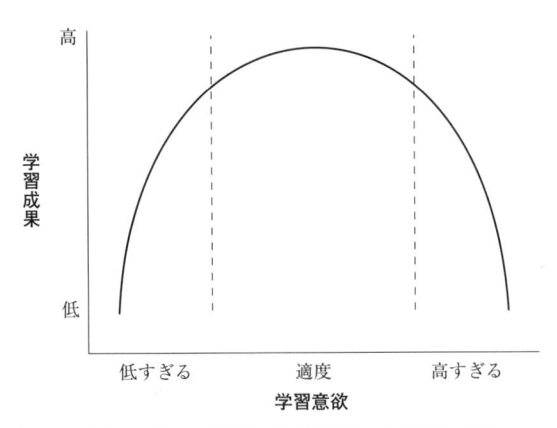

図2.3　喚起・意欲と学習成果との曲線的関係

て，学習成果の量や質が向上するが，これは最適水準のときまでに限られる（図2.3）。最適水準を超えても，意欲が増え続ける場合には，学習成果は悪化し始める。これは最適な喚起状態を境にして，退屈な状態から，不安状態へ移行することを意味する。カーブの両端では学習成果はあまり高くない。この関係性の発見は，通常ヤーキスとドッドソン（Yerkes & Dodson, 1908）によるものと考えられており，「逆U字カーブ」またはヤーキス・ドッドソンの法則と呼ばれている。意欲のなかに組み込まれている概念の多様性は，多くの構造変数の変化性と学習成果に対する曲線をなす関係性と相まって，学習意欲のデザインモデルを開発しようと思うすべての者にとってきわめて大きな課題を投げかけているのである！

　第2の問題点は評価に関することであるが，これは前述した課題と密接に関連している。学習意欲の機能的かつ全体的な理論を得ることが難しいのと同じように，学習意欲のデザインに影響する重要な要因それぞれを測ることは難しい。なぜなら，少なくとも4つかそれ以上の変数を考慮する必要があるからである。まず第1は，意欲に関係する人間の特性についてであり，2番目は動機づけに影響すると考えられる設計方略である。3番目は動機づけ設計の効果に影響する可能性がある社会的・環境的な条件についてであり，4番目は特定の問題を提起する「もたらされる結果」である。動機づけ研究の従属変数として，学習成果の変化のみが取り上げられる場合がある。しかし，より直接的に意欲を測定する方法として，努力を測定するのがよい。たとえば，1つの課題に対して費やした時間など努力の量，努力の密度，反応までの時間などは直接意欲を測る評価方法である。一方，学習成果の達成度は間接的な指標であり，能力・前提知識・ID要素などの動機づけ要素以外の多くから影響を受ける。評価の

問題と有効な調査法の事例は第11章で，特定の構成概念に関する評価法は第4章～第7章にて取り上げる。

▶ 動機づけ問題の定義と独立化

動機づけ問題については，詳述することなしに単に「動機づけの問題」として提示されることがあまりにも多すぎる。しかしながら，学習意欲には多くの要素があり，学習意欲のデザインの主たる課題は，与えられた状況で解決の難しい具体的な動機づけ要素が何であるかを特定することにある。本書で取り扱っている学習意欲のデザインプロセスの主要な部分は分析段階である（第8章を参考のこと）。分析段階のなかで，第4章～第7章で紹介している意欲の構成概念は学習者の動機づけプロファイルを診断するための基盤として用いられ，学習者の意欲が与えられた状況で十分であるかどうか，不足がないかどうかを見極める方法となっている。不足があれば，その点が動機づけ問題を解決するために方略を適用する対象となる。また，「逆U字カーブ」は，学習者の意欲が低すぎるのか，それとも高すぎるのかを特定するための手がかりとして用いられ，分析の基礎となっている。このように，意欲概念全体を対象として修正・向上しようとするのではなく，学習意欲の特定の部分を切り出して問題点を明らかにすることで，より効果的な方略を設計できるようになる。

▶ 変化させるのは個人か環境かを決定する

学習者の意欲を向上させるためには，学習者の態度や習慣を変化させる方法と，環境状況を変化させることによって学習者の持つ特徴に環境を順応させる方法の2つがある。これに対応して，心理学的な論派や教育哲学には，人間主義の理論のように，個人に焦点をあてるものもあれば，教示主義理論や行動主義指向のように，学習を促進するために環境的要素や状況に焦点をあてるものもある。前述したように，本書は，他の人間行動と同様に，学習意欲は内的な心理的・生理的状態によっても，環境による刺激や条件によっても影響されるとみなす「相互作用的アプローチ」を採用している。人間の特別な能力・動機・教育または生涯のゴール・エネルギーレベルなどが，ある局面での意欲に影響を与えるであろう。それと同じように，取得可能な情報源・明確なインストラクション・公平な評価・教育方法の多様さなどの環境的影響もまた，学習意欲に影響を与えるであろう。

学習意欲のデザインプロセスのゴールは，学習者と学習環境の分析を受けて，学習者の特徴に学習環境を順応させるか，それとも学習者自身に望ましい変化をもたらす

かのいずれかを目的とした方略の開発へとシステム的に導くことにある。表現を変えれば，学習者全員がまったく同じ学習スタイルを持つように変容させることをめざすのは無理な話であり，かつ機能的でない。つまり，学習環境は異なる学習スタイルに適応するように設計されていなければならない。一方で，好ましい学習習慣を持たない人に自己制御能力を発達させる場合などのように，その人にとって大きな利益となる改善が見込めるとするならば，その人個人を変化させることが望ましいであろう。しかしながら，両者の関連性には他の場面もある。感情的，神経的，あるいは他の障害を持つために効果的に自己制御能力を発揮することができない学習者集団の場合，締め切りを頻繁に設けたり，より綿密に見守ったり，「動機づけメッセージ」を活用するなど，彼らの持つ問題を補うための学習環境を設計することが望ましい（Visser & Keller, 1990）。学習者の適性と教育方法の間の相互作用の種類については，クロンバックとスノウ（Cronbach & Snow, 1976）により精力的に研究され，包括的な研究成果が公開されている。彼らは，ほとんどの場合に，視覚的または言語的な情報を好むというような，学習スタイルの差異に基づいての支援は行われていないということを発見した。なぜなら，さまざまな学習スタイルに適応する複合型のアプローチを1つデザインするほうが簡単だからである。たとえば，スタイルの異なる学習者に向けて異なる学習環境を用意するよりは，視覚情報と言語情報の両方を含む学習コンテンツを設計するほうがより簡単であり，多くの教員が実際それを行っている。しかしクロンバックとスノウ（1976）は学習者の意欲の違いに適応する代替的なアプローチを開発することには将来性があると結んだ。

学習意欲のデザインの限界

　システム的な学習意欲のデザインプロセスはとても効果的であるが，このプロセスを実施するときには考慮すべき限界と課題がある。その1つは，学習意欲に対する責任を担うかどうかという教師とデザイナーの態度である。多くの教師は，自分たちの責任は授業の内容とスキルを効果的に教えることであり，自分で学ぼうとするかどうかは学習者の責任だと信じている。教師は学習者の意欲を制御することはできない，つまり，学習者が学びたくない時に学習することを強要することはできないという。これは真実であるが，あまりにも単純化しすぎている。教師は学習者の意欲を制御することはできないが，それに影響を与えることはできる。教師は学習者が学びたいと思う気持ちを活性化させることもできるし，学習者のやる気を失わせることもできるのだ。教師の熱意や努力のおかげで，また教師が学習者に個別の注意を向けたことで，

学習者がその教科に関心を持ったという事例は数え切れないほど存在している。逆にその教師が厳しかったり，退屈だったり，その教科や学習者に関心がなかったためやる気や自信を持つことがかなり困難だった学習者も相当な数存在する。

　教師や研修担当者が学習者を動機づけるという課題を自分のものとして受け入れるためには，彼らの責任範囲をしっかりと理解する必要がある。学習意欲には多くの側面が存在するため，動機づけの問題は多様である。動機づけは，人間の生活に関するすべての局面に現れる。1人になりたい，あるいは，集団で過ごしたいという欲望，関係を築きたいという興味，職業の選択，権力を容認すること，学ぶ意欲，自己認識や自尊心，自己管理力，そして生きようとする気持ちにまで影響を及ぼす。教師として，学習者の意欲のすべての領域においては影響を与えることはできないかもしれないが，いくつかの領域には影響を与えることができるだろうし，また影響を与えることになるだろう。

　教師の動機づけについての責任の大きな枠組みのなかで，教師が共通して直面する3つの領域がある。学習者が協調しようと思う気持ち（すなわち「教室での態度」），学ぶ意欲，そして自己認識力の3つである。最初の領域である「教室での態度」は，肯定的な学習環境をつくるために教師は教室での学習者の態度を管理しなければならないため，重要である。2つ目の領域は，学習意欲と呼ばれ，教授と学習の中心に位置づけられるものである。最後の自己認識は，より難関な領域である。教師は肯定的な自己認識をつくりだすように支援することができるが，動機づけについて個人的に問題を抱えている学習者に対する支援はできない。通常，学内カウンセラーや学習者の生活にかかわる他の大人，たとえば両親・友人・セラピストなどにこの領域の責任がある。考慮すべき動機づけ領域の全体像に対して，本書では基本的に2番目の学習意欲を対象としている。学びたいと思う気持ちに影響する学習者の内的特徴や肯定的な学習環境をつくるために教師によって用いられるような動機づけ方略を扱う。

要約　人のやる気に変化をもたらすアプローチは数多く存在している。マクレランド，アルシューラ，そして ド・シャーム（Alschuler, 1973; deCharms, 1976; McClelland, 1965）が実践してきたような，個人のパーソナリティに変化を起こすような臨床的な手法から，人の基礎的動機構造を変化させたり，あるいはウロッドコウスキー やケラー（J. M. Keller, 2008a; Wlodkowski, 1999）のように学ぶ意欲を維持・刺激する学習環境を構築することを対象とした設計モデルまでの幅がある。これらのモデルは個人中心・環境中心・人と環境との相互作用中心のモデル，さらに

ある特定の目標指向学習環境を支援する動機づけと教授方略の組み合わせからなるより統合的なオムニバスモデルとに分類される。これらのアプローチはいずれも実現可能で，妥当性を支持する証拠を持つ。それぞれは特定の目的を持ち，適切に用いられれば通用することが証明されている。

　いかなるアプローチの成功も，学習環境全体のなかにどれだけよく統合されるかに影響される。システム的視点を適用することによって，うまく適用され，繰り返し持続するイノベーションとなるために，大きなシステムのなかにある考慮すべきすべてのサブシステムを特定することが可能になる。たとえば，あなたがある学級や学校の生徒を対象にして達成動機に関する訓練プログラムを実施するときには，もし家族や社会文化的な環境が個人のゴール設定と競争を支援するものでなければその効果は減少・消滅してしまうだろう。1990年代のはじめに，インドネシア政府が「公開大学」を始めて，定員が少ない既存の大学に行けなかった多くの人たちに高等教育の機会を与えた。このことで，多くの学習者が登録し，教材を受け取り，各自のペースで個別学習に取り組むことができると期待された。しかし，このシステムを実行する初期に大きな問題があった。インドネシア社会では，何をやるにもみんなでいっしょに協力して行うというやり方がより大きな文化的な背景から導き出された慣習として存在した。突然，そんななかに完全に個人的な環境が登場し，自分でゴールやスケジュールを設定してそれを実行することが求められた。伝統的な達成動機のプロフィールが崩れ，この大学が成功するまでには数々の変化が必要であった。

　この事例は，学習者分析が学習意欲のデザインにおいてどんなに重要であるかを示している。学習意欲にシステム的な影響を与えようとするときには数多くの課題がある。そこに内在する意欲の特性を見極めることが大切であるが，学習者間の意欲のダイナミックスを理解することなしには，設計プロセスはさらに困難を極める。人は他の多くの場面と同じように，学習に関しても忙しく，ゴール達成に最も近い直接的な道を模索している。学校などのように，意欲の多くが外発的である場合には特にそれがよくあてはまる。よって，学習者は学習目的との直接的な関連が見えないような単なる動機づけのためだけの活動には，拒否反応を示すものだ。特に大人を相手にした学習環境ではこのことは強くあてはまる。たとえば，職務に直結する新しいスキルややり方を学ぶ目的で専門家が参加する短期間のコースでは，学習環境における社会的な人間関係を構築するためにとても重要であると感じられない限り，長々としたウォーミングアップやアイスブレイク活動は敬遠される。し

かし，そういう経験がめずらしく，むしろ互いを知り合う活動が学習目標と統合されている場合には効果を発揮する。たとえば，ワークショップや科目の内容に関連する過去の経験や挑戦を思い出して語りあうようなセッションは有効である。参加者どうしが互いに知り合うだけでなく，セッションの結果をファシリテータが活用しながら，研修の内容や目的を説明するために役立てることができる。

　人間の意欲は複雑であり，それに関連する概念や設計方略は数えきれないぐらい存在する。しかし，この概要をつかみ，それを動機づけ設計と方略創出のシステム的なプロセスに仕上げ，予測可能な形で学習者の意欲に影響を与え，より魅力的な学習環境を設計することは可能である。次章からは，そのプロセスについて述べていく。

第3章 学習意欲をデザインする ARCS モデル

本題に入る前に……

学習意欲をデザインする方法を教えるときに，よく出す課題がある。学習意欲が高かった経験と学習意欲をデザインすることの差についての主要な論点を明らかにするうえで，この課題が役に立つ（図3.1）。

これまで出席した授業のなかで一番興味を持ち，学習意欲の高かった授業が終わった時のことを思い出して，次の刺激に対して回答してみよう。

　　　　　私が好きだったこと［クラスへの私の関心をひきつけ・維持したもの］
　　　　　は……
　　　　　1.
　　　　　2.
　　　　　3.
　　　　　4.
　　　　　5.

今度は，あなたが今までにとった最も退屈で，おもしろくない，学習意欲が低かったクラスが終わったと想像して，その原因を考えてみよう。

　　　　　私が好きまなかったこと［クラスで私を退屈させたりいらだたせたもの］
　　　　　は……
　　　　　1.
　　　　　2.
　　　　　3.
　　　　　4.
　　　　　5.

図3.1　学習意欲に関係する好き嫌い

この課題に取り組むことによって，何がクラスの学習意欲を高める要因であるかをかなりよく知っていることがわかるだろう。しかし，自分自身の過去の経験をふり返ることで得られるこのような知識は，レッスンやコースの設計や，授業の準備をするうえで十分であろうか？ それとも，意欲を高める学習環境をつくるための知識としては，まだ不足する点があるのだろうか？

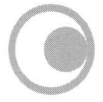

はじめに

多くの人は，学習者として何年もの経験があり，学習意欲を高める出来事と阻害する出来事を書き出すことができる。しかし，インストラクショナルデザイン（ID）や授業を行ううえでは，学習意欲の側面を扱う系統的なアプローチになっていない，つまり，理路整然となっていないと感じている。何人かの人々は，多くの才能を持っている。彼らの経験とおそらくカリスマ性に基づいて非常に成功しているが，彼らが願っているよりは彼らのレパートリーは限定的だろう。通常，知識のギャップに関する疑問への答えには次の2つがある。

　　　私は，学習者の意欲に影響を及ぼすすべての要素についてよく理解していない。それぞれの要素について明確に把握しているとはいえない。あまりに多くの事柄を考えなければならず，そして，あいまいすぎることが多い。

　　　私は，どんな種類の動機づけ方略を選んだらいいか，いくつ採用すべきか，そしてそれらの方略をいかにレッスンに取り入れるかをどう決めたらいいかがわからない。

学習意欲をデザインするARCSモデル（J. M. Keller, 1987b, 1987c, 2008a）のねらいはまさに，これらの質問への答えを出す手引きを提供することにある。本章ではARCSモデルの概要を紹介する。本章で述べるポイントは，続いて詳細に説明する残りの章の基礎となる。まずはじめに，ARCSモデルの4つの側面を構成する学習意欲の変数と方略例を述べる。次に，システム的な設計のプロセスについて述べ，最後に学習意欲のデザインとIDとの関係について議論していく。ARCSモデル自体は，1984年に初めて提案された（J. M. Keller, 1984）。その後，このモデルについて説明する多数の論文・本の章・ワークショップの教材などを発表した（たとえば，J. M. Keller, 1987a, 1987b, 1987c, 1999, 2008a; J. M. Keller & Suzuki, 1988）。したがって，

本章で扱う素材は，これまでに発表した論文などに基づいている。

ARCS モデルの分類枠

ケラー（J. M. Keller, 1979, 1983b）は，学習意欲に関する文献の詳細な調査を行い，共通する属性に基づいて概念のクラスタリングを試みた結果，学習意欲に関連する概念が4つに分類できることを見いだした。クラスタの分類名に何度かの修正が加えられた結果，ARCSモデル（表3.1）が創出された（J. M. Keller, 1984）。これらの分類は，人の意欲の主要な側面を，特に学習意欲の文脈においてすばやく概観し，4つの領域それぞれにおいて意欲を刺激・保持するための方略をつくりだすことを可能にする。

最初の分類「注意」（Attention）は，学習者の好奇心と興味を刺激・持続させることに関する学習意欲の変数を含んでいる。動機づけの文脈では，注意はIDや学習の文脈で使用されるときと少し異なったものを意味する。学習の文脈では，その関心は学習者の注意をいかに管理して方向づけるかにある。手がかりやヒントを使うことで，学習目標に関係が深い刺激やその重要な部分に，学習者の注意を向けさせる。しかし，注意を方向づける前に，注意を獲得していなければならず，これが動機づけの領域で起こることになる。したがって，動機づけ上の関心事は，注意を獲得・保持することになる。

次のステップは，学習体験が個人的に意義のあることだと信じられるようにすることである。古くから問われてきた「関連性」（Relevance）についての疑問「なぜ私

表3.1 ARCSモデルの分類枠，定義，および作業質問

主分類枠	定義	作業質問
注意 （Attention）	学習者の関心を獲得する。学ぶ好奇心を刺激する	どのようにしたらこの学習体験を刺激的でおもしろくすることができるだろうか？
関連性 （Relevance）	学習者の肯定的な態度に作用する個人的ニーズやゴールを満たす	どんなやり方で，この学習体験を学習者にとって意義深いものにさせることができるだろうか？
自信 （Confidence）	学習者が成功できること，また，成功は自分たちの工夫次第であることを確信・実感するための助けをする	どのようにしたら学習者が成功するのを助けたり，自分たちの成功に向けて工夫するための手がかりを盛り込めるだろうか？
満足感 （Satisfaction）	（内的と外的）報奨によって達成を強化する	学習者がこの経験に満足し，さらに学びつづけたい気持ちになるためには何をしたらよいだろうか？

は勉強しなければいけないのか？」をいだく学習者がいるかもしれない。研修に参加させられた大人は「これは必要ない。これは私の仕事に使えないし，興味もない」と考えている（または，口に出して言う！）かもしれない。これら両方の例ともに，学習者はインストラクションに関して少しの個人的な関連性も感じていない。一方で，もし学習者が学ぶ内容の必要性を受け入れたとしても，他の学習者あるいは学習環境に対して疎外感を持っているかもしれない。学ぶ意欲が高められるためには，インストラクションが重要な個人的なゴールややる気に関係すると信じ，学習環境につながっていると感じていなければならない。

　学習者が，話の内容に関連性があると信じてそれを学びたいとの好奇心が高かったとしても，自信不足あるいは自信過剰のため，すなわち成功への期待感が適当でないために，適切に動機づけされていないかもしれない。これが「自信」（Confidence）の分類にあたる。効果的な学びを妨げるような，学習内容・スキル・学習場面に対する強固な恐怖感をいだくようになってしまっているかもしれない。あるいは，それとは逆に，すでに知っていることだと誤って考えてしまい，学習活動の重要な詳細を見落としてしまうかもしれない。これらの状況においては，学習者が学習内容を学び課題を実際に達成できると納得できるように，インストラクターのふるまいも含めて，学習教材と環境を設計しなければならない。

　最初の3つの学習意欲の目標（注意・関連性・自信）を達成できれば，学習者は，学びへ動機づけられたといえる。次に，学ぶ意欲を持続させるために，学習体験のプロセスあるいは結果に満足する気持ちにならなければならない。「満足感」（Satisfaction）は，外発的そして内発的な要因から生じる。私たちにとって，外発的要因は非常に身近なものである。外発的要因には，成績・昇進の機会・修了証，あるいは他の物理的な報酬が含まれる。見落としてしまうことも多いが，内発的要因もまた非常に強い影響力がある。人は，自尊心を高める達成を経験したり，他者に意見を聞いてもらい尊敬されるような仲間との建設的な交流をしたり，あるいは，自分が有能であるとの実感を拡張できるような難題に挑戦して克服することを好むものである。

　まとめると，ARCSモデルには，学習意欲に影響を及ぼす主要な要因を網羅する4つの要素がある。これらの要因は，コースの設計や準備をするときに確認する必要がある2つの重要な質問に関係している。1つ目は，インストラクションが学習者にとって貴重で刺激的であるために何をするのか，ということである。2つ目に，どのようにして学習者を成功させ，そして成功するための責任が自分自身にあると感じるように支援するのか，ということである。

▶ 研究からのサポート

　この4つの学習意欲の構成要素は，学習に関係する動機づけの一般理論に基づき（J. M. Keller, 1983b），人間の動機づけに関する多くの領域の研究成果を援用したものである（たとえば，Brophy, 1981）。また，適切な動機づけ目標を達成するために使用できる多くの具体的な方略がある。ARCSモデルを開発する過程では，多くの方略を，実用的なガイドブック・観察・公表された研究から収集し，適切な要因に分類した。
　ARCSモデルは，多数の研究プロジェクトや他の妥当性指標によって，その妥当性が実証されてきた。たとえば，ウロッドコウスキーの詳細な研究（Wlodkowski, 1984, 1999）には，ARCSモデルと異なる一般モデルを採用している一方で，多くの類似した方略を含んでいる。これは，同時的妥当性（concurrent validity）を示していると考えられる。実地テスト（J. M. Keller, 1984）やさまざまな学習環境における調査研究（Shellnut et al., 1999）でも，ARCSモデルの実用性が支持されている。理論的検証については，スモールとグルック（Small & Gluck, 1994）やナイム-ディフェンバック（Naime-Diffenbach, 1991）などの研究によって確かめられてきた。時間の経過とともに，動機づけ方略は，印刷教材による学習（J. M. Keller & Kopp, 1987），コンピュータ利用教育（J. M. Keller & Suzuki, 1988），そしてオンライン学習（J. M. Keller, 1999）など，さまざまな学習環境に適用・修正されてきた。

● 下位分類とおもな支援方略

　ARCSモデルの4つの分類それぞれはさらに，その分類枠が包含する主要な学習意欲の変数に基づいた下位分類を持つ。下位分類は，学習意欲のプロフィールを診断したり，明らかになった特定の問題に対する適切な動機づけ方策を立案する際に役に立つものである。ARCSモデルの各部分の下位分類の説明とおもな支援方略を以下に示す。さらに詳細な説明は，次に続く章で提供する。

▶ 注意を喚起する方略

　注意の分類には，定位反射・好奇心・感覚探知などの人間の特徴が含まれている。これらは第4章で説明する研究に特化した分野をそれぞれ表しているが，その違いにもかかわらず，注意の喚起と持続に影響する要因について知る助けとなる。

注意の重要な一面には,「退屈」(boredom) として知られる大敵がある (Kopp, 1982)。時には,「誰かが私を退屈にさせている。私は,それは自分だと思う」と言ったダイラン・トーマスを引用して,教育者は,退屈の回避は主として学習者の責任であると考えている。しかしながら,自己を動機づけることは全面的に学習者次第とはいえない。授業のはじめにどんなに強い興味を持っている学習者でも,あなたが「努力」しすぎると,彼らを退屈にさせてしまうこともある。私たちは皆,「完全な退屈状態」の講義をする教授や講師を見てきた。この状態を避けるためには,特定の種類の活動が助けとなる。それは,3つの一般的な分類にまとめることができる。

A1 知覚的喚起:彼らに興味を持たせるために何をしたらよいだろうか。
A2 探求心の喚起:どうしたら探求の態度を刺激できるだろうか。
A3 変化性:どうしたら彼らの注意を維持できるだろうか。

知覚的喚起:これは,刺激への反射的反応に関係する好奇心の一種 (Berlyne, 1965) である。環境における突然で予期していなかった変化は,どんなものでも,人の知覚のレベルの好奇心を活性化する。声の大きさ・光の強さ・温度などの変化は,その例になる。また,ぞっとするような数々の見出しのどれか1つを取り出す代わりに,より感情的でない例を用いるとすれば,「空が落ちてくる」と告げるチキン・リトルのびっくりするような情報の断片でもよい。ユーモアもまた,好奇心を喚起するのに使用できる。しかし,慎重に使用しなければならない。学習内容への興味を増加させるよりもむしろ,注意を散漫にさせる場合がある。知覚的好奇心の喚起は注意の過程での第1歩であるが,人はかなりすぐに状況に順応するので,通常,それは一時的なものである。好奇心喚起の次の段階に引き継ぐ必要がある。

探求心の喚起:より深いレベルの好奇心は,知識探求行動によってのみ解決できる問題状況をつくることで活性化される。問題解決が必要な実験的状況に学習者を関与させたり,あるいは質問したりするようなウオーミングアップ活動を用いて,インストラクターはしばしば,学習者の探求心を刺激する。不思議な感覚を喚起する環境デザインの要素は,好奇心の刺激にもよい。カプランとカプラン (Kaplan & Kaplan, 1978) は,障害物の後ろで見えなくなる曲がった小道や,部分的に見える物体,および,光と暗闇の交錯によって,好奇心と探索行動が刺激されることを示した。インストラクションでは,これらの効果をマルチメディアデザインや,家具の配置,段階的に表示するプレゼンテーション技術に組み込むことができる。

変化性:注意を維持するために,変化性を組み込むことは有益である。刺激特性の変化がほとんどない環境では,それが抑揚のない声や,あるいは,いらだたしいカチ

カチ音のするおばあちゃんの時計でさえ，人はそれに慣れてしまいしだいに関心を示さなくなる。繰り返して同じ教授法を使用するインストラクターは，それがたとえ「立証ずみ」の方法であっても，変化による利益を得るだろう。通常，研修担当者はウオーミングアップ活動から短い講義に移り，その次にデモンストレーションや練習へと続ける。これはすばらしい系列であるが，いつも相変わらず使用されると退屈にもなる。メディアを使ったプレゼンテーション，YouTube のビデオクリップ，あるいはグループ活動などによって広がりをもたせることは，歓迎される気分転換になる。

▶ 関連性づくりの方略

　人が学ぶための意欲を決定づける強力な要素に，関連性がある。「どのようにこの教材は私の人生に関連するのか」と意識的に，あるいは無意識のうちに学習者は思っている。もし学習者がその教材の個人的な意義についてよい感覚を持つか，または意識的に重要性を認めるならば，それを学習するために動機づけられるだろう。人は関連性が，いつこの学習内容が仕事や「実生活」に適用できるか，という実用性だけを意味していると思うことが多い。しかし，関連性には，他にも重要な要素がある。

　最も一般的な意味で関連性とは，人々のニーズを満たし，目標達成を含む個人的な願望を達成する助けとなるとみなすことを指す（J. M. Keller, 1983b）。学習者が感じるニーズは，彼らの実際のニーズに一致するかもしれないし，しないかもしれない。しかし，人々の知覚したニーズ（perceived needs）にこたえることは，特に販売とマーケティング分野での成功の基本原理であり，そしてそれは，学習と指導においても同じように重要である（Sperber & Wilson, 1986）。成功しているインストラクターは，関連性の下位分類で表されるように，学習内容と学習者のニーズ・欲求・願望との間の橋渡しができる。

- R1　目的指向性：どうしたら学習者のニーズを最も満たすことができるだろうか（私は彼らのニーズを知っているか）？
- R2　動機との一致：いつどのようにして，妥当な選択・責任・影響を学習者に提供できるか？
- R3　親しみやすさ：どうしたら学習者の経験にインストラクションを結びつけることができるか？

　目的指向性：目標を立てて，それを達成するために取り組むことは，関連性の主要な構成要素である。一般に，新しい知識やスキルが学習者の現在，あるいは未来のゴー

ルを達成する助けとなることがわかると，人は，いっそう学習意欲が高まる。目的指向性は多くの場合，コースの恩恵を，大学入学・就職・昇給・昇進・解雇回避・職務遂行能力向上などに関連づけようとする教師や研修担当者によって用いられる。この外部からの目的指向性は，他のコースの履修前提条件とみなされるコースにも適用される。

このタイプの実用的な動機づけはおそらく，それ自体最も影響力のある要因であり，可能なときは，それに頼ってよい。そうするためには，これから学ぶ概念やスキルが，いかに彼らのゴールに関連しているかということを確実に理解させるべきである。あなたにとってそれは明らかなことであり，学習者が自分たちの仕事に戻ったあとで，それは彼らにも明確になるかもしれない。しかし，コースを履修している間に，インストラクションの関連性知覚を向上させるためには，可能なときはいつでも真正な（authentic）事例や課題を用いるのがよい。すなわち，仕事に関連した例を用い，応用問題で学んだ概念やスキルとの関係性をしっかり見せて，さらに学習者自身にその関係をどう認識しているのかについて説明させるのである。

実際には適切でないときに，目的指向の仕事にかかわる関連性を用いようとするインストラクターもいる。教材と学習者の将来的な成功との関係は，あったとしても，緩くて希薄なものかもしれない。特に学習者や研修生が，自分自身のゴールにかかわりのないカリキュラム要件として受講を課せられたような場合には，地理学や統計などの基礎的なコースで学ぶ内容が，学習者の人生のどこで直接利用できるかを特定するのはきわめて難しいであろう。意味のある実用的な関連性をつくりだすことができないような状況でも，個人的な関連性の感覚を確立する助けとなる方法が他にある。

動機との一致：多くの異なったタイプの学習環境がある。そのなかで，心地よいと感じるものとそうでないものについて学習者個人の感じ方も異なる。学習環境における対人関係や仕事上のつきあいに関して前向きに感じると，関連性の感覚をよりいっそう強く感じるという傾向がある。学習者個々の動機構造を理解することによって，より適合的な学習環境の開発が可能になる。たとえば，達成動機が高い人々は，自分のために卓越した目標と達成基準を自分で定義することを楽しむ。また，彼らは，目標を達成する手段について自分で制御することを好み，成功する責任が自分にあると感じるのを好む。彼らは，計画する際に同意を必要とすることや結果に対する共同責任を求められる協同作業をしばしば不愉快に感じる。

それとは対照的に，「親和動機」の高い人々は，より多くの友好的な関係をつくる機会がある競争のない状況で他の人々と共に過ごすことを楽しみ，また協同学習活動における対話を楽しむ。親和と達成の動機を組み合わせて持つこともまた可能である。交流とある一定の協同作業を楽しんではいるが，最終的には，彼らの制御下にある責任の領域を持ちたがる。肝心なのは，グループによる協同作業と，ゲームなどの個人

の競争活動を組み合わせた教授方略を用いることで，学習内容の如何にかかわらずインストラクションをより魅力的にすることができるということである。

親しみやすさ：一方で，人々は注意と好奇心の節で示したように予期しない目新しい出来事を楽しむ。しかし他方では，彼らは過去の経験や興味に関係づけられる内容に最も強い関心を示す傾向がある。第1のレベルでは，親しみやすさは，文字情報のなかに人間的興味をそそるような言葉遣いを入れることや，グラフィックスとして人物像を描くことと同じくらい単純であり得る。一般に，三人称や人類全般に言及する文章よりも，人称代名詞や人々の名前の使用を含んでいる文章のほうがより興味深い（Flesch & Lass, 1949）。より高いレベルでは，学習者が自分の持っている考えや興味を確認できる教材が，関連性が高いとみなされる。特に抽象的な題材を教えるときには，学習者にとって身近な場面から具体的な実例をあげることで，関連性を高める助けになる。これを達成する方法のなかには，クラスで個人的な関与を刺激することがある。学習者の名前を覚え，名前で呼ぶこと。学習者自身の経験やアイディアを尋ねること。「戦争の話」とか「なるほど！」の経験を共有させること，などである。

▶ 自信を形づくる方略

有能であると感じたいという願望は人間の基本的な動機である。与えられた状況下で有能であると感じる程度（White, 1959）は，自信の気持ちに反映される。ARCSモデルの他の主要な構成要素のように，自信の要因は，複合概念である。自己制御の知覚や成功への期待感について説明するものからまったく正反対の無力感にまで及ぶ，さまざまな学習意欲の構成概念が含まれている（J. M. Keller, 1983b）。学びに不利益になる自信過剰の問題もある。自信過剰な人は，学習内容やスキルについてすでに知っていると信じているので，新しい情報に注意を向けない。

学習者は気持ちを覆い隠すのがじょうずであり，本当に感じるよりも淡々とした姿を見せるかもしれない。そのため，教師や研修担当者は，公式な学校教育で学ぶことができるようになることに対していだいている彼らの不安を過小評価していることが多い。このことは，ワークショップやコースのなかでできるだけ早く成功体験を学習者に提供することが重要である理由の1つである。深刻な不安や失敗する恐怖を引き起こす程度までではなく，成功するためにある一定の努力を要求するチャレンジ度が適度にあれば，成功体験は意義深いものとなり持続的な動機を刺激する。自信の形成を支援するいくつかの概念と方略がある。

C1 学習要件：ポジティブな成功への期待感を形成するために，どういう支援を

することができるか。
- C2 成功の機会：どのような学習体験にすれば，学習者が自分の能力を信じることを支援して高めることができるだろうか。
- C3 個人的なコントロール：学習者に，自分の成功が自分の努力と能力の結果であることをどのようにして知らせることができるだろうか。

学習要件：インストラクターがあなたに学んでほしいことや試験では何が求められるかよくわからないままに，コースを受講したりワークショップに参加したことが，今までに何度あっただろうか？　これはめずらしいことではないが，間違いなく不安感を引き起こす種である。したがって，学習者に期待されていることが何かを知らせるのは，自信をつけさせるうえで最も簡単な方法の1つである。ある与えられたコースに対する適正水準の能力と前提技能がある場合，パフォーマンス要件と評価基準が明らかにされると，学習者は高い成功への期待感をもつことができるだろう。

学習者に何が求められているかを知らせるといっても，インストラクターが詳細で具体的な学習目標をすべて書き出し，テストに向けて教えなければならなくなることを意味するわけではない。文献調査の報告や，いくつかの小説での共通テーマの分析などでは，学習目標の形で正確に定義できない創造性の要素が要求されるかもしれない。しかし，根拠の適切な使用や，重要な点についての論理的で説得力のある表現の使用などのように，インストラクターは最終レポートの評価を決める際に用いる基準を定義することができる。また，他の人々の最終レポートの例を提示することも，自信をつけさせる助けになる。

成功の機会：成功への期待感が高まった後に，学習者が実際に意義深いやりがいのある課題で成功することは重要である。成功の機会は，基本を習得し終えて習熟レベルを達成しようとしている人と，新しい知識やスキルを学んでいる最中の人とでは，異なっているべきである。一般に，新しい何かを学んでいる人は，かなり低いレベルの問題に取り組むのを好む。成功する助けになるか，あるいは成功していることを確認するための頻繁なフィードバックも歓迎する。それに対して，基礎を習得した後には，高いレベルの問題に取り組む準備ができている。練習したり，技能に磨きをかけるための競争を含んでもよい。インストラクターやデザイナーがやらなければいけないことは，退屈になるのを避けるためにすばやく学習者を動かすことである。しかし，彼らが不安になるほど早すぎることなく，能力のレベルが変わるにつれて，変化のスピードを調整することである。

個人的なコントロール：自信はしばしば，課題に成功することとその結果生じることを自分でコントロールしていると認識することによってもたらされる（deCharms,

1976; Rotter, 1972)。しかし，学習環境においては，その制御は明らかにインストラクターの手の中にあることが多い。学習意欲を高めるためには，インストラクターの制御による影響は，経験を導くことと，期待される基準をきちんと守るという領域に絞られているべきである。このことによって，安定した学習環境が実現し，実際の学習経験のできるだけ多くの面に，学習者の自己コントロールが許容されることになる。

これには，さまざまな形式が可能である。経験的学習活動や，その他の学習者による問題解決を必要とする方法を用いることで，学習者が成功するためには自己コントロールを実践しなければならない状況が生まれる。選択式のテストの代わりに短い記述式のテストを用いるというごく単純なことでさえも，さまざまな応答を考えてもかまわないことを示し，学習者により多くの管理権を与えることにつながる。

学習者に自信を持たせるには，学習者が誤りの原因を見つけ，それをどう修正すればよいかがわかるような矯正的フィードバックを与えるのがよい。インストラクターと学習者双方が課題指向を保つ助けとなり，「間違ってもよい，その間違いから学ぶんだ」という認識を共有するために役立つ。最終的・総括的な点数やコメントを見るまでフィードバックがなければ，学習者のコントロール意識は低下し，課題の理解ではなくインストラクターを喜ばせることに集中するようになる。教育文化に，課題関与から自我関与（ego involvement）への移行を生じさせる結果を招くことになる（Nicholls, 1984a, 1984b）。自我関与の文化では，インストラクターや他の学習者によくみられたいがために，人は誤りを避け，また隠したがる。表面上，彼らは高いレベルを達成しているかもしれないが，隠れたところでは，不安の増加・自信の低下・本来の学習の衰退がある。もう1つの簡単な方略に，努力と能力を成功の原因として結びつける帰属型フィードバック（attributional feedback）を与えることがある。「ほら，君一人でできた。君のこの問題への解決策はおもしろい着想だね」というふうに，学習者に声をかける。「君は本当に運よく成功したね」などと言ってはいけない。成功（または，失敗）したのは，学習者がコントロールできないことが原因だったことを示唆するからである。また，ボディランゲージにも注意すべきである。言語的・非言語的なメッセージは，学習者の自信のあり方に影響を及ぼす。

▶ 達成感を生じさせる方略

次の成果のうち，授業の終わりにあなたに達成感を与えるものはいくつあるだろうか。

・コースを終えて，目標に沿ってさらにワンステップ進めた達成感を得ること

- 達成したことへの報奨や修了証を受け取ること
- 役に立つ一連の知識やスキルを習得したこと
- 他の人々と共に作業して，交流を楽しめたこと
- より多くの賃金・休暇・ボウリング優待券などの有形の報酬を受け取ったこと
- 挑戦と達成の気持ちによって刺激を受けたこと

　上記のすべてで，満足する学習者はいるし，毎回でなくても満足できるときもある。しかしながら，誤用すると，非常に満足のいかない結果にもなる。動機づけプロセスにおける最終段階は，満足感を生じさせることである。それにより継続的な学習意欲が生まれ，他の人々へコースを積極的に推薦することにもつながるだろう。以下に述べる3つの方略の下位分類は，満足感を促進するのにどのような種類の方略を用いるかを決める手引きとなる。

　　S1　自然な結果：どうしたら学習者が新たに習得した知識やスキルを使用する意味ある機会を提供できるだろうか？
　　S2　肯定的な結果：何が学習者の成功を強化するだろうか？
　　S3　公平さ：達成に関する肯定的な感情をつなぎとめるには，どのように支援することができるだろうか？

　自然な結果：最初の頃は実行できなかった難しい課題を，クラスの終わりには首尾よく実行できるようになることは，学習者にとってとても満足のいく結果である。実行力の育成をめざしたインストラクションの結果として最も報われることは，新たに獲得したスキルや知識を使用することだ。コースの関連性が事前に確立されて，学習者に応用する機会があるなら，内発的学習意欲は高くなり，外発的な報酬の必要性はより小さくなる。事例研究・シミュレーション・体験学習などの活動は，意味ある応用機会を提供するすばらしい方法になり得る。
　内発的な学習意欲を支援するもう1つの自然な結果は，それが適切に使用される場合の称賛である。称賛が，それに値する特定の能力の側面に焦点をあてている場合，達成した成果が本当に喜ばれたことに対してよい感情を持つだろう。
　しかしながら，すぐに新しい知識やスキルを用いることが，いつも可能であるとは限らない。特定の知識やスキルの断片が役立つ組み合わせになるまでに，かなり長い過程を経なければならないことがある。また，称賛も，総合的な満足感が持てるほどにいつも十分であるというわけでもない。修了証や学位を取得するために，あるいは仕事に必要だからという，外発的な理由によってコースを履修するのが普通である。

したがって，新たなスキル開発を強化し，学習者が要求にこたえたことを気持ちよく思うために，外発的な報酬を適切に用いることもまた大事である。

肯定的な結果：表彰・現金としてのボーナス・トロフィー・特権付与など報奨は，成果を達成しそれを受ける人に対して適切に用いられるときには満足できる結果となる。報奨を適切に用いるためには，刺激・反応形成・ふるまいの維持のために確立された，強化原理に沿う必要がある。学習者が内発的に動機づけられていないときや，学習課題がドリルや練習など本質的に単調なとき，そして，非常に競争が激しい状況のときなどに，報奨は有効である。しかしながら，教師が抱える問題は，学校が実際に価値ある外発的報奨の財源をほとんど提供しないということだ。しかし，賞状・学用品・会社のロゴが入った品など，安価で象徴的な報奨は，外部からの達成への認知として，かなり効果的である。

内発的手法のみ，または，外発的手法のみを用いることは，ほとんどの場合，適切でない。たとえ教材で学ぶことに内発的に動機づけられていたとしても，外発的な形での認知には利点があるものだ。たとえば，達成の社会的認知・特権付与・学習成果発表，あるいは熱意を込めた肯定的なコメントは，一般に歓迎される。ここでの問題は，制御である。学習者は，状況をコントロールする感覚を持ちたいもので，さまざまな断片が全体にまとまっていくようすをみたいのである。同時に，人は，自分がしていることの意義を感じさせてくれる外部からの認知をありがたく思うものである。

公平さ：自分が達成した成果に関して非常によい感じをいだいていた人が，他の誰かが何を得たかを知ってがっかりすることがある。もう一方の人の結果がよりすばらしいと認知され，自分の課題達成がより劣っていたと感じたならば，達成感はすぐに失望かさらに強い否定的感情に変わる。報奨を独立して評価したり，絶対的な価値として評価することはない。それは，いずれにせよ難しいこと，あるいは不可能なことである。その代わりに，他の人が得たものや，自分の期待していたものと比較する傾向がある。たとえば，あるインストラクターがコースの目的をとても満足できるレベルで達成できたとしても，その成果が，学習者が期待していたことではなかったならば，学習者の達成感は低いであろう。同様に，これまでに達成した得点よりも高い「自己ベスト」を達成したとしても，その得点が，個人的な競争をしていた他の誰よりも低かった場合には，達成感はまだ低いであろう。

公平さの問題を扱う最もよい方法は，コースの結果が目的と期待に関する当初の説明や議論と一致することを保証し，課題達成のための基準と結果を一貫させることである。普通でない状況にある人のために例外をつくるのは可能であるが，そういう人は，普通の要件下ですぐれた成績を収めた人を犠牲にして，特別な評価や報奨を受け取るべきではない。

▶ **分類枠間の関係**

　ARCSモデルはデザイナーとインストラクターが学習意欲と動機づけ方略に関する知識をまとめる助けとなる類型を提供する。モデルの4分類のなかの1つ，あるいは下位分類のなかの1つにさえ，動機づけ介入は焦点化できる。たとえば，電気回路を配管システムと比較するように，なじみのない題材を身近な経験に関係づける比喩の使用は，関連性の下位分類3の「親しみやすさ」に限定することも可能である。しかし，動機づけ方略はいつもこのように限定されるというわけではない。多くの場合，1つの動機づけ活動は複数の効果がある。たとえば，沿岸警備訓練のヘリコプター救出のための索具をつり下げる科目のはじめに，インストラクターが，うまく救助できるかどうかは索具の使い方にかかっていることを見せる短いビデオを使うと想定しよう。この方略は3つの異なる領域での学習意欲にかかわっている。その3つとは，興味を刺激し，教科内容の関連性を示し，代理体験で感じる満足感を学習者に提供することである。しかしながら，この過程は，危険を伴い，複雑であるようにみえるかもしれない。インストラクターがビデオ視聴後すぐに自信を形成する方略を含める必要があることを意味している。

　方略のなかには，いくつかのレッスンにまたがるものもある。たとえば，品質改良のコースでデザイナーとインストラクターが，コースの抽象概念と手順を具体的な業務の現場に適用できる事例を準備すると決めたと仮定しよう。関連性を高めるために，この事例を学習者が働いている機関と類似する仮想金融機関を巡って構築することにした。しかし，この事例での実習では，はじめに注目をひく工夫を含み，多くの決断に対する矯正的なフィードバックや，問題に対する達成感を満足させる解決策を提供した。つまり，第1の関心事である関連性の条件を満たしているだけでなく，その他の動機づけの要件もまた満たしていた。

　完成した指導方法・レッスン・コースであれば，すべての動機づけの要求を満たしていることが期待される。それでも，ある特定のタイプの動機づけ介入だけが必要とされる状況もある。たとえば，ある技術的なコースが，新たに雇われた労働者の業務に明らかに関連していて，レベル的にも達成可能なものだとしよう。一方で，内容が非常に手続き的で，問題解決や人との交流の場面がほとんどないために，本質的に退屈さがある。この場合，デザイナーとインストラクターは，もっぱら注意を維持するという問題に焦点を合わせ，学習スケジュール・コンテスト・予期せぬ出来事・その他の活動などの工夫をしなければならないだろう。

　ARCSモデルによって定義された4つの分類枠は，学習意欲の概念の理解に関し

て本章の「はじめに」で投げかけられた最初の質問への答えとなる。これらの学習意欲の変数分類枠は，学習意欲のおもな要素についての理解を助け，それぞれの分類で用いる方略を見いだす手引きを提供する。しかし，どのタイプの方略をいくつ用いるか，また，どのようにそれをインストラクションに入れ込むように設計するのかは，分類枠そのものが教えることではない。これらの決断は，システム的設計プロセスのなかでなされることになる。

◉ 学習意欲のデザインのシステム的プロセス

　学習意欲の概念の統合と分類に加えて，ARCSモデルにはシステム的な学習意欲のデザインプロセスが含まれている。ARCSデザインプロセスの基本的前提は，それが処方的な（prescriptive）プロセスではなく，問題解決プロセスであるということである。すなわち，ほとんどの状況においては，あらかじめ処方された方略の組み合わせや，順序立てた方略を実行することは可能ではないと考える。意欲的な学習環境づくりを規定する原理と全体的な方略を定式化することは，抽象的なレベルにおいては可能であろう。しかし，ある時間における特定の状況で特定の聴衆を動機づけるための，具体的で一般化可能な処方箋を提示することはできない。学習者の態度・価値・期待のなかには，あまりにも多くの変数がある。このことは，ARCSデザインプロセスの第2の仮定を導く。それは，学習意欲のデザインへの問題解決的，発見的なアプローチのほうが，処方的かつアルゴリズム的手法よりも適切であるという考え方である。将来，学習意欲のデザインに関する増大した量の知識が蓄積されれば，具体的方策を導き出す正確な処方ツールをつくりだすことが可能になるかもしれない。しかし，学習意欲を包括する多くの状況依存の要素があるため，処方的モデルが完全に成功する場合があるかどうかは疑わしい。

　ここに含まれているデザインプロセスは，システム的思考に基づいており，システム的な問題解決プロセスに従っている。このプロセスにおける重要な成功要因は，学習者分析である。それは，本章の「はじめに」の2番目の質問（どの動機づけ方略をいくつ用い，そしてどのように科目やコースに組み込むかを設計するのかという問い）への答えとなる。このプロセスは，システム的なアプローチではあるが，それが完全に機械的であるとか，アルゴリズム的であると期待してはいけない。経験・直観・創造性に基づいた判断をまだ必要としている。

▶ 学習意欲のデザイン

　学習意欲のデザインプロセスは，伝統的なIDプロセスに似ており，10の活動またはステップがある。図3.2の「滝型フロー図」には，10のステップと各ステップに関連づけた主要な活動のリストが描かれている。

　このプロセスの最初の2つのステップは，教育の目標と内容，学習者，および分析とデザインプロセスを支援するその他の情報の獲得である（詳細な説明と手順については第8章を参照）。そして，次のステップ（図3.2のステップ3）は，学習意欲のデザインにおいて特に重要な学習者分析である。IDにおけるタスク分析と教授分析に類似している。この分析は，学習意欲の問題が何であるかを特定する手助けとなる。学習者の意欲を持続させるための動機づけ方策をコースに組み込む必要はある。しかし，うまくいく学習意欲のデザインの最も重要な要件は，学習者を適正な水準の意欲レベルに高めるために特定の動機づけの向上策が必要とされることがあるのかどうか，もしあるとすれば，どのような種類の重大な問題があるのかを見極めることである。ステップ4もまた分析の段階であるが，ここでは，教材とその他の学習環境の側面に焦点をあて，適切な学習意欲特性があり，不適当なものはないかどうかを決定する。不適当な方略の存在は，学習意欲を下げることになる。たとえば，学習者がすでに重要なことだと知っているのに，この科目がいかに重要であるかを認識させるための活動を採用すると，いらいらさせることになるだろう。ステップ3と4の結果は，動機づけ目標と評価項目を明確にする（ステップ5）ために必要な情報を提供する。

　通常，学習意欲のデザインでは，既存の教材または学習環境，あるいは指導の青写真をすでに含んでいる設計書の拡張に取り組む。そのため，設計・開発段階が，IDとはいくらか異なっている。IDの仕様がすでに決定している場合には，学習意欲のデザインステップでの質問は，どうやって分析フェーズで特定された要件を満たす経験をつくりだすかということになる。その結果，学習意欲のデザイン段階は，ブレーンストーミングや，別のタイプのオープンエンド型の活動から着手して，多数の可能な解決策を案出する（ステップ6）のが一般的である。次に，分析によって最も実際的な方略が選択され（ステップ7），教材に統合される（ステップ8）。

　動機づけが統合された教材を手に入れるか開発した後（ステップ9），開発上のトライアウトを実施するのが適切である。ディックとケーリー（Dick & Carey, 1996）は，これを「一対一」形成的評価と呼んでいる。教材の正式な試用の準備が整ったら，開発段階から正式な実施段階に移る前に，最終の動機づけが統合されたパッケージ教材のパイロットテストを実施するか，または第1回目のコースを提供（ステップ9）し，

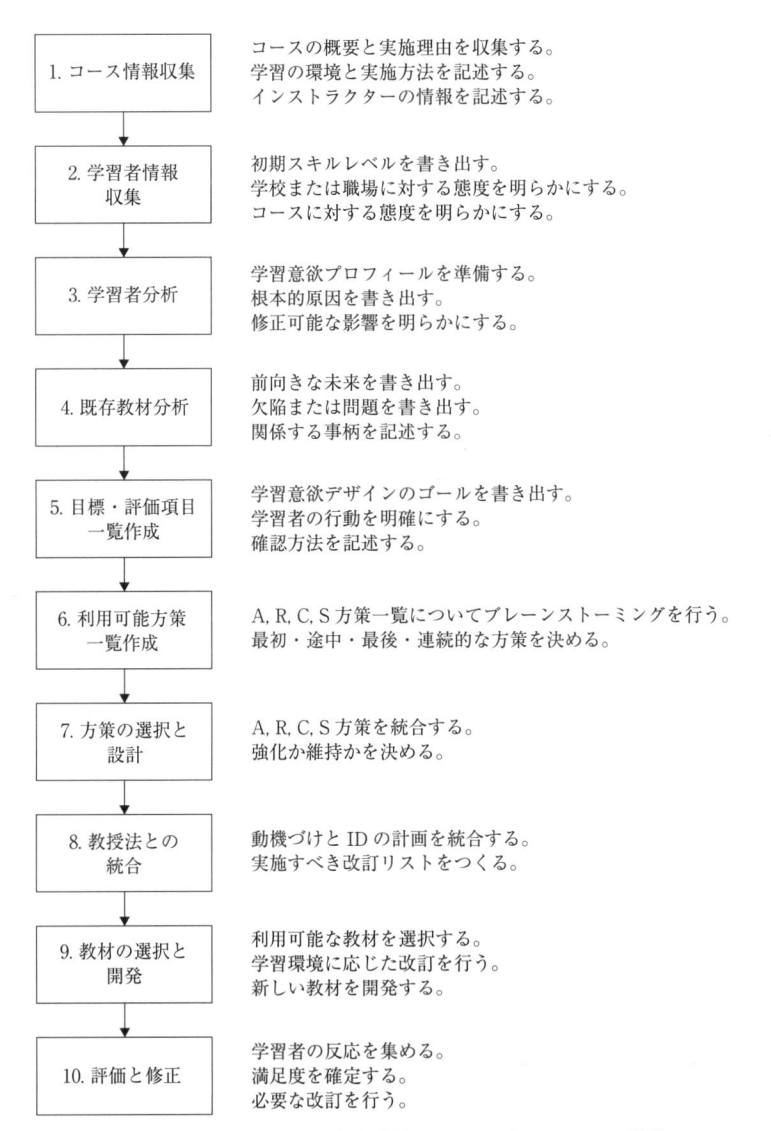

1. コース情報収集	コースの概要と実施理由を収集する。 学習の環境と実施方法を記述する。 インストラクターの情報を記述する。
2. 学習者情報収集	初期スキルレベルを書き出す。 学校または職場に対する態度を明らかにする。 コースに対する態度を明らかにする。
3. 学習者分析	学習意欲プロフィールを準備する。 根本的原因を書き出す。 修正可能な影響を明らかにする。
4. 既存教材分析	前向きな未来を書き出す。 欠陥または問題を書き出す。 関係する事柄を記述する。
5. 目標・評価項目一覧作成	学習意欲デザインのゴールを書き出す。 学習者の行動を明確にする。 確認方法を記述する。
6. 利用可能方策一覧作成	A, R, C, S 方策一覧についてブレーンストーミングを行う。 最初・途中・最後・連続的な方策を決める。
7. 方策の選択と設計	A, R, C, S 方策を統合する。 強化か維持かを決める。
8. 教授法との統合	動機づけと ID の計画を統合する。 実施すべき改訂リストをつくる。
9. 教材の選択と開発	利用可能な教材を選択する。 学習環境に応じた改訂を行う。 新しい教材を開発する。
10. 評価と修正	学習者の反応を集める。 満足度を確定する。 必要な改訂を行う。

図 3.2　ARCS 学習意欲デザインプロセスの 10 段階

形成的評価を行う（ステップ10）。

　これらのステップは，それぞれの活動の目的に基づいて4つのフェーズに細分された一連の活動として一覧表にすることができる（表3.2）。それぞれの活動は，一般疑問文で例示されている。この10ステップのプロセスは，包括的なデザインモデルを提供する。コース全体あるいは，いくつかのレッスンを含むコースの一部分を設計する場合，あるいは，チームアプローチを用いる場合に役立つ。チームメンバーがともに，この一連のステップと文書化の作業を進めることによって，チーム内のコミュニケーションと将来のプロジェクトでの再現可能性が促進される。しかしながら，インストラクターや内容の専門家が動機づけ面の充実をめざして，1つのあるいは複数のレッスンを開発するときには，簡易版のプロセス（第11章参照）が役に立つ。

表3.2　学習意欲のデザイン活動と作業質問

活動	作業質問
定義する	
1. コース情報を得る	コース記述書，論拠，場面，およびインストラクターを含む現在の状況の特性は何か？
2. 学習者情報を得る	開始段階のスキルや仕事とトレーニングに対する態度を含む学習者の特性は何か？
3. 学習者の意欲を分析する	提供されるコースに対する学習者の意欲はどうか？
4. 既存教材と状況を分析する	現在の教材あるいは他の資源にはどのような種類の動機づけ方策が組み込まれているか，それは適切か？
5. 目標と評価項目をリストする	学習者の意欲に関して，何を達成したいのか，またどうやって達成したことを知るのか？
設計する	
6. 潜在的な方策をリストする	学習意欲の目標を達成する助けとなるであろう可能な方策はいくつあるか？
7. 方策を選択または設計する	学習者，インストラクター，場面からみて，最も許容される方策はどれか？
8. インストラクションに統合する	どのように指導と学習意欲の構成要素を組み合わせて統合したデザインにするか？
開発する	
9. 教材を選択・開発する	目標を達成するには，どのように動機づけ素材を探したりつくりだしたりするか？
試用する	
10. 評価し改訂する	どうしたらコースで期待された，あるいは予期していなかった動機づけの効果を見つけだすことができるか？

このモデルにおける一連のステップには，多くの詳細で複雑な活動を包含することも可能だが，ほとんどの研修の場面では，コースの学習意欲を向上させるために，それぞれのステップを簡単でわかりやすい方法で実施することができる。このモデルの各ステップについては，第8章〜第10章で詳細に説明する。しかし，次に続くページでプロセスの簡潔な説明をする。これが第4章〜第7章の基礎として役立つ準拠枠を提供するだろう。次に，学習意欲のデザインプロセスがどう行われるかについて，（学習者分析に特に力点をおきながら）少し詳しく概観する。

学習者分析

学習者分析は，学習意欲のデザインプロセスの残りの基盤を提供する。学習者分析は，クラスが始まる前のまだ設計段階に行うことを推奨する。デザイナーがクラス開始時の学習者の態度を予想して，適切な動機づけ方策を準備することを可能にする。また，動機づけ方略を修正すべきかどうか決定するため，学習意欲分析をコース実施中に行うことも可能である。

学習者分析では，ARCSモデルの4つの主分類一つひとつと12の下位分類のそれぞれについて，学習意欲のレベルを見積もる。それによって，学習者の正確なプロフィールを明らかにする助けとする。学習意欲の曲線の本質をふまえると，学習意欲は水準に対して，高すぎるか，低すぎる場合がある。たとえば，学習者の注意レベルが低すぎると，それはおそらく退屈を示している。しかし，それが高過ぎるなら，彼らはたぶん過敏になっている。このように，学習者分析は，どのようなタイプの方略を用いるか，そしてまた，どのようなときはクラスの学習意欲の特性を強化する必要がないのかについての手引きとなる。

学習者分析は，さまざまなデータに基づいて行われる。デザイナーやインストラクターの個人的経験に基づいた「たぶんこうだろう（best guess）」という見込みの場合もあるし，学習者本人たちから集めたデータに基づいて判断する場合もある。正式なデータが得られない場合でも，学習者の意欲や態度についての広くかつ一般的な想定にとどまらず，ARCSモデルのそれぞれの分類枠，さらに下位分類に関係する態度を慎重に検討することで，「たぶんこうだろう」の方法でさえきわめて有益である。ARCSの下位分類と表3.2の「作業質問」（process question）は，この点で役立つ。学習者に関する十分な経験や知識が不足していて「たぶんこうだろう」の方法が適切でない場合には，対象者集団のメンバーか識者とのインタビューを行うのが賢明である。ここでも，それぞれの下位分類に関連する作業課題を，インタビュー実施時のガイドラインとして用いることができる。このプロセスに関する詳細は，第8章で説明する。

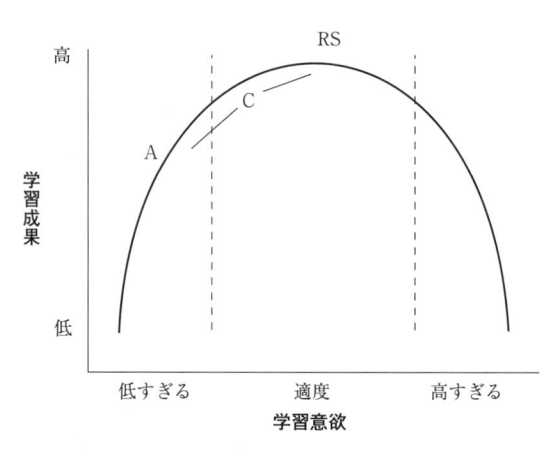

図 3.3　学習者分析結果のグラフ

　学習者分析の結果は，通常文章としてまとめられるが，第2章（図2.3）で紹介した逆U字カーブ図上にも表すことができる。技術分野についての事前の知識や経験がない新規雇用従業員向けの技術的コースにおいて，しばしばみられる典型的なプロフィールについての分析図を例示する（図3.3）。この学習者は，仕事への関連性が高いことを知ったうえでこのコースを受講するであろう。また，選考プロセスを経て入社したため，ほとんど人は目標を達成できるという自信はある程度あるだろう。しかし，何人かは，少し心配だろう。図中のC（自信）がある程度の範囲を示す線で描かれているのはそれを示すためである。また，彼らは，コースを首尾よく完了することで快感を覚えるだろうと期待できる。しかし，研修内容が非常に暗記的で手続き的だと感じ，多くの学習者は本質的に退屈なものとみなすだろう。予想される学習者の実際の態度を評価することは常に重要である。このようなステレオタイプ的な例をそのまま受け取らないように注意したい。

　筆者とその同僚が，ISPI（International Society for Performance Improvement）の年次大会の1つのセッションへの来場予想者の分析を行ったところ，わずかに異なる分析図になった。まず最初に，私たちは予測を文章（表3.3）で準備し，次に，逆U字カーブ上に示した（図3.4）。これは過去のISPIや類似の会議における2人の発表者（J. M. Keller & Kopp, 1987）の経験に基づく「たぶんこうだろう」分析であった。聴衆からのフィードバックで，この分析が正確であると確認した。この分析結果はか

表3.3 学会における聴衆の意欲予想

注意	はじめは高い。聴衆は，はじめは非常に注意深いが，注意を持続させるためには進度の変化や参加型活動が必要。
関連性の知覚	はじめは中程度ないし高い。自由意思で参加した聴衆であるので，学習意欲の話題が重要であると考えている。しかし，このセッションから有用なものが得られるかどうか不安であり，懐疑的でさえある。
自信	ある人は，他の人を動機づける力をつけることが真の関心事であり，別の人は，よい技法を学べば自分もできると信じている。他の人は，すでに動機づけを促進できる熟練した人たちであって，ただ私たちを調べてみたいと思っている。
潜在的満足度	肯定的。この会合で何か有用なものを見つけ，発表者によって退屈したり混乱しなければ，役に立つ45分間だったと感じるであろう。

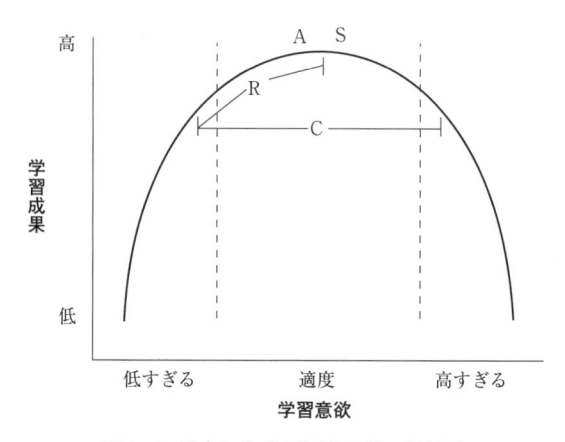

図3.4 学会における聴衆意欲の分析図

なり一般的であり，学会での多くの聴衆にも適用できるかもしれない。

どの程度詳細な決定をするかは，その決定の重大さ・予想される障害・失敗の帰結に依存する。たとえば，束縛された聴衆との会合の場合，発表者はいら立った聴衆の敵意に直面し，吊しあげにあう危険にさらされるかもしれない。この場合，学習者分析は，とても重大である。発表者は，聴衆の特性を特定するために特別の努力を払わなければならないであろう。学習プロセスへの注意をひき，意義ある関連性を確立するための助けになる。

このように，学習者分析はどのようなタイプの動機づけ方略を用いるかを特定し，

どこに最も大きな力点をおくべきかを示す。いくつかの分類では，どんな動機づけ方略も加える必要はなく，または望ましくないこともある。すでに学習意欲が高い学習者に対して意欲を高めようとしてはいけない。ただ指導を始めればよく，学習者のやる気をそいではいけない。たとえば，教室に入る前に学習者の気持ちのなかに，すでに教材の関連性が明確に確立しているなら，関連性を確立するためにデザインした講義用教材や実習を加えてはいけない。貴重な授業時間を取り上げて，彼らをいら立たせる結果となる。その代わりに，ただ単に教材の関連性を確認するいくつかのコメントをして，仕事に関連する事例や実習を用いるのがよい。

動機づけ目標

学習者分析とそれに関連するその他の分析を終えると（第8章），次のステップは，動機づけ目標を列挙することである。これらは，設計者向けのプロジェクト目標であり，学習者自身がめざす情意目標と必ずしも一致しないかもしれない。たとえば，学習者がクラスでの学習を始めるとき，彼らが不安を感じそして失敗する強い恐怖をいだくと予想するならば，「授業の最初の30分経過時に，学習者はこのクラスで成功することについて，より前向きな期待をいだく」ことを目標として書くであろう。

ISPIの聴衆予想を分析した先の例では，特定の動機づけ目標を自信と関連性について書いた（表3.4）。注意については，書かなかった。分析の結果，プレゼンテーションを始めるときにそれが問題になるとは予想していなかったからである。確かに，好奇心を維持する方略は用いられた。しかし，それが問題を含む領域であるとは考えなかった。しかしながら，ある動機づけの領域が聴衆にとって問題となると考えられな

表3.4 学習意欲の目標と測定

目標	自己報告測定
参加者は，学習意欲のデザインを行う能力について，高い程度の自信を示す。	学習意欲のデザインを行う私の能力についての自信の程度は： a. とても向上した b. ある程度向上した c. 同じままである d. わからない（考えを持てるほど十分に事前テストや実習をこなさなかった） e. その他（説明してください）
参加者は，研修を興味深く，価値があるものだったことを示す。	全体的に見て，私は，この研修は次のとおりであったと思う（線上の適切なところにチェックしてください）。 興味深い＿＿＿＿＿＿退屈である 価値がある＿＿＿＿＿＿時間の浪費

かったとしても，特に，発表者が経験の少ない場合や何をすべきかはっきりしない場合には，注意や好奇心への刺激などの目標を準備するのは有益なことであろう。いくつの目標を書くかを決める判断基準は，実際的なものである。デザイナーや発表者が，分析や個人的な経験から，ある特定の目標を書くことが役立つと信じるならば，それを書くべきである。当然のことであるが，少なすぎるよりは，多すぎるほうがよい。しかし，些細で不必要に多大な費用を要するような，詳細すぎるレベルに達しない程度にとどめるのがよい。

学習意欲の測定

どんなタイプのプロジェクト活動でも，ゴールに達したかどうかを知ることは役に立つ。どのような測定方法を用いるのか判断し，その手段を準備するときには，最大限の範囲で測定方法の候補を検討することができる。測定方法は，特定の行動の直接観察から自己報告質問票までの多岐にわたる。特定の領域や関心に焦点をあてるときには，簡単な自己報告測定（表3.4）は非常に役立つ。重要な点は，どんな測定状況でもいえることだが，測定が目標と一致していて，結果を解釈する際に先入観の影響を考慮に入れることである。

動機づけ方略のデザイン

授業の青写真や授業計画を開発したあとに，学習者を動機づけるために何ができるかをふり返り，アイディアのリストを準備する。この光景は，デザイナーやインストラクターにとってめずらしくはないことだろう。このARCSプロセスでも，アイディアのリストをつくるが，それは先行するすべてのステップを終わらせてからにする。学習者分析に時間をかけることの重要性は，実証的に裏づけられてきた（Farmer, 1989; Suzuki & Keller, 1996）。デザイナーが適切な分析を行い，その結果を使用する方略の最終的な選択に適用することを怠ると，しばしば多すぎる方略や不適当な方略を組み入れることになる。

方略設計のフェーズには，もし急がないなら，楽しめる3つのステップがあり，それには創造的な思考と分析的な思考が両方とも組み入れられている。この3ステップとは，創造・選択・統合である。

創造ステップはブレーンストーミングに似ている。動機づけ目標を達成するための方法を，できるだけ多く考えることがゴールである。他の研修教材に目を通し，公開されているリソースを再検討し，これまでに参加したワークショップの例を思い出し，そして他の人と話をする。漫画・ケーススタディ・ロールプレイ・経験的活動など，興味と関与を促進するようなさまざまな種類の教材や方略を検討するとよい。重要な

点は，可能性を創出する際に持つ，開かれた，創造的な気持ちである。

　いくつかのアイディアを集めたら，より分析的な選択プロセスを開始する。方略を組み入れるに際しては，時間と費用について考えること。そしてコースに関係しているインストラクターや学習者の個人的スタイルも考慮することが重要である。動機づけ方略が，学習目標の達成に貢献するかどうかを確かめるのもまた重要である。参加型活動には，活動中はとても魅力的で人をひきつける要素がある。しかし，指導上の効果がとるにたらないものであると，学習者はいら立ち，そして同様の方法を用いようとする今後の努力に対して懐疑的になる。

　3番目のステップは，統合である。動機づけ方略が選ばれたあと，次は特定の場面にその方略を適合させ，ID計画にこれらを書き込んでいく。この段階は，動機づけ方略が指導時間に占める割合が適切かどうか，そして学習内容と指導の構成に内的に調和しているかどうかを確認する付加的な機会となる。

開発とパイロットテスト

　開発フェーズでは，動機づけの教材は指導の教材といっしょに準備される。実際のところ，この2つの区別は明確ではないことが多い。コースの最初の部分で導入するケーススタディなどの活動は，それが概念あるいは手順を例示すると同時に，関連性を確立する助けになる。

　教材のパイロットテストが実施されるとき，動機づけと指導を分けて考えることがはやり重要である。動機づけについての効果測定は，形成的評価で使われた達成度評価やその他のコースの効果の指標などの評価と同時に実施されるべきである。動機づけの結果が期待通りでなければ，指導効果上の問題点に対応するのと同じように，改訂作業に取りかかる。

◉ 学習意欲のデザインとIDの統合

　学習意欲のデザインプロセスは構造的に伝統的なIDプロセスと同様であり，これらを対応させる方法についてはいくつかの試みがある。ケラー（J. M. Keller, 1983b, 1987c）は，この2つのプロセスのほとんどの活動は同時並行で実施できることを例示して，対応させる方法を説明した（表3.5）。表3.5の左側に表されたIDモデルは，特にステップの順序の点でかなり一般的なものである。IDモデルのなかには，定義

表3.5　学習意欲のデザインとIDの並行プロセス

フェーズ	IDステップ	学習意欲のデザインステップ
分析（定義）	プロジェクト事前分析 タスク・職務・内容分析の実施 教授分析の実施 学習者の前提行動の確認 行動目標と評価基準の記述	学習者分析の実施 動機づけ目標と評価測定の記述
設計	教授系列の設計 指導方法	動機づけ方略の案出 方略の選択 動機づけ方略と教授方略の統合
開発	学習者が成功することや成功を管理できることを信じ／感じることを支援する 学習とパフォーマンスを測る開発テスト（「一対一」評価）	指導教材の選択・開発 学習意欲を高める材料の準備 指導教材の充実 学習意欲を測る開発テスト
実施と評価 （パイロットテスト）	対象母集団からの代表に対し形成的評価を実施 確認または改訂	

と分析のフェーズを区別するものもある。また，他のものは，定義または分析の代わりに目標を設計の下に配置している。しかしながら，これらの違いは，ここで議論している2つのプロセスの基本的な関係を変えることはない。

表3.5に例示されているように，学習者分析はIDプロセスにおける分析活動と同時に行うことができる。個々のデザイナーは，彼らのスタイルと状況に合うようにモデルを適合させるであろうが，学習意欲の分析は，通常，教授分析の後に行われる。学習者が学ぶべき知識とスキルが何かを特定したら，次に教材に対する学習者の意欲や態度を判断する。職務分析やタスク分析を行ったときに，学習者の基礎的な情報はすでに得られていたかもしれない。しかし，教授分析が行われた後に実際の情報の分析を行うのが最も効果的である。学習者分析の結果は，動機づけ目標を記述するための情報提供であることに加えて，学習目標の決定にも影響を及ぼす。

設計と開発のフェーズ間の連係は簡単で，これらは並行しているが異なる活動を伴う。例外は，開発テストすなわち形成的評価活動である。学習意欲の向上を含んだ指導教材の草案を，教材の正確さ・明快さ・必要とされる学習時間・効果に関するフィードバックを得るために，専門家と学習対象者集団の代表者に提示する。同時に，この教材の内容と体裁が，学習者にとって魅力的であるかどうかも確かめる。見た目については，「学習者は，印刷あるいはオンラインにかかわらず，その教材の『ルック&フィール』に前向きに反応したか」を調べる。そして，動機づけの活動が実現可能か

どうかについてのフィードバックも得るべきである。

パイロットテスト，または小集団評価（Dick & Carey, 1996）では，教材のひと揃い全体が試用され，形成的に評価される。ここでの重要な点は，学習とパフォーマンスの測定に加えて，動機づけの効果についても正式な測定を含むことである。これは通常，簡単な「スマイリー・フェイス」方式の自己評価レポートで実施される。これは価値あるものだが，学習者分析で明らかにされた学習意欲の重大な問題領域に対応させることで，その価値はさらに高められる。

最後の肝心なことは，表3.5の2つの系列との関係を正式な処方箋とみなすべきでないということである。事実上，ここで示した関係は，おそらく初心者のデザイナーよりはむしろ専門家によくあてはまるものである。特にシステム的な学習意欲のデザインを1度も考えてみたことがない初心者のデザイナーは，学習意欲の向上に取り組む前に，IDの全ステップを完了させてもよい。この方法を採用すれば，デザイナーは教材ひと揃い全体の魅力を評価することができ，そのうえで，必要に応じて魅力を高める方法を考えることができよう。経験を重ねると，この2つのプロセスを組み合わせることが，より効率的で効果的なやり方になる。

メイン（Main, 1993）は，1つの異なるアプローチを採用した。IDにおける動機づけへの関心不足を認識し，表3.6に示すように，学習意欲のデザインがIDに統合できると提案した。この提案では，インストラクショナルデザイナーは，IDプロセスのフェーズごとにARCSそれぞれの構成要素について同時に調べる必要がある。すなわち，「ARCSモデルは，5つのフェーズそれぞれで動機づけを考慮する枠組みを提供する」（p. 39）。つまり，学習意欲のデザインプロセスとIDプロセスの区別を難しくするような，統合が行われることを意味する。

オーケーとサンチアゴ（Okey & Santiago, 1991）もまた，ARCSモデルによる学習意欲のデザインを，ディックとケーリーのIDモデルのプロセスに従ったIDへの統合を提案した（図3.5）。彼らは，学習意欲のデザインフェーズと活動が，いかに

表3.6　学習意欲のデザインとIDとの統合（Main, 1993より改変）

学習意欲分類	IDフェーズ				
	分析	設計	開発	実施	評価
注意 関連性 自信 達成感					
検証とフィードバック					

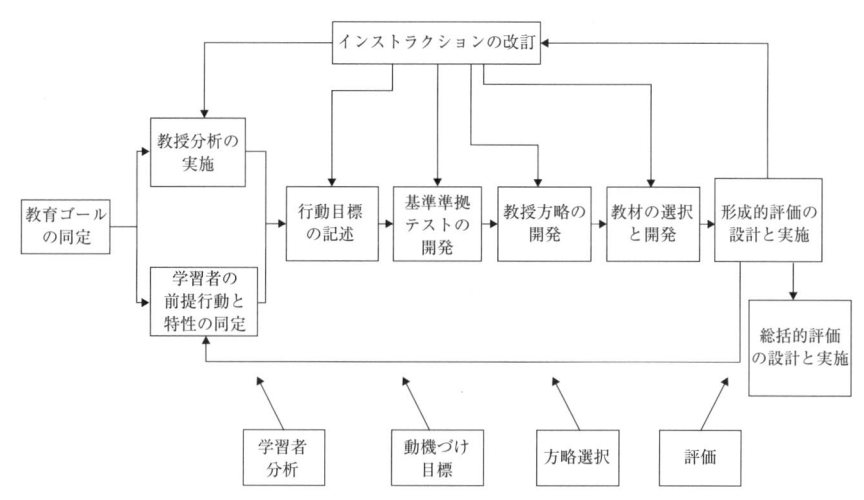

図 3.5　学習意欲のデザインと ID の関係（Okey & Santiago, 1991, p. 18 より）

ID の手続きに統合されるかを説明した。メイン（1993）と比較すると，彼らの提案は学習意欲のデザインを ID に組み入れているというのが，より適切である。メインの提案では，ID プロセスのすべてにわたって，学習意欲の 4 構成要素が考慮されている。しかし彼は，学習意欲のデザインの特定の活動，すなわち，知識と技能の初期レベルについての対象者の分析とはいくぶん異なる学習者分析という活動については明確にしていない。それとは対照的に，オーケーとサンチアゴは，いかに学習意欲のデザイン活動が，ディックとケーリーの ID モデルで表されるプロセスに組み入れることができるかを説明し，その方法を議論した。

▶ ARCS と ISD：項目ごとの比較

オーケーとサンチアゴによる提案の限界は，学習意欲のデザインプロセスと ID プロセスの間に緩い関係だけを定義していることにある。10 ステップからなる ARCS のデザインプロセスと ID プロセスとの接点をより正確に説明することは可能である[1]。たとえば，8 つの主要な接点（#1〜#8）を図 3.6 に示す。さらに多くの接点を指

---

[1] 大学院生として筆者とともに研究していた頃に，この項目ごとの比較の最初の案を提示してくれたサン・ホー・ソン博士（San Ho Song）に感謝する。その後，かなり改訂してはいるが，この発案による彼の貢献を高く評価する。

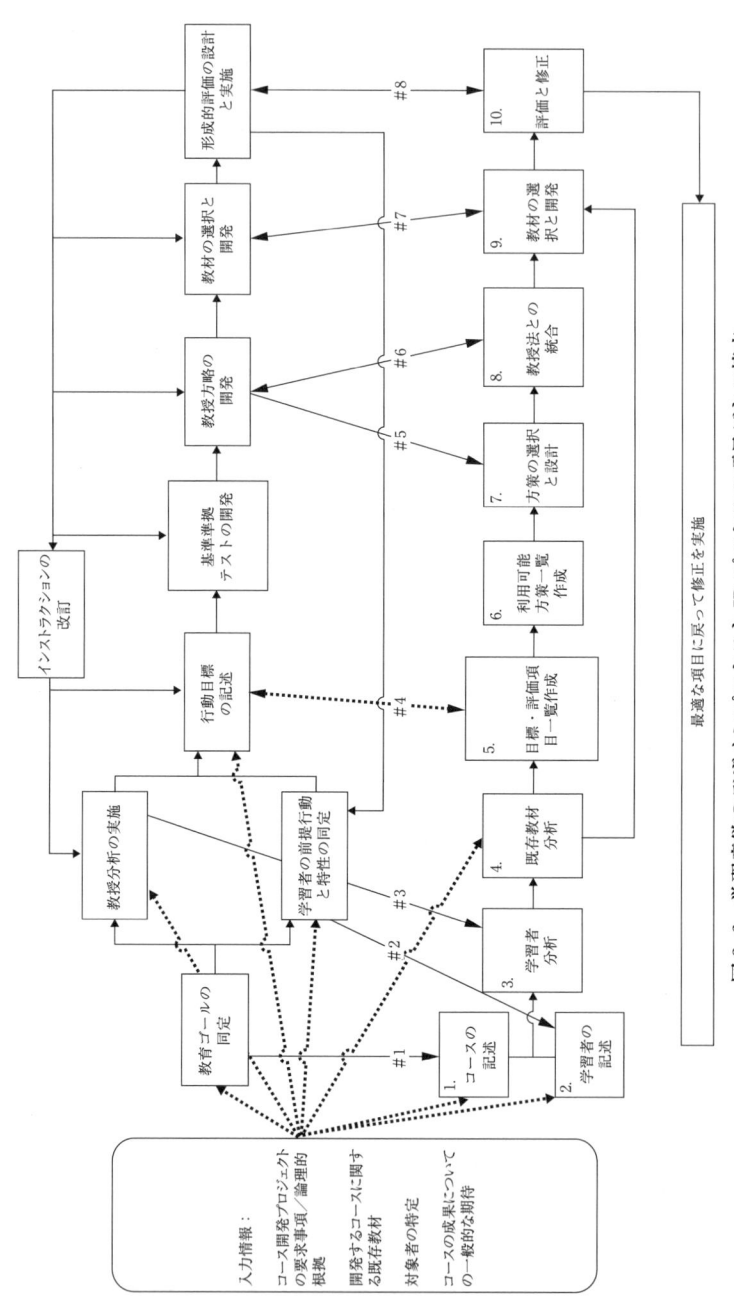

図 3.6　学習意欲のデザインプロセスと ID プロセスの項目ごとの接点

定することは可能だが，これら8つは，2つのモデル間の共生的関係を表示するうえで，最も重要な経路を表す。これらの接点について説明する前に，2つのプロセスが同じ入力情報（図3.6左）に基づいて描かれていることを指摘しておく。すなわち，コース開発プロジェクトの論理的根拠の情報，開発するコースに関係する既存教材，対象者が誰であるのかについての情報，そして，コースが達成すべきことについての一般的な期待などである。

接点1：教育のゴールとコース記述書

IDでは，ゴール分析の結果には，現在の状況説明と期待される状況の説明，および現在の状態となってもらいたい状態とのギャップの一覧が含まれる。特に，ゴール分析の結果は，組織が目的を果たすために構成員が実行しなければならない仕事に関連するコンピテンシーを説明するものである。学校環境においては，期待される能力は，学習者が教育の次の段階において成功するための要件として説明される。そして，年齢に応じて，学習者の現在と未来で彼らを助ける適切な生きる力の発達に関連して説明される。

接点1は，これと似た目的が学習意欲のデザインの第1ステージにもあることを示している。しかし，学習者や組織構成員の態度に関する要因により焦点化されており，変化させる方略のうちどの種類のものが現実的であるかに影響を及ぼす環境要因も重要視される。この第1フェーズの結果は，問題・ゴール・方略の選択と開発に関する実施上の意思決定などデザインプロセス全体にわたって，動機づけのデザイナーだけでなくインストラクショナルデザイナーにガイダンスを提供する。

この予備的分析を行う恩恵の1つは，コースやその他の教育的介入の論理的根拠を再検討することができることである。デザイナーが開発の背後にある要求理由を確認することができる。応用的な場面では，教育は通常，知識・スキル・態度の向上をめざすが，それは，仕事に関するパフォーマンスの改善に直接つながるものである。しかしながら，特定スキルの開発ではなく，その代わりに「充実」（enrichment）がめざされることもある。この場合，このコースは研修とは呼ばずにむしろ発達コースと呼ばれる。そして，また，コースは次のような理由でも教えられる。

- 文書化されたニーズを参照することなしに，誰かが「それを教えろ」と要求する。
- 論理的に構造化されたカリキュラムの一部である。
- それらは単に伝統である（「私たちのカリキュラムは，それなしには完成しない」）。

学習内容と動機づけ方策・方略をコースの成立基盤と一致させるために，設計段階にコースが開発される理由を知ることは，確かに役立つものである。

この事前調査のもう1つの恩恵は，デザイナーが文献・教材・学習者・教師・従業員・雇用者・内容の専門家（SMEs）・管理者・職員・業者などのさまざまな人々と他の情報源から役に立つ情報を得ることである。この情報は，設計段階に入って遭遇する可能性がある動機づけ問題に取り組むときに，洞察に満ちた方法を発見する助けになる。

接点2：前提行動特性と学習者の記述

2つの主要な成果が「前提行動と特性を同定する」の段階から期待される。1つは，指導を始める前に学習者がすでに習得し終えているべき前提行動とスキルを特定することである。もう1つは，学習者の特性に関する一般的知識である。

前提行動を特定することは，学習者の意欲，特に自信に対処するより多くのアイディアを学習意欲のデザイナーに提供する点で重要である。事前の知識やスキルが不足している学習者は，彼らが持っている既存の概念的枠組み（スキーマ）を超える新しい題材を学ぶのが難しい。したがって，学習者の事前知識についての情報を使って，新しい知識とすでにある知識との橋渡しの方法を検討することが望まれる。

接点3：教授分析と学習者の意欲の分析

IDプロセスの教授分析フェーズでは，科目およびコースの目的に関連する知識・スキル・態度の記述書がまとめられる。この記述書は，非常に具体的なもので，たとえば，1つのプロセスにおけるステップの詳細なリストや高い次元と低い次元の概念やスキルを含む階層構造図が含まれる。何を学ぶことが学習者に期待されているかを知ることで，学習意欲や態度の推測を始めることができる。

学習者の意欲分析のステップでもまた，学習意欲のデザインプロセスのステップ3にある学習者の説明に含まれる情報と組み合わせて，前提行動や特性についての知識は有効に活用できる。インストラクションの開始時における学習者の意欲や態度を見極めようとする試みは，学習内容に関する能力や知識量にもある程度依存する。しかし，この情報が有用であっても，学習者の意欲分析には，学習者の学習内容に対する過去の態度や仲間集団の影響などの他の要素も含まれる。

接点4：教授目標と動機づけ目標の連係

学習意欲のデザインのステップ5（目標と評価項目の列挙）は，IDの「行動目標の記述」ステージと同時に，あるいはその直後に取り組むのが望ましい。それには2

つの理由がある。まず1つ目に，適正水準の学習意欲があると，学習目標の達成はおおいに促進される。また，よい動機づけ目標は，コースの学習目標と内容の欠陥を克服する助けとなる。実際の教室や研修の場において，教授目標はいつも明確になっているとは限らない。学習内容も，時には学習者にとって役に立たない場合，あるいは知っておく必要がない場合もある。デザインの段階は適切になされていたとしても，それが適切に実行されるとは限らない。しかし，学習者の意欲が十分に高い場合には，IDの問題をものともせず，がんばり通すであろう。

接点5と6：教授方略と動機づけ方略の設計

デザインの動機づけの局面を考えるタイミングは，教授方略が開発されている時である，とインストラクショナルデザイナーが考えている場合がある（Dick & Carey, 1996）。この方法で多くの場合は，肯定的な結果が出るかもしれないが，否定的な結果になる場合もある。適切な学習意欲の分析が行われていない場合，インストラクショナルデザイナーは，特定の学習意欲の課題に直結しない動機づけ方略を，簡単にたくさん加えてしまいがちだ。また，動機づけ方略の設計プロセスは，教授方略を特定するのとはかなり異なる。

教授方略の選択は，教授目標の本質に基づいた論理的かつ規範的な手続きになることが多い。たとえば，学習者がある知識項目や手順のなかの特定のステップを思い出さなければならないならば，暗記を含む教授方略は適当である。一方で，問題を解くために適切な手順を選択し適用するという教授目標ならば，問題解決の事例研究が適切であろう。しかし，好奇心を刺激したり，自信を向上させたりするための動機づけ方略を選択することは，それほど単純明快ではない。動機づけ方略のデザインプロセスは，できるだけ多くの方略を特定するブレーンストーミングから始まる。それが，期待した結果を得る第1歩である。そして，方略設計の第2フェーズでは，分析的態度を採用し，科目の時間的制約内で教授目標の達成を損ねない方略を選択する。そして，可能な限り最大限に，動機づけ方略はわかりやすく透明（transparent）でなければならない。たとえば，電子工学コースでトラブルシューティングの科目を始めるとき，学習者は，検査装置が何をすべきかを正確に示すと思っており，自分がこのコースを学習する必要もないと考えているかもしれない。その場合には，インストラクターは自動検査装置が故障したときに，障害を見つけなければならない学生のシナリオを示す事例から始めることができる。現実の経験に基づく事例は，好奇心と関連性による動機づけを同時に高めることができるとともに，指導内容をどう活用するかを例示する。

動機づけ方略リストの最終形ができあがったら，設計段階の最後のステップとして，

動機づけ方策を教授方略に統合する（ステップ8，図3.6）。これまでは，動機づけ方策そのものを選択したり，相互に統合してきた。ここでは，教授方略に含まれる教授内容・提示方法・学習活動にこれらを統合する。デザイナーは，教授方略と動機づけ方略の間に多くの共通部分があることに気づくだろう。たとえば，復習の機会を提供することは，教授方略としてだけでなく自信を形成する方略としてもみることができる。重要なのは，動機づけと学習面の両方から方策に求められる要件である。学習者があるスキルをマスターしたことがわかっているのであれば，厳密にいえば，学習面からは復習の機会は必ずしも必要ではない。しかし，自信がないという場合ならば，動機づけを主目的として追加的な復習の機会を含めることもあるかもしれない。

接点7：指導および動機づけ教材の開発

　この時点で，新しい指導および動機づけ教材を開発するのか，あるいは既存教材の採用または部分的に修正するかどうかを決める。いずれの場合でも，動機づけ教材の開発を指導教材の開発と切り離す必要はない。前節で示したとおり，動機づけ方略の透明性が高く，教材により完全に統合できれば，そのほうがよい。たとえ，ある特定の動機づけ活動が教授活動に完全には統合されていなくても，それは教授目標と明確な関係があるべきで，そうでなければ問題を引き起こす。たとえば，新たに配置された沿岸警備隊のインストラクターが，ヘリコプター支援による救助任務の緊急編隊と迅速展開についての基礎訓練クラスにいる学習者の注意をひきつけるのに苦労しているとしよう。救助船に乗り組んだ沿岸警備隊の男女はこのコースを四半期に一度繰り返さなければならないので，彼ら乗組員はこの活動についてのすべてを知っていると感じており，インストラクターは彼らの興味を持続させるのに苦労している。彼は，視察のために船に乗り込んできた訪問者と話をして，その訪問者が最近，危険な救助活動に参加したのを知る。その訪問者に彼のクラスで話すよう誘ったところ，大成功を収めた。そのインストラクターは，次のクラスでも繰り返したいと思うが，いつも招待演説者がいるほど幸運ではないことを知っていた。そこで，彼は，沿岸警備隊の救出ビデオを見つけるためにインターネットを検索した。彼は「沿岸警備隊救出ビデオ上位10本」と呼ばれるYouTubeクリップや「SOS：沿岸警備救助」と呼ばれるディスカバリーチャンネルシリーズを含め，たくさんのビデオクリップを見つけるのに成功した。彼は，クラスで教えるときはいつもこのビデオのうち何本かを使う。はじめは興味を刺激する。しかし，このビデオを上映している間だけである。学生の興味は，研修訓練に移ることはない。そして，しばらくたつと，ビデオについての興味さえ失われることになる。この例では，トピックに関連している実話が科目に取り入れられたが，学習課題には直接結びつけられていなかった。インストラクターは，い

くつかのシナリオや競争的なゲームをつくり，学習者にシナリオに対する解決策を提案する活動に取り組ませるほうがよいかもしれない。学習課題の一部としてそれを提示し，そのあとでその問題に対処する実際の状況のビデオを見せるともっと成功するだろう。学習者は挑戦的な課題と競争を好む傾向があるため，動機づけの要素が完全に統合され自然な活動として知覚されるからである。

接点8：評価と改善

この接点は，形成的評価と総括的評価は両方のプロセスにとって重要であり，効果と動機づけの両面から教材改善の手引きとなる情報を提供することを示している。動機づけの評価は，学習者の達成度を含む効果の評価とあわせて計画し実行することができる。しかしながら，計画を実行するときには，どの動機づけ調査を実施するよりも前に，達成度テストを実施するのがよい。それには2つの理由がある。第1に，動機づけ調査が達成度テストでの彼らの能力発揮に干渉する可能性を避けるべきである。第2に，達成度テストも総合的な教育経験の一部であり，彼らの学習意欲の反応に影響を及ぼすかもしれないからである。

▶ プロセスの適用

これらの8つの主要な接点は，学習意欲のデザイン活動をID活動と統合する方法を示す。しかし，人間が管理するプロセスを表現したどんなものとも同じように，すでに入手可能な投入の種類・スケジュール・予算・その他の資源などの状況によって実際の実施形態は変化する。また，デザイナーの個人的スタイルや教科内容の本質によっても変わる。たとえば，新しい販売戦略のオリエンテーションコースでは，コースのデザイナーはおそらくすべてのステップを詳細に実行することはないだろう。しかし，もし，違反すると悲惨な被害をもたらす原子力発電所の安全確認行程に関係する非常に重大なスキルを教えるコースを開発する責任がある場合はどうだろうか。学習者は，本当はそうでないにもかかわらず，すべての手順を知っているという過剰な自信があり，それなのにコースをとらなければならないと考えてうんざりしている。実際に起こっていることだが，もしこのような状況ならば，すべてのステップを詳細に実行するとインストラクターが得るものは大きいだろう。このような重大な局面の文脈であれば，この論点を理解するのは簡単である。しかし，より簡単な状況でも，学習者分析・初期の動機づけ方略リスト・最終の方略リスト・指導との統合などの重要な成功要因のすべてを含めることは重要である。違いは，簡単な状況では，いくつかのステップはすばやく，そして略式に実施できるということだけである。

要約

ARCSモデルに組み込まれたデザインプロセスによって，ARCSモデルは，純粋に記述的または処方的な理論ではなく，実用的で，利用を重視した理論になった。動機づけの概念と理論をARCSの4つの主要なカテゴリーに記述的に統合し，それを学習意欲のデザインへのシステム的アプローチと組み合わせた。この問題解決的なデザイン手法は，ARCSモデルを他に類がなく，適用範囲の広いものとする基盤となっている。

しかしながら，このプロセスを効果的に適用するためにはしっかりとした基礎知識が必要であることを理解することは，とても重要である。ファーマー（Farmer, 1989）と鈴木（Suzuki & Keller, 1996）は，デザイナーや教師が学習者分析に堪能でない場合や，それを省略して動機づけのアイディアを考えると，その結果の教材が学習者の意欲を高めるのではなく，下げるものになることを見いだした。これは，つくられた教材にあまりに多い動機づけ方略が使われたり，実際の問題に直接対応しない方略が含まれていたためである。

次の4つの章では，学習者分析で考慮すべき主な動機づけ変数について説明し，多数の動機づけの方略と方策の例を紹介する。そして，その次の3つの章では，学習意欲のデザインプロセスをどのように行うかの事例を詳しい説明とともに提供する。

第4章 注意を生み出し維持する作戦

本題に入る前に……

好奇心（curiosity）はよいことだろうか？

図 4.1　好奇心に対する気持ち

あなたはどう思う？　どちらかの意見を持っているかな？

はじめに

　私の担当するモチベーションのクラスでは，好奇心の研究は教育学や心理学の文献では軽視されている，と数年前なら話していただろう。しかし，この状況は変わったようだ！　おそらくマルチメディアへの興味が再び盛り上がっているからか，発明と特許申請が減少している現状に関心が高まっているからか，あるいは単に，研究者がこの分野に改めて関心を寄せているだけなのかもしれない。どんな理由であれ，本章では，好奇心と，それに関連する概念である退屈（boredom）や刺激追求（sensation seeking）に関する本質的な話をとらえていきたい。そのうえで，本章の後半では，その知見をどう適用するか，ガイドラインを示していく。好奇心（より広い概念としての注意）の3つの下位分類を説明し，学習者の注意と好奇心を生み出し維持する原理と方略を紹介する。

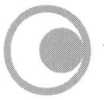

注意に関する心理学的基盤

　学習者の注意は動機づけと学習の双方に必要な要素である。動機づけの観点では，どのように学習者の注意を喚起し維持するかが論点となる。学習の観点では，学ばせたい概念・ルール・スキル・事実に，どのように学習者の注意を向かわせるかが課題となる。つまり，学習者に指導したい本質的要素を示す手がかりや促しをどのように与えるかが考慮すべき点となる。学習意欲の文脈，特にARCSモデルにおいては，注意（attention）という言葉は，覚醒理論・好奇心・退屈・刺激追求といったいくつかの関連概念を統合したものである。これらの分野での初期の研究のほとんどは，1950年代から60年代にかけて行われた（Berlyne, 1954b; Maw & Maw, 1966; Schachter, 1964; Zuckerman, 1971）。その後何十年もの間，この分野の研究はほとんどなかったのだが，近年になって再び関心が盛り上がっているようだ（Lowenstein, 1994; Renninger et al., 1992）。これは，マルチメディア教育，Webを用いた教育，そしてeラーニングへの近年の関心とタイミングが重なりあっている。これらの教育提供手段においては，効果的な学習の妨げにならないようにしながら学習者の注意を喚起し，維持する方法を編み出すことはなかなか簡単ではない（Harp & Mayer, 1998）。

▶ 覚醒理論と古典的概念

　覚醒理論（arousal theory）は，覚醒レベルの変化によって行動がどのように起こされ，またどのように変わるのかを説明しようとするものである。この分野の研究と理論の多くは生理学からで，さまざまな覚醒レベル（Hebb, 1955）やストレス（Selye, 1973）に応じて身体の機能やシステムがどのように作用するかを研究した。一方で，生理学的覚醒と認知的帰属論の双方を含む覚醒理論（Schachter, 1964）も形成されてきている。覚醒レベルを連続的なものとみなし，睡眠状態のような低レベルのものから，怒りや恐怖を麻痺させるほどの悲しみといった感情的行動に表れるストレスのような極度に高レベルのものまでを包含している。しかし，この行動の変化は直線的でも，着実に進行するものでもない。また，覚醒レベルが上昇しても，意欲や行動が増すとも限らない。一般的には，ヤーキス・ドッドソンの法則，または逆U字カーブとして知られる曲線になると考えられている（第2章参照）。逆U字カーブの中間地点にある覚醒と行動の最適化をめざすことは，ARCSモデルの重要な要素である。両端にある過度のストレスから生じる行動力低下と，低レベル行動に付随して覚醒が低レベル化するパターンを避けることをめざす。とりわけ，第3章の図3.3と図3.4でも簡単にふれたように，逆U字カーブの概念は学習者分析の基礎であり，どのような動機づけ方策を使うべきかを決定するうえでの助けになるものである。学習者を分析し問題を特定しようとする際には，動機づけが低いという状態だけでなくストレスが高すぎるという状態も考慮する必要がある。この両方の状態ともに，学習者のパフォーマンスは最適ではなくなり，悪影響を及ぼす行動を引き起こし得るからだ。

▶ 好奇心

　好奇心とは何か。誰もが直感的にその意味を理解している一方で，まったく異なる意味で使われることもある。たとえば，次の見方を検討してみよう。

- 古代ローマ神話に出てくる「パンドラの箱」の話で語られるように，ゼウス率いるオリンピアの神々がタイタンを滅ぼした後，ゼウスは地球および地球に住むすべての生物を支配する男性を創造した。彼の名前はエピメテウスといい，時がたつにつれ彼の行動は神々と彼自身にとって完全に予測可能なものとなり，彼の退屈度は高まっていった。そこでゼウスは海の神であるポセイドンに相談し，エピメテウスにある面では似ているがある面ではまったく似ていない

女性を創造した。ゼウスは言った。「ポセイドンよ，この生き物は男とあらゆる点で異なっていなくてはならない。男が固い場合には女は柔らかく。男が強い場合には女は弱く。男が馬鹿な場合には女は賢く。男が勇敢な場合には女は臆病に。しかし，男が恐れている場合には女は勇敢に」(Hoffman, 2007)。しばらくして，また退屈になってきた。今度は，ゼウスは地下の神であるハデスを呼び，どんな暗黒（病気・飢餓・絶望・蛮行など）でも見つけることができる精霊を集めるよう命じた。ゼウスはこれらの精霊を美しく着飾らせ，閉じた箱に入れ，人の形をした化身によって地球に運ばせた。この化身はエピメテウスとパンドラと出会い，彼らに対し，旅路で急いでいるのでこの重い箱を見ていてくれないかと頼んだ。そして，「箱の中を見ないように，開けたら恐ろしい結果が待っている」と警告した。結局，パンドラは好奇心に負けて箱を開けてしまった。すぐにほとんどの精霊は箱から飛び出し，彼女やエピメテウスを噛んだりつねったりしたのち，飛んで行ってしまった。箱に残った精霊の1人がパンドラに近づき，傷口をさわって傷を治した。そして精霊はパンドラの心臓に入り，彼女に希望という贈り物を与えた。こうしてパンドラは，彼女が被ったダメージや痛みから解放されることはなかったものの，希望を持つことで痛みを癒すことを知ったのだった。

- ウィールライト（Wheelwright, 1951）によって訳されたアリストテレスの著作『形而上学』の始まりはこうだ。「知的欲求は人間の本性に根ざしたものである」。彼は続けて，金銭利得から得る喜びとはまったく異なる，知と洞察力から得られる喜びがその証拠だと述べている。
- ウィリアム・ジェイムス（James, 1890）は，2種類の好奇心について述べている。1つ目は，部分的に知覚されたり，不意をつかれたり，または，驚くべき刺激として引き起こされる本能としての生理学的な好奇心。2つ目は，科学的興味や形而上的驚異といった，より認知的な好奇心。
- バーライン（Berlyne, 1954b）は，好奇心とは，質問などの刺激で引き起こされ，質問あるいはその他の刺激的な事象が解決したときに減ずる欲動である，としている。

このような好奇心のさまざまな概念から，何を導き出せばよいのだろうか？　適度な刺激が表面化したときに生じ，心や身体の欲求が満たされたら消える，空腹のような生得的な欲望なのか？　それとも，成功で満たされるのではなく，活動そのものが楽しいから引き起こされる自発的行為なのか（つまり，好奇心が満たされるたびに好奇心に基づく行動が増えるという結果になるのか）？　そして，好奇心とは人類全体

の利益につながる特質なのか,あるいはきちんと管理されるべき危険なものなのか? 言い換えれば,好奇心は自発的で自己主導的な知的探求なのか,それとも葛藤を解決する必要から生じた生得的な本能や衝動なのか? そしてそれは人類にとってプラスになるような喜ばしい状態なのか,または憂うべき状態で根本的に邪悪な力ともいえるものなのか? ここまで来れば,なぜ,図4.1の若い女性がひとたび自信満々だったのに,困惑していったのかがわかるはずだ!

好奇心の概念的基盤

神話や哲学の歴史のなかでも語られているのと同じように,好奇心に関するこれらすべての見方は,過去の研究でも述べられている。好奇心の心理学的研究に関しては,大まかに3つの見方がある。1つ目は,動因理論(drive theory)である。好奇心は嫌悪や不快感とみなされる覚醒状態を引き起こし,好奇心を喚起している状況を解消するための探索行動をもたらすというものだ。2つ目は不適合理論(incongruity theory)である。好奇心は,適度であるうちは不快ではないが,それを過ぎると嫌悪感をもたらすような,環境のなかの不適合状態によって刺激されて起こるという。3つ目は,能力(competence)の概念をベースとしたものである。好奇心は,自分が置かれた環境において何かを成し遂げたいという欲求に付随した,人間の特質だとする。

好奇心に関する実証研究が行われるようになったのは,比較的最近のことである。この分野で最もよく知られている心理学者であるバーライン(1950)は,「行動に影響を及ぼす刺激に関する知見は,この分野の新しさゆえ,心理学分野では驚くほど少ない」(p. 68)と述べている。彼は,動因理論(Hull, 1943)に立脚した好奇心に関する予備理論を紹介している。バーラインは,組織体が新しい刺激を知覚した際に,刺激創出誘因反応が生じるとしている。また彼は,一定の時間経過とともに好奇心は減じると述べている。あるグループのネズミを箱に入れ実験的環境に慣らした後,いったん外に出して,1つ目のグループには箱の中に3つのキューブを入れ,2つ目のグループには箱の中に3つのリングを入れた。どちらのグループのネズミも物体に近づき,しばらく調べたのち関心を示さなくなった。次にバーラインはキューブとリングを1つずつ,互いに取り換えてみた。再びどちらのグループでも,ネズミは既知の物体には関心を払わない一方で,新しい物体を調べる行動を起こした。このことからバーラインは,目新しいものは好奇心を刺激し,新しいと認識しなくなるまで調査行動を引き出すと結論づけた。

これに続くバーラインの研究(1954a)では,知的好奇心(epistemic curiosity)と彼が呼ぶ,より複雑な刺激創出探索行動の研究を実施した(Berlyne, 1954b)。この

タイプの動因は，たとえば疑問が生じたときに引き起こされ，回答が得られたときに減少する。この研究では，あるグループの学生には一連の注意喚起的な事前質問を投げかけてから，その後授業と事後アンケートを実施した。一方で，別のグループでは授業と事後アンケートのみを実施した。その結果，事前質問を行うことが，高いレベルの好奇心を生み出し，事後アンケート時の記憶の呼び戻しにも効果があることを確認した。また彼は，よく知っている動物に関する質問や，矛盾と思える考えに関する質問に対して，より高い興味が引き起こされていることを発見した。この研究で，よく知っている動物の質問により興味がわいてしまったのは，よく知らないものには過度に高いレベルのストレスを引き起こすような，複雑な調査方法が原因だったかもしれない。しかしながら，想定しえない，または驚くような要素を含む質問や答えが，最も強い興味を喚起した。バーラインが得た結果は，より複雑な好奇心についても，以前の研究と一致する内容であった。すなわち好奇心は，新しく，予期しない刺激により引き起こされ，見慣れたものになると減じるということである。

　この理論に固有なのは，好奇心は環境によってつくられた刺激によって創出されるという考え方である。しかし特定の刺激がなくても，人は探査的な行動をとることもある。バーラインはこれを特定的探査（specific exploration）と拡散的探査（diversive exploration）の２つに分けて説明している（Berlyne, 1965）。特定的探査は，目に息を吹きかけるとまず瞬き，その後にその原因を特定するために振り返るといった反射的行動や，バーラインの新奇性と好奇心に関する研究におけるネズミに与えられたキューブとリングのような知覚的不調和などのように，今までにない刺激や予期しない刺激によって引き起こされる。特定的探査は，知覚的好奇心（perceptual curiosity）とも呼ばれ，特定のものや情報に探査の焦点があてられる。そしてそれは，対象物に関する不確実性を減らすのに十分な情報がある場合には減衰する。特定的探査は，バーラインが対照変数（collative variables）と呼ぶ，新奇性・変化・驚き・不一致・複雑性・曖昧性・不明瞭さといった刺激属性によって刺激される。

　それとは対照的に，拡散的探査は単調性や退屈さから引き起こされ，固有の対象物を持たない。組織体がおもしろいものや新しいものを何でもかまわず探査し，特定の情報が収集されても減衰しない。よって拡散的探査は，好奇心よりも退屈を解消することに関連して起きるものといえる。一方で，文献内で使われる言葉に，「特定的好奇心」や「拡散的好奇心」というものがある。デイは特定的好奇心を，新奇性や曖昧性といった対照特性が高い「１つのアプローチであり探査反応である」（p. 491）としている。彼はまたビドラー（Vidler, 1977）が引用するとおり，不自然なほど好奇心の高い人を次のように表現している。「じっとしていられず，すぐに退屈し，いつも変化を求めているが，十分な理解が達成されるまでは状況に集中することができない」

(p. 25)。

　これらの知覚的好奇心と知的好奇心の間の区分け，そして特定的探査と拡散的探査の間の区分けは文献で十分になされており，私たちの日々の好奇心に関する経験とも一致する。つまり，侵入者として認識し，そして消し去るまで私たちの注意を一瞬とらえるような一時的な出来事と，求めた答えを見つけるまで興味対象を調査し続けたいと思うような経験は，異なるものとして容易に区別することができる。また，特定の対象に向かったタイプの好奇心と，単調さや退屈さが原因となって環境のなかを何となく，時にはランダムに見回すような探査とも，異なるものとして区分できる。これらの概念が好奇心の研究への動因理論の適用から来たものだとしても，それらは私たちの一般的な経験にもあてはまることである。

　もう1つの好奇心の概念は，不調和（incongruity）の概念に基づいている。ケーガン（Kagan, 1972）によれば，不確実性を取り除きたいという欲求は，動機の1つである。不調和は，バーラインの知的好奇心の概念と似ているものの，喪失状態や緊張緩和のプロセスから引き起こされるものではない。よって，それ自体は動因とみなされていない。動機の1つとして，不調和は自分を取り巻く世界とは何なのかを理解したいという人の傾向を表したものといえる。この動機は，フェスティンガー（Festinger, 1957）による認知的不協和（cognitive dissonance）の研究や，ゲシュタルト心理学によっても支持されている。認知的不協和は，2つのアイディアあるいは行動が不一致，または矛盾していると認識されるときに生じる。これにより嫌悪状態が生み出されるわけだが，不一致の原因を取り除いたり状況の解釈を修正したりすることで，不調和を削減するための動機を活発化させる。たとえばある少年が，父親のことを強くて自制心がある人だと思っていたとする。にもかかわらず父親が息子のリトルリーグの試合で平常心を失い，審判に向かって叫んだり，球場から退場を言い渡されたりするのを見たときには，認知的不協和の状態になる。この場合，父親の性格に関する彼の考えを修正するか，父親の行動をサッカーの試合に関する父の原理原則を表現したものに過ぎないと正当化することで，少年は不協和の状態を解決できる。

　このような何が起きているかを理解しようとする人間の動機の存在は，マックス・ウェルトハイマーによって1912年に創設されたゲシュタルト心理学の基本原則でもある（Koffka, 1935）。多くの実験により，知覚したものを意味のある見慣れた型やパターンに組み替えることでギャップを縮めようとする人間の特性がはたらくことで，全体が個々の部分を合計したもの以上になることを実証した。たとえば，円の形のようだが，起点と終点がくっついていない曲線を描いたものを示したとする。再現テストでは，実験参加者は完全な円を描こうとする。このゲシュタルト心理学派は，もはや知覚研究（Banks & Krajicek, 1991）を除いては活発な部類ではないが，認知的不

調和のような基本原理は好奇心の不調和理論と一致し，それを支持するものである。ローゼンシュタイン（Lowenstein, 1994）によれば，この立場を支持する他の理論や実験の研究家としては，ヘブ，ピアジェ，そしてハントがいる。

3番目の理論的な見方は，動因というより動機としての好奇心に基づいており，ある環境において有能であり達成感を得たいとする人間の欲求に焦点があてられている。この立場は，しばしば取り上げられるモーとモー（Maw & Maw, 1964）によって提示された好奇心の描写に反映している。彼らは，好奇心に関する既存の文献や小学校の児童を対象にした調査で，以下の場合に好奇心が具現化するとした。

1. 環境のなかの，新しい・不思議な・不調和な・ミステリアスな要素に，向かっていったり，触ってみたりすることで好意的に反応したとき。
2. 自分自身や周囲の環境をもっと知りたいというニーズや欲求が表に出たとき。
3. 新しい経験を求めて周辺を見渡したとき。
4. 刺激物をよりよく知るために調査や探査をし続けたとき。(p. 31)

彼らの説明においては，好奇心とは疑問点に答え，深いレベルの理解を導き，達成感や能力レベルを向上させるような知識や情報への積極的な探求であることが暗に示されている。これは，不確実性からくる嫌悪状態を減らすことに依拠する好奇心についての動因理論の説明と異なっている。また，動機に基づく行動という仮定に依拠するが，その一方で不確実性とは嫌悪状態のことを指すとする不調和理論とも異なっている。学習意欲のデザインという観点からは，これらの理論は，ある種の分析と学習環境に統合された方略を支持するものといえる。このことは，本章で後ほど説明する。

好奇心に関する研究

好奇心に関する研究には，心理学的見地からその構成概念の妥当性を確立するように設計されたものがある。これらは予測的妥当性（predictive validity）があるかどうか確かめる研究，すなわち好奇心が高い人は好奇心が低い人と比較して予測されたような行動をとるか，という研究を含んでいる。この研究にはまた，好奇心がそれと関連があるとみなされている概念と相関があるかどうか確かめる同時的（concurrent）妥当性の研究や，好奇心と独立したものとみなされている概念と関連がないかどうかを確かめる識別的（discriminant）妥当性の研究を含む。妥当性や概念の理論的基盤を証明するための課題の1つは，それが，他の何と関連すべきかしないべきかについての根本的な疑問に答えられるかということである。たとえば，好奇心は知性と相互に関連があるかどうか？　相関があると期待すべきか？　こういった課題は理論的観

点からは明確にはならないので，実証研究によって確認されなければならない。以下のセクションでは，好奇心と，知性・学習・親の態度・通学・自己概念・創造性・曖昧性や知覚的硬直性に対する寛容性・成績・意欲・不安感との関係についてのいくつかの研究結果をまとめる。

好奇心と知性

好奇心は知性とプラス方向に関連している（正の相関がある）と考えるかもしれない。なぜならば，高い好奇心を持つ人はより知りたがりで新しいことへの学習欲求もより高いと思うからだ。しかし研究結果では，好奇心と知性には特段強い相関は見られなかった。モーとモー（1964）は，5つの異なるクラスでなされた好奇心に関する148人の5年生に対する教師評価と，ロージ・ソーンダイクの知性テストで測定されたIQとの間に，0.43から0.67程度の統計的に有意な中程度の相関を発見した。同じ5年生に実施した好奇心に関する相互判定とIQとの相関もまた，0.32から0.65と統計的に有意であったが，教師評価よりは相関が低かった。有意な相関を得たことにより，好奇心測定法の開発と構成概念妥当性の研究において，IQを制御する端緒となった。

それとは対照的に，ほとんど同時期にペニーとマッキャン（Penney & McCann, 1964）は好奇心と知性にはほとんど相関がないことを示した。彼らは以下のように定義する反応的好奇心（reactive curiosity）の測定法を開発・検証しようとしていた。「(1) 比較的新しい刺激的な状況に近づき探査する傾向がある，(2) 不明確で複雑な刺激に近づき探査する傾向がある，(3) しばしば経験したことがある刺激を変える傾向がある」(p. 323)。彼らは好奇心を有している状態と，好奇心をもって行動している状態を区別しようとした。4年生から6年生までの120人の少年と154人の少女を対象にした研究では，少年において正相関だが統計的に有意とはいえない0.06から0.14程度の相関を得た。また同様に4年生と5年生の少女においてもおのおの0.03と0.07の相関であった。6年生の少女では0.24と高かったものの，統計的に有意とはいえないレベルであった。

デイ（Day, 1968b）は，バーライン（1963）が開発した28の視覚的に複雑なパターンで構成される実験器具を使用して，中学1年生から3年生の大規模グループに対し好奇心を測定した。そこでは好奇心とIQには相関を発見できなかった（$r = -.01, n = 395$）が，彼（1968a）は，自作した好奇心の自己申告調査とWISCの言語テストや合計IQスコアとの関係についての異なる多くの研究で正の相関を報告した。好奇心ならびに知性と創造性との関係を調べた研究で，彼（Day & Langevin, 1969）はハートフォード・シプリのIQテストの総合スコアで測った知性と好奇心との間には相関

はないとした。しかし言語サブテストとの間には，小さいが5%レベルで有意な相関関係（$r = .26, n = 75$）があった。好奇心・テスト不安・集中的思考・発散的思考・知性をめぐる相関研究において，ビドラー（1974）は好奇心と知性には5%レベルでかろうじて有意な相関しか発見できなかった。

要するに，先行研究によれば好奇心と知性には相関がないか少しの正の相関がある程度である。とはいえ，好奇心の測定にはさまざまな方法が使用されており，ここで明確な結論を出すのは難しい。より首尾一貫して広く受容された好奇心の定義がなされない限り，この相関が実際どの程度強いものなのかは，不確実なままだろう。しばらくの間は，モーとモーの事例に従い，好奇心を含む研究開発調査においては，IQを考慮して調整することがベストだといえよう。

好奇心と学習

好奇心と知性の相関と同様，好奇心と学習も全体的に正の相関があると考えるのは論理的にもあり得る想定であり，これは研究によっても支持されている。好奇心と学習は，中程度から強い正の相関があり，それは知性との相関よりは強そうだが，研究結果からはまだ必ずしも明確とはいえない。モーとモー（1961）は小学5年生の2つの大規模なサンプル集団における記憶保持の研究で，高い好奇心を持つグループのほうが好奇心の低いグループよりも，IQとは無関係に記憶力得点が高かったことを発見した。高い記憶力得点でかつ好奇心の高い子の多くは，IQスコアが平均以下であった。キャロン（Caron, 1963）もまた，暗記型学習と理解型学習の両面において，好奇心と正相関があることを確認した。特に理解型学習ではとりわけ顕著な相関がみられた。彼が用いた好奇心の測定法は，与えられた知識を習得できるという主観的な期待度と，学習タスクへの関与度を総合したものだった。彼は1000人の大学2年生において統計的に有意な正相関を確認したのだが，過去の学業成績ともまた相関があることも発見した。このことから，この研究では，好奇心が学習に貢献していることが明らかといえる。

もう1つの関心は，意図的学習と偶発的学習との区分に関する点である。研究結果では，不安やその他の高揚喚起状態は，学習に向かう気持ちをそぐマイナスの感情をもたらすことが示されている。この研究では，これらの状態において，意図的学習に関する課題は向上したが，一方の偶発的学習は減じた。偶発的学習は，学習環境が求める特定の課題とは直接関係のないきっかけに関心が向けられることで促進される。次の疑問は，これがどのように好奇心と関連するのかということだ。この動因低減説は，他の動因と同様，好奇心は不快な状態であるとしている。しかし他の理論においては好奇心をポジティブな感情や接近行動といった動機につながるものとみなしてい

る。パラドウスキ（Paradowski, 1967）はこの疑問を解くために，見慣れた動物と見慣れない動物の絵と説明文を与えられた大学生を対象に，意図的学習と偶発的学習に対する新しい刺激と見慣れた刺激の影響を相殺法を用いて調査した。見慣れない動物は好奇心を引き起こすように意図された。高い好奇心を持つ学生は，その動物の詳細に関する意図的学習面と，背景のデザインやカラーについての質問で評価された偶発的学習面の両方で，高得点を獲得した。これらの結果は，好奇心が不安感を創出し無関係なものを取り込むきっかけをなくすという伝統的な動因理論における好奇心の解釈とは異なるものであった。むしろ，動機として好奇心を肯定的にとらえる説を裏づけた結果となった。一方でこの結果は，好奇心には動因に誘導される側面と動機に誘導される側面が両方とも含まれているという考え方を排除するものではなかった。

発達の影響：親の態度と通学

他の人格特性に関してと同様，子どもの好奇心には発育上の影響があるかどうかという疑問があるだろう。一般的にいわれている意見として，子どもは生来好奇心を有しているが，学校に通ってしばらくすると好奇心が減じるというものがある。一方で，学校教育に通っている間や大人になっても高い好奇心を堅持する者も多い。モーとモー（1966）は，子どもの好奇心レベルと関連する親の態度について調べた。教師と同級生の判断評価を用いて，彼らは郊外に住む中級階層の小学5年生の少年少女を，好奇心の高いグループと低いグループに分けた。彼らの親は，「親の態度解明調査」（PARI: Schaefer & Bell, 1958）に答えた。親の態度と少年の好奇心にはいくつかの相関があることを発見したが，少女に対しては確認できなかった。依存心の助長・厳罰・夫の権威主義・性的抑圧の得点において，高い好奇心を持つ少年の父親は低い好奇心を持つ父親より統計的に有意に得点が低かった。一方，平等主義尺度では，その逆の結果となった。高い好奇心を持つ少年の母親は，育児依存・外部環境の排除・押しつけがましさという3つの下位尺度において，低い好奇心を持つ少年の母親より有意にスコアが低かった。少女には，特に違いはみられなかったが，調査した親と少女のペアは30組で，少年の57組よりもグループが小さかった。以上より，高い好奇心を持つ少年の親は独立心を育み，親と子の間に平等主義があり，性差別的行動が少ないことがわかった。

サックスとストラック（Saxe & Stollak, 1971）は，4つのグループからなる40人の小学校1年生の少年を調査した。各グループは，高い好奇心と社会性を持つ子ども，好奇心の低い子ども，攻撃的な子ども，そして神経質な子どもを代表していた。それぞれの少年と親は，目新しいものと見慣れたものが両方ある多くのおもちゃや物体が置かれた遊戯部屋に入った。母親は，この実験はどのように子どもがおもちゃと遊ぶ

かを見るもので，いっしょに遊んで遊ばなくてもよいと説明された。高い好奇心と社会性を持つ子どもの母親には，攻撃心の高い子どもの母親と比較して，ポジティブな感情・低い拘束・低い不注意がみられた。また好奇心の低い子の母親と比較して，ポジティブな感情がみられ，このポジティブな感情は少年の注意力・操作性・情報提示力と正の相関があった。新しい刺激に対する子どもの好奇心は，母親のそれと最も相関が高かった。また，教育水準と実験中に交わされた質疑応答の量には中程度だが有意な相関がみられた。

　概していえば，これらの研究はいずれも親の態度・行動・好奇心とその他の個性に相関があることを示している。社会環境や経済力といった外部要素が影響を及ぼしている可能性もあるが，それが両親の個性や子育ての方法ほど好奇心と密接に影響を及ぼすとは思われなかった。

　好奇心については親の行動とは別に，学校の影響に関する問題提起がある。好奇心は年齢とともに減じる傾向がある（Vidler, 1977）が，これが成熟によるものか学校という環境が影響しているのかは，明確ではない。好奇心は学校で養われるべき個性の1つであるという点では，意見の一致がみられている（Maw & Maw, 1977; Messick, 1979; Piaget, 1952; Wohlwill, 1987）。一方で，教師は（好奇心は大事だと口では言うものの）常に好奇心を喚起しているわけではないという証拠もある。トランス（Torrance, 1963）は，好奇心は大事だと学生に説く教員のなかで，最もすぐれていると教員がみなす学生は，最も好奇心旺盛な学生ではないことを発見した。またアーンスタイン（Arnstine, 1966）は，ほとんどの教室において好奇心を刺激する対照変数（新奇性・矛盾・驚き）の要素が含まれていないことを発見した。また，環境の影響については，年次が進むとともにクラスルームは好奇心の発達に寄与しなくなってくるようであった。中学年の先生は低学年の先生と比較して，子どもが好奇心を表すように促す割合が著しく低いと指摘されている（Englehard, 1985; Goodlad, 1984; Torrance, 1965）。インゲルハードとモナース（Engelhard & Monsaas, 1988）は，2つの公立と1つのカトリック系の小学校の3・5・7年生を対象に，学校に関連する好奇心についての比較的長期間の研究調査を実施した。学年進行に伴い，好奇心の減少がみられたが，学校のタイプからの影響は認められなかった。

　学校が好奇心減少を助長している，と非難したくなる証拠は容易に見つけられる。子どもの学年が上がるにつれて，特定の質問への正解や，確立された考え方を身につけることがより強く重視される傾向がある。しかしながら，今の学校の状況が必要条件なのか，あるいは単にそういう現状があるだけなのかは明確ではない。構成主義学習モデルや問題解決型学習のような革新的教育アプローチを組み入れた学級では，より伝統的な指示的アプローチの学級と比べて，好奇心に顕著な差異がみられるかどう

かを調査してみるのも興味深い。

好奇心と創造性

理論や概念的定義から，好奇心と創造性には相関があるといわれてきた（Day, 1968a）。そして，この主張を裏づける証拠もある。トランス（Torrance, 1969）は，能力の高い75人の小学校6年生に，氷に関する普通でない質問をつくるよう求めた。モーとモーの好奇心を持つ子どもの特徴を示す基準に基づき，彼らの半分は教員により最も好奇心の高い子どもであるとされたグループで，もう半分は最も好奇心が低いとされたグループであった。彼は子どもたちに，何か新しい見方で氷について人に考えさせるような質問をつくるよう求めた。半分の子どもにはなるべく多くの質問をつくるよう5分間を与え，もう半分の子どもには「アイディアのわな」と呼ばれる小さなノートブックを与え，家に持ち帰り明日持ってくるよう指示した。その結果，時間の制約のなかでつくられた質問数については，両グループに差異を見つけられなかった。低い好奇心の子どもグループが，統計的な有意差はなかったが，より多様な質問をつくっていた。しかし，時間の制約なく家に持ち帰ってよいとされた子どもの場合は，高い好奇心を持つ子どものほうが有意により多様な質問をつくってきた。これは，高い好奇心を持つ子どもは，創造的な結果を得るまでの問題解決プロセスに，より多くの時間を必要とするという研究者の予想を裏づけるものであった。

その他にもいくつか，好奇心と創造性との正の相関を支持する研究がある。教師や仲間から好奇心の高低を評定された416人の小学5年の少年少女を対象に一連のテストを行った識別関数分析において，モーとマグーン（Maw & Magoon, 1971）は，高い好奇心を持つ子どもは高い創造性を持つことを発見した。好奇心と創造性の関連は，創造性と好奇心および発散的思考に正の相関があるとしたビドラー（1974）によっても確認されている。彼の研究は，大学生の教育学入門クラスの212人を対象にしていた。デイとランジェビン（Day & Langevin, 1969）は，75人の看護学科の女子大生を対象にし，好奇心と2種類の創造性測定との間に正の相関を確認した。また，教員や仲間からの好奇心レベルの判定で分類された小学校5年生224人の少年を対象にした因子分析研究では，モーとモーは創造性と一般的な好奇心の要素に正の相関を確認した。

これらの相関を評価する上で難しいのは，好奇心も創造性も不明瞭でない確たる定義がないことである。モーとモー（1970a）の識別関数分析において，高い好奇心レベルは効果性・忠誠心・信頼感・責任感・知性・創造性・社会的態度・不明瞭なものへの寛容性・幸福感・責任感と連関することが確認されている。これらの結果は，26の異なる認知能力や個性や社会行動の指標に基づいていた。

好奇心，曖昧なことへの寛容性，知覚的剛性

　高いレベルの好奇心を持つためには，新しい考えや出来事に柔軟で，かなりの量の不確実性に直面しても過度に動揺しないことが大事なようだ。好奇心をはたらかせながら，曖昧さやその他の不確実要因を避けていくことは難しい。これを避ける唯一の方法は，開始する前にすでに答えが得られていることだが，それではもちろん，好奇心の概念と相反する。

　好奇心と不明瞭性の関係は，ある意味で相関すると思われる。スモックとホルト（Smock & Holt, 1962）は子どもを対象とした研究で，好奇心を引き出す程度によって，異なる種類の刺激からもたらされる概念的な矛盾の中身に差異が生じることを発見した。彼らはさらに，知覚的剛性（perceptual rigidity）と好奇心の意欲との間に負の相関があることを見いだした。より厳格な知識体系を持った子どもは，不調和なものへの感度が鈍い傾向があるが，これは新奇性のある，または矛盾する情報へさらに胸襟を開くことがないことによるだろう。言い換えれば，知覚の厳格な子どもは，好奇心を有する子どもが認識する刺激を含む不調和を認識しないことにより，曖昧さという不愉快な状態になるのを避けるということである。

　学習者が環境と学習内容の種類に満足している場合は，好奇心を表に出していくように見受けられるが，これは環境や学習内容が彼らにとって未知または好きでないものである場合に比べ，不安が少ないからであろう。レネハンら（Lenehan et al., 1994）によれば，自分たちが好む学習スタイルに基づいた宿題が課せられた学生グループは，伝統的な学習技法のガイドラインを受けた別の学生グループに比べて，より高い成績と，科学についての好奇心でのより高い得点，そして，不安や怒りについてより低い得点を獲得した。

好奇心，自己概念と不安感

　好奇心と，多くの他の個人的な特性との間の関係を調査することが可能である。たとえば，モーとマグーン（1971）は，高いレベルの好奇心が効果性・忠実性・信頼性・責任性・知性・創造性・社会的態度・不確実への耐性・自己価値観の感覚・責任感などに相関することを見いだした。これらの結果は，26の異なった認知的能力，個人特性と社会活動指標による識別関数分析に基づいている。しかしながら現在では，動機づけにつながる学習環境をデザインし創造するにはどのようなことが有益なのかという点に焦点があてられている。前述の相関に加え，自己概念，達成意欲および不安感との関連で好奇心について検討することが有用である。

　自己概念：好奇心と自己認識の間には比較的安定した正の相関がみられる。モーと

モー（1970b）は15人の好奇心が高い男子と14人の好奇心が低い男子を5年生の19の異なったクラスから特定した。彼らは，自己信頼・自己価値観の感覚・個人的自由感覚・所属感・自己概念推定拒否傾向のなさなどのさまざまな関数を測定したが，これらすべてが好奇心と正相関していた。モーとマグーン(1971)は，5年生の男女グループの識別関数分析で，好奇心関数を加味した肯定的な自己認識を示すいくつかのの要因を見いだした。

不安感：不安感に関しては，興味との関連は通常逆方向であり，低い水準の不安感は高い水準の好奇心を伴う。デイ（1968b）が指摘したように，特にテイラー不安検査で計測した高い不安感は，状況から逃れたいとする傾向や，探査的行動をやめることに通じる無力感を伴う。不安感が十分大きい状態では，もともとの好奇心の高低を問わず好奇心が抑制される。ピータース（Peters, 1978）によれば，教員が威嚇的でないと認識した大学生グループにおいて，好奇心の高い学生は好奇心の低い学生に比べ3倍以上の回数の質問をした一方で，威嚇的であると認識した大学生グループでは，両者に差異はなかった。

ビドラー（1974）は，好奇心・試験への不安・集中思考・拡散思考・知性のそれぞれの相関性を研究した。彼は，集中思考と拡散思考の双方が，試験への不安と負の相関があり，好奇心と正の相関にあることを見いだした。彼はさらに，集中思考は知性の伝統的な尺度と密接に相関し，拡散思考は創造性と相関することを見いだした。彼は，創造性と知性には小程度の正相関を，好奇心と創造性には中程度の正相関を見いだした。

以上をまとめると，好奇心の概念には多くの側面があるが，それは疑いなく人々の大きな関心事となる人の個性であるといえる。さらに，好奇心を促進する欲求は同一ではないことは明らかである。教育者とカウンセラーが直面する課題の1つは，顧客・学習者・教師・親がこの好奇心という生き抜くうえで重要なスキルを発達させるのをいかに助けるかを知るために，好奇心が促進される条件を理解することなのだ。

▶ 退屈

エリック・フロム（Eric Fromm, 1955）は「精神的苦痛の最悪の形態の1つは退屈であり，自身のことや生活をどうすればよいか知らないことである」（p. 253）（Healy, 1979, p. 38 から引用）と述べている。この考えは，さまざまな形で時代を問わず表現されている。フロイトと同時代の著名な精神分析学者のカール・ユングが別の観点からこれを表現している（図4.2）。

「私は精神が正常でない人よりも
退屈している人のほうが
より早期の治療を必要としている
という結論に到達することがある」

図 4.2　カール・ユング退屈を語る（出典：個人的コレクション）

　人の退屈に関する特性については，その多くが好奇心の研究とは独立して研究されてきた。しかし，好奇心と同様に，退屈の概念は永きにわたり，哲学的・社会学的・心理学的見地から話題であり続けてきた。たとえば，退屈または倦怠は，無規範状態または価値観の欠損感覚を表す混沌状態とともに，フェデリコ・フェリーニの有名な映画「甘い生活」（La Dolce Vita）の中心テーマであった。核による大量殺戮の可能性を絶え間なく感じていた世界大戦から間もない 1950 年代に場面が設定され，1960 年に公開されたこの映画は，教会と伝統的な価値への信頼と忠誠を失い，目的喪失と退屈さが支配する感情から逃れるためにスリルを常に求める裕福な「漂流者たち」のグループを描写した映画である。このグループは，哲学者・詩人・芸術家たちが集まったアパートに住む知識階級者との対比で描写されたが，彼らの考えは最後には悲劇的な結果をもたらす思いあがった空虚なものであった。この映画は，映画芸術の作品としてもすぐれており深みのあるものであるが，それだけでなくこの時代の社会を映し出す鍵になる特徴をとらえているがゆえに，力強い作品でもあった。

　この分裂と退屈についての社会学的な観点は，「退屈さの起源」（The Roots of Boredom: Healy, 1979）と題するショーン・ヒーリーの論文にまとめられている。彼の中心的な考えは，退屈は人間に関する事柄を検討するうえで常に課題であり，「退

屈の発生頻度と特徴はこの3世紀の間に劇的に変化し，以前はめずらしかったこの側面は西洋文明に広く普及した」(p. 1) というものである。しかし，テクノロジーと社会的ネットワーキングの恩恵で提供される多くの気晴らしや，共働き家庭の数のおかげで，人々は，退屈とは縁遠い存在になったようだ。ヒーリーは，そんな今日でも同様の結論を出すのだろうか。現代のこれら退屈を紛らわす代替物の多くは生活や知の向上に資するものというよりも，現実逃避的性質のものかもしれない。

　これらの考察は実証研究が十分でない一方で，人々の意欲と行動に影響する文化的指向性と価値を説明する際には有用である。心理学的な研究で，ガイヴィッツ（Geiwitz, 1966）は退屈に関する資料を検討し，これに関連して頻出する4つの構成概念を見いだした。1つ目は一般には退屈と正相関すると考えられる覚醒（arousal）である。言い換えるなら，低いレベルの覚醒は高いレベルの退屈を伴う。2つ目は，退屈と同義語とみなさない限り多くの人に正相関があると考えられている単調（monotony）である。しかしながら，いくつかの先行研究においては，退屈のレベルは報告された単調さのレベルとは独立して異なり，単調の一構成要素である反復（repetitiveness）に連関することが示されている。3つ目の概念は，いくらかの人にとって退屈に関連すると推測されるが，経験的な証明が示されていない拘束（constraint）である。そして，4つ目の概念は不愉快さ（unpleasantness），すなわち，負の感情である。

　これが学校へ通うこととどのように関連するだろうか？　起きていることがほとんど不可能な教室に座っていることを想像してみよう。その授業はあなたが受けたくない授業で（不愉快），終業のベルまで離れることができず（拘束），教師の話し方は単調（低い覚醒）かつ冗長（反復）なクラスであるとしよう。これこそ退屈をもたらす完璧なシナリオである！　そして眠気。この筋書きは現実的なのか，それとも真実の誇張なのか？　この質問には，あなたに答えてもらうとしよう。

　実証研究によりガイヴィッツ（1966）は，退屈に及ぼす効果に関してこの4つの概念の間に差異があることを見いだした。何度も反復させる作業を繰り返しさせた（紙の上にチェックを記す）後，実験参加者は高いレベルの覚醒・反復性・拘束・不愉快を報告し，そのすべてが退屈と有意に相関した。しかしながら，これらの変数のうち他の3つを定数とし，それぞれ1つの変数のみ独立して退屈との関連を調べると，低い覚醒と高い拘束が退屈と相関するという結果となった。不愉快は高度な反復があるときに退屈とある程度相関した。したがって，低い覚醒・高い拘束・高い不愉快が，退屈に最も密接に伴うものだった。

　メラビアンとオライリー（Mehrabian & O'Reilly, 1980）は，ガイヴィッツ（1966）の研究とは独立した研究で，さまざまな気質の次元を特徴づけるのに使える3組の特性を用いた，類似した3次元モデルを提案した。これらは愉快・不愉快，覚醒・非覚

醒と支配・服従（ガイヴィッツモデルの拘束と類似した概念）の3つである。これら3組の組み合わせによる感情の状態とそれらの特徴を表す例をあげると，豊富さ（愉快，覚醒しやすさ，支配的），不安（不愉快，覚醒しやすさ，服従的），寛ぎ（愉快，覚醒しない，支配的）そして尊大（不愉快，覚醒しない，支配的）である。コップ（Kopp, 1982）によって特徴づけられる退屈とは，覚醒，愉快そして彼が自己決定と呼ぶ支配という要素が低い状態である。

　これらの研究は，退屈という概念にとって重要な特質は何なのかを理解するうえで有用な関連した特徴を調査し，退屈を定義しようとする試みである。しかし，これら定義づけへの努力の限界は，相関因子から引き出される推論に基づく間接的なものだということである。退屈の研究における他のやり方としては，主観的ではあっても直接的な推論を提示する自己報告測定を開発しようとする試みに代表されるものがある。ヴォダノヴィッチ（Vodanovich, 2003）は25年間にわたる退屈を測定する研究を概観し，学習と職場に利用可能ないくつかの方法について説明した。

　これら種々の研究から導き出される結論は，退屈は最適な刺激レベルより低いと認識され得るということである。概念の減衰性で表現することは有用であるが，退屈の属性に関する知識やさまざまな場面で実用に堪える評価測定方法を持つことのほうがより有用である。とりわけ学習環境における退屈の原因や，それを緩和する教授方略について検討しようとする際には。

▶ 刺激追求

　退屈と対照的な概念として，刺激追求（sensation seeking）がある（Zuckerman, 1971, 1978, 1979）。これは，人々が非日常あるいは新奇の経験を探索する程度を示す。たとえば，熱気球を操縦したり，テレビで旅行番組を見たりすることが好きですか？高度な刺激追求への欲求は，高速運転・賭け事・過度のアルコール摂取・乱交・規制薬物の使用などの多様な危険行動を伴う。一方で刺激追求は危険で極端な行動を伴うが，この危険な行動は刺激追求者にとってのゴールではなく，めざすのはむしろ新奇性・変化・興奮への欲求を満足させるために実行した行動がもたらす結末である。刺激追求欲を満たすための行動には，山登りやハンググライディングといった身体的なものや，恐怖映画や他の種類のサスペンス映画などの情緒に訴える娯楽，高いレベルの社会活動，そして外国旅行といった冒険も含まれる（Zuckerman, 1979）。

　伝統的に，刺激追求の傾向を測定する第1の方法は，当初34の項目があったがその後72項目まで拡張されたザッカーマン（Zuckerman, 1971）の「刺激追求尺度」（Sensation Seeking Scale: SSS）である。これは以下のような項目を強制選択して求

められる。

　a）私は冷水にゆっくり入り，水に身体を慣らす時間をかける。
　b）私は大海や冷たいプールに直接飛び込むのを好む。

　刺激追求は1次元の概念ではない。この測定は一般的なSSS点数に加えて，スリルと冒険的行動の追求・経験の追求・脱抑制・退屈への敏感さという4つの因子からなる採点で測定尺度が与えられる。高レベルのリスク選択傾向はわずかな人々にのみあてはまるが，それはスリルと冒険的行動の追求という下位尺度に反映される。下位尺度の1つである退屈への敏感さは，高度のリスク選択を探しているというよりは，退屈を避けるために動機づけられている人々がいることを示すもので，SSSで高得点を得る人々の行動様式の幅がなぜこれほど広範であり得るのかを描写するものといえる。

　刺激追求の欲求に関する研究と退屈に関する研究ではともに，人々の刺激欲求量はさまざまで，その個性において性格と状態の双方に差異があるということが示されている。したがって，覚醒欲求の低い人が「くつろいでいる」と認識するように設計された学習スピードでは，刺激欲求の高い人には耐えられないほど退屈なものとなろう。これが，多様なアプローチを組み合わせた学習者分析がなぜ，学習意欲のデザインに有用かを示すもう1つの理由である。あなたは，学習者にどれだけの多様性があり，どの程度の刺激水準が適切かを知る必要がある。

注意と好奇心への方略

　ここまでで注意という分類がいかに重要であるかがわかっただろう。いかなる学習でも，それが成立するためには，学習者の注意をひかなければならない。最もよくデザインされた授業であっても，学習者の意識がよそにある場合には完全に無駄になる。学習者が学ぶことを望んでいたとしても，あまりにも味気ないか繰り返しか，あまりにも騒音が激しい環境に邪魔されることで心が散漫になったりすれば，彼らが学ぶことは困難であろう。注意に関する課題としては，学習者にとっての一貫性・新奇性と多様性の正しいバランスを見つけることである。人によって，刺激への耐性は異なる。すぐに退屈する人もいれば，比較的安定した環境を好む人もいる。いかに人は異なるのか，どのような技法を使用しいかに学習者に適合させるかを理解することで，彼らの集中と興味を維持することができる。注意については，いくつかの下位分類がある

表 4.1 注意に関する下位分類・作業質問・おもな支援方略

概念と作業質問	おもな支援方略
A1. 知覚的喚起 彼らの興味をとらえるために何ができるか？	新しいアプローチや，個人的または感情的要素の注入により，好奇心と驚嘆を創出する。
A2. 探求心の喚起 どのように探求心を刺激することができるか？	質問をし，矛盾を創造し，探求心を持たせ，課題を考えさせることで，好奇心を増す。
A3. 変化性 どのように彼らの注意を維持することができるか？	発表スタイル，具体的に類推できるもの，興味をひく事例，予測しない事象により，興味の維持を図る。

（表4.1）。それぞれに中心となる質問があり，それを概念化する手助けとなる支援方略がある。これらは，注意の主たる構成概念に基づいている。1つ目の知覚的喚起はバーラインによる概念と同名で，喚起理論の他の基本的要因を統合したものである。2つ目は探求心の喚起で，バーラインの知的好奇心の概念と直接関連するものである。3つ目の変化性は，退屈と刺激追求を取り巻く問題を統合したものである。

▶ A.1. 興味の獲得（知覚的喚起）

　　ジムは，フレッドに起きた実話をもとに「フォークリフトの安全な操作方法」のワークショップを始めた。フレッドはフォークリフトの運転はやさしいに違いないと思い，友人の運転を見学した後に試してみたのだった。幸運にもフレッドは生き残ったが，フォークリフトと3列の商品は失われてしまった。ジムはこの話を，すばらしい語り手の手法を使いながらドラマチックなしぐさと表情で語った。もし利用できるなら，別の方法として彼は，ビデオドラマとして見せることもできただろう。

　予期せぬ雑音や動きは，人々の注意を自動的にひきつける。教師が学習者の注意を引き戻すために「集中」と叫んだり，机を本でたたいたり，他にもいくつもの方法が使われている。しかしながらこれらの技法は，あまり頻繁に使用されない場合にのみ効果的であり，有効なときもその効果は通常，瞬間的である。その効果は，好奇心をより深いレベルまで持っていくものがなければ，長続きはしない。

　知覚的喚起のさらに強力な要素は，具体性である。一般的に，人々は抽象的なものよりも具体的な人々や出来事に興味を持つ。たとえば，以下の2つの文章を比較して

ほしい。

> 独立戦争の開始直前，有名な米国愛国者は「人々はこの国の市民のための自由が得られるために必要なら喜んで死ぬ」と言った。

> 独立戦争の前夜に，有名な愛国者のパトリック・ヘンリーは「私には，他の人がどの道を進むかはわからない。しかし，私について言えば，私に自由を与えよ。さもなければ死を与えよ」と絶叫した。

あなたにとっては，どちらがより強く注意をひく文章だろうか？ 研究が後者を支持していることをわざわざ述べる必要すらないだろう。後者は特定の人について述べており，感情的に熱のこもった言葉の引用を含んでいるため，非常に高いレベルで興味を喚起する。

以下のリストは，学習者の感覚に訴えたり何かおもしろいことが話されそうだと期待させたりすることにより，彼らの注意を獲得したり引き戻したりする方策の例である。印刷教材やマルチメディア教材を準備するときや，プレゼンテーションのスタイルにも応用できる。

1. 「人類」や「人々」，または他の抽象的な表現ではなく，特定の人への言及を含む。
2. 一般原理・アイディア・他の抽象的概念を，具体的な事例や視覚表現を用いて説明する。
3. 複雑な概念や概念間の関係を，比喩や類推を使うことでより具体的に説明する。
4. 複数の項目を，段落のなかに書くよりはリスト形式で書く。
5. 概念間の手順や関係を，フローチャート・絵コンテ・略図・漫画・他の目に見える方法を使用することでより具体的にする。
6. 教員は強いアイコンタクトをとって，熱意を表すようにする。

▶ A.2. 探求心の刺激（喚起）

> スーザンは小型装置制作のクラスの学生に，2日間で300の小型装置をつくる注文を受けた初日の午後に停電した場合，どうするか尋ねた。

学生の注意をひくことは重要であるが，より大きな課題は注意をひき続けることである。単に感覚的に刺激があるというよりも，より深いレベルで好奇心を喚起するこ

とができれば，学習者はより強く注意を払いたいと思うだろう。学習意欲の他の要素も学習者の意欲を維持することに寄与するが，この分類に関連する枠組みのなかでは，好奇心喚起という概念は鍵となる要素である。知的好奇心（Berlyne, 1965）と呼ばれるこのレベルの好奇心は，新しいことを学ぶために問題の答えを知りたいという学習者の欲求を呼び起こしたときに生じる。

動機づけの枠組みすべてと同様に，この目的を達成するためには多くのやり方がある。自分自身に問うべき質問は，「私は学習者の期待を裏切ってよいか？」だろう。多くのトピックは問題を含んだ形で導入することができる。この問いについて考えてみれば，知的好奇心を喚起するような方法が見つかるだろう。たとえば，「ジャンクフードはあなたの食事に重要です」といった人が聞いたら驚くようなことをあなたが言ってみたとする。次になぜそれが正しいかを学習者に尋ねてみる。そしてその後に，ジャンクフードのある成分が，他の成分はそうでないとしても，いかに栄養学的に有用かを説明しよう。その有用な栄養素を普段の食事で摂取していない人にとっては，ジャンクフードが有益であり得る。より進んだ科学のクラスにおいては，矛盾する原理や事実を提示することもできよう。たとえば，光の特性を説明する授業で，光を最初は波動として説明し，次に粒子であるとの説明で授業を始めてみるのもよい。

知的好奇心を喚起する話題を紹介した後に有効なのは，学習者に課題を与えて調査させ，答えや意見をつくらせることだ。このやり方で，学習者は授業の中身に加えて数多くの研究手法やコミュニケーション技法を学ぶ。この方法であらゆるトピックを教えるにはかなりの時間を要するので実現が困難だろうが，時折この方法を使うことで探求心に焦点を合わせた高水準の好奇心を学習者にもたらすことができる。以下の4つの提案は，このゴールを達成する方法を考えるうえでの手助けになる。

1. トピックを問題含みに導入する（すなわち新しい知識やスキルが解決できるような問題を提示することで探求したいという気持ちを刺激する）。
2. 矛盾を感じさせることで好奇心を刺激する（たとえば，過去の経験則と相いれない事象・逆説的な事例・相反する原理原則や事実・予期しない意見など）。
3. 解決策があるかどうかもわからない未解決の問題を説明することで，ミステリーの感覚を呼び起こす。
4. 好奇心を刺激したりミステリーを呼び起こすために，視覚教材を使用する。

▶ **A.3. 注意の持続（変化性）**

エレンはマーケティング部門と外注のコンピュータ小売オペレーターの関係

を次の方法で紹介した。まず，小売の概念を実際のオペレーションの短い事例を用いて紹介するビデオを見せた。次に，小売概念の詳細やオペレーションの手順に関するミニ講義を実施した。最後に，マーケティング担当者と小売オペレーターの間に生じた問題に関する短いシナリオを読み議論するよう学習者に求めた。

眠くなったら人々はどうするか？ 予期しない刺激や異常な刺激を受けることを避けようとするだろう。静寂に，またはすべての音が聞きなれた状態にしようとするだろう。子どもであれば誰かに本を読んでもらいたいだろう。他人の安定した静かな声が眠りを誘うのだ。

困ったことに，これらの睡眠誘導の条件がしばしば教室でつくられてしまう。机に座っている学習者は動けず，窓がないかあるいは窓の外を見ることを禁止され，そして教師の抑揚のない口調が退屈さと眠気を誘うのに，非常に効果的なのである。

この注意の下位分類は退屈を克服して刺激追求への欲求を満たすための環境にはどのような要素があるかに関係する。ペースの変更・アプローチの変更・メディアの利用などで，視聴覚へのアピールを提供する。

様式の多様性

1. (テキスト・絵の) 情報の区切りを示すために，紙や画面に空白部分を使用する。
2. 標題・引用・規則・キーワードなどを強調するさまざまな書体を使用する一方で，一定の様式を維持する。
3. レイアウトを多様にする。すなわち情報のかたまりをさまざまな方法で配置する。
4. さまざまな種類の資料を含める（たとえば，段落間の区切り・図・表・画像などに変化を持たせる）。

スタイルと系列の多様性

1. 書き方に多様性を持たせる（たとえば，解説・記述・叙述・説得）。
2. 声調に多様性を持たせる（たとえば，まじめに・ユーモラスに・説得調でなど）。
3. 授業の順序に多様性を含む（たとえば，紹介・提示・例示・練習の並びの変化による順序の多様性，練習の追加など）。
4. 内容の提示と回答を求める事象（質問・問題・練習・パズルなど）との間に多様性を持たせる。

要約 注意の次元は重要なものだ。極論すれば，学習に動機づけられるためには，学習者は起きていなければならない存在だからだ。一方で，彼らが行動的すぎると，学習に向けて適切な刺激状態とはいえない。もし妨害になるような刺激が多すぎる環境に身を置いた場合，それらは単純化される必要がある。ひとたびこの注意の基本レベルが達成されれば，探求心を刺激する活動が深いレベルの学習意欲を与え，それが次に必要となる，関連性へ結びついていく。

第5章 関連性を確立し支援する作戦

本題に入る前に……

図5.1 関連性の質問に答えようとする

　関連性についての重要な疑問を1つだけあげるとしたら、それは、「なぜこれを勉強すべきなのか？」という問いである。学校での通常の答えは、挿し絵（図5.1）のようなものか、あるいは、その内容がカリキュラムで必要だからという答えのどちらかである。職場で最も多い答えは、「仕事に役に立つから」である。あるいは教師と同様に、社内研修の講師も単に、「必須項目だから」と答えるかもしれない。ほとんどの場合このような答えは満足のいくものではない。その内容が役に立つことが明ら

かであれば，もともと学習者がそんな質問をしないはずだから！

　もう1つの問題は，多くの場合，「それは必要だから」ということ以外のよい答えをインストラクターが持っていないことである。学習者に関連性が高いことをわかってもらうためには，教師は教える内容の重要性をはっきりと理解している必要がある。その内容が本当に役に立つものの場合は，そしてそのことを学習者に示すことができるのであれば，胸を張ってそう言うことができる。しかし，文字通り，その内容が特段役に立つと思えないものだとしても，学習の場においては，関連性を高める方法は他にもある。1つだけ確かなのは，学習者にその内容の関連性を納得させるためには，教師や講師がそのことに対して確信を持っていなければならない！ということである。

はじめに

　なぜ，人々は今やっていることを行うという選択をしたのだろうか？　最も具体的な視点で見れば，状況と同じ数だけのさまざまな理由がある。それぞれの状況にはそこに固有の理由があると考えることが可能だ。しかし，より一般的な視点に立てば，人々は，さまざまな心理学的な概念や理論に従って行動を選択している，ということもできる。なかでも最も広く受け入れられているのは，第2章で簡単に述べた期待×価値理論（expectancy-value theory: Steers & Porter, 1983; Vroom, 1964）である。この理論によれば，人々は，期待される成果が好ましいもので，かつ，それが達成可能だと思う場合にその行動を選択する。この関係，つまり行動の可能性 (behavior potential: BP) は，期待（E）と価値（V）の積の関数として示される $[BP = f(E \times V)]$。つまり，期待と価値が両方とも正の値をとらなければ，行動の可能性は0以下になってしまう。目的・動機・価値に基づくこの方程式の第二項（V）が，関連性にあたる部分である。

　しかし，ご存じのとおり，学校での参加は必須条件であり，自分自身の価値や期待に基づく任意の選択行動の結果であることは稀である。それでは，科目に対する期待は，関連性とどういう関係があるのだろうか？　本章では，関連性を説明するために役立つ心理学的概念をいくつか紹介する。もう1つの項である成功への期待（E）については，次の章で議論する。

関連性が意味するものは何だろうか?

　関連性とは，求められている結果や考え，あるいは人を魅力的だと思う感情や認知であり，それはその人自身の目的・動機・価値に基づくものである。ある目的に付随する魅力が大きくなればなるほど，達成できると感じることができる場合には，その行動を選択する可能性がその魅力に比例して増加する。関連性は，純粋に実用的な観点からとらえられることが多い。社会人の研修生を含む学習者がある科目について，なぜ学ぶべきかを問いかける際には，多くの場合，仕事上有用である，とか生活していくうえで役に立つことがある，という答えをもらいたいと思っているだろう。このことは正当な期待ではあるが，その科目を学んだ帰結としてすぐに満たされるとは限らない。自動車修理の講座においてトルクやアクセルの概念を学ぶことはすぐに実用的に役立つことにつながる可能性があるが，同じ概念を高等学校レベルの理論物理学で学ぶ際にはそうはいかないだろう。

　しかし，すぐに役立つことがない場合でも，関連性の感覚を醸成することは可能である。それは，関連性と関係が深い他の心理学的特性がたくさんあるからである。特に実用的な利益がない場合でさえ，ある事柄に対して高度な内発的動機を持つことは可能である。たとえば，私の息子の1人は4歳の時に恐竜に熱中して，名前・特徴・習性・生息地などの詳細な知識を習得した。彼の専門知識は幼稚園の先生に認められ，ニュースレターのなかで「私の知識を超えた園内の恐竜専門家」と称賛された。どういうわけだろうか，このような特別な興味を持つ子どもの例が多くの幼稚園や小学校で見受けられる。それでは，関連性の概念を説明する要素としてどのようなものがあるだろうか?

関連性についての心理学的基礎

関連性についての重要な問い

どのような点で，この学習経験が学習者にとって有益なものになると言えるだろうか?

　学んだ内容が自分の仕事や勉強に役に立つと感じるときは，確かに関連性があると

思える。しかし，それ以外にも，先生の教え方が自分の学び方とマッチしていると感じるときや，学習内容と個人的な興味が一致したとき，あるいは，学習内容や要求課題が個人的・文化的価値と合致するときにも，関連性が高まるのを感じる。関連性の基礎には，さまざまな概念がある。目的選択のダイナミクス，心理的ニーズと動機，将来の方向性，興味・関心，内発的動機，個人的・社会的価値といった概念や，つながり感や共感などの感情面を含む情意・情動的な状態などを理解することが求められる。

▶ 目的の選択

人がゴールとして選択しそうなことはいつでもたくさん存在するが，どの瞬間にも，他のものよりも強く達成したいと思う目的がいくつかあるだろう。人は自分自身の関心とその達成成果から得られると期待できる利益を勘案して，他に目的として選ぶ可能性のあるものと比べて，最も高い利益が得られそうな目的を選択する。目的に対する感情的な態度を特徴づける概念として，誘発性（valence: Vroom, 1964）がある。ある成果を獲得することを獲得しないことよりも好むならば，その成果は正の誘発性を持つという。逆に，ある成果を避けたいと思うか，あるいはその成果を得ることに関心がない場合は，負の誘発性を持つという。誘発性の強さは，その目的が持つ道具的価値に依存する。つまり，その目的を達成することがもたらす，次に連続する目的達成とつながっているという意味の「手段としての価値」と，その目的そのものを達成することによってもたらされる内在的価値が連結しているかどうかである。両者が相まって，道具的価値と内在的価値が，結果を獲得することによって得られるだろう満足感を高める。言い換えれば，満足感の期待は，内在的および道具的な結果によって影響を受けるのである。

　ある行為でもたらされる結果は，その結果自体としても，また，他の価値ある結果との間に想定できる関係によっても，意味づけられる。たとえば，公共交通機関の発達した大都市の共同住宅の住人は，道具的なニーズとしては車を持つ必要がないかもしれないが，ドライブすること自体や車を持つことによって得られる楽しい経験への期待で満足感を刺激されるので，車を持つことを大いに望むかもしれない。もう少し典型的な状況としては，数人の子どもを持つ母親が，子どもを移動させたり，買い物をしたり，あるいは友だちに会いに行くための移動手段などとして，いくつかの結果を実現できるという理由から，車を持つことを望むようなケースが考えられる。彼女にとって，車を持つことは非常に誘発性の高い目的になる。少し違う状況としては，若い社会人がスポーツカーをほしいと思うかもしれない。真にドライブを楽しむこと

などの内在的な理由とともに，スポーツカーを持っていてすごいと思われることや，通勤手段として使うなどの道具的理由が混在していると考えられるだろう。

目的指向の行動を説明しようとした初期の心理学理論は，還元主義的な立場をとっていた。心理学者は，行動の説明のために必要な要素をできるだけ減らすことで，最も基本的な要素を探していた。本能（instinct）理論と動因（drive）理論の2つのアプローチがある。本能理論はジェイムス（James, 1890）とマクドゥガル（McDougall, 1908, 1970）が提唱し，すべての動機づけされた行動を，学習された行動とは逆の本能的行動として位置づけた。この理論は主として動物を用いた研究によって発達し，人間への適用も可能であるとみなされた。しかし，人間は自然の摂理として本能的な行動もするが，一方で，すべての行動が本能に導かれてまったく同じようになるわけではなかった。食べ物を探す行動は似たり寄ったりであるが，どんなものを食用とみなすかについては文化によって多少異なる。さらに，社交性なども本能だといわれる一方で，その実態はかなり曖昧であり，本当の本能ならばすべての人類に普遍的であるはずだが，実際には，そうでないこともわかってきた。このため，観察できるいかなる行動も仮想的に本能としてのラベルをつけることができてしまうという理由から，本能理論は脆弱であった。本能の例をいくつか表5.1に示す。行動にラベルをつけることはその行動を説明することにはなっていない。ある行動が本能的な行動であるとみなすことによって，予測と検証による動機づけ理論の立ち入るすきをなくすことになる。また，本能のリストをつくるための包括的な理論や分類学的なルールが存在しないため，心理学者が終わりのない行動記述のリストを作成することができ，それを本能と呼んだ。

もう1つの理論体系として，動機づけされた行動を説明するものに，動因理論がある。動因理論の基本的原理は，生命体が平衡を維持しようとする恒常性の概念に基づいている。動機は，肉体的および精神的な欲求や要望が満たされないことによって生じるアンバランスの結果生まれる。すべての欲求が自動的に動因を生み出すわけではなく，また，動因は必ずしも欲求からではなく，要望・願望から生まれることも可能である，という点が重要である。このように，動因の起源と作用を説明する理論を持つことが必要だった。そのなかで最もよく知られてい

表5.1 ジェイムス（James, 1890）とマクドゥガル（McDougall, 1908）による本能の例

本能の例			
ジェイムス		マクドゥガル	
対立	好奇心	子育て	同情
喧嘩	社会性	戦闘	自己結合
同情	羞恥心	好奇心	従順
狩り	秘匿	食料探し	交配
恐れ	清潔	嫌悪	積極性
貪欲	謙遜	逃亡	魅力
前向き	嫉妬心	社交性	
遊び	親心		

るのはハル（Hull, 1943）の理論である。しかし，動因の概念を最初に提唱したのはウッドワース（Woodworth, 1918）だった。動因には，強さ・方向・持続性の3つの特徴があると述べた。強さとは，動因の活性度のレベルや付随する感情レベルをさす。方向とは，動因の対象物や目的のことをさす。また，持続性とは，平衡状態に戻るまで，目的に向かっての行動を続ける傾向を意味する。

　ハルは動因低減説を唱えた。行動の強さが，その習慣の強度と動因の強さに関係していることを示した。習慣の強度とは，動因低減につながる行動パターンをどのくらいよく学習しているかをさす。動因とは，非平衡状態におかれている欲求や要望を意味する。言い換えれば，空腹時などの非平衡状態であっても，その生命体が食料探索行動が空腹感を満たす食料の獲得と関係しているという事実やそのための行動習慣を学んでいない限りは，自動的に食料を探す行動にはつながらない，ということである。ハルはまた，行動は動因と習慣との積の関係にあることを主張した。

　動機と行動の他の理論と同様に，動因理論は，比較的，固定的・機械的な行動のある側面を説明することができるが，その応用範囲は限定的である。動機づけされた行動の他の多くの側面は，認知理論など他の理論によるほうが，より効果的に説明ができる。認知とは，自分の行動を理解しようとする時，周りの世界を解釈しようとする時，あるいは意思決定に関与しようとする時などに，私たちの内部で起こっている思考のプロセスである。

トールマン：目的的行動

　動因理論に代わる初期の認知理論の1つに，トールマンの理論（Tolman, 1932）がある。トールマン理論の基本的な仮説は，動因のメカニズムではなく，行動とは目的的（purposeful）であるというものである。すなわち，行動は常に，ある結果に向けて，あるいはそれを避けて行われるという考え方である。つまり換言すれば，行動は目的指向的なものとみなされ，継続的で（persistent），あるパターンに従っており（patterned），そして，選択的である（selective）という傾向を持つ。3つの特徴のうちの最初の継続性は，人は目的に到達するまでそこに向かう努力を続ける傾向があるとするものだが，この単純な仮定には複雑な示唆が含まれている。

　それは，人は同時に複数の目的を持つので，最初の目的をめざしている際にそれと対立する他の目的と競合する場合が生じる可能性があるためである。たとえば，体重を減らそうとしている人が，寝る前に次の日には健康なダイエットができるように誓いを立てるとする。しかし，次の日のうちに，この目的は，すぐに満足感が得られてストレスを解消できる，食べるという行動に関する目的に，しばしば取って代わられてしまう。劇的かつユーモラスなこの例は，いわゆる「ストレスダイエット」で示さ

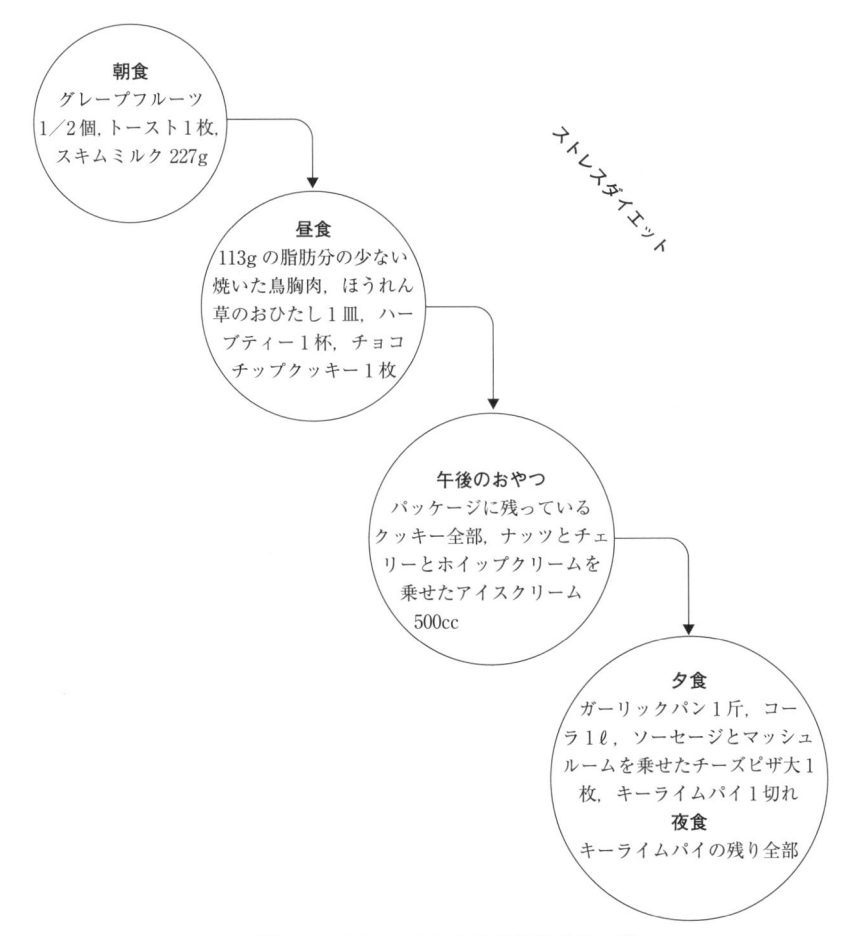

図 5.2 ダイエットにおける目的変化の例

朝食
グレープフルーツ1/2個，トースト1枚，スキムミルク227g

↓

昼食
113gの脂肪分の少ない焼いた鳥胸肉，ほうれん草のおひたし1皿，ハーブティー1杯，チョコチップクッキー1枚

↓

午後のおやつ
パッケージに残っているクッキー全部，ナッツとチェリーとホイップクリームを乗せたアイスクリーム 500cc

↓

夕食
ガーリックパン1斤，コーラ1ℓ，ソーセージとマッシュルームを乗せたチーズピザ大1枚，キーライムパイ1切れ

夜食
キーライムパイの残り全部

（ストレスダイエット）

れる．いろいろな変形があるが，典型的なものを図5.2に示す．

　持続性を保つための特徴的な行動の1つが，トールマンの2つ目の仮定である．それは，目標に到達するための行動として決まったパターンをとり続ける，ということである．たとえば，私たちのほとんどは，職場から自宅まで帰る際にいつも通る道が決まっている．また，仕事場でも首尾一貫した行動パターンをとっている．このことは，距離的には比較的に近くにいるのに，日常の行動パターンが違う知人に，出会うことがめったにない理由なのかもしれない．また，行動を変えることが難しいことの

理由の1つでもある。図5.2で示されたような行動パターンをひとたび確立してしまうと，そのような行動を変えることは非常に困難である。その行動パターンは習慣化され，ストレスを軽減するという強い目的を満たしているからである。

トールマンの3つ目の特徴的な仮定は，選択性である。私たちは，目的達成のためにどの道を選択するかを慎重に考えて決定する。このことは，私たちは最も簡単で直接的な道を選ぶ傾向がある，ということを意味する。特に時間通り職場に行くというような実務的な目的に向けてはそうである。異なるタイプの目標に対しては違う道を選択するかもしれない。たとえば，目的が市民戦争の戦場を巡るということであれば，時間の許す限り史跡を多く通る道を選択するだろう。しかし，このときでさえ，原理は同じである。私たちは目的としたことを達成するために，最も効果的で最も効率的な道を選択しているのである。

トールマンは期待という概念も提唱した。それは，ある一連の行動群が特定の目的に到達する期待度として示される。トールマンの期待の概念は厳密なもので，いわゆる信念や「直感」ではなく，目的に到達する一連の行動群を学習することに基づくものである。この期待は，生命体が環境の認知地図を作成する間に形成される。認知地図には，目的の場所や目的達成に至る一連の手順について獲得された知識が含まれている。これらの概念は必ずしもメタ認知を意味するものではなく，単に学習された一連の関係性を反映する。これらの概念は人間以外の生物，たとえば，ネズミを用いた研究で実証されてきたが，人の心理的状況やパフォーマンスにも応用することができる。たとえば，本書の大部分は認知地図に基づいて書かれている。その認知地図は，主として学習に与える動機づけの影響とその相互関係を示すものであり，第1章で示した動機づけとパフォーマンスのマクロモデルとしてまとめられている。理論やモデルに埋め込まれた学習意欲のデザインプロセスに従って一連の段階をふめば，やる気を起こさせるという目的を達成できる期待が高まる，と考える根拠として使うことができる。認知地図に近い概念として，人々の認知・決定・期待・認知地図を外化するために描くメンタルモデルがある（Craik, 1943; Johnson-Laird, 1983）。認知地図やメンタルモデルは，教授理論と学習科学の領域において，活発に研究され続けている（Johnson-Laird, 2005; L. Westbrook, 2006）。

レビン：場の理論

トールマンの認知理論や，環境理論的性格を持つ動因理論と対比して，レビンは，期待×価値の概念に基づく相互作用理論である「場の理論」（field theory）を提唱した（Lewin, 1935, 1938）。レビンの理論は，ある時点で行動に影響を与えている多くの作用が何かを説明し，ある行動が多くの影響の結果としてどのように生み出されて

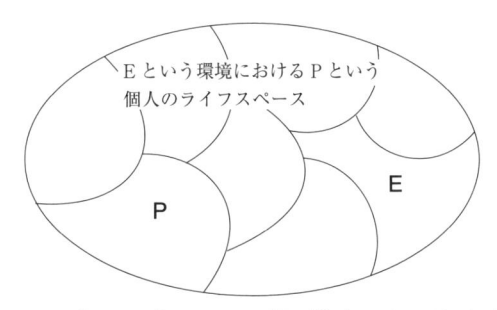

図5.3 レビンのライフスペース図の例（Lewin, 1935による）

いるのかを明らかにしようとしたものである。レビン（1935）によると，人の行動は，その人自身とその人が知覚した環境との相互作用の結果である。知覚された環境をライフスペースと呼び，それがその人の心理的な現実であるとした。この理論では，知覚された環境と物理的な環境の役割を対比することが重要である。レビンによれば，ある人にとっての現実とは，知覚・態度・前提知識などの総合体として構成されたもので，実際の物理的な環境とは本質的に異なるものである。この概念は，レビンの研究からかなりの時を経て近年現れた構成主義（Duffy et al., 1993）の中心的な仮説でもある。レビンの理論では，部分に分割された外的境界を持つ図形（図5.3）によって，人のライフスペースが幾何学的に表現される。各部分は領域と呼ばれ，透過性の程度の異なる境界によって分けられている。さまざまな領域どうしは，「緊張」（tention）と呼ばれる連結の強さにより相互に関係している。

　人は，関連する成果を得ることにより，領域間の緊張を少なくしようとする。たとえば，車の所有が認められ，車の所有によって複数の結果を得ることが可能となる環境に暮らしている母親は，車の所有に対して強い正の誘因性を持つ。なぜなら，これらの目的間の境界は薄く，車の獲得がそれらの領域の緊張関係をやわらげるからである。このことは，図5.4の「車を持つ？」に隣接した真ん中と左上にある4つの領域で表されている。その母親は，野菜を育てようという欲求は少ないが，夕食のための買い物が楽にできて，読書などの個人的な余暇にあてる時間が少しでも多く持てればよいと考えているので，他の領域との緊張関係も少しやわらぐかもしれない。しかし，快適さのための車の利用や電気の利用でさえ宗教的に拒否する伝統的なアーミッシュ派の農夫の場合には，車の所有は強い負の誘因性を持つといえる。なぜなら，功利主義的な利益の可能性が2つの異なる目的と信念との間に緊張関係（強い連結）を生み出すことはないからである。車を持つということと輸送・送迎の要求を満たすということの間の境界は透過的ではない。この農夫は，車を所有する代わりに，馬やベビー

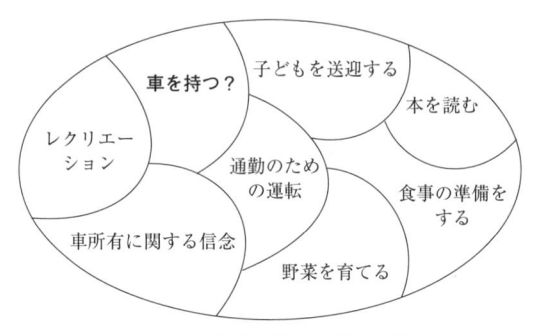

図 5.4 行動と態度の領域の例

カーの所有，あるいは，よい靴を持つという別の目的を持つことになるだろう。

　レビンの研究により，複数の目的相互の影響をよりよく理解するための基礎がつくられた。学習者と学習意欲に関していえば，目的には多くのタイプがあり，学校という状況において，ふさわしいものもあれば，そうでないものもある。たとえば，私たちは，学習者に学習成果を上げるという意欲を持ってほしいと望むが，カンニングや先延ばしを行う意欲を持ってほしいとは思わない。また，協力的で粘り強いように動機づけたいと思うが，非協力や怠惰な行動をとるように動機づけたいとは思わない。教育者としての私たちの挑戦は，インストラクションを学習者がすでに持っている望ましい目的と関連づけることであり，望ましくない目的については，それを修正するか，方向を変えることにある。その後の研究者が，この点のガイダンスを追加し，明確化した。

▶ 動機

　行動の目的指向性についての研究は，レビンのものを含み，長い歴史がある。初期の動因理論（Hull, 1943）では，動機づけは，おもに身体的なものであるが，連想によって心理的なものでもあり得る基本動因が欠乏しているために，その結果として起こるといわれていた。たとえば，仮に，空腹・喉の渇き・恐怖・孤独を感じているならば，人はそれらの欲求を満たすための目的行動をとる。いったん満足するかあるいは均衡した状態に達すれば，それらの欲求に関連する目的を追求するようには動機づけられなくなるとみなしていた。

　トールマン（1949）は，異なった仮説から研究を行い，行動は目的を持つものであると主張した。人々は行動を引き起こす要求や欲求から導かれた動機と目的を持って

いるが,これらの要求は必ずしも欠乏の結果とは限らない。彼の研究はレビン（1935）のアイディアの多くに基づいている。レビンは，私たちに内在するのと同様に，環境のなかにも力が存在することを主張した。その力が，目的を定義し，行動を起こすように私たちを元気づけるのに役立っている。この考え方は，マーレイ（Murray, 1938）の研究にも現れている。マーレイは，動機づけを内的な要求と外的な，つまり環境からの圧力との組み合わせによる結果だと考えた。

　これらの研究は，よく知られているマズロー（Maslow, 1954）とマクレランド（McClelland, 1976）の研究のお膳立てになった。初期の研究の問題点の1つは，欲求の分類学がなかったことだった。研究者は，何らかの新しい行動の側面を観測したときはいつも新たな「欲求」をつくりだした。マズローは，高次の欲求が追求される前に，低次の欲求が個人の「目」のなかで十分に制御され，あるいは満たされる必要がある，という欲求の階層理論を提案することで，この研究分野に秩序をもたらした。欲求の5段階は，以下のとおりである。

　・生理的欲求：空腹や喉の渇き
　・安全と安心の欲求：住まいや基本的な生理的欲求を継続的に満たす
　・愛と所属の欲求：長期的な関係と交際を含む
　・自尊心の欲求：達成や称賛から得られる
　・自己実現の欲求：自己の最も高い可能性に到達することに関連して定義される

　このリストは職場や教育現場の実務家におおいにアピールしてきたが，有効性の検証が難しいという理由から研究者からは批判されてきた。実用的な応用という観点からは，この理論は，おもに4番目の自尊心の欲求に関連する学校での継続的な動機づけは，子どもが食料を十分に得られなかったり，友だちを恐れたり，友だちから孤立したりしている場合には十分に機能しない，ということを理解する手助けとなる。しかし，この理論への挑戦は，欲求が満たされているとは何を意味するかを理解することである。これは非常に主観的な問題である。たとえば，大学の新入生は，最初の学期において，自分の低次の欲求が満たされていると感じるために，快適な住まい・車・たくさんの小遣いを期待するだろう。しかし，達成することに強く動機づけされている人の場合には，かなりの欠乏状態でも耐えることができる。芸術家や意欲のある役者であれば，夢を追求している間は最低限の食事と住まいで満足するかもしれない。しかし，その時でさえ，学ぶことに意欲を持つためには，満たされるべき低次の欲求レベルがあることは確かだ。

　マズローの研究と比べて，マクレランド（1976）は3つの要求，すなわち達成・所

属・権力に焦点を当てた。彼のコンセプトの基本は，初期の多くの理論の基本であった欠乏要求とは異なるものである。欠乏の視点では，欲求や動機が，たとえそれが満たされた後もなぜ消えずに成長し続けるのかを説明することができない。たとえば，達成欲求の強い人は，成功した後も，欲求理論から予測されるような平衡状態にはならない。その代わりに，より多くのより高いレベルの成功を達成したくなる傾向がある。そのため，マクレランドは，平衡状態は一時的なものだと主張した。望ましい感情の状態に満たされると平衡状態となるが，目的達成の後に欲求が変化し，新たな不均衡状態になるとした。これにより，望ましい目的を達成しても，それが十分であると感じることがない人がいる。セールスマンはいつも昨年の目標を超えようとし，アスリートは絶えず新しい「自己ベスト」を達成しようと努力するのである。

達成・親和・権力

マクレランドと彼の同僚によって研究されたこの3つの動機は，学校や職場での人間の行動を理解し，個人の学習スタイルに合わせて学習環境を構築するのに非常に役に立つ。達成欲求が強い人は，リスクをとりたい一方で成功したいと望むので，中程度の挑戦を楽しいと感じる。仮に，タスクが簡単すぎれば，成功しても喜びは感じない。難しすぎれば，成功を経験することなく，失敗は好まない。個人的な優秀さの基準を自分で設定し，他人と競い合いながら，または，自分だけのユニークなことを行うことで，あるいは，単により高い自分の達成レベルに到達することにより，それを達成しようとする。グループで行うことは好まない。なぜならば，自分で自分の方向を決めたいし，成果に対しては個人で責任を持ちたいと考えるからである。

達成欲求を測定する伝統的な手法は，主題統覚検査（TAT）と呼ばれる。これは投影法の1つで，曖昧な刺激を提示して，空想して物語をつくるように指示するものである。投影法は，インクの染みによるテストとしてよく知られているロールシャッハ検査のようにとても非構造的である。白い紙の上に黒いインクで書かれた抽象的な絵を提示するもので，この絵は大きな白い紙の上に，2～3滴の黒いインクを垂らし，紙を折り曲げて，押したんで作成される。できあがった図はやや抽象的で，クライエントの内部感情・思考・価値観を導き出す物語を呼び起こすために臨床心理学者によって使われる。熟練のセラピストがうまく使うならば役に立つものであるが，達成欲求のような特定の心理学的概念の研究をするために設計された手法ではない。一方のTATは，絵や言葉による指示を刺激として用いて，鮮明で想像力に富んだ物語をつくりだすように指示する。想像力をかき立てるために4つの質問が用いられる。1つ目は，「何が起こっていますか？　どんな人々がいますか？」というもので，典型的には6つの刺激のそれぞれに対して約5分間で答えてもらう。絵柄と言語の手がか

りに関する膨大な研究の成果から，刺激となる素材がつくられた。言語の手がかりは，状況的な合図とさまざまな動機の要因を喚起する曖昧性とを効果的に組み合わせたものである。結果となる物語の得点は，厳密に定義された評価項目（ルーブリック）に基づき算出される。訓練された評価者間の信頼性係数は，0.90以上にもなる。

　達成欲求が強い人に比べて，親和欲求の強い人は，人と人との関係性により高い関心を持つ。彼らは，他の人と，暖かく満足できる人間関係を持つことを好む。単なる恋愛的な愛着だけではなく，友情を含む。彼らは，友だちのことを考え，友情を育み，問題が起きたり離脱があれば動揺することになる。彼らは，グループワークを楽しみ，グループから個人を遠ざけることになる個人的称賛を得ずに，結果がグループの功績になることを楽しむ。彼らは，よいリーダーにはなれない。なぜなら，彼らは，規則や基準をつくって守らせることよりも，人が彼らを好きかどうかにより高い関心があるからである。

　最後に，権力欲求の強い人は，他人の行動に影響を与えることができたときに心地よく感じる。未成熟な人の場合には，この影響が利己的かつ破壊的になり得ることもある。しかし，成熟した権力欲求の強い人は，組織や他の人に利益をもたらすために影響力を行使することを楽しむ。この性格は，よい管理者や教師と関連している。

　これらの3つの欲求の関係は，相互に排他的ではない。ある人が，3つの欲求すべて，あるいはあらゆる組み合わせの2つに対して，強い場合も弱い場合もあり得る。教師は時々，権力欲求の強い子どもたちを扱うために苦労をする場面に出会う。彼らは，教室において教師が子どもの行動をコントロールできるかどうかを試そうとするかもしれない。このような状況では，学習者が達成動機のような意欲を示せるようになる前に，まず教師がリーダーシップを確立しなければならない。子どもの欲求は多様であり，時には欲求不満が残る場合もあるかもしれないが，子どもの欲求を満たすことは可能である。グループ作業などの多様な宿題や学習条件を利用することによって，欲求のどんな組み合わせを持つ子どもに対しても学習環境を適応させることができる。

能力（コンピテンス）

　能力（コンピテンス）のコンセプトは，ホワイト（White, 1959）によって，「ある有機的生命体が環境と効果的にやりとりする力」（p. 297）を意味する基本的な動機として導入された。他の動機についての理論家と同じように，ホワイトは，好きな状態に導く自発的行動を説明できない，困窮状態の緩和に基づく動機づけの動因理論の仮定から遠ざかった。彼は，コンピテンスの獲得は動因や本能に関連したエネルギーからは得られないとした。さらに，人間における平衡状態は，他の生物種ではそうでないとしても，人間としては退屈な結果をもたらすので好ましい状態とはいえない，

と主張した。ホワイトが指摘しているように，人が戦争や過剰労働のような過剰ストレス下におかれた場合には，ストレスの軽減や平衡状態は非常に好ましいものだと思える。しかし，いったんそれが獲得されると，すぐに落ち着きをなくし，外的な刺激を求め始める。ストレスなしの状態を望む代わりに，人は最適なレベルの刺激を欲し，またそれを必要とするようである。ヘッブ（Hebb, 1958）は，刺激が欠如した場合の人間の行動に関する広範囲な研究を行った。その研究において，人は仮想的に外部環境からの入力を遮断したときには，自分自身で，幻覚の形で刺激を生み出し始めることが示された。社会的貧困を経験した孤児や乳幼児についての研究では，彼らが十分に成熟していないことが示されてきた。ヘッブ（1958）はそのことを，「孤立して育てられた動物は成熟度の観点からはいつまでも変な行動をとる。動機づけ・社会性・知性の観点から異常である」(p. 109) と述べた。彼は，おもに犬や人間の研究に言及している。探索行動を用いたコンピテンスの開発は，認知的および社会的な発達において重要な要素である。

　ホワイト（1959）は，コンピテンス開発に導く仕組みを説明するために，「相互影響動機づけ」(effectance motivation) の概念を導入した。たとえば，遊んでいる時でさえ，子どもは，その環境に影響を及ぼすことができることと，その反対に環境から自分が影響を及ぼされることの両方を見つけることを楽しむようである。満足感情はこれらの相互作用を行っていることそれ自身によるものであり，恒常的な状態に近づく過程において相互作用を用いていることによる結果ではない。ホワイトは，これらの活動の結果を「効用の感情」(feelings of efficacy) と定義した。この概念は，追い求めている目的に対して自分が成功するという期待に関連する自己効力感（self-efficacy: Bandura, 1977）の概念と混同すべきではない。効用の感情とは，環境と影響し合う際に，熟達や見識の感情を満たすことを意味する。さらにいえば，刺激環境がタスクの挑戦レベルと比べて程よい難しさのときに，人はコンピテンス構築のための探索活動により強い関心を向ける。仮に，タスクが簡単すぎる場合は，退屈に陥り，難しすぎる場合は，認知処理の焦点がより狭くなり，環境内にある関係する可能性のある手がかり刺激に対しての注意は，それほど十分でなくなる（Tolman, 1949）。

　別々の発達経過をたどってきたが，コンピテンス動機は達成動機と共通する何かを持っている。エリオットとドゥエック（Elliot & Dweck, 2005a）は，コンピテンスが達成動機の中核であると述べている。彼らは，達成の概念は文献上では明確に定義されていないと主張し，文献上の2つの基本的弱点を特定している。1つ目については，「首尾一貫性と構造的な媒介変数の明確な集合がない」(p. 4) と述べている。この概念を操作化するのは難しい。達成動機についての文献のなかには，中心的な概念とは必ずしも直結しない多義的な概念と方法論が含まれている。2つ目に，達成動機の文

献が対象とする範囲があまりにも狭すぎると述べている。達成をめざす行動についての理解を深めるための一般的な課題に該当する行動の多くの側面を扱っていない。出発点としてこれらの仮定に依拠し，コンピテンス動機の概念は達成動機の概念を置き換えるのに役立つということを彼らは提唱している。エリオットとドゥエックおよび彼らの本（2005b）のなかの多くの著者が，この基本的な問題を扱う概念的・実証的な論文を発表している。膨大な達成動機に関する文献が，彼らが提案するとおりに再概念化されるかどうかを知るには時期尚早である。そして，この本のさまざまな部分において書かれている，達成動機とコンピテンス動機の特徴の一部には，疑問を感じる人もいるだろう。しかし，確かにこの提案は興味深いものであり，それ自体が実用的である。この文献を理解することが，より全体論的なアプローチに貢献すると思われる。

▶ 将来指向性と将来時間

　他に目的の誘発性に影響を与えたのは，人の「将来指向性」(future orientation) である。直近の目的をおもに将来の目的への手段としてとらえることとして，レイノール（Raynor, 1969, 1974）が定義した。つまり，仮に，直近の目的が将来の成果に結びついていると認識される場合，その直近の目的が持つ主観的な利用価値は，将来の成果がどの程度の価値かに強く依存するだろう。したがって，希望する学問的あるいは専門家への道にそって進むことが許可されるために必要となる科目や認証試験を完了するという目的は，高い誘発性を持つことになる。手段的価値が高くなればなるほど失敗のコストが大きくなるので，不安感を引き起こす原因になることもある。この関係は，直線的な接近ではなく，最終目的を得るためにひとまとまりの成果をまとめて達成する必要があるというような，成果に焦点が当たった状況にもあてはまる。たとえば，ボーイスカウトにおいて一流のイーグルスカウト章のレベルに到達するためには，必須技能章（メリット・バッジ）と選択技能章を組み合わせて獲得しなければならないときなどである。これは，ある目的とそれに連続する目的群との間の緊張関係に関連して目的の強さをとらえることによる，トールマンの場の理論の概念の改良と拡張である。

　将来指向性に関するもう1つの概念は，「将来時間展望」(future time perspective: FTP) である。これは，現在と未来の出来事との間に感じられている時間的な距離を意味する。ある人は他の人より，将来の出来事に対して時間的により近く感じている。短いFTPを持つ人は現在のことをより重視する。直近の目的を達成するための動機づけが，将来の利益の可能性の認識によって強められることはない。これに比べ

て，長いFTPを持つ人は現在の活動と将来の目的との関連性をより強いものとみなす。よって，将来の利益についての期待によって，直近の動機づけが強化される。デ・ボルダーとレンズ（De Volder & Lens）は，高校2年生の動機づけと，将来の目的に付随した価値との間に正の相関があることを見つけた。現在の学校での勉強を将来の目的達成の手助けとなるものとみなすことと動機づけとの間にも正の相関があった。

しかしながら，これらの相関関係は，生徒の将来に対する態度を考慮することによって条件をつけられるべきである。バン・カルスターら（Van Calster et al., 1987）は，オランダ語を話す230名の17歳から19歳までの男子高校生を対象とした研究で，認識された手段性（perceived instrumentality: PI）が高いか低いかにかかわらずに，将来に対して否定的な態度を持つ生徒の場合，学習意欲との相関が比較的小さいことを示した（図5.5）。しかしながら，将来に対する態度がより肯定的になるにつれて，PIと学習意欲との間の相関は確実に高くなっていく。それにひきかえ，将来に対して肯定的な態度を持つがPIが低い生徒は，学習意欲との相関がより小さいことがわかった。将来に対して中くらいから高い肯定的な態度を持つがPIが低い生徒の集団は，成績のよくない生徒の数が最も多かった。このことから，当面のタスクのPIを上げようとする努力は，将来に対して肯定的な態度を持つ生徒の学習意欲を高めることになる一方で，否定的な態度を持つ生徒に対してはそのような結果にはならない，と著者らは結論づけた。

性別と将来指向性に関する広範囲に及ぶ文献調査において，グリーンとデバッカー（Greene & DeBacker, 2004）は5つの異なる理論的指向性において性差があることを見つけた。達成動機，将来時間展望，将来の自己認識，期待×価値理論，そして，認識された手段性についての社会的認知研究，の5つである。彼らが調査した研究に

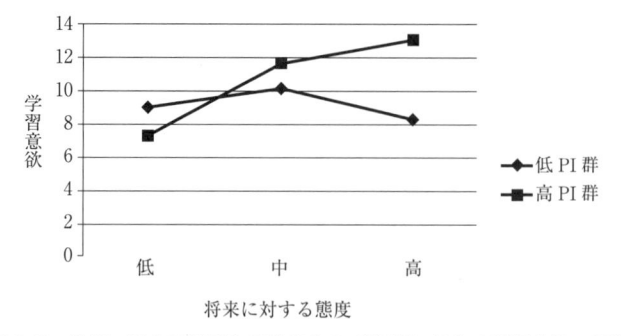

図5.5 将来に対する態度と認識された手段性に対する学習意欲の相関
（Van Calster et al., 1987のデータをもとに作成）

は文化的な多様性があったが，かなり一貫性がある形で，しかも歴史的にも安定したパターンがあることを見つけた。それは，男性はより長い将来時間展望を持つ傾向があり，雇用や財政的保証に関する目的については比較的狭い焦点化がされているというものであった。それに比べて，女性は，将来に対する目的指向性に関してはより大きな多様性を持つ傾向があった。彼女たちの目的は結婚や家族に焦点をあてていたが，雇用やキャリアに関する目的を含めることもより一般的となってきていた。全般的な将来指向性や目的指向性に対しては，男性と女性に共通して，強い社会文化的影響もみられた。

　さらに，動機づけを高める学習環境の設計に影響を与える可能性のある将来指向性のもう1つの側面に，個人が将来を制限されたものととらえるか，制限のないオープンエンドのものととらえるかという点がある。このことは，年齢に関係している傾向がある（Lang & Carstensen, 2002）。長期間の，あるいは制限のない時間展望をもつ人は，将来望まれる状況を達成する手段として，関係知識を獲得するという目的に焦点をあてることが多い。時間的展望が短期間で，かつ制限されたものと考える場合には，個人的人脈の維持管理のほうに焦点が移動する。ドイツにおいて20歳から90歳までの大人480人に対して行われた調査で，ラングとカルステンセン（2002）は，制限のある時間展望を持つ老人と比べて，若い人はより制限のない時間展望を持つ傾向があり，両者の指向性の間で目的は予測通り異なった，と述べた。制限された時間展望を持つ人は，個人的なネットワークの大きさを小さくする傾向があり，社会的かつ個人的関係をより満足させることに焦点をあてていた。制限のない時間展望を持つ人の個人的ネットワークは広がる傾向があり，目的や将来の成果に関係する知識に寄与する人を含んでいた。しかしながら，年齢以外の要因も，将来の時間指向性に対して影響を与えることができる。フレデリクソンとカルステンセン（Fredrickson & Carstensen, 1990）は，自分自身のあるべき姿を見いだしたり，想像したりする場合には，目的の選択における年齢差がなくなることを見つけた。たとえば，新しい環境に移るような大きな変化を予期している若者や，医学の進歩が寿命を拡大すると想像する高齢者は，彼らの本当の年齢とは関係なく目的を形成する。また，年代にかかわらず，個人の平均余命に影響を持つ条件も，年齢差にみられるのと同様に，目的の選択に影響を与える。カルステンセンとフレデリクソン（1998）は，エイズ・ウィルス患者の若い男性のなかで，比較的制限のない平均余命を持つ人はまた，より長い将来時間の指向性も持つ一方で，死期に近づいている人が老人と同様の特性を示すことを示した。このように，実際のあるいは認識されている寿命に近づくにつれ，人はキャリア中心の目的ではなく，感情的に意味のある目的にフォーカスする傾向を持つ。このことにもかかわらず，年齢に関係のない指向性もあり得る。つまり，未来を恐れる

若者は老人のようにふるまう一方で，精神的な若さを保つ老人は複数のかつ随伴的な目的で満たされたライフスペースを持つこともある。

▶ 興味

ジョン・デューイは，「教育における興味と努力」(Dewey, 1913) という論文で，学習と関連して「興味」(interest) の概念を導入した人として知られている。彼の主張は，努力そのものは効果的な学習につながらない，真の学習が起こるためには，興味が努力に伴うべきである，というものである。彼は，「純粋の努力に訴えることは，何の結果も生まないと言ってよい」と述べた。「子どもが自分のやっていることが任務だと感じたときには，強制されてそのことに専念しているに過ぎない。外からの強制がやわらぐたびに，制約から解放された彼の注意は自分が興味を持っていることに向けられる。『努力』という基礎のうえで育てられた子どもは，興味の持てない科目にも専念しているように見せるという驚くべきスキルを獲得する一方で，彼のエネルギーの本当の中心は違ったことに向けられている」(p. 1)。

デューイの興味の概念はやや現在の概念化や研究とは異なっていたが，多くの点で，彼は現在の研究を予期していた。ある程度まで，彼は，興味と内発的動機づけ，そして外発的動機づけと努力とを同一視していた。興味は積極行動に結びつき，外発的動機づけは，退避行動に結びつくことを示唆していた。学習するという状況において，内発的な興味を持つことは確かに望ましいことであるが，外発的目的を与えられたときでさえも，人はおおいに動機づけられて効果的に学ぶことができる。

おもしろさが研究されている教授と学習に関連する分野の1つに，談話処理，つまり言い換えれば，テキスト素材からの学びの研究がある。初期の研究に貢献したシャンク (Schank, 1979) は，特に物語に関して，私たちの通常の期待から外れる出来事は，期待される出来事よりも強く興味を喚起する，と主張した。たとえば，83歳の老人がコンビニで買い物をしている際に心臓発作で死んだという話は，何の関心も得られないだろうが，もしその老人が，店員を強盗から助けようとしている時に心臓発作が起こったのであれば，興味のある物語だと感じるだろう。シャンクは，死・危険・権力・セックスなどの出来事で想起される確固とした予測可能な興味を「絶対的興味」(absolute interests) と呼び，それに対して個人ごとの文脈に依存する意外性や新奇性による興味を「相対的作用素」(relative operators) として，両者を区別した。シャンクは興味を引き出すいくつかの条件をリストアップした。そのうちの2つ（予想が外れるときと，推理小説のように関連する情報がないとき）はバーラインの研究である好奇心の概念と関連がある（第4章）。3つ目は，いわゆる絶対的興味と呼ばれる

ような突出したテーマと関連がある内容の出来事である。これは，どちらかといえば，「関連性」の一部をなすものである。興味の概念が好奇心喚起の要素を持っているとしても，その最も中心的な属性は，個人の目的，過去の経験，確立された興味などの，関連性の問題との関係がより大きい。

シャンク（1979）の研究を含む，興味に関する初期の研究の多くは，インストラクショナルデザインや学習に関連のある，テキストからの学習あるいは談話分析の文脈で行われた。ハイジとベアード（Hidi & Baird, 1986）が行った文献調査では，楽しませることが主目的で，好奇心を喚起する出来事（Berlyne, 1954b）の多くの属性を用いる物語，つまり，ナラティブを扱う研究と，情報を伝え，説明し，説得する機能をもつ説明文を扱う研究とに既存研究を分類した。物語を伝えるナラティブの議論のなかで，ハイジとベアード（1986）は興味が感情的要素と認知的要素の両方を持つことを指摘した。感情的要素は，人間ドラマの状況（Wilensky, 1983）すなわちシャンクの絶対的興味によって喚起される場合が多い。一方，認知的な興味は，不一致・意外性・新奇性・逆説などの好奇心の刺激の結果より得られる傾向がある。バーライン（1954b）は，後者を「照合変数」(collative variables)と呼んだ。ハイジとベアード（1986）も，主として外的刺激から喚起された興味と主として個人のなかで喚起された興味とを区別する研究者と対比して，自分たちは，興味は外的刺激と人との相互作用の結果生まれるものと考える。この立場は，同じ刺激の出来事に対して異なる反応を示す人々の存在を説明するのに役立つ，と述べた。

説明文のおもしろさに関する研究は，ハイジとベアード（1986）によれば，下記の理由で発展が妨げられた。すなわち，読者がおもしろいと思うのはどんな種類のものかが，ほとんど知られていなかった。さらに，既存の研究のほとんどは，大学レベルのテキスト素材について行われ，研究用に特別に設計・構成された文章を使っていた。逸話や人間的興味の高い文章を含むような幼稚園から高校生までの素材については，ほとんど研究されてこなかった。フレッシュ（Flesch, 1948）は，テキスト素材の評価のために使う人間的興味の定式化を行ったが，これらの研究には使われてこなかったようである。

もう1つのやっかいな問題は，おもしろさが記憶に与える効果に関する問題である。特におもしろいコンテンツが重要なコンテンツに対して付帯的にのみ使われる場合である。ハイジとベアード（1986）は，学習者が自分にとっておもしろいと思うか，あるいは，個人的に意味を持つ内容を最もよく思い出すことを見つけた。そのことは，思い出す情報が読み物の重要かつ中核的な中身であるか，あるいは単なるささいな内容であるかどうかには関係しなかった。ハイジら（Hidi et al., 1982）は，学校の教科書のなかから取り出した3つのタイプのコンテンツの自由想起に関する実験を行っ

た。実験には，解説文，おもしろい物語文，そして，おもしろいが重要でない文章が重要な解説文のなかに挿入された混合文，の3種類が用いられた。彼らは，混合文からは，重要な情報を思い出す確率が特に低いことを見つけた。つまり，物語の挿入が重要な情報の記憶を低減させることを結論づけた。

　ガーナーら（Garner et al., 1989）は，無関係な情報，つまり，おもしろいが重要ではないことを意味する「誘惑的増強」（seductive augmentation）の概念を提出した。誘惑的増強という概念は，この分野での研究のなかで使われるようになるにつれて（たとえば，Harp & Mayer, 1998），文章における主要なメッセージや教育プログラムでの学習目標とは関係がないが，必ずしも一般的な話題とは無関係とは限らない情報のことを指すようになった。この用法は，「関連がないとみなされる素材は主題との関係性はまったく持たないものを指す」という，より一般的な研究で利用されている使い方よりも限定的な利用法である。現在の文脈では，ハリケーンカトリーナによって破壊されたミシシッピー州の海岸の家についての逸話や，壊れかかったヨットの写真，あるいは，ハリケーンの生成原理を描くためにテキストに挿入された風によって曲げられた木の写真（図5.6右）などの誘惑的増強は，たとえそれが，ハリケーンの破壊的な力を例示することで主題とわずかに関係があるとしても，テキストの中心的な目的とは関係がないものとみなされる。それに比べて，ハリケーンを引き起こす熱帯性低気圧内で雲が生成されるイラスト（図5.6左）は関連があるものとみなされる。ガーナーら（1989）はハイジら（1982）の研究を発展させて，説明文とおもしろいコンテンツ（誘惑的な詳細）を含む同じ文による要点想起の違いを比較した。実験は，大学生年齢の大人と中学校1年生に対して行われた。どちらの実験の場合も，誘惑的な詳細の存在が要点の想起を妨げた。

図5.6　ハリケーンの生成に関するレッスンにおける関連的・非関連的イラストの例

直感的には，教材テキストによりおもしろくする要素を追加することによって，特に科学的文章では，読者がより注意深く読むようになり，学習量が増すだろうと考えられる。しかしながら，前述の研究では，そのような結果を得ることができなかった。無関係であるがおもしろい要素を追加することによって，文章中の重要な内容から注意をそらしたのが原因だと考えられた。ハープとメイヤー（Harp & Mayer, 1997）は，それまでの研究に含まれていた誘惑的な詳細を感情的な興味とし，コンテンツに詳細な説明を追加する情報である認知的な興味と区別することを提案した。彼らは再び，テキストとイラストの組み合わせを利用した。おもしろいが関係のない情報を含むテキスト内の誘惑的な詳細は次のようなものであった。「おおよそ1万人のアメリカ人が毎年，落雷でけがをしている。メリーランド州バートンズビルの目撃者は，稲妻が練習中の高校生アメフト選手のヘルメットに穴を開けるのを見た。稲妻は彼のジャージを焼き，靴を吹き飛ばした。1年以上後でさえ，その若者はその時の臨死体験を語ろうとはしなかった」(p. 94)。

　誘惑的なイラストは，テキスト内に描かれたものと同じ出来事の写真から構成された一方で，認知的な興味としては，雷の生成過程における6段階を示す一連の図を含んでいた。彼らの実験結果は，誘惑的な詳細による妨害効果を示したそれまでの研究や，関連イラストの有益な効果を示すテキスト学習に関する研究（Fleming & Levie, 1978）の結果と一致した。ハープとメイヤーはその後の研究（Harp & Mayer, 1998）で，誘惑的な詳細の妨害効果は，読み手の注意をそらせ，混乱させた結果というよりは，不適当な組織スキーマを思い起こさせた結果であると結論づけた。

　テキストにおける興味についての研究を発展させたまったく異なる観点から，2人の言語学者（Sperber & Wilson, 1986）は，コミュニケーションと認知において，関連性が最も重要な要素ではないとしても，それは主要な必要条件であると主張した。私たちは，どのような状況においても，生命における何か重要なことに結びついていると認識した程度までしか，新たな刺激に対して注意を向けることはない。もし関係がないなら，私たちは無視するだろう。たとえば，あなたがある部屋に入ったときに，数人の人々がすでにいるとすると，あなたは，その部屋全体をざっと見るだろう。あなたは，人の大きさ・見かけ・態度などから，潜在的に脅威的か威嚇的だと思う人に気づくものである。あなたがこの脅威を感じている間は，間接的にでさえ，彼らに注意を向け続けるだろう。しかしながら，追加情報により潜在的な脅威が消えると，あなたは興味を失う。別の例として，平均的な男性が，彼の妻やガールフレンドとの関係に潜在的な脅威を想像させるほどにきわめてハンサムな男性を見た場合，彼は心配に感じるだろう。しかし，その時，その男が幸せに結婚していて「移り気な目」を持っていないことがわかれば，他に関連しそうな根拠がない限りは，その男をすぐに無視

するだろう。友だちや友だちの友だちだと認識する人に対しては，あなたは注目するだろう。しかし，他の人は中性・無色透明であり，2回見る理由は何もない。その次の日に街で会ったとしても，彼らを認識しないだろう。今まで知らなかった人と話を始める時には，会話をさらに続ける刺激となるような共通の興味や経験を持っているかどうか，知り合いになりたいと思うかどうかを決めようとする。もしそう思わなければ，あなたはあきらめることになるだろう。スペルバーとウィルソン（Sperber & Wilson, 1986）によれば，これらの行動すべての根底に流れるのは，関連性の原理である。視覚と音声コミュニケーションは両方ともこの原理に従って機能している。私たちは，自分の生命に関連があるときにのみ，視聴覚コミュニケーションを成立させ，維持するのである。

▶ 内発的動機づけ

「内発的動機づけ」（intrinsic motivation）の概念は興味とは異なり，特に能力と自己決定の欲求に関連した内発的興味を追求した結果によってもたらされる欲求の充足を求めて，特別な目的や活動を行うことに対して，自ら生成した魅力のことをいう（Deci, 1975）。それに対して，今まで述べてきたように，興味とは，私たちが出来事やものに対して感じる，魅力や心配のことである。なぜなら，それらは私たちの最も基本的な欲求や不安，あるいは絶対的興味（Schank, 1979）に関連するからである。出来事がもの珍しいこと，予期しなかったことなど，好奇心を喚起する特徴を含む際にもまた，興味が生成される。このように，興味は，より広い概念である内発的動機づけよりも，状況依存の傾向が強い。

目標やタスクが最初は外部から動機づけられたときでさえ，内発的な興味を生み出すことは可能である。たとえば，私が大学院生で，学期末が近づいた頃，論文を書き，試験の準備をするという大きなプレッシャーを感じるときになってはじめて，自分が行っている研究テーマに対して，以前はいくぶん無関心であったが,非常に関心を持っていたことがわかった。自分の研究テーマに直接関係している数多くの参考文献を見つけたが，それらは，当座の要求条件を超えていた。そして，ほとんど関係のないトピックの参考文献に好奇心をそそられていた。私は，参考文献を書きとめ，学期が終わってからそれらを読むことの計画を立てた。しかし，結局はその計画は実行されなかった！ 後に，私が学習理論・認知理論・内発的対外発的動機づけの話題を含む動機づけ理論について教え始めたとき，その時の経験を思い出し，自分自身に説明しようとした。しかし，内発的・外発的動機づけのどちらの分類もあてはまらないように思えた。なぜなら，その科目の単位取得要件は外部で規定されたものであり，授業で

成功することは博士の学位取得のための手段であった。しかしそこから，私は内発的動機づけにあたるような高次の意欲を持つにいたったが，学期が終わるとそれは消えていった。そこで，私はそれを，「状況依存型内発的動機づけ」と呼んだ。なぜなら，すべての締め切りに間に合わせるために必要とされる多大な努力を生み出すためには，高いレベルの興味をつくりあげる必要があったからである。その状態においては，これらの興味は深くて不変なものと感じたので，内発的動機づけの状態であるとみなした。にもかかわらず，学期が終了すると，それは急速に衰えていった。自己決定理論（Deci & Ryan, 1985）を知ってはじめて，「内面化された外発的動機づけ」という正式な説明にたどり着いた。私の場合，動機づけがある程度は内面化されたが，学期の最終週におけるほどには，強いままではなかった。

　デシ（1975）は，内発的動機づけは基本的欲求の充足に結びつけられており，特にコンピテンス・自己決定・自律性の欲求に結びついている，と説明した。しかしながら，デシとライアン（2000）は，内発的に動機づけられた活動はこれらの欲求を満たす目的で行われるのではない，と指摘した。むしろ，「興味本位で，自由に熱中している」（Deci & Ryan, 2000, p. 233）ためであると。内発的動機づけを維持するためには，コンピテンスと自律の欲求を充足させなければならない。この条件の逆が真であるという仮定をすべきでない。すなわち，内発的に動機づけられた行動にのめり込むことは，これらの欲求を満たすための手段であるが，それらは，内発的に動機づけられていない行動によっても満たされ得る。しかし，内発的に動機づけられたままでいるためには，能力と自律の感情を経験することが必要不可欠である。これらの概念は，自己決定理論（self-determination theory: SDT）に埋め込まれている（Deci & Ryan, 1985）。SDTにより，目標の選択と，目標指向行動の維持の根底にある心理学的欲求が説明できる。このように，SDTは，興味の概念とコンピテンス・自律性の概念を組み合わせて，内発的動機づけの力学の基礎を形成している。

　文献においては，内発的動機づけと外発的動機づけを2つに分けて対照的に区別することはめずらしくない。しかしながら，SDTの下位理論の1つである有機的統合理論（Organismic Integration Theory: OIT）の文脈において，デシとライアンは，人間の意欲状態を，無意欲，4つの外発的意欲，内発的意欲を含む6分類で示した（Deci & Ryan, 1985; Ryan & Deci, 2000）（表5. 2）。この分類枠は，タイプの異なる外発的な意欲状態があることを示し，それぞれの動機づけ指向性の発達に役立つ文脈的な要素を説明するためにつくられた。

　これは分類枠であり階層構造ではないことを理解することが重要である。内的調整のレベルに関連して，より高いレベルに行く前に，低い段階から移動する必要はない。完全に外的に規制されている行動が，状況の特徴になじむにつれ，より内的に規制さ

表5.2 デシとライアンによる人間の意欲分類（Deci & Ryan, 1985; Ryan & Deci, 2000 をもとに作成）

意欲状態のタイプ	特徴
無意欲（Amotivation）	行動する意思の欠如，言い換えれば，目標や活動に対して関心がない状態である。
外発的意欲（4タイプ）	
外的規制（External regulation）	外部の要求や必要性によって動機づけられる。これは，伝統的な外発的動機づけの見方で，初期の研究では内発的動機づけと対比された（Condry, 1977）。
取り込まれた規制（Introjected regulation）	外部から制御されているが，うまく実行することで，承認や尊敬を得ようとする欲求により，内発的に動機づけられている。これは，ニコルス（Nicholls, 1984a, 1984b）の自我指向の概念と一致している。
同一化（Identification）	同一化を通しての調整である。つまり，要求条件は外部的であるが，その重要性に共感した結果として，一定の動機づけが内的に生成される。たとえば，軍隊の新人兵士は体力トレーニングに耐えなければならないが，戦闘で生き残るために重要であるので，そのことを喜んで行う。
統合された規制（Integrated regulation）	要求された行動が，完全に内在化されることによって特徴づけられる。したがって，自己動機づけされている。これは内発的動機づけに似ているが，行動がまだ，外的成果を達成するための道具的理由のために行われている。
内発的意欲	内在する楽しみのために行動を行うのであり，道具的な副産物のための行動ではない，という状態である。

れるようになることもたびたび起きる。たとえば，時間を守る，コミュニケーションにおいて礼儀を正す，ドレスコード，個人的風貌（髪型など）などに関する規則を守るという新入社員のコンプライアンスは，不快な結果を避けるという欲求により，最初は動機づけられている。つまり，外部に制御されている。しかし，経験を得て，人々が「チームプレイ」を好まないときに労働環境を破壊することを垣間見た後では，この会社員は，内的調整と外的要求の組み合わせである同一化のレベルに移動するだろう。

　要約すれば，ある人のある行動やタスクに対する最初の意欲状態は，分類枠のどれにも該当する可能性がある。そして，その状況下における経験を積むことにより，他のどの分類にも直接移動することができる。興味と内発的動機づけに関する研究からの重要な結論の1つは，学習環境において学習者に関連性を経験させるために，実用的で即時的な成果が不可欠というわけではない，ということである。科目内容と，内的興味かあるいは最低限でも状況的な興味とを結びつけることができれば，学習意欲は積極的なものになるだろう。

▶ フロー

　フローという心理学の概念（Csikszentmihalyi, 1975）は，ある活動に完全に没頭している以下の状態を示す。気を散らすものを意識することがなく，高度の内発的動機づけのレベルにあり，成功するか失敗するかを考えず，注意がタスクに完全に向けられ，ある思考や行動から次のものに無意識のうちに進んでいく。フロー状態にあるということは，最大の関連性が認識された状態を獲得しているということである。チクセントミハイ（Csikszentmihalyi, 1990）によれば，フロー状態の要因は主に3つある。それは，関心・集中・喜びである。

　フローについての研究は，教育・ゲーム・スポーツや他の職業分野など，多くの異なる文脈で行われてきた。人がフロー状態になると何が起こるかということに焦点をあてた研究が多いが（Csikszentmihalyi, 1975），フロー状態にどうすればいたることができるかということにも関心が持たれている。チクセントミハイ（1990）によると，フロー状態を獲得することは，過剰学習（over-learning）によって促進される。異なる一連の活動を別々に実行するのではなく，全体的に統合された1つの行動としてタスクを実行することが可能となるからである。この状態は，楽器を1人で演奏するときや，オーケストラのなかで演奏するときでさえ，よく学習された能力を発揮する行動の文脈で達成され得るが，あまり構造化されていない活動においても達成することができる。たとえば，研究の過程においては，ノートをとり，研究論文のためのテーマを設定していくが，それらのタスクに非常に没入するために，時が経つのを忘れることがある。

　しかし，あるタスクの過剰学習や目的指向のプロセスにおいて高度のタスク思考の活動を行うことがあるとわかっても，それが，なぜ，フローが起こったり起こらなかったりするのかの説明にはならない。フローと他の環境要因との関係をより深く理解するために，シェルノフらは高校の教室における生徒の積極的な関与に関係する条件について研究を行った（Shernoff et al., 2003）。彼らは長期的な経時的研究を行い，526人の高校生・中学生のデータを収集した。データは研究の1・3・5年目において，国内12の異なる研究地域から集められ，実験に参加した生徒は，学業成績・性別・人種・民族などの各層別にランダムに選ばれた。データは経験抽出法（Experience Sampling Method: ESM）により収集された。各参加者は1枚のシートの両面に及ぶ45項目からなる回答フォームに答えた。参加者は，ポケベルを内蔵した腕時計を着用し，ポケベルが鳴った時に，すぐに回答フォームに記述を始めることを期待されていた。その時いた場所と取り組んでいた活動の内容を記入した後，その時考えていた

ことについて0（低い）から9（高い）までのリッカート尺度で答えることになっていた。

1つの評価基準は，与えられたタスクへの関与の度合いであった。関与の度合いは，フローの構成要素である，興味・集中・喜びの度合いを聞くことによって算定された。2番目の基準は，注意であった。学校に関係すること（数学・メモをとること・文章を書くことなど）を考えていたのか，関係ないこと（友人・食事・帰宅・恋愛・何も考えていない）を考えていたのかを答えてもらった。最後の基準は，経験の質であった。4つの下位変数を含んでいた。ムード（楽しい・社会性・強い・自慢・積極的），尊敬（自尊心・能力・教養・期待にこたえる・個人管理），学業（挑戦・個人の目標への重要性・集中・個人の重要性）そして，内的動機（興味・喜び・活動関与への要求）であった。

これらの測定結果と，表5.3の3つの独立変数との相関を調べた。1つ目は挑戦／スキルレベルで，フロー・心配・息抜き・無関心の4段階とした。2つ目は調査時の教室内活動のタイプで，生徒からの集計により5水準あった。3つ目の変数は教科名で，9つの下位水準に分かれていた。

この研究により，高いスキルを持ち，難しいことに挑戦しているときの状態として定義されるフロー状態は，3つの関与に関する下位構成要素を含む高いレベルの関与と関連があるという理論的推測が確認された（表5.4）。また，高い水準での関与は，高い水準での関連性と制御と関係があった。生徒がどのように学校で過ごしているかという観点からは，実験を含むグループ学習が15%，ディスカッションが9%，テレビやビデオの視聴が7%，という結果であった。また，残りの時間は，個人学習が23%，講義を聴いているのが21%，宿題や課題に取り組んでいるのが7%，試験を受けている時間が13%であった。生徒は，すべての従属変数が最も高い水準にあるのは，グループ学習と試験を受けている時であると報告した。また，彼らは，高い水準の注

表5.3　独立変数と水準（Shernoff et al., 2003による）

挑戦／スキル	教室内の活動	教科
フロー（高い挑戦・高いスキル） 心配（高い挑戦・低いスキル） 息抜き（低い挑戦・高いスキル） 無関心（低い挑戦・低いスキル）	講義 テレビ・ビデオ 試験 個別学習 グループ学習	数学 英語 自然科学 外国語 歴史 社会 コンピュータサイエンス 芸術 職業教育

表 5.4 シャーノフらの研究結果の要約（Shernoff et al., 2003 による）

従属変数	独立変数			
	挑戦／スキル	教授的関連性と制御	教室活動	教科
関与	すべての従属変数の分類のなかで，フロー状態（高い挑戦と高いスキル）が，最も相関が高く，無関心（低い挑戦と低いスキル）が最も低い。ほとんど例外なく，他の条件は予測通りであった。	高位の水準の関連性と制御は高位の関与と関連がある。	生徒はグループ学習とテストを受けることに関してすべての従属変数で高いレベルを報告している。さらに，個人学習の時に高いレベルの注意が報告されている。	関与は芸術とコンピュータサイエンスの授業で最も高く，次いで職業教育，社会と続く。
興味				興味や喜びについても上記と同じ。しかし，集中は異なった。
集中				
喜び				
注意				数学，科学，コンピュータサイエンスにおいて最も高く，歴史，英語，社会で最も低い。
経験の質				
気分		高い制御は積極的な態度や尊敬と関係がある。		芸術は気分，強度，動機と相関があるが，尊敬とは相関がない。
尊敬				
強度		高い関与は高い強度と関連がある。		数学と科学は最も強度が強いと評価されたが，動機では 1 番ではない。
動機・意欲				

意は個人学習の時であるとも報告した。教科の観点からは，表 5.4 に示されているのがおもな関係である。多くの生徒が教科の授業にはより真剣に取り組み，教科外の授業はより本質的におもしろいと報告した。

この研究により，学校の特徴と感情的な特徴に関係があることが説得力のある形で説明された。この研究は，学校の教室における異なる教科と教授方法についての利点と問題点を例示している観点から特に重要である。しかしながら，コンピュータ上での自己主導学習や，インストラクター付きの自己主導学習と学習者と学習者のインターフェースが組み合わさった e ラーニングのコースが普及しつつあるなか，オンライン行動におけるフローに影響を及ぼす要因を調べることも興味深い。

Web 行動に関与する文脈におけるフローの研究により，最適なオンライン学習経験，特に自己主導学習の文脈における Web デザインに影響を及ぼす関係についての知見を得ることができるだろう。チェンら（Chen et al., 1999）は，フローの概念が

意味のある形でWebの文脈に適用できるかどうか，また，もしそうであるならば，どのようなWebの条件がフロー状態と結びついているのかについて研究を行った。チクセントミハイは，次のように述べた（Geirland, 1996）。

> フローを促進するWebサイトはグルメの食事のようだ。前菜から始まり，サラダとメインに移り，デザートへと入っていく。不幸にも，多くのサイトはカフェテリアのように構築されている。好きなものを取ってください，と言っているようである。最初はよく聞こえるが，すぐに，選択することが何かはさほど重要ではないことがわかる。すべてのものが平凡で，同じに見える。Webサイトデザイナーは，来訪者がすでに何を選択しようとしているかを知っていると仮定している。しかし，それは真実ではない。人は何かに導かれ，そこに何かがあることを期待してWebサイトを訪問するのである。

このような比喩は，状況に付随する感情を理解して概念化するのに役に立つが，より詳細な定義で補足される必要がある。Webで作業に取り組んでいるとき，欲求不満・楽しさ・疑念などのさまざまな感情を経験することがある。これらの他の状態とフロー状態を区別するために，チェンら（1999）は4つの性質を定義した。

1. 即時的なフィードバックを提供する必要がある。
2. Webの利用者が従う明確なルールと明確な目的が必要である。
3. 簡単には飽きない程度の十分な複雑さを仕掛ける必要がある。
4. 静的ではない，動的な挑戦を生み出す必要がある。(p. 589)

彼らは，活動的なWebユーザにアンケート調査を依頼し，327件の回答を得た。アンケートではチクセントミハイ自身の研究（1975）や他の研究（McQuillan & Conde, 1996）で使用されたフロー状態の3つの描写が述べられている。これらの描写は，ロッククライマー・作曲家・舞踏家から得られたものである。

> 私の心はさまよっていない。他のことは考えていない。自分がやっていることに集中している。体の調子がよいと感じる。何も聞こえていない感じである。世界が私から切り離されたようである。私自身と私の問題への認識が薄れている。
>
> 私の集中は息をしているかのようである。そのことをけっして考えない。まさにその状態に入った後は自分の周囲のことに気づかない。電話が鳴り，ドア

のベルが鳴るか，あるいは家が燃え落ちるか，まさにそのようなことなどを考えている。始めたときには，まさに，全世界を閉め出している。一度止まった時にも，また戻ることができる。私はとても私自身が行っていることにのめり込んでいる。私の行っていることと私自身が切り離されているようには思えない。

アンケート調査では，回答者に対して，そのような状態をWebを見ているときに今まで経験したことがあるかどうかを質問した。「はい」と答えた人には，さらに，それがどのようなことを行っているときで，前回この感情を経験したときはどのように感じたかを説明させた。アンケート調査では，時間がとても早く過ぎると感じたこと，喜び，制御していると感じたこと，挑戦についても，そう感じたことがあったかどうかを質問した。それぞれに対して，このような感じたときに何をしていたかを問うた。

その結果，3つの種類の行動が回答者のフローを経験している状態の多くを説明していることを発見した。Web上での調査，Web上での情報探索，Webページの作成の3つである。これは興味深いことである一方，重要な発見はフローの先行条件，つまり，フローを導く条件が，明確な目標・即時フィードバック・スキルと能力の適合であったことだろう。しかし，より最近の研究では，ユーザの個人的な喜びのためのインターネット利用についての疑問があげられている。言い換えれば，人は頻繁にではないにしろ，時々，仕事からの脱線（息抜き）としてWebを利用し，それを楽しいと感じることがある。フローとこれらの遅延行動との関連についての疑問が生じることになる。オンラインゲーム・オンラインチャット・オンライン電話・ブログを書くことなどの流行している多様な活動がインターネットの問題のある使い方を予測する最も確実な予兆であると研究者は指摘する。そのなかで,「問題ある使い方」として，社会的に受け入れがたいことや犯罪利用，仕事の引き延ばし，そしてフローに言及した。研究者は，これらの問題のさらなる調査が必要であると警鐘を鳴らしており，このことは確かに教育における問題の1つでもあるといえる。多くの教師は，教室でのノート型コンピュータの使用に反対するポリシーを持っている。なぜなら，生徒が授業中にもかかわらず教師の目を盗んで，買い物やSNSなどのさまざまな活動のためにそれらを使用するからである。

チェンらによって示された3つのフローの先行条件はまた，実際の活動の特徴になっているとは限らないが，Web学習活動の目的であることは興味深い。しかし，これら3つの先行指標でフローと先送りを識別できるかどうかという疑問がある。Webを利用したインストラクションにおける挑戦として，多くのタイプの気を散らすものの存在がある。それらは一方では学習者をWeb活動に引き寄せるのに役立つ

が，一方では学習目的から学習者を遠ざけてしまう。デイマンとケラー（Deimann & Keller, 2006）は，ハイパー空間での迷子状態・認知的負荷の過大・誘惑的な詳細などのインターネット上での活動時の気を散らすものについて述べている。また，学習者の意志，つまり，自己管理方略が，タスクに集中し続けるために必要になることについて述べている。このことは，フローについての興味深い疑問を投げかける。フローは，本質的に有益な心的状態なのか，それとも時々注意をそらせる心的状態なのか。特定の目的指向の活動のなかで，フローをどう促進するのか！

▶ 次のステップへ

関連性という概念には，充実した基盤が明確に存在する。さまざまな理論と概念がいくつかの下位分類と多くの方略の基盤を提供し，学習者に関連性の感覚を持たせるのに役立っている。これらは，個人のスタイルや背景となる経験の要素を包含する有用性や信頼性という単純な概念を超えている。以下の節では，関連性の下位分類と方略の例について述べる。

◉ 関連性の方略

「なぜ私たちはこれを学ばなければならないのか？」。何度もこの質問を聞いたり，自分に投げかけたりしたことだろう。これは，古典的な「関連性」の問題である。今まで述べてきたように，インストラクションのなかに何らかの関連性が見いだせなかった場合には，学習者を動機づけることは非常に難しい。もし，称賛・昇進・物質的報酬などの外発的報酬が十分に満たされていれば，学習者はその教育をそれらの目的を達成するために関連があるとみるだろう。しかし，これらの報酬が，教育の中身をより個人的に関連づけることにはならない。ほとんどの場合，学校では成績に関連する外的報酬があるが，この結果得られる学習意欲のタイプは，いわゆる，終わらせるための動機づけであって，学ぶための動機づけではない。学習意欲を刺激するためには，教育活動を学習者の背景・興味・ゴールと結びつけることによって，関連性を構築するのが一番である。表5.5に，関連性方略の3つの大きな下位分類を示す。答えるべき最初の質問と，各下位分類に関連する方略が例示してある。最初の分類には外発的な目的と内発的な目的の両方を含むが，2番目と3番目には内発的な性質を持つものが中心になる。

表5.5　関連性に関する下位分類・作業質問・おもな支援方略

概念と作業質問	おもな支援方略
R1. 目的指向性 どのように，学習者のニーズに最もうまく答えることができるか？ (学習者のニーズを知っているか？)	このインストラクションが役に立つという記述や事例を提供し，ゴールを提示するか，あるいは学習者にゴールを定義させる。
R2. 動機との一致 どのようにして，いつ，私のインストラクションと学習者の学習スタイルや個人的興味とを結びつけることができるか？	個人ごとの達成機会や，協力的活動，リーダーシップの責任，そして，積極的なロールモデルを提供することにより，教育を学習者の動機や価値に呼応するものにする。
R3. 親しみやすさ どのようにして，インストラクションと学習者の経験を結びつけることができるか？	学習者の仕事や背景と関連のある具体例や比喩を提供することにより，教材や概念をなじみのあるものにする。

▶ R.1. ゴールと関係づけること（目的指向性）

　　　　データ処理について教えるコースのなかで，ジムは学習者が職場で扱うようなタイプのデータと顧客に基づいて，アプリケーションの例を作成し，実用的な課題を与えた。

　すべての動機づけの自助本や成功を得るためのハウツー本では，明確に定義されたゴールを持つことが必要である，と唱えている。自分の人生のなかで，自分が非常に動機づけられていたときについて考えてみよう。たとえば，待ち望んでいた休暇をとるときや，「特別な誰か」の注意と関心をひきつけようとするときや，学位や特別な賞を得ようとしているときなど，何かを得ようと興奮していたときに目的を持っていただろうか？　ほとんどの場合，答えは「はい」だろう。人が明確に定義された目的を持っているとき，それらの目的とあなたが教えようとしていることを結びつけられるかどうかを見極めることは，たとえその結びつきがいくらか離れていたとしても，非常に容易である。
　しかし，あなたの学習者が明確に定義された目的を持っていない場合はどうだろうか？　あるいは，あなたの教育内容と学習者が暖めてきた目的との間に明確で直接的な結びつきがない場合はどうだろう？　次の作業質問によって示唆される多くの方策は，学習者が実際のあるいは可能性のある目的と目前のインストラクションとを結びつけるために役立つであろう。2つの特別な方策は，「前と後」の比較と「未来の車輪」

(future wheels) である。事前と事後を比較することで，自分自身の生活を観察してきた。これは，新しい製品の利点を示すための最もよく知られている広告の技法である。あなたのコンテンツを習得することが，いかに将来のよいことにつながるかを例示するために，同じ技法を使うことができる。

関連する技法として，学習者が現在テーマに関して将来の価値を認識しにくい場合には，「未来の車輪」を使うとよい。この技法のすばらしい特徴は，あなたではなく，学習者自らが自分の将来の欲求やゴールとの結びつきの可能性を生成することにある。この技法は少し，マインドマップに似ている。各学習者が，白紙の紙の中心に円を1つ描く。次の指示を与える。「あなたがこの教材を学んで成功しているところを想像してください。この教材は将来どのような利益をあなたに与えるでしょうか？この教材から得られるであろうすべてのこと，また，この教材があなたの役に立つであろうすべてのことを考えてください。それらの1つ1つに対して，真ん中の円から線を引き，線の端に別の円を描いて，そのなかに項目を入れてください。あなたが考える項目の1つずつに対して，別の線と円を描いてください」。学習者がこのタスクを終えた後で，新しい円に対してこの過程を繰り返させる。そして，もう一度それを実行させる。学習者がすべての作業を終えたときには，いかに多くの利益が現在の教科に潜んでいるかに驚くだろう。あなたもまた，学習者が作成した連結の種類や数に驚くかもしれない。

すべてのゴールが将来に向けてのものとは限らない。いくつかは，すぐに手に届くところにあるだろう。以下のリストは，コンテンツの現在の価値を強調し，それを将来の目的達成につなげるための方策を示している。

現在の価値

1. もし自明でないならば，このインストラクションの直近の利益を述べよ。
2. 教科の内発的な満足感を強調するコメント・逸話・例示を含めよ。

将来の価値

3. 学習者が教材を終えた後に何ができるようになるかを描き出す記述を含める。
4. 少なくともいくつかの事例と練習問題については，学習者が将来必要とするであろう知識とスキルに，明確に関連させる。
5. この教育を首尾よく終えることが，いかに将来の目的成就と関係があるかを学習者に伝える（たとえば，この教育の状況で成功するということが，その後の科目の登録，主要研究分野の選択，上位の研究レベルへの入学許可，給料の増加，仕事の保持，昇進などのために重要である）。

6. この教育が，一般生活の対処スキルをいかに向上させるかを，学習者に伝える。
7. 内発的に興味のある研究・開発分野の発達に貢献するものとして，この教育を考えることを学習者にはたらきかける。

1つの事例

図5.7に示されている活動は，授業やワークショップの話題に関して学習者が持つ問題や課題をファシリテータが見つける方法を示している。この活動によって，ファ

学習者の動機づけに関して問題を抱えたことがありますか？

第一部：動機づけ問題のリスト

教室やあなたが作成した教材においてどのような動機づけの問題に出会ったことがありますか？　あなた自身が直面したか，あるいはあなたが提供する科目のインストラクターや他の教育設計者が抱えた3つ以上の動機づけの問題をリストアップしてください。言い換えれば，参加者(学習者)や状況によって，どのような動機づけの問題が提起されていますか？

1. ＿＿＿＿＿＿＿＿＿＿＿＿＿＿＿＿＿＿
2. ＿＿＿＿＿＿＿＿＿＿＿＿＿＿＿＿＿＿
3. ＿＿＿＿＿＿＿＿＿＿＿＿＿＿＿＿＿＿
4. ＿＿＿＿＿＿＿＿＿＿＿＿＿＿＿＿＿＿
5. ＿＿＿＿＿＿＿＿＿＿＿＿＿＿＿＿＿＿
6. ＿＿＿＿＿＿＿＿＿＿＿＿＿＿＿＿＿＿

第二部：動機づけ問題の評価
(ファシリテータから説明があります。)

は　い ＝ ＿＿＿＿＿＿＿＿＿＿＿＿＿＿＿＿＿
いいえ ＝ ＿＿＿＿＿＿＿＿＿＿＿＿＿＿＿＿＿
　？　 ＝ ＿＿＿＿＿＿＿＿＿＿＿＿＿＿＿＿＿

はい	いいえ	？	問題のグループリスト
―	―	―	1. ＿＿＿＿＿＿＿＿＿＿＿＿＿＿
―	―	―	2. ＿＿＿＿＿＿＿＿＿＿＿＿＿＿
―	―	―	3. ＿＿＿＿＿＿＿＿＿＿＿＿＿＿
―	―	―	4. ＿＿＿＿＿＿＿＿＿＿＿＿＿＿
―	―	―	5. ＿＿＿＿＿＿＿＿＿＿＿＿＿＿
―	―	―	6. ＿＿＿＿＿＿＿＿＿＿＿＿＿＿
―	―	―	7. ＿＿＿＿＿＿＿＿＿＿＿＿＿＿

より強い関連性の感覚を確立するためにはどんな技法が使えますか？

図5.7　学習者の心配とつなげる

シリテータは，科目の目的と学習者の欲求・関心とを結びつけるために，「その場での」ニーズ評価を行うことができる。この演習では，参加者は個別に，第一部において問題をリストアップする。それから，ファシリテータは各参加者に問題を1つ発表することを順番に呼びかけ，すべての人がもう新しい問題が提供できなくなるまでクラス内で順に交代し続ける。次に，クラス内でリストについて議論し，よく似た項目どうしを結合する。第二部においては，全員が自分のワークシートに結合済みの項目を書き写してから，各項目について以下のように評価する。

> はい＝これは動機づけの問題であり，私が責任を持って解決すべきであると信じている。
> いいえ＝この動機づけの問題は私の制御範囲外である。そのことについて私ができることは何もない。
> ？＝この問題をどう分類してよいかわからない。

全員が終えた後，ファシリテータは全員のノートを比較させ，さまざまな意見について議論を行う。ファシリテータは，問題をクラスの目標と関連づけ，「制御不能」ないくつかの問題に対しての対処法がありそうであることを指摘する。そのようなことは，クラスが学習意欲のデザインプロセスを学んだ後にはよく起こる。

▶ **R.2. 興味（動機）との一致**

マーケティングの概念と技法入門の科目のなかで，マークは，グループ間の競争的演習において，各グループに独自のマーケティングの目的と戦略を選択することを許可した。

関連性には実用性以上のものがある。つまり，教育と目的を結びつけることは，外的成果を獲得することに基づいているという点では実用的である。さらに，関連性へのより全体的な取り組みを開発するために，教育内容が学習者の目的に対して弱い関連しかないという状況を補うため，学習者を関与させるためにできることがいくつかある。まず，個人的な称賛が受けられて，人間として，あるいは自分が行える貢献のために高く評価されるような状況においては，人は達成へ向けてより強く動機づけられる。教室において学習者は，教師が自分を知っていて，自分に対して個人的な興味を持ってくれて，自分がうまくいっているかどうかを気にかけてくれていると感じられるときには，より興味と関連性を感じるだろう。視線を合わせたり，学習者の名前

を覚えていたり，学習者とそっと会話するなどの教師の行動すべてが，そのような状況において，学習者の経験に高い水準の関連性を持たせることになるからである。

　また，ロールモデルを利用したり，内容に関連のある研究分野において実在した個人が，目的達成のために研究と努力を必要としたことを語りつぐ挑戦物語を利用することは，疑いなく大昔から使われてきた方策である。しかし，それらはまだ有効である。文学作品，映画，さらに広告における，共通のテーマになっているほどである。同様に，教師が熱意・挑戦・達成などの感情を見せることで，新たに内面化され，職業の候補としてさえも続くような学習内容への興味を代理的に引き立て，学習者を元気づけるかもしれない。たとえ，熱意のある人の興味をそのまま取り入れないときでさえも，その人によって動機づけられ，その人自身やその人が提供しようとするものに対して興味を持つ傾向もある。

　また，教える方法によっては，少なくとも授業時間の間は，関連性の感情を呼び起こすこともできる。たとえば，強い達成欲求を持つ人ならば，競争などの個人の目的を設定して挑戦する機会を提供した場合に，話題に対してより高いレベルの関連性を感じるだろう。多くの学習者は，他の学習者と話をしながら共同作業を行うというくつろいだ状況を好むので，協調的なグループ学習に対しては積極的に対応するだろう。しかし，個人の達成に対して強い欲求を持つ学習者のなかには，成績がグループ全体のパフォーマンスに依存するようなグループ学習を楽しめない人もいる。教師としての挑戦は，さまざまな学習者のニーズを満たすことをめざして，さまざまな教授方法を利用することである。このことは，学習状況で要求されていることが自分のニーズに合致しているという総合的な感覚を向上させるので，仮に学習内容自身の関連性があまり明らかでないとしても，学習者は学習に対してより受容的になるだろう。

基本的な動機の刺激

1. 学習者が個人として話しかけられていると感じるように，個人に向けた言葉遣いを用いる。
2. 達成努力と達成結果を説明する事例（たとえ話や統計データなど）を提供する。
3. 達成することに関係した感情を説明する記述や事例を含める。
4. 達成と成功のプロセスやそれに関連する感情をイメージするように学習者を促す。
5. 個人の目的設定・記録保持・フィードバックを可能にする課題を含める。
6. 協調的なグループ学習を必要とする課題を含める。
7. 問題解決や達成努力の行動を刺激するパズル・ゲーム・シミュレーションを含める。

8. 課題（パズル・ゲーム・シミュレーションを含む）において，学習者が，学習者間相互，自分自身（すなわち自己記録を更新しようとする）あるいは，ある基準に対して競争することを促進する。

ロールモデル

   9. 研究分野において注目に値する人々，彼らが直面している障壁，彼らの業績，そして結末についての逸話を利用する。
  10. その教科を首尾よく修了した後で，さらなる目的を達成した人からの実例や証言などを利用する。
  11. 特定のスキルや知識の分野の利点を説得的に表現することができる人についての言及あるいはその人からの引用を含める。

▶ **R.3. 経験とのつながり（親しみやすさ）**

　　　　レスリーは，会計のアプリケーションソフトに関するワークショップの冒頭で，各参加者に対して，どんな種類の会計ソフトについてでもよいから，各人が持っている経験について述べるよう求めた。

　かなり前に，米国に本社を持つ，最も巨大な国際ホテル・モーテル企業の1つが，広告スローガンとして，「驚きがない（no surprises）」を使っていた。彼らは，顧客がいつもどのホテルでも，予測通りの高品質なサービスとおなじみの快適さを変わらずに期待できる，というコンセプトを確立しようとしていた。これは，不慣れな環境に対処し，何を期待したらよいかがわからないことから来るストレスを，疲れた旅行者から取り除くという意図だった。このスローガンは，人がすでに持っている興味に関連する事柄に関心を持つ傾向があることを反映している。世論の動きに対して異論を唱えている講演者の聴衆となっている参加者のほとんどは，すでにその講演者に同意している，ということは古くから知られていることである。参加者は，すでに信じていることについての確認を求めているのである。
　学習者の見識を広げ，批判的かつ創造的思考を活性化させるという教育の主要な目的は，このような親しみやすさを求める欲求と矛盾しているようである。2つの目的を同時に達成するための1つの方法は，新しくなじみのない内容と学習者の過去の知識・経験とを結びつける方法を見つけだすことである。そして，それらを新しい知識・考え方へと移行させることである（表5.6の活動を参照）。以下の方策は，この点でのいくつかの提案である。

表5.6 なじみのないものとよく知っているものを結びつける例

事例：社会科での挑戦

中学校3年生の社会科の授業において，ギル・パーキンスは都市についての単元を教えなければならなかった。その単元は，政治・経済・教育，そして，流通システム（食料や商品）や通信のような都市インフラの側面に焦点をあてたものであった。この授業モジュールに関して，米国中西部の地方の学校の生徒の興味を引きつけるのに苦労した。ほとんどすべての生徒が，大都市に行った経験がなかった。彼らの印象は，大都市が舞台となったテレビ番組の興奮やドラマ，そして多くは暴力によって形成されていた。それにひきかえ，この社会科の情報は彼らにとっては，おもしろく関連のあるものではなかった。

「問い合わせ学習法」についての資料をいくつか読んだ後，ギルはクラスに対して，「もし，食糧供給が一夜にして半分になったとしたら，12,500人が暮らす町に何が起こるだろう？」と尋ねることによって，今年の授業単元を開始した。生徒たちは，この質問に驚き，そして，関心を持った。自分たちと同じ大きさの町について言及されたからである。推測から始まり，町や周囲の農場・牧場・酪農場の人々との身近な交流から得られた知識に基づく考え深い議論に変わり，活発な議論が続いた。

20分後に，ギルは議論を中断し，次のように尋ねた。「もし，人口125万人の都市で一夜のうちに，食糧供給が半分になったとしたら何が起こるだろうか？」。ほぼ同じ大きさのいくつかの都市の名前をあげた。議論は，非常に異なった動きをとった。それははるかに推測的であり，家庭環境・旅行経験・テレビの嗜好に基づく生徒たちの価値判断と思い込みを反映したものであった。純粋に推測しているだけで，状況を意味のある形で分析できていないということがすぐに明らかになった。その時点でギルは新しいモジュールを紹介し，これから学習しようとしていることは，大都市で何が起こりそうかをよりよく理解するのに役立つことを説明した。モジュールを始める前に，彼と生徒たちは重要な問いと予測されることのリストをまとめた。授業を進めるなかで，ギルは生徒に対して，教材と小さな町の状況や疑問と予測のリストとを関連づけさせた。

以前の経験との接続

1. その教育が，学習者の既存のスキルや知識にいかに基づいているかに関する明確な記述を含める。
2. 現在の教材と，学習者にすでになじみのあるプロセス・概念・スキルとを結びつけるために，類推や比喩を用いる。

個人化のオプション

3. 課題の内容について，学習者に選択させる（たとえば，少なくともいくつかの宿題においては，個人的な関心のある事例や話題を学習者が選べるようにする）。
4. 課題のタイプについて，学習者に選択させる（たとえば，特定の同じ結果を達成するために，さまざまな手段から学習者が選べるようにする）。

> **要約**
>
> 関連性の原理は，教室での指導にとても効果的に応用できる。学習者は，もっと効率的かつ効果的に情報を処理するだろう。そして，もし個人的な関連性を認識するなら，より意欲的に学習するようになるだろう。この関連性の感覚を伝える方法はたくさんある。コミュニケーションの内容のみならず，学習者の興味を代理的に生成する教師の個人的なぬくもり・注目・熱意，そして，学習者の過去の経験との橋渡しを行うために注意深く設計された活動などによってもたらすことができる。
>
> 動機づけの研究者（Means et al., 1997）のなかには，異なる専門領域を持つスペルバーとウィルソン（1986）のように，関連性が最も重要な動機づけの要素である，と主張する者もいる。しかし，彼らは動機づけの他の次元もまた同様に重要であることを見いだした。動機づけのさまざまな概念およびそれらを統合したARCSモデルに示したように，それ自身が最も重要な要素だといえる動機づけの概念は存在しないようである。だからこそ，全体的なアプローチが望まれるのである。しかしながら，関連性が最も重要な影響の1つであることは否定できない。

第6章 自信を構築する作戦

本題に入る前に……

　図6.1の人はなぜこんなにも困惑しているのだろうか？　それは，以下の問いに答えようとしているからかもしれない。

　　ソクラテス以前の哲学者，ヘラクレイトス（540 - 475B.C.）が，予測や制御に関する彼の態度について述べた次の引用文の意味は何か？
　「時間とは，ゲームのときに駒を動かす子どもである。子どもは王様の力を持っている」
　　それはさておき，ヘラクレイトスのこのコメントは，2500年後にアインシュタイン（1879 - 1955）が問うた有名な質問と何か共通していないだろうか？
　「神は森羅万象を相手にしてサイコロを振るのだろうか？」

図6.1　難しい問題を熟慮中

　そして，これらの問いは，人生におけるあなた自身の見通しや期待とどのように関連しているだろうか？

はじめに

　自信とは，一般的に，人々のさまざまな生活における成功に対する期待の度合いを示す。人々が自分の行動の成果をどの程度予測したり，時として制御すらできると思うかについて，多くの心理学的な構成概念や態度に関する概念があり，人々の期待に関する信念を説明するのに役立つ。自信の欠如や成功に対する期待の低さといった「マイナス面」の構成概念もそこには含まれる。

　ここでの中心的な論点は，制御（コントロール）の知覚であるといえよう。日常的な出来事や将来の目標に対して，自分自身がそのコントロールをまったく失った（制御不能になった）と感じた場合，人生は脅かされ落胆させられるものとなろう。安全にその日が暮らせるのか，あるいは，あなたよりも権力のある人からの不当で悔しい扱いを受けるのか，まったく見通しがつかないのはつらい。それよりも，何が起こりそうかを予測できる形で毎日が始まり，達成したことに満足感を感じながらその日を終えられるとしたら，どんなに快適だろうか。自分に関することは自分で制御できる，という自信についての前向きな感覚を全般的に持っているときでさえ，予期しない出来事は起こる。それがよい出来事である場合もあるし，そうでない場合もある。車を運転する毎日を過ごしている人ならば，いつ事故を起こしても不思議ではないことを知っている。にもかかわらず，自動車事故が今ここで起きることをあなたは予期しているわけではない。したがって，事故が実際に発生しても，もしそれが身体的にも経済的にも打撃にならないものだとしたら，あなたはきっとそれを乗り越え，生活を続けるだろう。そして，それは望ましくないことではあるが，総じて考えると，それはあなたの人生における全体的な見通しにおいては，まったく予期していなかった出来事にはならない。しかし，この制御不可能な出来事が起こる可能性がある，という理性的な見方が，必ずしも広く万人に共有されているとは限らない。たとえば，あなたが非常に成功している営業職で，部門トップの成績だったとしよう。あなたは営業部長へ昇進できることを完全に確信していたところ，その職位を，新しく雇われた実績がほとんどない「MBA野郎」に奪われたとする。これは，あなたの予測や制御の感覚に打撃的な影響を与える予想もしていない不公平な結末である。あなたの感情へ与える影響についてはふれないとしても！

　このような経験をすると，あなたの人生経験や性格特性の全体と影響しあい，あなたが人生において制御が可能だと思っていたことと，無作為で制御不能な事象に左右されることもあると思っていたことのバランスが崩れ，非常に大きな衝撃を受けてし

まう。さらには，宗教や哲学の信条によっても，制御可能だという感覚を持つか，より運命論的な態度をとるかに，強い影響がある。制御や予測可能性については，人類の長年にわたる関心事であり，心理学や，文学，そして哲学に反映されているように，人生についての黙想や見解に現れ，意見は千差万別である。ソクラテス以前の古代ギリシャでさえ，哲学者の間に，正反対の意見があった（Wheelwright, 1966）。たとえば，あからさまな気まぐれとまではいかなくとも，変化と無作為さは人生の持ち味であると，本章冒頭で引用したヘラクレイトスは述べている。彼はまた，「同じ川に2度入ることはできない。川にはいつも異なる水が流れ，なおかつ，必ず異なるものが流れている」と言ったことで有名である。この言葉は，ある程度の安定性を持っているように見えるものにおいてさえ，変化とは絶え間なく続くものであることを示唆している。

　これとは対照的に，同世代のギリシャ哲学者パルメニデスは，反対の意見を持っていた。彼は，物質的な世界は，生み出せないもの，破壊できないもの，恒久なもの，そして，変えられない全体であると主張した。よって，現れる様相とその本質とを区別する根拠をあてはめることによって知識を獲得することで，予測と制御可能性を得ることができる。つまり，私たちが感じている変化は，単なる錯覚や外観に過ぎず，本質に内在する真実は変化しないのだ，と。この見方は，神は森羅万象を相手にしてサイコロを振るのかどうかというアインシュタイン自身の問いに対して，彼が自ら「神はサイコロを振らない」と答えたことにも垣間みられる。言い換えると，彼は，ものごとの本質に内在する恒常性を示す不変の真実が存在すると信じていた。これとは対照的な，パルメニデスやヘラクレイトスにみられるまったく反対の見方と同様に，現代の物理学者スティーブン・ホーキングは，量子力学や物理学の不確定性原理の視点から，宇宙にはランダム性が存在し，完全な予測を不可能にしていると指摘している。ホーキング（Hawking, 2005）は，以下のように述べている。「したがって，神ですらも不確定性原理に支配されているから，粒子の位置も速度も知ることはできない。つまり，神は森羅万象を相手にしてサイコロを振るのである。すべての証拠が，神が可能なすべての機会にサイコロを振る常習的なばくち打ちであることを示している」(p. 1)。

　これらのメッセージは，予測可能性と制御をテーマとした議論が時代を超えて永遠であることを表すためのものである。この関心事がどれだけ人々の生き方と密接な関係にあるのかを強調しているのであって，ソクラテス以前の哲学から現代科学にいたるまでの流れを厳格に探求しようとしているのではない！

　心理学では，これほどまでに二項対立的ではないが，予測と制御の問題は成功に対する期待感に関係する多くの概念や理論の基礎におかれてきた。この章の前半では，

自信と個人的な制御に関するトピックについての最も有名な概念を多く紹介する。また，後半では，学習者の成功に対する前向きな期待を高めるための方略を創出するためのより具体的なガイドラインを示すことにする！

自信に関する心理学的基礎

自信に関する重要な問題

教師は学習者が成功して，成功を自分で制御する能力があることを信じられるようにするためにはどうしたらよいだろうか？

不安感と恐怖心は教師が気づいている以上に学習者の生活のなかで大きい比重を占めている。本書の筆者による未発表の調査研究で，中学生が意欲に関する態度についての質問に答えた。そのなかで失敗することへの恐怖心についても回答している。彼らの教師にも，上記と類似した質問紙調査を実施し，生徒の意欲態度についての予測についての回答を得た。教師による生徒の意見の予測と生徒の実際の意見には違いがみられたが，対象科目による違いが大きかった。たとえば，生徒は美術が英語よりも関連性が低いとみなしたが，美術の担当教師は生徒の関連性に関する反応を過大評価していた。それとは逆に，英語や数学の担当教師は生徒の意見を過小評価していた。つまり，教師が予測したよりも生徒は授業をより関連性の高いものとみなしていた。しかしながら，本研究を通じてわかったことは，教師のほぼ全員が，生徒が感じている失敗への恐れや不安感を，生徒より低く見積もっていたことである。不安感や恐怖心が広がっていることは，さまざまな形で現れている。常習的欠席や遅刻といった回避的な行動から，教室で無作法にふるまったり教室外で他の生徒に対して攻撃したりいじめたりするなどの反抗的な態度をとることにまで及ぶ。高い成功を収めている子どもたちでさえ，失敗への恐れや両親または他の社会的なつながりのある人々を落胆させてしまうのではないかという根深い恐怖心によって，マイナスの影響を受けている。これらの恐怖心が限界に達したとき，自殺も特別な結果ではなくなる。

大部分の学習者にとって，不安感と恐怖心は制御できるものであり，成果に不利な影響は与えない。実際，授業中・公園・職場・リサイタルホールなどどこであっても，何かしらの挑戦に直面しているときは，ちょうどよい量の不安感や恐怖心が喚起されることは，ごく普通のことである。これは，成果を最大限にするために人を刺激する要因の1つである。しかしながら，この刺激は誰をも衰弱させる力ともなり得る。学

習者のなかには，常にいつでも不安感や恐怖心とともに生活している者もいる。

　これらの現象をどのように理解し，学習者の自信を高めて恐怖心を乗り越えさせるためには，どのような支援ができるのだろうか？　学習者のなかに学ぶ意欲を高める目的は，成功に関する肯定的な期待感を持たせる支援をすることである。これらの肯定的な期待感は，次にあげるように，学習者が自分で行動の結果を制御できると感じることから得られる。具体的には，成功や失敗の原因帰属，効果的であることに対する自分の能力についての信念，自己成就予測，助けがないと感じる程度，そして楽観主義的な感覚などである。

▶ 統制の所在

　行動の成果に対して自分に責任があると感じる範囲は，人によって異なる。外発的な力が第1要因であると思い込む範囲が異なるからである。たとえば，期末試験でAの成績をとりたいと思っているチャーリーが，実際のテストでBの成績を受け取ったとしよう。チャーリーは，明確な説明がなかったからだ，あるいは評価が不公平だった，とインストラクターをすぐにとがめた。一方で，同じようにAの成績をとりたいと思っていたキャロラインもBをとったが，彼女は説明を注意深く読まなかったか，単にがんばりが足りなかったからだとすぐに推測した。もし，この2人のテスト結果がほぼ同じで，評価基準が客観的なものだった場合，チャーリーとキャロラインは彼らの生活のなかで影響を制御することについてまったく異なる見方を持っていると結論づけることができる。この特性は，「統制の所在」(locus of control) とロッター (Rotter, 1966) が呼んだものである。うまく何かを成し遂げれば，成績・認識・お金・特権・その他の目に見える成果などのふさわしい見返りがあると信じている人は，内的な統制の所在を持つとみなされる。それに対し，あることを達成するためにどんなにがんばってもまたはがんばらなくても，運・個人の好み・他者による制御不可能な影響などによって見返りを得ることができると信じている人は外的な統制の所在を持つとみなされる。もちろん，特定のレベルを達成することで固定した見返りを得る縄跳びゲームのように，ほとんどの人が何かがよくできたことに対して見返りを得られると予想できる場面がある。一方で，機械を裏で操作しない限り運が最も影響するルーレットのように，見返りを得られるかどうかはコントロールできないとわかる状況もある。しかし，ロッターと他の研究者が発見したことは，ある特定の状況における客観的な制御の程度にかかわらず，外的な信条と内的な信条のどちらかをより強く持つ人が存在するということであった。つまり，行動の結果が内的または外的に決定されるものであると解釈する傾向は，統制の所在によって予想通りに異なることになる。

ロッターの概念が紹介され (Rotter, 1954), 特に誰でも自由に入手できる「I-E 尺度」が出版されたことにより, 短時間のうちに研究活動が一気に広まった (Phares, 1976; Rotter, 1972)。その後も高い関心が寄せられた (Declerck et al., 2006; Ifamuyiwa & Akinsola, 2008)。統制の所在の行動に対する役割は, あらゆる分野において研究されてきた。ここでは, 概念の意味や妥当性を確立させ, 意欲や学習における役割を定着させた研究に焦点をあてる。

ロッターらは, 他者の支配下で行われる, あるいは行われると思われている学習と, 能力・スキル・努力などの自分の内面的な制御下で行えると思える学習とは, まったく異なることを証明している。これはスキル条件のもとでの学習成果が, 行動主義的な条件づけ研究による伝統的な知見とはまったく異なることで示された。行動主義的な条件づけの研究において, 強化と成果に関する確立された原理がある (Bandura, 1969)。もし第 1 群の実験参加者が正解ごとに強化を受け (100％の強化), それに対して第 2 群の実験参加者が正解の 50％に対してのみ断続的な強化を得た場合, 強化が与えられなくなった時点での行動の消去パターンは異なるというものだ。両群ともある一定の間は反応し続けるが, 100％の強化を得ていたグループは, 50％の強化を得ていたグループよりも早く, 反応するのをやめる。これは 100％群のほうが 50％群よりも, ルールに変化があったことにすぐに気づくためであると推測されている (Rotter et al., 1961)。

ところが, スキルと偶然の対比という概念が持ち込まれたとき, その結果は異なる。偶然群では, 曖昧なタスクで成功することはとても難しく, 大半は運によるものだと実験参加者に告げられる。もう一方のスキル群では, 成功はスキルに依存するといわれ, 過去の調査結果では人によってスキルの高さに差があることが判明したと告げられる。その後スキル群はスキル研修を受けた。その結果, 行動主義的な条件づけ研究で得られた一般的な結果とはまったく逆の消去パターンを示すことがわかった。スキル群では, 強化が与えられなくなったときに, 断片的な強化を受けた群は 100％強化を受けた群よりも早く反応するのをやめた。換言すれば, 100％の強化を受けた群は 50％の強化を受けた群よりも, 成功は彼らのスキルによるものだと考えることをあきらめるまでの時間がより長くかかった。成功は運次第だといわれた偶然群での結果は, 伝統的な研究成果と同じであった。つまり彼らが 50％の強化を受けていた場合, 成功や失敗は運に起因すると考え, 100％の強化を得ていた者に強化が突然中止されたときよりも, 長い時間実施を続けた。これらすべての条件では, 成功は実験参加者の制御下にあった。しかし, タスクの曖昧な性質によって, スキルや運の要因が関与していると実験参加者を説得することができた (Holden & Rotter, 1962; Rotter et al., 1961)。このことには, 注意が必要だろう。

このことは，学校での学習環境に興味深い示唆を与えている。パレス（Phares, 1976）は，彼の著書の第7章「統制の所在と子どもの成績」において，1960年代後半か1970年代前半に実施された多くの研究について報告している。そこでは，内面的な統制の所在と高い学業成果との関連性は，確認された知見にいくらかはばらつきがみられるが，全体的に一貫性があることが示されている。ある研究（DuCette et al., 1972）においては，統制の所在と創造性との間に肯定的な関係性があったことさえも報告されていた。これらの研究の多くでは，IAR質問紙（Intellectual Achievement Responsibility Questionnaire: Crandall et al., 1965），または，ベイラーの統制の所在尺度（Bialer, 1961）が用いられていた。これらの結果は，結果にはいくらかの不一致がみられ，環境のなかでの教師は「強い他人」で，成績基準が常に平等または明確でないのにもかかわらず，学習者は受け取った成績を自分で制御しているという全体的な認識を持っていることを示唆していた。
　内的な統制の所在を持つ者（内面者）がよりすぐれた成績を得る1つの理由として，認知プロセスのいくつかの側面において内面者が勝る傾向にあることがあげられる。内面者は，外的な統制の所在を持つ者（外面者）よりもすばやく，関連する手がかりや曖昧な学習状況におけるルールを推定した（DuCette & Wolk, 1973）。また，内面者は意図的な学習と同じぐらい偶発的な学習においてもよい成績を収める傾向がある。ウォルクとダセット（Wolk & DuCette, 1974）は，文字主体の教材を提示した実験において，内面者は教材の内容をよりはっきりと覚えていることを確認した。これは偶発的な学習にあたり，エラーを見つけるという意図的な課題においても，より高い成果を得た。3学期間連続で実施した3つの研究のなかで，デリンガー（Dollinger, 2000）は，内面者は彼の担当していたパーソナリティ心理学の授業と関連した偶発的な知識をより多く有していることを見いだした。研究日と呼ばれる第3週の授業のなかで，学習者はその期の後半に行われる講義に盛り込まれる予定の質問紙調査に回答した。質問の1つは「雑学（Trivia）テスト」であった。これには，インストラクターのオフィスアワー時間や，Aを取得するために必要なポイント数，次の試験日や書店で購入できる授業補助資料の色，クラスにおけるおもなトピック，そして教授夫人で同じく心理学教授の名前など，過去2週間にふれられた中身が含まれていた。3つのセメスターそれぞれにおいて，内面者は偶発的な情報をしっかりと思い出し，成績平均値（GPA）による影響を除いた後でさえも統計的に有意なよい成果をあげた。
　しかし，特定の状況における制御の認識に違いがみられた。また，外的な指向を持つ学生と比較して内的な指向を持つ学生は成功と失敗にどのように対応するのかについての差があった。イェイ（Yeigh, 2007）は，参加者の作業記憶における情報処理負荷を最大化させる課題（operation-word task）に回答するという状況のなかで

(Turner & Engle, 1989), 特性レベルの統制の所在と成功と失敗の原因帰属との関係性について調査した。このタスクの参加者には，単語群が与えられ，その直後に頭の中で考えて解けるような簡単な数学の問題が提示された。その後で，彼らはその単語群を思い出すように問われた。このタスクが何回も繰り返され，徐々に難易度を増していった。イェイは，制御に関する認知が特性レベルで高い参加者は，内的要因である努力や能力に自分の成功の原因を帰属していたことを確認した。一方で，彼らは失敗の原因は外的要因によるものだと考えた。外的要因とは，この場合はタスクの難易度であった。それに対して，制御に関する認知が特性レベルで低い学習者は，内的要因である能力に成功の原因を求めるタイプと，運とタスクの難易度の2つの外的要因に帰属すると考えるタイプの2種類に分かれた。興味深いことに，彼らは成功が努力に帰属するとは考えなかった。しかし，失敗の後では，その原因が，主として内的要因（能力や努力）に，一部がタスク難易度（外的要因）によるものだと考えていた。

イェイは次のように結論づけている。タスク再生課題に関しては，高い特性レベルの内面者は成功を内的要因に帰属させ，失敗を外的要因に帰属させる。一方で，低い特性レベルの内面者（または，高い特性レベルの外面者）は，成功を外的要因に帰属させ，失敗を内的要因に帰属させる。さらに，高い内面者は初期段階によい成果を収めた。それはおそらく成果を自分で制御することができるという期待に基づいて不安感が低かったからであろう。しかし，彼らが，否定的なフィードバックを受け取ったときには，成果の質が下がった。これは，自信が低下したことによるか，あるいは，過度の認知的負荷によるものだった可能性もある（Sweller, 1988, 1994）。パフォーマンス成果の主要因が能力と努力にあるとみなす学校環境においては，内面者は通常，因果スキーマモデルを発達させる。しかし，この状況において実験者が操作した結果，彼らはうまくいくはずだと信じきっていたタスクに失敗したことに気づき，その失敗理由を見つけるために内的要因の検索を行った。このタイプのメタ認知活動は，容量に限界がある記憶領域に対する負荷を増進させ，問題解決活動を阻害したと考えられる。

この研究はインストラクショナルデザインへの明解な示唆を持つ。制御可能性の認知のような動機づけ要因と記憶領域における情報処理活動との相互作用は，認知的負荷と効果的な学習のための学習能力に影響を与える。この関係は，学習意欲・学習・パフォーマンスに関するケラーの理論にて描写されている。特に学習意欲と情報処理間のインターフェースでの知的情報管理について書かれている（J. M. Keller, 2008b, 図5, p. 94）。本当に効果的な学習環境を設計するためには，タスクの挑戦レベルと提供されるフィードバックの種類との関係において，教師は自己効力感の認知を含む学習者の因果モデルを考慮する必要があるだろう。

また，民族的・文化的相違を考慮することも重要である。先行研究では，人の統制の所在は民族的影響によって媒介されることが発表されている。少なくとも，社会経済状態と文化的背景を部分的には反映する。ジェソーら（Jessor et al., 1968）によるアングロ系アメリカ人・ラテン系アメリカ人・アメリカ先住民の比較では，アングロ系アメリカ人が最も高いレベルで内的な統制の所在を持ち，その次にアメリカ先住民であり，ラテン系アメリカ人は最も低かった。多くの研究では（Phares, 1976, p. 152を参照），アフリカ系アメリカ人がアングロ系アメリカ人よりも高い外的方向性を有することを明らかにしてきた。しかし，人種にかかわらず社会経済的地位（SES）が低い学習者は，SESが高い学習者よりも外的な統制の所在が強いことが示されている。ミューラーら（Muller et al., 2001）は，大学入学前の学習者たちの民族的背景・統制の所在・科学の成績の関連性について調査した。これには，アフリカ系アメリカ人，アジア系アメリカ人，ラテン人，白人からなる民族的等比数の学習者が含まれていた。彼らは，中学2年生レベルの統制の所在は，アジア系アメリカ人を除いて，科学の成績に大きく関連していることを明らかにした。さらに，この学年でのレベル差は高校まで一定であり，高校の科学や数学の授業におけるアフリカ系アメリカ人とラテン人の参加率の低さとも関連して大学の科学と数学の授業におけるこれらの民族的グループの参加比率はかなり低いことがわかった。

　文化的な相違に関しては，パーソンズら（Parsons et al., 1970）がアメリカ人とデンマーク人の学生の間に差がないことを明らかにしている。彼らは，デンマークでは中央政権が強いため，デンマーク人の学生のほうが高い外的な統制の所在を持つであろうと予想していたが，そうではなかった。他の文化比較としては，ヘイら（Hsieh et al., 1969）がシカゴのアングロ系アメリカ人高校生は香港の中国系生徒よりも内的な統制の所在を強く持つことを明らかにしている。しかし，少なくとも両親のどちらかが中国人でアメリカ生まれのシカゴの生徒は，よりアングロ系アメリカ人に似ていた。研究者らは，中国の文化では運・機会・運命は生活の一部であり，彼らの生活における状況は，彼らが制御できる領域外のもので統制されているととらえられていると解説していた。このアジアにおける外的な統制の所在に対する傾向は，仏教などの宗教や哲学的信念全体によって影響されている可能性がある。与えられた状況を受け入れることの重要性が，前提として存在する。アジアとアメリカ文化に関する他の研究では，ブラウンら（Brown et al., 2007）が，アメリカ・日本・台湾の学生らの統制の所在と学習アプローチについて比較している。彼らは日本人と台湾人の学生は外的な統制の所在の得点がアメリカ人よりもより高かったが，学習成果を内的・外的要因により強く帰属させていたわけではなかったことを明らかにした。

　1970年代初期からここ数年前までに行われたこれらの研究からは，統制の所在が

文化や民族的背景と学校での成績との間に安定的な関係があることを示している。しかし，これらの結果を解釈する際には，注意を払う必要がある。各特定のグループ内には，かなりのばらつきがある傾向がある。つまり，他のグループよりも強い外的指向性を持つグループのなかにも，統制の所在においてかなり内的な人も多く存在する。分類化した特徴をもとに人を型にはめ込んでしまうことを避けることが重要である。しかしながら，特に極端な場合には，統制の所在を知ることは，インストラクションを設計するに役立つに違いない。しかし，ある特定の状況下において学習者からデータを収集することが必要であり，研究からの一般化に頼らないことが求められる。

▶ 指し手・コマ理論

指し手とコマ（origin-pawn）という概念は，人々が生活のなかで制御力を持つと信じている度合いを示す。コマは，チェスの最も限定された要素のように，行動のための統制の原因は個人の外にあると考えている。言い換えると，この概念を導入したド・シャーム（deCharms, 1968）は，「コマは誰かに振り回され，操り人形のように紐で誰かに操られているように感じる人」（deCharms, 1968, p.4）と表現している。コマは挑戦することを避け，防衛的にふるまい，無力だと感じ，消極的に動機づけられている。それに対して，「指し手とは，自分の運命を自分でコントロールできるように感じている人のことを指し，彼の行動の原因は彼自身のなかにあると感じている」（deCharms, 1976, p. 4）。指し手は有力で，楽観的で，自信があって，そして挑戦を受け入れ，肯定的に動機づけされている。

他の動機づけの特徴と同じように，人は生活のすべての場面において完全に指し手またはコマのように常にふるまうことはない。飛行機に乗った乗客のようにほとんど自分でコントロールできない場合と，自分で車を運転しているように高いコントロールレベルを持つ状況があるため，完全にどちらかであることを期待するのは，実際には不合理である。しかしながら，他の動機づけ概念と同じように，この概念の価値は，学業不振や不適応な行為を招かないように，個々人に肯定的な利益を得るために用いることにある。そのためには，客観的実在としての統制の所在と個人が認知する統制感との間にある差異を区別していくことが重要である。

本概念の妥当性はいくつかの研究において確認されている（deCharms, 1976, p. 16）。たとえば，指し手は到達のレベルがより高いこと。人は自分が指し手のような感覚を持つときに，自分自身や他人に対してより肯定的に感じること。また，指し手の資質を示す人に対して，より肯定的な感覚を持つことなどがわかっている。こればかりでなく，人は指し手の成果物（プレゼンテーション）をコマの成果物よりも，か

なり長期的にわたって覚えている。バイニィとカプティ（Viney & Caputi, 2005）は，指し手・コマ感覚の測定における人々の反応が，その状況における実際の統制力の度合いと相関しているということを確認したさまざまな研究結果をまとめている。しかし，指し手・コマの指向性には，個人差を反映している面もある。指し手は，職場において，より積極的な態度とより高い地位を持ち，対人対処方略がより肯定的になることが示されている。この結果は，運命論と負の相関にある。

　この概念は，反応者によってつくられたプロトコルの内容分析を用いて計測されるのが一般的である。主題統覚テスト（TAT）と同じように，下記のような刺激に対して，個人は録音したテープ・手書きのメモ・eメールを提供する。

　　　あなたの人生の今について，私に話してほしい。よいことも，悪いことも含めて，どのような人生であるかを。あなたが話し始めたら，私はここにいて，ちゃんと聞きます。でも，5分間はどんな質問にも答えないで聞き続けたいと思います。始める前に，今のうちに何か質問しておきたいことはありますか？
　　　（Viney & Caputi, 2005）

　また，子どもたちには次のような特定の出だし文が使われることもある（deCharms, 1976）。「ある子どもがグループ活動に参加しないとき，……」「時々その子は次のことを願った……」「私が自分自身のなかで最も好きなことは……」。

　これらの刺激によって得られるすべての物語を内容分析ルーブリックを用いて評価し，指し手・コマそれぞれの点数を算出する。表6.1に示す特徴のリストからもわかるように，評点者は指し手とコマ指向性の指標間にある明確な特徴を探す。評定者間信頼性係数が0.87から0.93までの範囲にある高いレベルで，訓練された評点者はそのプロトコルを採点することができる（M. T. Westbrook & Viney, 1980）。

　この概念は，統制の所在と時々比較され，また同等ともみなされる。2つの間には確かに共通の属性がいくつか存在するが，同時に重要な違いもある。指し手・コマ概念は，人の人生や出来事を制御しているという一般的な感覚に焦点をあてている。一方の統制の所在は，自分の行動がもたらす結果に対して自分が制御できていると信じる度合いとして定義されている。また，指し手・コマ概念は態度や信念を象徴しているとみなされており，統制の概念と同じように人の特質としては考えられてはいない。もう1つの相違は，指し手とコマの得点がそれぞれ別に測定されることである。ロッターによって導入され，ロッターのI-E尺度（Rotter, 1966）によって測られる統制の所在は，多くの対になった項目を含み，その片方は内的指向性を示し，もう片方は外的指向性を示す。回答者は，それぞれの対項目のなかからどちらか1つを選択しな

表6.1 内容分析における指し手とコマの特徴の指標（M. T. Westbrook & Viney, 1980 をもとに作成）

指し手指向性の指標	コマ指向性の指標
1. 意図の自己表現（意図している，計画している，決定した，など。計画・目的・目標を述べる。たとえば，「パーティを計画しているんだ」「子どもをつくろうと決めたんだ」）。	6. 結果を意図していなかったことの自己表明（たとえば，「子どもをつくるつもりはなかった」「交通事故にあった」）。
2. 実行や試みの自己表現（何かを達成しようとする努力や結果の示唆を述べる。たとえば，「……を見つけようとしている」「箱を積み込むにはかなりのエネルギーが必要だった」）。	7. 事象を導き出そうと思っていなかったことの自己表明（たとえば，「直そうと思ってやっていたわけではないが，ドンとぶつかったら進むようになったんだ」「ランを育てようと努力したわけではないがふんだんに花を咲かせた」）。
3. 能力の自己表現（自分自身のスキルや能力に関するコメント。たとえば，「学校で優勝した」「ずいぶんよく管理している」）。	8. 能力不足の自己表現（無力さ・無効果・無能さ・失敗などを表現すること。たとえば，「私は男性を魅了できなかった」「どうしようもなかった」）。
4. 他者や環境に影響を与えたり，乗り越えたりする自己説明（たとえば，「彼らには僕を止めさせなかった」「きつい坂だったけど頂上まで上り切れるようにうまく対応した」）。	9. 他人や環境要因，偶然などの外的要因の寛大な措置により，統制された，強制された，避けられたなどの自己説明（たとえば，「彼は私が子連れで行くことを許してくれなった」「こんな場所に閉じ込められたくない」）。
5. 指し手・原因としての自己認識（たとえば，「労働の間，統括していた」「私はその劇をつくった」）。	10. コマとしての自己認識（ある出来事が予測できなかった・調整できなかったものとして表現される。たとえば，「病気のせいで立ち往生した」「私の車が橋の片方にぶつかり，もう片方に突っ込んだ」）。

ければならない。これは内的・外的の連続体を示す1つのものさしのどこかの点に結果が落ち着くことを意味する。実際は，内的・外的が複雑に混ざりあっているかもしれない。この点，指し手・コマ概念を評価するために用いられる方法は，信念が複雑に混ざりあっていることを素直に表現するものだと考えられる。

　指し手指向性は学校でよい成績を収めることにつながる傾向があることから，ド・シャーム（1976）は学習者の指し手感覚を強めることができるかどうか，またその結果が高い成績につながるかどうかを確かめるために，大規模な研究を設計・実施した。彼は，指し手行動を支援する学習環境を構築できるような方法を教師に教えた。教室での学習活動と課題では，学習者の高い自由度と自主性を許容し，教師はより管理者的役割を演じた。指し手訓練を1年間受けた小学6年生と中学1年生は，統制群と比較して，有意に指し手点数を伸ばした。また，小学6年生と中学1年生の2年間指し手訓練を受けた子どもは，1年間だけ訓練を受けた子どもたちよりもさらに高い指し手点数を獲得した。この調査が行われた学校では，学年進行に伴って子どもの成績が国の標準から徐々に下落していく傾向があった。指し手訓練を受けた子どもについて

は，この傾向は逆になった。訓練が終了した後も，少なくとも1年間は伸びが持続した（継続測定はそこまでしかなかった）。これはほとんどの追跡調査で得られる否定的データと比較すると，明らかに対照的だった。このように指し手指向性を発達させる，あるいはそれを持つことには明らかな利点があり，適切な指導と練習をすることでこの指向性を高めることが可能であることが示唆された。

▶ 自己効力感

個人の制御に関するもう1つの概念に，自己効力感（self-efficacy: Bandura, 1977）がある。ある人が与えられたタスクの実行に成功できるという，自分自身に対する信念を示す。この定義はあるレベルでは正しいが，バンデューラが明確にした概念にはそれ以上のものがある。バンデューラ（Bandura, 1986）は，自己効力感を「指定されたタイプの成果を得るために必要な一連の活動を構成し実施する能力についての自分自身の判断」(p. 391)と定義している。言い換えると，人の自己効力感は次の3つの質問に関係する信念の組み合わせにより構成されている。成功に必要なことを行う能力が自分にはあるか？ 成功につながる計画を考えることはできるか？ 成功を収めるまでに必要な期間，努力を継続することができるか？ そこから導き出される自己効力感の強さは，「対処行動は初動されたかどうか，どれぐらいの努力が注がれるか，そして，嫌悪経験や障害に直面したときにどれぐらい行動が持続するものかを判断する」(Bandura, 1977, p. 191) ものとして仮定される。

このように，自己効力感の個人的予測は，その後の行動にいくつかの影響を与える。1つは，ゴールの選択である。その人が達成できないようなゴールをめざしたものの，それを達成できず，成功から得られるはずの報酬も得られないのは，最悪な結果である。したがって，ある特定の行動を追求することの成功の確率を自分で見積もることは，積極的な対処価値がある。それに基づいて合理的な行動を選択し，成功の確率を最大限まで高める。このことはまた，どの程度の努力を投ずるかにも関係する。特に障害に直面したときなどには，高い自己効力感はより強くたゆまぬ努力をもたらし，結果として高い成績をもたらす。このようにして，期待・努力・成功のプラスのスパイラルが生まれ，それによってさらに高い期待感が確立される。

自己効力感は，学業成果を予測することが明らかにされている。一般的に，高い自己効力感を持つ学生は低い自己効力感を持つ学生よりもよい成果を出す（Schunk, 1996）。このように，自己効力感は，学業成績のよい指標となる。しかし，自己効力感と学習に関係する行動に関して，考慮すべき他の要因もある。たとえば，自己効力感は実際の活動に取り組む前の，準備活動の方法に影響を与える。特にタスクの挑戦

レベルに関係して成功が不確定だと考えるときには強く影響する。もし高い自己効力感と低い不確実性があれば，準備活動をあまり行わず，そのタスクの達成に向けてすぐに活動を始めるだろう。しかし，高い自己効力感を持っていても，タスクの挑戦レベルが高く，成功に対して不確実性を感じているとすれば，成功の可能性を高めるために計画や前提条件の学習に多くの時間を費やそうとするだろう（Bandura, 1982）。不確実性がまったくないときや少ないときよりも，自己効力感と不確定な成功とを組み合わせたほうが，高いレベルの努力を刺激することができる。彼らはタスク自身に焦点をあて，障害や挑戦を乗り越えるための最適な方法を維持しようとする。サロモン（Salomon, 1984）は高い自己効力感を持つ学習者は，TV のような簡単だと思われる教材からよりも文字から学ぶような難しいと感じる教材からの学習に，より多くの努力を費やすということを発見した。自己効力感の高い学生に簡単な教材を用いると，過剰な自信を持つために，学習教材を使って学ぶ努力をほとんどせず，実際によい成果を得られなかった。自己効力感が低く成功に確信が持てない学習者は，対象となるタスクよりも自分自身にフォーカスする傾向がある。つまり，認知した個人の能力不足に焦点をあて，その障害物を実際よりも手ごわいと判断する。

　自己効力感の原因に関して，バンデューラは 4 つの要因をリストしている（Bandura, 1977）。1 つ目は，実際の「達成度」である。一般的にいえば，成功した達成経験は積極的な自己効力感をつくりあげ，失敗経験は自己効力感を下げる。さらに，生活のなかでさまざまな種類のタスクを達成した経験は，一般的な達成感をも高める。それが，その後のより高い忍耐力を発達させるのを支援し，その人がかつては低い自己効力感しか持てなかった苦手なタスクでも成功する助けとなる。たとえば，男女の仲間が混ざった社会的場面にいることが苦手なボブという若者がいるとする。彼はダンスや気軽な会話が得意ではないと感じている。しかし，彼は学校で与えられた課題や一般的な雑務的タスクは得意としている。彼は道具を使ったり家でプロジェクトに取り組んだりすることを楽しみ，同時に，学校での教科でも習得するのを楽しんでいる。学校に通ううちに，これらの成功によって彼の一般的な自己効力感が培われていく。すると，彼は問題解決力と物を修理することを組み合わせる仕事をもらう。これには仕事で多くの人と交わることが要求されるが，彼は仕事に関係することであれば，人と交わることは簡単であることに気づく。彼の一般的な自己効力感は，さらに高まり続ける。そして，職場のパーティで彼は少し社交的になる努力をしようと決めて，それが成功する。ここでは，純粋に社会的な状況に比べて，同僚とは多くの共通点を持っている。気軽な社会的交流に関する彼の自己効力感は時を重ねるごとに高まり，彼は自分のなかの自信を仕事とは直結しない他の状況にも援用することができるようになる。

しかしながら，成功は常に自己効力感を高めるとは限らない。そのタスクが極端に簡単だと感じたり，運がよかったため成功したと感じた場合，自己効力感は発達しないであろう。逆にいえば，タスクに失敗しても，それは単にそのタスクを成功させるのがかなり難しかったためだと感じた場合，自己効力感は減らないかもしれない。しかしながら，一般的には，繰り返しある種のタスクを成功させていくことで，肯定的な自己効力感がもたらされ，失敗し続けると自己効力感を下げることになる。

自己効力感を発達させることにつながる2つ目の情報源は，「代理経験」（vicarious experience）である。「もし，彼にできるなら，私にもできる」という結論を導く社会的比較は，自己効力感に影響するさまざまな代理経験のなかで最もよくみられるタイプである。しかしながら，他者のタスク行動を単純に観察するだけでは，必ずしもその人の自己効力感に影響を与えない。バンデューラ（1969）の広範囲にわたる観察学習の研究では，観察者が態度や行動の変化を経験するかどうかは，環境やモデルのさまざまな状況に依存することが示された。たとえば，観察者は，人生の段階・価値・年齢などに基づいて，モデルとの個人的な同一性意識を感じる必要がある。

3つ目の影響は他者から得られる，あるいは，自己誘導となる「言葉による説得」（verbal persuasion）である。メンター・チアリーダー・コーチなど，私たちにいっそう努力するように強く勧める人たちにこの例をみることができる。タスクを達成することができるという信念を持つように，自分自身に言い聞かせる手段も用いる。しかしながら，言葉による説得は，実際の成功が伴わない場合には，長期的な影響をあまり持たない。言葉による説得は，低い自己効力感の強力な情報源にもなりうる。特に自己概念がそれほど肯定的でない人によくあてはまる。何らかの面で，もっと強力ですぐれているとみなす他者から批判を受けることは，自己効力感に関連して高いレベルの内面の強さをまだ持っていない人に破滅的な影響を与えることがある。

感情的な喚起（emotional arousal）は，自己効力感に影響を及ぼす4つ目の情報源である。感情的な喚起が高すぎると，自己効力感に対して逆効果を及ぼす。これは，失敗への恐怖や困惑，あるいは状況へのその他の類似反応のレベルを高くするからである。この喚起レベルは，認知的処理や運動技能を阻害し得る。「硬い」身体状態にしたり，自意識過剰になり，さらに刺激に対する反射的な対応を円滑に行えなくなる。一方で，感情的な喚起が低すぎるとやはり成果に悪影響を与える。この状況は，低い効力感というよりは，「やりたかったらやれたけど，私はやりたくなかった」という欲求の欠如によって特徴づけられる。

自己効力感と目的指向性（第5章）との間にどのような関係があり得るかを考えてみることは興味深い。特に，感情的な喚起と自己効力感，目的指向性，ならびに成功体験の相互作用についてである。効力感が低い人は，その定義からして（Bandura,

1977），成功につながるだろうと期待できる一連の活動や環境を組織することが苦手である。もし成功できるかどうかが気になっている場合には，感情的な喚起が高まり過ぎて，その人を衰弱させてしまうほどまでになるかもしれない。成功できるかどうかを心配することで，高いレベルのパフォーマンス指向（Dweck, 1986）あるいは自我指向（Nicholls, 1984a）が導き出され，目的を達成するという点では低いレベルの達成・課題指向になる。もちろん，ある課題に対して有能で基本的な自信がある人の場合は，中程度のパフォーマンス・自我指向が高いレベルの到達に向けて自分を刺激することもある。しかし，成功できるかどうかについての心配が高まるにつれて，成功の可能性を高めるような課題指向の行動を阻害する原因になってしまう。肯定的な自己効力感の妨げとなるような否定的な感情的喚起を抑えるようなアプローチをコーチング活動などに取り入れ，課題指向型の行動を促すとともに，失敗への恐怖感を鈍らせる必要が生じる。コーチング活動には，激励的なフィードバックを用いて，肯定的な結果をふり返ったり，その原因を自分の自己効力感を高めるスキルが育ったことに帰属させるとよい。

　概念としての自己効力感は，自信の分類に含まれる他の概念といくつかの共通点があるが，特徴的な差異もある。指し手・コマ概念は，ゴールを達成するための責任や能力の表現を含んでいる点で重なりあっている。一方で，自己効力感は計画・行動・目標を達成する粘り強さに焦点がある点で異なる。また，統制の所在概念は個人の主体性を取り扱う点において類似している。一方で，基本的に焦点をあてている点が，まったく異なる。統制の所在は，その人の行動の成果をコントロールする個人の信念を指す（図6.2 A）一方で，自己効力感は，行動そのもののコントロール力の認知を指す。つまり，自己効力感は，与えられたタスクで成功が期待できるかどうかについて扱っている（図6.2 B）。パフォーマンスの結果としての成果を制御するという概念は含まない。

A. 統制の所在（成果についての制御）

努力（目的） → パフォーマンス（行動） → 結果（成果）

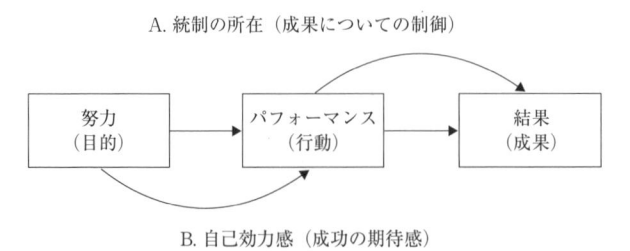

B. 自己効力感（成功の期待感）

図6.2　行動と成果に対する統制の所在と自己効力感の関係

▶ 自己効力感の効果

　自己効力感と学業成績との間には，肯定的な関係があるという知見が確立されてきた（Pintrich & De Groot, 1990; Schunk, 1981, 1985）。自己効力感が高い学習者は，より柔軟性のある学習スタイルや対処方略を持つ傾向がある。それらは，より多くの認知的スキルを統合するメタ認知スキル方略の使用や，より大きな粘り強さによって示される（Nichols & Miller, 1994）。言い換えると，学習者は自分には成功するだけの能力があると信じている場合，より適応的な学習方略を実行する。たとえば，メタ認知方略・複雑な認知スキル・タスクに対する忍耐力として示されるより多くの努力などがある（Paris & Oka, 1986; Schunk, 1985）。

　これらの関係性は，コンピュータを利用したモデリング課題にペアで取り組んだ学習者間の意欲と成果を調べた研究で詳細に調査された（Sins et al., 2008）。シンら（Sins et al., 2008）によると，自己効力感・達成目的指向性・認知プロセスに関する研究の大部分は，個別タスクに取り組む個人から得られた，自己申告評価をもとにしている。シンらの研究では，自己申告評価を達成目的指向性と自己効力感を測定するために用い，両方とも個人とグループレベルで実施した。また，さまざまなチームのログファイル履歴から得られたチャットデータを分析することによって，彼らは認知プロセス行動を測定した。認知プロセスは，シンら（2005）の談話分析法をもとにして，表層または深い処理レベルに分類した。表層的処理（surface processing）は，知識に関連させずに行われる活動の評価・定量化・分析を指す。一方の深い処理（deep processing）は，知識に関連させた同様の活動と，説明的行動や帰納的推論を指す。この研究では，自己効力感と完全習得達成の目的指向性は深い処理や成績と肯定的に関連していることがわかった。これは，複数のメタ認知方略と複雑な認知スキルの利用を示唆している。一方で，表層的な認知処理と達成との間には関連がなかった。

▶ 原因帰属理論

　統制の所在にとって代わる関連研究領域として，原因帰属理論（attribution theory）がある（Jones et al., 1971）。この研究は，人によって，成功や失敗の原因を何に求めるかが異なるという観察に基づいている。成功・失敗の原因を自分の能力に帰属する傾向を持っている人がいる。たとえば，「それならできるよ」というフレーズを頻繁に用いる。自分の能力に懐疑的な人は，「どんなにがんばっても，僕にはそれができるようにならないよ」と言う。統制の所在と同様に，これらのいずれかが客

表6.2 ワイナーの原因帰属要素（安定性と統制の所在に関連して）（Weiner, 1992, 1974より）

		統制の所在の次元	
		内的	外的
安定性の次元	安定	能力	課題の難易度
	不安定	努力	運

観的にみて正しいような局面は，日常においてみられる状況である。しかし，客観的確率にかかわらず，人々のなかには，特徴的にどちらかの属性を用いる傾向がある。それは，客観的確率が明確でないときに顕著に起こる。

　原因帰属理論の概念を集中的に発展させたワイナー（Weiner, 1992, 1974）は，4つの基礎属性をリストした。それは，能力・努力・課題の難易度・運（または他の外的な力）である。最初の2つは内的帰属であり，他の2つは外的帰属である。彼はもう1つの新たな観察を導入した。2つの帰属原因（能力と課題の難易度）は全体的に安定しており，簡単には変更できない（表6.2）。他の2つ（努力と運）は簡単に変更でき不安定である。もし能力に自信があって，課題が必要以上に難しいと思わなければ，その人の不安レベルは比較的低く，自分自身のゴールを達成しようと固執する傾向がある。これらは安定した状況なので，その人の突然の行動変化は予測されない。少なくともこれらの信念が不変のうちは。一方で，ある人の帰属原因が低い能力と困難な課題である場合，安定した帰属原因があるため肯定的な方向性へその人の行動を変化させることは難しい。これと比較して，さらに努力することを促すことや，運は成功の原因ではないことを学ばせることは（もしも実際に運で左右されていない場合には），比較的簡単である。学習者の原因帰属を変化させる努力は，まず努力と運のカテゴリーから始めることが多い。そして，課題に対する能力の認識をより強いものに発達させることに移行する。

▶ 自己成就予言

　自己成就予言（self-fulfilling prophecy）は，期待の信念の特別なタイプを指す。簡潔にまとめるなら，はじめは正しくない信念が信じることによって真実になってしまうこととして定義される（Merton, 1948）。この原理の説明に最も頻繁に用いられるのは，アメリカの1930年世界恐慌時代の銀行崩壊と，ロンドンの通りの花売り娘が貴婦人に変わった2つの事例である。最初の事例は，銀行は支払い能力があったが，

人々はつぶれる危険性があると信じ込んでいた。この信念は，銀行から預金を大騒ぎで引き落とす人の群れを招いた。返済するための負債の引き落としが行われていたときであったため，この問題に銀行はうまく対応できなかった。その結果，信念が銀行の機能停止を招き入れた。同じように，しかしより幸せなことに，「マイフェアレディ」のヘンリー・ヒギンスは上品な話し方を教え込むことができるというのが彼の信念であったため，街の花売り娘に変化を実現することができた。これは，それができる能力が自分自身にあるという博士の信念による変貌であり，娘がそうできるという信念を持っていたために起きたことではない。この話は，ギリシャ神話のピグマリオンをもとにしている。自己成就予言がしばしばピグマリオン効果と呼ばれるのはそのためである。ピグマリオンはすぐれたキプロスの彫刻家である。彼は完璧な大理石を見つけ，美しい女性をつくることを決めた。物語によれば，彼は石像をつくるまでは女性にはまったく興味を持っていなかったが，自分がつくった石像を見て，彼女に惚れてしまった。そこで彼は，アフロディーテの神殿を訪ね，彼の石像のような理想的な女性を探してくれるように依頼した。興味を持ったアフロディーテは，彼が外出している間に彼のアトリエを訪れた。うれしいことに，その石像は，彼女にそっくりだった！彼女は，彼の石像に生命を与えることによって，報いた。

　この自己成就予言は，学びと仕事環境の両方で研究されてきた。ローゼンシャルとヤコブソン（Rosenthal & Jacobson, 1968）の古典的研究によって，この概念が実験的に例証された。1年から6年生までの小学生に，その学年のはじめに非言語の知能テストを実施した。そのなかから20％の子どもを無作為に選び，「テストの結果をもとに」知性を開花させる子として特定した。つまり，彼らは知的成長を突出させる高い潜在力を兼ね備えているとされた。教師に対しては，これらの子どもは，「情報目的だけのため」に特定したと伝え，いつものように教える以外は，何も特別なことを行わないように指示した。この結果，特定された子どもたちはより大きな知的成長を遂げ，統制群の子どもよりも高い読解成績を収めた。この調査の最後に，教師はインタビューのなかで，対象となった開花者らに何ひとつ特別なことを彼らが実施したと思うことを特定できなかった。しかし，効果はそこにあった。何らかの方法で，より高いレベルの支援を伝えたり，この開花者らに利益をもたらす他の手法を適用していた。子どもたちには，「開花者」と分類されたことが告げられておらず，得られた結果は，教師の自己成就予言によるものとされた。この研究当初には，ローゼンシャルとヤコブソンは方法論的問題を抱えていた。しかし，その結果は力強いものではないけれど，繰り返し追試されている。たとえば，シュランク（Schrank, 1968）は，子どもたちを複数のクラスに無作為に割り当てた。何人かの教師には，このクラスには高い学習潜在能力を持っている子どもたちが集められたと告げ，他の教師には，低い

学習潜在能力を持っている子どもを集めたと伝えた。その結果，いわゆる「高い潜在能力」のクラスは，他のクラスよりも多く学んだ。追跡調査で，シュランク（1970）は教師に，実は子どもたちがそのクラスに無作為に選ばれたことを伝えた。何人かの教師には，担当クラスの子どもが高い潜在能力を持っているつもりで教えてほしいと依頼し，他の教師には一般的な能力を持つ子どもに教えるように授業するように依頼した。その結果，学習において，クラスごとの差異はなかった。つまり，最初の研究のように教師が子どもが高い潜在能力を持っていると信じているとき，子どもたちには高い学習成果を期待し，実際にそのような結果が起こった。しかし，子どもが高い潜在能力を持っている「ふり」をしてもその効果はみられなかった。

　仕事環境での事例の1つに，リビングストン（Livingston, 1969）の研究がある。これは，もともとはローゼンシャルとヤコブソン（1968）の研究の一部であった。この話の興味深いところは，これがつくられたミュージカル劇などではなく，本当にあった話だということである。リビングストン（1969）は以下のように説明している。

　　　管理者が自分の指導力や動機づけ能力について強く信じることの重要性は，「スウィニーの奇跡」にある管理的・教育的な自己成就予言によって描写されている。

　　　ジェイムス・スウィニーは，経営工学と精神医学をチュレーン大学で教えていた。彼は，生物医学コンピュータセンターの運営責任者でもあった。スウィニーは，乏しい教育しか受けてこなかった人にでもコンピュータ操作は教えられると信じていた。ジョージ・ジョンソンは病院の運搬員であった黒人で，コンピュータセンターの守衛になった。彼はスウィニーの確信を確かめるために選ばれた。ジョージ・ジョンソンは午前中，守衛業務を行い，午後にはスウィニーからコンピュータについて学んだ。

　　　ジョンソンは，コンピュータについて多くのことを学んだ。あるとき，大学の誰かが，コンピュータ操作者になるためには，ある一定のIQを持つ必要があると結論づけた。ジョンソンはテストを受けた。彼のIQは，タイプできるようになるほど高くもなく，コンピュータ操作は論外だった。しかし，スウィニーは納得しなかった。彼はジョンソンがプログラミングを学び，コンピュータを操作することを学ぶことを許可されない限り，職を辞すと脅した。スウィニーは勝ち，コンピュータセンターを今でも運営している。ジョンソンは現在，中央コンピュータルームを管理しており，新しい従業員にプログラムとコ

ンピュータ操作を教える教育責任者である。

　スウィニーの期待は，彼の教育能力を信じることに基づいており，ジョンソンが学習する資質があることにではない。管理者が，自分の部下に対する指導力や動機づけ能力を信じることは，現実的に高い経営上の期待を確立させる基礎である。(p. 85-86)

　自己成就予言の概念は，メルトン（Merton, 1948）あるいは，より最近ではクリシュナ（Krishna, 1971）によって指摘されているように，もともとはトーマス（Thomas & Thomas, 1928）によって仮定された，より一般化された概念から派生しているように思える。メルトン（1948）によって引用されているトーマスの定理は，「もし人が状況を本物として定義するのであれば，その状況における結果が本物となる」（p. 193）というものである。これは自己成就予言を含むものであるが，同時に，人の信念が，たとえそれが誤りであったとしても，その人の行動を司る状況を説明している。たとえば，もし店主があるタイプの顧客が何かを盗みそうだと考えていたら，彼の信念が本当でなくても，それが本当であるような行動をとるだろう。そして，彼のマイナスの期待の投射によって，彼は実際に彼が疑いを持った行動を誘発してしまうかもしれない。
　しかし，これは自己成就予言に戻ってくる！　親もこの店主と同じような状況にあう可能性もある。たとえば，子どもが反社会的な行動に出るという恐れが，実際にその行動を子どもにさせてしまう。その子どもや疑い深い店主の視点にさらされている顧客は，「もし私がそうするとすでに思われているのであれば，そのとおりにしてやる」という結論を導き出すかもしれない。
　予言が社会的態度の結果に影響をもたらし得る他の方法は，メルトン（1936）によって紹介されている，ジョン・ベン（John Venn, 1888）によって描かれたものがある。それは，自滅的予言（suicidal prophecy）と呼ばれている。これは，自己成就予言と正反対なものである。自滅的予言は，予言が予想する行動や成果を「発生させないように」するものである。たとえば，メルトン（1936）によって用いられている事例のなかで描写されているように，マルクスは資本主義のなかで上位階級に富が徐々に集中するのに呼応して，下級層の窮状が増加するであろうと予測した。しかしながら，1800年代における社会主義の教えや普及活動の人気は予期せぬ結果をもたらした。個別に交渉すれば不当に扱われる可能性に満ちた労働者は，労働組合を結成していった。彼らの団結した交渉力が，マルクスの予想の進展の速度を「取り除いたのでないとするならば」（Merton, 1936, p. 904）弱める結果となった。メルトンの結論に，

単に彼は長い時間待つことができなかっただけだ，と注釈をつけることもできる。20世紀後半から21世紀前半のアメリカでは，上位1パーセントのアメリカ人に富が集中するとともに，労働組合が機能停止に陥り，市民の生活水準は徐々に下がっている。おそらく経済崩壊は，このプロセスに少しの改善をもたらすだろう！

　幸せなことに，自己成就予言はプラスの方向に動く。学習者がもたらす成果について一般的に肯定的な期待を持つ教師が受け持つ生徒は，実際に高い成果を上げる。さらに，この高い自己効力感を持つ教師と学習者の成果の間の関係性は，学習者の間に存在する最初の動機づけと過去の成果の相違にかかわらず，確認されている（Jussim & Eccles, 1992）。

▶ 教師（管理者）の自己効力感

　自己成就予言の研究に関するもう1つの課題として，そのような期待をどのように確立し，どのように維持するのかという問題がある。この学習者グループは能力を高めることができるので，しっかり彼らに教えなさい，と単に教師に伝えるだけでは不十分であるという（Schrank, 1970）。この研究では，リーダー（教師または管理者）が他の人々が変わることができると信じていることが報告されているが，この概念の重要な側面は，リーダーの原因の所在に関する認知，つまり，彼ら自身が重要な変化をもたらすことができるという信念である。しかし，自己成就予言の研究では，これらの期待をつくりあげるための特定のガイダンスが提供されることはあまりない。ローゼンシャルとヤコブソン（1968）の研究のなかで，教師は「開花者」を他の学習者と何の変わりもなく取り扱っていたと思っていた。しかしながら，自己成就予言の基礎となる信念である教師の自己効力感の研究では，学習者の成功と関連する特定の教師行動が見つかっている。

　高い自己効力感を持つ教師は，学習者を支援するためにより多くの時間を費やしている。学習者の努力が継続するように，挑戦的な課題を設計し，学習者のアイディアを支持し，肯定的な学習環境を提供し，新しい指導技法を試み，より自立した活動に取り組ませ，より多くの自由を与え，困難に直面している学習者により多くの支援を与え，すべての学習者が討議に参加することを促している（Ashton & Webb, 1986; Gibson & Dembo, 1984; Tschannen-Moran et al., 1998; Woolfolk & Hoy, 1990）。それに対して，低い自己効力感を持つ教師は，能力の低い学習者を無視し，成功する確率の高い子に焦点をあてる。自分が教師として成功できない理由を，不十分な教材，両親の支援不足，そして学習者の課題を決定できないことなどの外部要因のせいにする（Ashton & Webb, 1986; Gibson & Dembo, 1984）。教師の自己効力感を高めようとす

る試みには，教師が自分自身の教育実践を点検することを支援する方略や，外的要因から自分自身の態度や実践に焦点をシフトさせるように支援する方略などが含まれる（Weinstein et al., 1995）。

効力感の信念は，マネジメントや看護など他のリーダーシップの領域においても，成功と関連している。ウッドとバンデューラ（Wood & Bandura, 1989）は，高い自己効力感を持ったビジネススクールの学生は，管理上の意思決定や目的探索行動などを要求する複雑なシミュレーション活動において，より高い成果を上げたことを確認している。シミュレーションのなかの模擬組織における成功には，従業員グループの努力を結束する社会的な合意も必要だった。他の事例では，自己効力感の測定がイギリスのある大規模な決済銀行の89の下級レベルのマネージャーに対して実施された（Robertson & Sadri, 1993）。また，各マネージャーの上司2名ずつから，成果評定が集められた。その結果，マネージャーの自己効力感は，上司の評定結果と関連していることが明らかになった。

異なる専門職の領域で，スペンス・ラスチンガーとシャミアン（Spence-Laschinger & Shamian, 1994）は，管理者の自己効力感は，看護師と看護管理者の業務に関する自己効力感の期待に影響を与えていることを確認した。自己効力感・専門的実践行動・組織構造上の権限譲渡・看護師のリーダーシップのデータによるパス解析をもとにして，マノジュロヴィッチ（Manojlovich, 2005）は，自己効力感が組織構造上の権限譲渡と専門的実践行動との間の媒介変数になっていることを発見した。前述のものとあわせて，これらの結果から，人の行動や他者の行動に影響を与える手段として，自己効力感の利用可能性を確認することができる。

▶ 学習性無力感

これまで紹介した期待や成果に関連する概念では，人や人以外の実験対象が，自分がしたこととその結果起こったこととの間に関係があると思うことを仮定している。しかし，もしそんな関係がないと思っているとしたらいったいどうなるのであろうか？　つまり，もし子どもが，読むことを学んだり，戦略を応用する必要があるゲームをしたり，ピアノを弾こうとすることに傾ける努力とそれらの成果との関係がみえなかったら，いったいどうなるのであろうか？　その子は，成功や失敗が無作為に起こるとみなすだろう。これは，学習性無力感（learned helplessness）という概念で知られる極端な状況である。

この類の無力感は，2段階のプロセスで生じるため「学習性」と呼ばれている（Seligman, 1975）。第1段階は，無力感が現実で必至で不可避なものである。この場

面における対象者が何をしようとも，失敗の経験をやわらげることはできない。たとえば，幼稚園や小学校に通う小さな子どもが，計算のやり方を学ぶことを期待されているとしよう。しかし診断未確定で発見されていない発達上の遅延により，その子どもは無慈悲な失敗の経験をする。その後しばらくたってから，その子どもは，彼にとって，努力と成功や失敗の経験との間に関連性がまったくないと結論づけるであろう。その結果として，子どもは無作為な応答という手段に訴える。偶然または丸暗記によって正解を得たりすることもあるが，識別できるパターンがないから不正解も多くなる。教師や親が，一生懸命がんばるように言い聞かせて子どもを励ますことは，子どもの無力感を増強させる。なぜならば，彼はできる限りかんばっているのに，失敗し続けているからである。さて，夏休みが過ぎた。その子が少し成長して，努力すれば算数の学習ができるようになったとしよう。言い換えると，子どもは成功する実力を持つようになった。しかし，深い無気力状態のため，その子は誤るたびにそれを彼が失敗し続ける証拠と解釈して，失敗し続けた。

　これは，乗り越えるのがかなり難しい状況である。しかし，環境制御と認知的再構成を十分に注意して行えれば，改善が可能である。環境的な視点からは，その子の前提レベルの能力からより上級へとステップアップするような連続したタスクをつくることが必須となる。そして，はじめるように励まし，その子は1つの成功のたびに強化され，彼の成功は，彼の努力と能力によるものであると言われ続けた。この手法がうまくいくためには，その子は小さな挑戦と感じられるような難易度に挑戦し，成功しなければならない。それは，その子へのフィードバック（努力と能力によって成功したこと）を信じるために必要なことである。この訓練方法は，ドゥエック（Dweck, 1975）によって再帰属療法（reattribution therapy）と呼ばれるものである。対象者は，彼の行動とその結果との間に合理的な関連があり，努力と能力が成功の原因となっていることを再学習する。ドゥエックはおもに算数のトピックを用いていたが，読解力の発達においても類似した結果が得られている（J. M. Keller, 1983a）。

▶ 学習性楽観主義

　より肯定的なものとして学習性楽観主義（learned optimism）がある。セリグマン（Seligman, 1991）は，学習性無力感とうつに関する20年間以上にわたる臨床研究で，人によってうつになりやすい人とそうでない人の間にいくつかの性格の違いがあることを示した。基本的な違いの1つは，悲観主義と楽観主義だった。多くの研究で，悲観主義者は，忍耐強くなく，挑戦に向き合うことをあきらめやすく，うつになりやすいということが示されている。それに対して，楽観主義者は，より成功しやすく，他

人から好かれ，適性検査の結果が期待を上回り，より健康で，幸せである。彼は，楽観主義とうつの測定法を開発した。これによって，自分が気づいているよりももっと多くの人が悲観主義者であることを証明した。さらに，人は楽観主義者になることを学ぶことができる。それは，自立を鼓舞するような読み物を読むような単純な方法によるのではなく，認知再構築のよく研究された妥当なプロセスによるものである。帰属演習とその他の設計された活動によって，より生産的な考え方と行動法を新しく開発することを支援するものである。学習環境のなかにこれらいくつかの方法を組み合わせることは，子どもにとって有益である。特に，教師がその行動をモデルとして示すときには！

▶ 能力についての信念

能力に対する人々の信念は，彼らの成功に対する期待・帰属・成績に影響を与える。能力の本質概念（entity concept of ability）と呼ばれる信念の1つは，比較的固定されており変化しない。この視点からは，人々は与えられたタスクに対する能力を持っているか持っていないかのどちらかだと信じている。特定のレベルの能力を持っており，それをそう大きくは変えられないと信じている。したがって，なかには数学を解いたり，ダンスを学習したり，エッセイを書いたり，リーダーになったりするような高い能力を持つ人もいるが，一方でこれらの能力が低い人もいる。そう信じているのである。それと対照的なのは，能力の増加概念（incremental concept of ability）である。進捗が遅いとしても，努力してこれらの領域におけるその人の能力を発達させることができるという信念である。能力の本質概念に従えば，実際にその人ができるものよりもずいぶん低い学習と成果にその人を「閉じ込める」（lock into）ことができる。たとえば，算数において，多くの子どもや大人でさえも，数学に関して高い能力を持っていないと信じている。計算やその他の数学を使う場面を避けようとするし，何かを理解していないと思うと，すぐにあきらめようとする。これは学習性無力感ではない。なぜなら，人は自分の態度と結果の間の関連性をみている状況にいるためである。ここでの問題は，貧弱な関連性であると彼らが認識することである。つまり，失敗を低い能力のせいであると認識している。

自己効力感が高い人は，能力の増加概念を持つ傾向にある（Ashton & Webb, 1986; Woolfolk & Hoy, 1990）。彼らは，自分のゴール達成や他者を助けるために役立つだろうと思う方略やスキルを，自分は学ぶことができると思っていることが多い。しかし，非現実的な能力の本質概念を持っているときには，増加概念へとシフトするのを支援することは，挑戦的である。ところが，かなりドラマチックな態度と成績の変化が，

ドゥエック（2006）の研究で，市街地にある学校に通う中学生にみられた。彼女の研究では，生徒に，どのように脳がはたらくかという入門的神経学が教えられた。新しいことを学ぶときには脳に新しい神経経路ができて，それで脳が成長していくようすがビデオで示された。次に，提示された数学のスキルを学ぶ間に，彼らの脳が成長するようすをイメージするように指示された。その結果は，能力は努力と成功によって発達できるという信念と学業成績の面で肯定的であった。新しいスキルをマスターするときに自分の脳が成長していると感じることに興奮した，とのコメントを残した生徒がいた。

▶ ゴール指向性

これまでに人間行動に影響を及ぼすいくつかの動機について述べてきたが，もう1つの動機にゴール指向性（goal orientation）がある。これは，ゴール達成行動の結果にフォーカスしているか，あるいはゴール達成に向けての活動にフォーカスしているかの違いを指す。このことに最も深い関連がある概念として頻出するのは，課題指向と自我指向（task vs. ego orientation）との対比と，達成指向とパフォーマンス指向（mastery vs. performance orientation）との対比である。

ニコルズ（Nicholls, 1984a, 1984b）は，子どもの帰属的行動の発達を研究するなかで，課題指向と自我指向の子ども（あるいは大人も含めて）に大きな違いが生じることに気づいた。課題指向の人は，どうすればその課題が達成できるか，他に何をすればその仕事が片づくのかにフォーカスする傾向が強い。それに対して，自我指向の人は，その課題を行うことによってもたらされる結果が何かを気にする傾向が強い。人にどう思われるのかを心配し，外部評価を気にする。

同様にドゥエック（1986）は，学習ゴール（learning goal）とパフォーマンスゴール（performance goal）とを区別した。学習ゴールに動機づけられている人は，挑戦的な課題を探し，スキルは学習可能なものであると信じ，課題達成にフォーカスし，努力によって能力は向上するものだと信じている。それとは対照的に，パフォーマンス指向の人は，有能だと見せることに関心が強く，最小限の努力で成功したいと思い，能力は固定的なものだと信じ，成功がもたらす意味や社会的な比較に関心を寄せる。

高い不安感は，自我指向やパフォーマンス指向に関係している。失敗への恐怖感，あるいは高いレベルで成功できないと思う気持ちが強すぎるあまりに，1歩も先に進めなくなってしまうこともある。否定的な結果がもたらされるという可能性が人を恐怖におとしいれ，麻痺させてしまう。一方で課題・学習指向の人は，与えられた状況にかかわらず，そのなかでベストを尽くすことに集中することができる。

この性質は多くの場合，二項対立的に描かれるが，考慮すべき点はたくさんある。たとえば，パフォーマンス指向については，前述したように，両極端はいずれも不適応状態である。しかし，課題・学習指向についても，設定する基準がとても高すぎて，完璧すぎて，達成不可能なレベルになるとすれば，それも不適応状態である。人は，一般的に，両方の指向性を異なる程度で持っていると考えられる。成功や失敗の結果に力をおとすことなしに，それを直視することは可能だ。その結果，課題にフォーカスすることができるだろうし，実際，中程度のパフォーマンス指向によって，喚起が高まり，よりよい学びにつながる可能性もある。

　学習環境をデザインするときに，この一対の概念を心に留めておくことは有用である。背景知識が乏しく自信がない状態であるスキルを学ぶ場面では，課題指向を最大限に高める一方で，パフォーマンス要求に焦点化することを避けるように設計するのがベストである。学習者が達成レベルを高めていくにつれて，徐々にスキルを強化できるようにパフォーマンス条件を厳しくしていくとよい。たとえば，学習者が大学進学適性試験（SAT）などの難しいテストに備えるための学習に取り組むときには，まずは類推や代数などのテストに出題されるスキルを個別に練習することに焦点をあてる。次に，練習テストを受けるが，そのときは時間制限なしで取り組む。徐々に本番のテストと同じ条件に変化させていく。これと同様の方略は，楽器の演奏や体操などの実技スキルなどを教えるときにも用いられている。

　これらの概念は，パフォーマンス問題を診断するときに特に有効である。学習者が新しいスキルを学べない理由の多くは，自我指向や不安感が高すぎることに根ざしている。課題そのものに焦点をあてて，結果をあまり気にしないように導く鈍感化の活動によって，不安感をやわらげる手助けとなるだろう。

▶ 次のステップへ

　次の方略の分類は，これまで述べたレビューからの概念を取り込み，動機づけについての学習者分析を実施するときに用いられる。自信に関する方略を設計するとき，他の3つのARCS分類でもそうであるように，自信が不足している人には自信をつけさせる一方で，すでに自信がある人の自信を損なわないようにすることが肝要である。さらに，自信過剰な人には「知る必要がある」という気持ちを持たせることも重要である。もしそのことをすでに知っていると思っている人の場合，新しい事項を教材のなかで提示されていることも気づかないかもしれない。完全な方略にするためには，これらの問題をすべて解決しなければならない！

◉ 自信を持たせるための方略

　研究論文から導き出せる結論は，最も主要な特徴でないとしても，自信の特徴の1つは，制御の認識である。これは，彼らの行動の結果についての（実際の，あるいは知覚された）予想との関連で感じる学習者自身の能力についての認識を指す。人間または動物どちらも含めた莫大な数の調査は，どれだけ制御の認識がメンタルヘルスと達成の両方に影響を与えるかを物語っている。人々は何かが起ころうしているときに，それにほとんどまたはまったく制御がきかないと信じると，彼らは不安を経験し，うつになり，ストレスに関係するその他の感情を経験する。それと比較して，努力や目的を達成する能力によって彼らが予期的に環境に影響を与えることができると信じたとき，彼らはより健康的で，成功するようにもっと動機づけられる。表6.3に，自信のおもな下位概念と方略を示す。自信をどう定義するか，また，どのように影響を与えるのかを考えることができる。

▶ C.1. 成功への期待感（学習要求）

　　　XYZ-111 コピー機に関する3日間研修の最初の日に，マニエルはプロジェクトの内容と評価方法を説明した資料を学習者に渡した。

　学習者の不安を減らし，現実的な成功に対する期待感を持たせる単純な方法の1つには，何が期待され何が評価されるのかを理解できるように支援することがある。も

表6.3　自信に関する下位分類・作業質問・おもな支援方略

概念と作業質問	おもな支援方略
C.1. 学習要求 どのように成功に関する肯定的な期待を持てるように支援することができるか？	成功とみなすための要求事項と評価基準を説明することによって肯定的な期待感と信頼を得る。
C.2. 成功の機会 どのように学習経験が彼らの能力についての信念を支援または拡張することができるのか？	多くの・多様な・挑戦的な経験を提供することによって，自分の能力への信頼を高める。
C.3. 個人的なコントロール 学習者はどうしたら，彼らの成功が彼ら自身の努力と能力に明確に基づくものだと知るのだろうか？	個人的な制御を（可能であればいつでも）提供する技法を用い，成功を個人の努力に帰属するフィードバックを提供する。

し，あなたが新しい仕事に出かけたときに，上司があなたに何を期待しているかを説明しないで働かせたらどうだろうか？　あなたは，不安になり，おそらく怒り，けっして最高の生産的状態にはいたらないだろう。では，このようなことが教室でどの程度頻繁に起こるかを考えてみよう。学習者が新しいトピックや科目を開始したときに，どこに焦点をあててがんばればよいのか，また，どのように実施すればよいのかはっきりとした説明がないまま，単に学習を始めるように指示される。時には，教師が対象となるレッスンの学習目標を読み上げたりするだろう。よくあることではあるが，その目標が学習者にとって理解できない言葉で書かれていたりする。つまり，学習者がまだ学習していない教材から技術的用語を組み込んで，目標が書かれていることが多い。単純に何が成果であるかだけではなく，毎日の生活のなかで学習者が理解できる用語で彼らに求められていることを説明する。学習者がこれから何をするのかを強調することで，成功への努力に集中することが可能になるため，自信を高めることができる。また，次の2つの方法が示すように，少なくともいくつかのゴールや目標を自分自身で決めるように促すことで，学習者の自信はより高くなる傾向にある。

1. 成功的な学習の証明として学習者に期待されることを観察できる行動の形で明確に記述する。
2. 可能であればいつでも，学習者に自分の学習ゴールや目標を書かせる。

▶ C.2.　成功の機会

　　　新しい会計手続きに関する1日研修のなかで，ルシールは複雑な手続きのごく一部をオフラインで練習させ，その後全体の流れについてコンピュータを使って実施させた。

　あなたの学習者に成功の機会を本当に与えているだろうか？　そして成功への肯定的な期待感を高めているだろうか？　彼らの期待感に何が影響を与えているのだろうか？　その答えは，「すべて」が，である。もしかするとすべてではないが，とても多くのことが影響を与えている。たとえば，学習教材の読みやすさと挑戦レベル，教師のボディランゲージや言葉，そして心配することなく練習に頻繁に取り組めることなどは，影響要因のごく一部である。学習者にとって，時々挑戦することは重要であるが，その挑戦は学習活動そのものから来ているべきであり，教師の態度や教材のなかにある障害物からであってはいけない。

　学習者にとって，教室で不安感を持つことは，冬の時期の健康や病気にとっての風

邪のようなものである。不安感は恐怖と違って一般的に原因不明の心配ごとからくるものであり，原因が断定できる恐怖とは違う。恐怖は不安感よりも望ましい。なぜならば，何が恐怖の対象かを知っていて，その状況に打ち勝つまたは避けるためにしなければいけないことが何かを知っているからである。しかし，学習者が自分に何が求められているかを理解していないとき，どのように評価されるのかがわからないとき，不安になる。彼らには勉強しすぎたり，反抗したり，無関心になったりすることぐらいしか対処法がない。勉強しすぎることで，彼らはどんな事態についても準備できているようにする。学習者に時間や意欲，あるいは学びすぎるだけの能力がない場合には，やめたり，カンニングしたり，敵意を持ったりして「システムを負かそう」とする。深く学習する代わりに，成功が偶然に支配されたゲームとなり，テストに教師が盛り込むものや課題を評価するための評価基準を推し量ろうとする。評価要求を明確にしたり，下記にリストする方法のなかのようによくデザインされたレッスンを用いることで，学習者の不安感を減らすことができる。

挑戦レベル

1. 明確で，フォローしやすく，順序立てて内容を構成する。
2. 教材の各部分において簡単なものから難しいものの順序でタスクを並べる。
3. 学習者に適切な挑戦レベルを全体的に用いる（読解レベル・事例・練習問題）。
4. 引っかけや，極端に難しい質問や練習問題がないことを確認する。
5. 目標・内容・事例と練習問題が一致するようにする。
6. 練習問題の答えを用意するなど，自己評価のための方法を含む。
7. 不正解には矯正的フィードバックを，また，正解には確認的フィードバックを提供する。

成功への再構成

表6.4は，認知された挑戦レベルを下げることで，どのように自信を高めていくかを示している例である。この事例では，学習者は実際よりもより挑戦的なタスクであると認識していた。動機づけ方策として用いられたのは，チャレンジレベルの認識を下げるという教授方策であった。成功に対する学習者の期待感を増加させ，学習の成果が高まった。

表6.4　学習者のストレスを軽減するための方略

事例：ミスを誘うストレスの問題
新しくコンピュータ化された会計システムのある1日研修の受講者は，出張の領収書とその他の会計項目を入力する責任がある秘書と簿記担当者で構成されていた。研修はオンラインで実施され，実際にシステム利用する状況と高い関連性があった。 　インストラクターであるルシールは，多くの受講者が新しい手続きを覚えることや，コンピュータを使うことに不安を感じているために，操作ミスをしていたことに気づいた。今までのやり方よりも新しい手続きは簡単になっているので，この誤りが能力不足から来るものではないことはわかっていた。 　彼女は，鉛筆とワークシートを使ってオフラインで複雑な手続きの一部を練習させるアプローチに変更した。その後で，コンピュータを用いた手続きを行わせた。すると，会計手順をふむ能力に自信を持つようになり，コンピュータを利用する自信もすぐに高まり，ミスに関連するストレスもすぐに緩和することができた。

▶ C.3. 個人の責任（個人的なコントロール）

　ジェイソンは，コンピュータ利用教材を設計したときに，学習者がモジュールテストを受ける前に自分の進捗を確認する自己チェックユニットを選択できるようにした。

　「うまくいっているときは，自信が強くなっていますね」という質問に対して，大部分の人は「はい」と答えるだろう。しかし，もっと的確な回答は，「いつもそうとは限らない」である。成功に対するあなたの原因帰属による。もし，タスクが挑戦的で，自分の能力や努力が原因で成功していると信じられる場合には，あなたの自信は高まっていく。しかし，タスクが簡単であった，または成功は運や誰かによる支援や個人的なひいきによるものだと信じていた場合は，あなたの自信は高まらない。

　人が成果に対して自分で制御する感覚を持っていて，成功するだけの能力が自分にはあると信じられる場合，成功への期待感（これは自信の重要な部分である）は強くなる。これらの見方を学習者が持てるように支援する方法はいくつもある。1つは，レッスンを構成する際に，実施時に意味のある自己制御のチャンスを与えるようにすることである。他には，専門用語でいえば，肯定的な帰属フィードバックを与えることがある。つまり，彼らが一生懸命がんばれば成功できるだけの能力があると教師が考えていることを，学習者に言葉や行動によって知らせるということである。あなたがひいきしたから彼らが成功したとか，あなたが単位を「与えた」ということはけっして言ってはならない。その代わりに，彼らが自分で稼いでその単位を獲得した，と

いうべきである。レッスン計画や実施のなかで，下記のすべての技法を検討しなさい。しかし最も関連するものだけを用いなさい。

1. 学習者に系列を選ばせる。つまり，教材の異なる部分の学習をどのように自分なりに順序づけることができるのか説明する。
2. 学習者に自分のペースで進めさせる。
3. 学習者に彼らの能力を示す方法についての選択肢を与える（つまり，練習問題やテスト方法にいくつかの代替案を与える）。
4. 学習者に自分の能力を提示する方法として，独自の練習問題をつくらせる機会を与える。
5. 学習者に活動環境の選択肢を与える。たとえば，他の仲間と同じ部屋で活動したり，1人で行うなど。
6. どのようにしたら教材が改善され，よりおもしろいものになるのか，学習者にコメントさせる機会を与え，それを記録する。

明らかに，自信は意欲において重要な側面である。関連性の条件が整っていないと，学習者は無関心になる。彼らの将来計画を実現するうえでコースを成功裏に終えることが重要である場合，彼らにとってそれはストレスになる。これによって実際に彼らができることよりも，低い成果をもたらす可能性もある。さらに，この関連性から生じるストレスは自信のなかまで持ち込まれてくる。自信に対するマイナスな影響の結果，その人の自尊心や生産性を破壊する。これは，学習意欲に関するすべての要素が重要であると主張する意義を示す，また1つの例である。1つの要素が，あの時点で，与えられた個人またはグループに対してより重要であるかもしれない。しかし，学ぶ意欲を健康的なレベルに高めて維持するためには，すべての要素が重要である。これは，満足感をもたらすように学習への意欲を維持し，称賛をどのように与えるかに焦点をあてる最後の要素に引き継がれていく。

自信ブースター

次の事例（図6.3）は，ある1人のインストラクターが学習者それぞれに潜在的な自信ブースターとして送ったグループメッセージである。あるクラスの学生が困難に直面しているようだとわかったときに，学習者に授業外で届けられる。

図6.3 自信ブースターとしてのグループ向け動機づけメッセージの例

> TO: 研究デザインの学生へ
>
> あるトピックに対して図書館で調べていた数日後に，無限の可能性により落胆させられることはよくある話です。もし，あなたが問題を抱えているならば，関心領域の最近の論文誌のみを探して，あなたが関心がある論文の1つを選択しましょう。
>
> 論文の参考文献を調べ，そのトピックに関するレポートを書きなさい。その次の課題においては，いつでもそれを広げ，変更することができるでしょう。
>
> レイ博士より

（吹き出し：困惑していませんか？）

要約

本章で紹介した概念それぞれは，独特の特徴を持っている。関連する研究，最もよい説明を提供している特定の行動領域も異なる。しかし，これらの概念は属性を共有していることも確かである。共通なこととは，認知的な制御の概念を中心に据え，人の自信に与える影響を述べている点であろう。どれぐらいの不安感や認知的制御の不足に耐えられるかは人々の間にいくらかの差がある。しかし，恐怖・うつ・無力感という心理的な多くの問題のもとには，制御不足を認識することがある。収入を失うことや金銭上の不安定を招く他の要因，重要な試験での失敗，信頼できると思っていた人にうそをつかれるなど，劇的な出来事は，制御の欠如を思い知る瞬間である。しかし同じように，より日常的な出来事にも制御の欠如が現れる。自宅または職場がかなり散らかっていることや，支払期限が来ているお金を工面できないこと，電子メールや手紙などでの他の人々とのコミュニケーションにあきれるほどに遅れてしまったこと，など。そして，学習環境において，肯定的な部分として，学習者に何が期待されているかを理解できるように支援し，成功する確率を最大限に引き出すことは，制御の認識を高めるよい方法である。

第7章 満足感をもたらす作戦

本題に入る前に……

　インストラクショナルデザインに関する学術論文からの私が好きな引用句の1つに，ドン・トスティによって書かれたものがある。その論文（Tosti, 1978）のはじめで，「もし，フィードバックに価値があるならば，なぜ，皆さんは，それを与えたり受け取ったりすることを，そんなにまで避けているのでしょうか？」（p. 19）と質問を投げかけている。

　彼が正しいと仮定すると，なぜ，このようになってしまっているのだろうか？　図7.1が示すように，フィードバックから批判されることを想像してしまうからなのか？　どうだろう？

　フィードバックは，前向きな学習意欲を築くためにも，また，逆に学習意欲を失わせてしまうという意味でも，強力な道具となる。本章では，フィードバックなどの内発的動機づけと外発的動機づけに影響を与える要因の利用法について説明する。

図7.1　学習意欲に与えるフィードバックの効果

はじめに

　何がきっかけで，私たちは，ゴールまでやり遂げたり，途中で興味を失ったりするのだろうか？　そして，何がきっかけで，私たちは成果について満足するのだろうか？　教育者は，学習の内発的な満足感の重要さを信じ続けようとしていたが，長い間，心理学的な研究は，外発的な行動の結末（報酬・罰・無関心）に集中していた。「行動の結果に満足したりしなかったりするのか」を理解するためには，この2つの考え方が両方とも重要であるという証拠が，十二分に存在する。

　内発的な満足感とも呼ぶことができる内発的動機づけは，あることをマスターしたという感覚から，また，自分にとって価値があり挑戦的な仕事に成功した喜びから生まれる。もしあなたが，学習者にとって挑戦としての最適なレベルで，かつ，学習者が価値のあるものと認める教材や学習活動を設計できれば，そのとき，あなたは内発的な満足感を生む場所を設定できたことになる。このことは，人々の生まれながらの特徴に根ざしている。ARCSモデルの最初の3つの構成要素を支持する研究が示すように，人々は，ある程度の目新しさや，自分を優秀であると感じること，知識と個人的な関心や重要と感じる分野のスキルを身につけること，そして，ある程度の自己コントロールと自律を体験することを好む。これらの条件のすべてが学習環境に備わると，内発的な満足感が，成功した成果から獲得・維持される。逆にこれらの条件が満たされないとき，学習者は興味を失う。たとえば，子どもたちは新しい課題，たとえば靴の紐を結ぶ方法を学ぶことが好きだ。彼らは，できるようになるまで，繰り返し試す。いったんマスターしてしまえば，彼らは，必要なとき以外，靴の紐を結ぶことに興味がなくなる。言い換えると，自分のものにした後は，内発的な喜びがなくなる。研究者（McMullin & Steffen, 1982）は，子どもたちが，自分のできるレベルに応じて少しずつ難しくなる課題（たとえばパズルなど）により興味を持つということを確認した。このことは，親ならば誰でも経験から知っていることだ。

　では，なぜ，内発的動機づけを支えるこれらの条件が，もっと頻繁に起こらないのだろうか？　常にこの条件を満たすためには，理想的な環境が要求されるからだろう。子どもたちや大人たちがある科目をとる理由はたくさんある。科目で扱う内容の選択は，実際のニーズに対応することもあるし，伝統や便宜上の理由に基づくこともあろう。最も一般的な理由は，その科目が必修だから，というものである。これは，学校での子どもたちや，学位や資格を得ようとしている大人たち，そして，職場での要求にこたえている大人たちにもあてはまる。これらの状況において，人々に「意欲」を

与えるのは，外発的な報酬である。これらの報酬は，地位や資格，あるいは昇給を得られる場合には，肯定的なものであるが，処罰などの好ましくない結果を避けるための場合には，否定的なものである。そのうえに，学校では，先生は，誰がどのレベルに到達したかを示すために「評定する」ことが求められ，誰が誰よりもすぐれているかを示すことも要求される。したがって，組織上の観点から見れば，内発的な満足感を促進することは，先生の専売権でも重要な役割でさえもない。また，人々には物欲がある。単に「気分がよいこと」よりも上のことを望む。これを実現するために，人々は，競争的でなくてはならず，そして，技能や資格を得なければならない。これらの理由のすべてのために，教師は内発的な満足感の状況をつくりながら，外発的強化の使用を管理しなければならないのである。

　もう1つ厄介な問題がある。特に学習者が自分の状況を他の人と比較するときに，満足感を得ることができるような環境を設計しようとすると，外発的強化と内発的動機づけの状況の相互関係が生じることである。もし，自分の行動の成果が自分の予想通りかまたはそれ以上であったならば，学習者は幸せであろう。しかし，成果が予想通りでなかったり，また，他の人が受けた報酬と比較して，不公平感を感じるときには，落胆する。これらの問題は，本章の中核的なものである。条件づけ理論，外発的強化との相互作用，そして認知的評価が，満足感と学習意欲の継続にどう結びついているのかを述べていく。

満足感の心理学的基盤

満足感について鍵となる質問

学習者が，自分たちの経験を快く思い，さらに学び続けたいと
思うようになるための支援として何をすることができるか？

▶ 強化と条件づけ

　外発的強化（extrinsic reinforcement）が行動に強力な影響を及ぼすことは，オペラント条件づけについての論文によって十二分に示されてきた。肯定的な強化を使うと，その強化を導いた反応の頻度が増加する。これは一般的には真実であるが，論文が示すように，多くの複雑な要素がある。最初の1つは，「報酬がなんであるか？」である。ある人にとって報酬だと思える結果が，他の誰かにとってはそれほど価値が

ないものかもしれない。価値がある結果であることを確認したら，次に，どれだけ頻繁にそれを与えるのかという問題がある。つまり，「強化を使うスケジュールはどうなっているのか？」という問題である。そして，さらに複雑な問題として，好ましくない行動の頻度を減らすために罰を与えるのか，あるいは，好ましくない行動を無視してそれがなくなるのを待つかという判断もある。この主題については，たいへん多くの論文があるが (Beck, 1990)，幸いなことに，インストラクショナルデザイナーや教師が肯定的な結果の有効利用を確かなものとするための手助けとして，いくつかの基本原理がある。それらは，成功したときにそれを認知することにかかわる。フィードバックと称賛をタイムリーに与えること (Brophy, 1983) や，たとえ記念品や特権などのように象徴的なものでもよいから目に見える報酬を一貫して用いること (Pintrich & Schunk, 2002) が重要である。

行動心理学は，教授心理学の発達と教材設計への活用に重要な役目を果たした。プログラム学習や PSI と呼ばれるコース設計モデルがその典型例であり，第 2 章で紹介したとおりである。初期の適用事例は，より複雑な理論と教育のモデルに進化した (Gagné et al., 2005; Reigeluth, 1983, 1999)。しかし，それらのモデルに含まれる行動の条件づけの基本原則は今日でも有効であり，効果的で魅力的な学習環境を構築するために，効果的に管理されなければならない。教えることまたは学ぶことについての既知の理論に対するコミットメントの強弱にかかわらず，人々は一般に，自分の価値や目標と合致した結果を生む行動を維持・増加し，不利益な結果を避けようとする傾向にある。

古典的条件づけ

アンは，交差点で大通りを渡るために待っている車の中にいる。交差点の信号が青になって走りだしたとき，彼女は，右側から高速で走ってくる 18 輪のトラックが止まらないことに気がつく。彼女は，急ブレーキを踏み，何とか，寸前で衝突することを避けた。その後，彼女の自律神経系は，光の爆発のように，耳障りな音のように，そして，日本のパチンコ店での玉のぶつかりあう音のように反応した。彼女は，激しく鼓動する心臓とアドレナリンが落ち着くのを待つために，道の側に車を止めなければならなかった。そして，彼女は生きていることに感謝した。

その翌日，彼女は同じ交差点で止まった。信号が青になると，彼女はいつもより慎重に，交差点を安全に渡り始めた。それでも，心臓がドキドキし，血は脈動し，そして，息切れした。

いったい彼女に何が起きたのか？ なぜ，彼女は危険でなかったのに，そんな反応をしたのだろうか？ 彼女は，「パブロフ条件反射」または「古典的条件づけ」

（Pavlovian or classical conditioning）と呼ばれている条件づけの一種を経験している。ふだんは意味のない出来事が，反射や無条件の刺激や反応に関連づけて起こるとき，この結果をもたらす。アンのケースでは，以前は，彼女にとって特別な意味を持たなかった交差点が，思いもよらない臨死体験の経験によって，現在の彼女の身体の反応をもたらしている。2～3日の間，その交差点では，彼女の身体に同じ神経学的反応が引き起こされる。しかし，そのようなことが再び起こらない限りは，時間が経つにつれて，強烈さと影響は消えていく。

　この行動の現象は，ロシアの生理学者でノーベル賞学者のイヴァン・パブロフ（Ivan Pavlov, 1906）によって，最初に報告された。犬の消化作用を研究しているとき，彼は唾液分泌の無意識な反応を誘導するために肉粉を犬の舌につけた。しばらくして，犬が実験的な状況に慣れてくると，犬は肉粉がその舌に置かれる前に，唾液を出し始めるようになった。継続的に観察するなかで，パブロフは肉粉を運ぶために使った金属ボウルの音をシグナルにして唾液分泌が始まったことに気づいた。これは，犬が金属ボウルが鳴っている音と肉粉の到着とを結びつけることを学び，肉粉のにおいや味覚に気づく前に，唾液分泌を起こしたとみることができた。彼はこれらの学習された唾液分泌反応を「唾液分泌物」と呼んだ。そして，このプロセスが彼の研究の中心になった（Pavlov, 1927）。これは，反射の条件づけを意味する。定義上，自発的な制御ではなく，以前は中立的で無反応な刺激であったものに刺激を受けるようになった。

　正式には，条件づけ反射のこのプロセスは，無条件の刺激（unconditioned stimulus: UCS）と無条件反応（unconditioned response: UCR）を確認することから始める。つまり，UCSが何の条件づけなしでもUCRを呼び起こすことを意味する。食物の前で唾液を出している犬以外の例としては，膝の下の膝蓋骨をハンマーで叩くとその下の足が跳ね上がること，脳に流れる酸素が減少したことによるタバコを吸った後のリラックス感覚，美学的に気持ちのよい刺激を見た後の快さの感覚，あるいは予期しない・感動的な驚きで心臓の動悸と息切れを起こすことなどがよく知られている。

　次のステップは，UCSとUCRの前で中立刺激を定期的に出現させることである。この関連の頻度と強さに基づいて，中立刺激が反応を引き起こし始める。これが条件刺激（conditioned stimulus: CS）として知られている。UCRはそのとき，条件反応（conditioned response: CR）になる。それはまだ反射的な反応であるが，CSによって引き起こすことができるようになった。

　古典的条件づけはさまざまな意味で，日常生活において起こる。算数の授業で先生または他の子どもたちに嘲笑された子どもは，恥と当惑の反応を起こす。これがかなり頻繁に起こるか，または十分トラウマ性がある場合には，算数の教室自体が条件刺

激になり，教室に近づいて入る間，この子どもは負の感情を持つことになる。同様に，窒息感への反応に，咽頭筋が縮まる現象がある。窒息感は通常問題にはならないが，ある人が錠剤の薬を飲み込もうとするときにこの感覚を経験した場合には，薬を飲むことに苦労を感じるようになるかもしれない。錠剤（CS）を見た瞬間に，咽頭筋（CR）を締める反応をもたらし，錠剤を飲み込むことを困難にするためである。実際には，リラックスしているときの人間ののどは，容易に手のひらいっぱいの錠剤を飲み込むことができるが，条件反応に干渉されるようになる。

　条件反応は，特定の刺激への条件反応が類似した刺激に応じても起こるとき，刺激般化（stimulus generalization）の結果としてより強くなる。これは，恐怖症に発達する過程で起こる。たとえば，算数の教室に近づくとき不安反応を示した子どもは，理科室に近づくときにも，類似の反応を起こすかもしれない。特に，算数の要素が理科に含まれているか，または彼が理科室でも何かで困惑を伴う経験していた場合には生起しやすい。学校に通うことそのものに対する不安反応状態となるまで，この般化は，広まり続けるかもしれない。

　条件反射は，CRとCSを分離するプロセスに従うことによって弱められ，消される。たとえば，前出の子どもが人影のない教室で，時間を過ごすことができた場合，ちょうど事故を起こさずに交差点を横断する経験を重ねた後のアンの状態のように，少しずつ条件反応は見えなくなる。そして，カウンセラーがその過程にかかわったとすれば，その子は，普通の教室に再度入るとき嘲られないと確信できるようになるかもしれない。

　古典的条件づけは，学習意欲の要素の1つになり得る。前出の例を考えると，子どもは特定の学習環境における不愉快な出来事によって，恐怖と引きこもりの反応を大きくするかもしれない。他方では，リラックス感と幸福感を伸ばすような学習環境を用意することもできる。小学校の教師がカラフルで幸せそうなイメージで教室を飾るとき，快い連想を発展させるという意図があるかもしれない。環境設定が役立つ場合もあるが，教師が自分の言葉と動作の影響に敏感であることは，最も重要である。人を見下したような発言や賢さへの皮肉なコメントを口にする教師は，学習者の強く不快な感情的な反応を引き起こす場合がある。自分のパワーと影響に注意深くあることは，これらの種類の状況を避けるための鍵となる。

オペラント条件づけ

　アンは自動販売機から，ちょうど今，1杯のコーヒーを購入した。お釣りをとるために返却口に手を入れたところ，たぶん前の利用者が残していった余分な50セントを見つけた。彼女はこの小さい，しかし，予期していなかった「掘り出し物」を得て，

うれしかった。セルフサービスの食堂を出るとき，彼女は他の販売機の返却口をチェックしたが，それらはすべて空だった。次の日，自分のお釣には余分なコインは入っていなかったが，彼女は他の販売機の返却口で25セントを見つけた。それから1週間，彼女は，毎日返却口のすべてをチェックしたが，何も見つからない。そして，彼女は，チェックするのを徐々にやめていった。

　もう1度，アンの行動は環境における予期せぬ出来事から影響を受けた。交差点で起こったことと，今回のことで似ているところはあるだろうか？　どちらの場合も，彼女の行動は彼女の行動に続いて起こった刺激的出来事で条件づけられたが，2番目の例は最初のものとまったく異なる。最初の場合，通常，反射として自動的に起こる反応が，環境刺激に関連したことによって，それが消えるまで反応を起こし続けた。2番目の場合では，自然に起こっている行動（小銭を得るために返却口に手を入れること）が，（余分なお釣りを得ることで）価値ある結果に関連するようになった。

　この種の学習された連関を「オペラント条件づけ」（operant conditioning）と呼ぶ。行動の頻度を増やすか，減少させるために行動の結果を管理することを指す。行動とその結果の関係は，随伴性（contingency）として知られている。随伴性管理とは，両者の間に特別なタイプの関係を築くことを意味する。行動の結果として使用できる刺激には，以下の4つのタイプがある。

　$+S^+$　何か快いものを実行する。これは正の強化（positive reinforcement）と呼ばれる。強化システムを管理している人の必要条件を満たす行動をした後で，食べ物・トークン・賞・称賛などのご褒美を受け取ることで成立する。

　$-S^-$　何か不快なものを取り去る。これは負の強化（negative reinforcement）として知られている。嫌悪・不快な状態から脱して，より肯定的な状態に移ることを許すことで条件づけが成立する。たとえば，宿題をしていなかったので，部屋のステレオを消して静かな数時間を我慢させられていた若者が，宿題を終えた後に，ステレオをつけることを許される。負の強化が罰ではなく，強化であることに注意する必要がある。望まれた行動の増加に通じるので，特に重要である。

　$+S^-$　何か嫌悪であるものを実行する。これは罰の1つのタイプで，それは行動を管理されている人が不快だと感じるものを押しつけることで成立する。このタイプの正の罰の例としては，しり叩きやスピード違反の罰金がある。

　$-S^+$　何か快いものを取り去る。このタイプの負の罰（negative punishment）は，頻繁に使用される。たとえば，行儀の悪いことをした子どもに部屋で勉強するように求めたり（「タイムアウト」と呼ぶ），使い方を違反した子どもから携帯電話やiPodを取り上げたり，長い間無視し続けた配偶者に対する愛情表現を控えたりする。このタイプの罰は，負の強化に先行して行われることが多い。正しい行動を強化するため

に，タイムアウトを解いたり，機材を返したり，もう1度慈愛深くすることになる。

随伴性管理のもう1つの構成要素は，行動発生に先行する刺激に関係する。たとえば，子どもは学校の教室で礼儀正しくふるまうこともあるし，そうでないときもある。教師にはよい教室マネジメント能力があると思っているので，受け持ちの先生が教室にいる間は礼儀正しくふるまうが，その教師が長期間部屋を離れるか，あるいは代わりの教師がいる場合には礼儀正しくふるまわないかもしれない。この例では，教師の存在を，弁別刺激（discriminative stimulus: S^D）と呼ぶ。すなわち，特定の随伴性が有効であることを示す環境の特性である。言い換えれば，教師が教室にいるならば，よいふるまいによってご褒美を与えられて，不適切な行動は罰せられることを子どもは知っている。実際は，教師がそこにいるかどうかにかかわらず，子どもたちが教室に入ったらすぐに，礼儀正しくふるまってほしいと教師は考えている。すなわち，教師は，「教室」自体が弁別刺激になり，子どもたちのよいふるまいを促すことを望んでいる。しかし，教師がいないときに不適切な行動をしても罰せられないことを子どもはすぐに学ぶ。このことは，子どもが不適切な行動をいつでもすることを意味するわけではない。子どもの個性と価値観のなかの他の要素が，彼らの行動への第1の影響を及ぼすことを意味する。その結果，教室自体は，非弁別的刺激（S^Δ）または，中立的な刺激となる。

親，教師，または他の行動療法の専門家が新しい行動を確立しようとするとき，連続的に強化するのが通例である。望まれた行動が発生したその都度，あるいは少なくともそれに近い状況で強化し続けるすることを意味する。時には，初期のおよそ近い行動から始めて，徐々に望まれている正確な行動を形成する必要がある。たとえば，休憩から定刻に戻らず，席についても仕事にすぐ着手しない新人で経験が浅い社員がいたとする。この上司が正の強化を用いて行動の修正を試みるときには，まず，この社員が定刻に戻るたびに肯定的なコメントを投げかけることから始めるのがよい。これがうまくいったならば，その社員は，時間を守るという通常のパターンで行動できるようにはなるが，実際に仕事に戻る前のつまらない活動で時間を無駄にし続けるかもしれない。上司は，時間を守って机に戻ることに対する強化を中断し，机に戻ってからすぐに仕事を始めるかどうかを観察する。「ジャック，休憩後すぐにプロジェクト関連の仕事に戻りましたね。すばらしいです！」と，上司は言うかもしれない。ターゲットとする行動（標的行動）に徐々に近づいていくプロセスをこのように段階的に形成していくことをシェーピング（shaping）と呼ぶ。この過程は動物のトレーニングで使用され大成功を収めている。

現実には，連続強化が非常に長い間使われることはめったにない。もしも行動が発生するたびに強化されると，強化がなくなると行動はとても早く消滅してしまうのが

普通である。2次元の強化スケジュールを使用することによって，より持続した行動パターンを達成することができる。1つの次元は，強化の間隔頻度と比率頻度であり，もう1つの次元が，固定間隔か変動間隔かである。間隔頻度スケジュールは時間に基づいている。すなわち，指定された時間の経過後に起きた最初の行動に報酬が与えられる。一方の比率頻度スケジュールでは，指定された数の応答の後に報酬が与えられる。間隔頻度スケジュールは，固定されているか，または可変である場合もある。すなわち，5分間隔，2時間間隔，またはどんな適切な期間にも間隔を指定することができる。一方で，報酬の間隔を変動する設定もありうる。つまり，間隔期限の前後に指定された幅の時間内に予測ができない形で報酬を与える方法である。間隔期限が10分間で指定幅が8分であるならば，たとえば，報酬は2分または14分後に提供されるかもしれない。同様に，強化が20の応答ごとに平均して与えられる変動比率頻度スケジュールでは，報酬は5つの応答か29の応答の後に起こるかもしれない。行動は，変動スケジュールにおいてより長く維持される。なぜならば，次の報酬までの間隔や比率が長い（大きい）間隔に入ったのか，あるいは報酬がもう与えられなくなったのかを判断するのがより難しくなるためである。

トークン強化システム

トークンエコノミー（token economy）は，強化をシステム的に導入し，行動を管理したり，学習パフォーマンスを促したり，学習者を動機づけたりする方法である。これらのシステムでは，標的行動を指定し，その行動への報酬としてトークンを与える。参加者の1人が，十分なトークンを蓄積したとき，小さいおもちゃ・学用品・特権などの有形の報酬と交換できる。学校の教室や発育上の問題を抱える成人の保護センター，または他の監督環境でこのシステムを使用できる。両親は，衛生習慣などの行動パターンを子どもに身につけさせるために，トークンエコノミーを活用する。行動が安定するようになるまで外発的な報酬を提供することによって，その後は行動そのものが内発的な満足感をもたらすことが期待されている。このプロセスでは，外発的な報酬は，徐々に取り除かれていく。したがって，トークン強化システムには，3つの主要な構成要素がある（Jenson et al., 1988, p. 170）。

1) 分配されるべきトークン
2) トークンを稼ぐための規則
3) 稼がれるバックアップ強化子

トークン自体は，コインなどのように価値がない何かでかまわない。一般的に使用

されるトークンには，輝いている星・プラスチック製のチップ・進捗管理図表のマークなどがある。割りあてられた仕事に静かに取り組む10分間ごとに1枚トークンを受け取るなどのように，トークンを稼ぐための規則を学習者に明示しなければならない。また，教室で適切な行動を示すことや質の高い作業を完成させたことに基づいてトークンを与えることもできる。これらの異なった随伴性のために，トークンを使用する2つの基本的方法がある。1番目は，増加させたい行動のためにトークンで報酬を与える。たとえば，話す前に挙手するなどのように。2番目のタイプの目的は，好ましくない行動を減少させることにおく。これは，与えられたトークンの量に応じて，ペナルティを与えることで達成される。たとえば，授業中に近くに座っている子を触ったり，携帯メールを送ったりすることに対して。また，行動管理の随伴性の他の応用例のように，標的行動のあらゆる発生に対してトークンを与えることもできるし，スケジュールを定めることもできる。そして，指定された間隔で，小さいおもちゃ，食べ物，あるいはある時間インターネットゲームをプレイする特権などのバックアップ強化子とトークンとを交換させる。強化子として多様な価値のものを用意しておくことは，通常，効果的である。高価値のものとすぐに手に入るものを両方用意しておくことによって，トークンをすぐに報酬と交換するのか，それとももう少しトークンを稼いで自分がほしいものと交換できるまで蓄積するのかを，学習者が選ぶ自由を与えることもできる。

　トークン強化システムは1960年代に急速に発達した。1972年にカズディンとブージンはそのときまでに入手可能な研究の論評を発表した（Kazdin & Bootzin, 1972）。この方法論が，精神科入院患者，知的障害者病棟，セルフケア，教室での子どもの行動，法律違反者，および自閉症の子どもを含むさまざまな場面と対象者に用いられていたことを報告した。いくつかの場面では有効で，他方ではそうでないことがわかったが，彼らは障害になりそうないくつかの問題を特定した。その1つは職員研修である。彼らは，職員が適切にトークンシステムを導入できないことは，めずらしくないとした。職員は随伴性構造を完全に理解せず，一貫してトークンを提供するのではなく，無頓着になる。また，彼らは破壊的な行動・規則破り・苦情・怒りなどの形で表現されるクライアントの抵抗事例を見つけた。学校では，子どもたちが，協力を拒んだり，あるいは積極的にシステムを混乱させようとするなどの否定的な反応がみられた。また，彼らが特定した別の問題に，随伴性へのクライアントの非応答性があった。さまざまな原因があったが，随伴性を知覚できないこと，発達障害などで覚えておけないこと，あるいは興味を刺激するために十分な魅力を感じなかったことなどが含まれていた。これは能力の問題というよりは，適切なバックアップ強化子と有効なスケジュールを見つけられなかったことに起因したと考えられる。さらに別の問題として

は，標的行動が起こったときに報酬を与えることができるかどうかということがあった。報酬を与えるためには，その場にいて観察する必要があるが，せっかくの標的行動を見逃してしまうこともあった。これは居住型の療養施設で特に顕著な問題であったが，教室の教師でさえ多くの授業運営上の課題を抱えながら，行動をモニターして，個人のニーズを満たすことは容易ではなかった。その後の追跡的論評で，カズディン（1982）は，特に職員研修に関して実施への同じ挑戦がまだ存在していたことを報告している。プログラムを成功させるためには，デザイン通りに実行されることを保証する職員研修と監督を注意深く行うことが必要だと指摘した。また，彼は，研究と実証プロジェクト以外にうまくいっているプログラムがわずかしかなかったことを明らかにした。彼の主要な焦点であった制度的なプログラムには，人員・監督・バックアップ強化子の提供などに関してあまりに多くのリソースが必要であった。教師が教室で実行するようなより小さいプログラムが，多く発見されたが，それでさえ，新奇性効果がしだいになくなった後には，プロジェクトを監督・維持するために必要なことが多いため寿命は短い傾向にあった。

　トークンエコノミーは，個人的な習慣と規律を向上する目的で行動を管理するために使用されることが多いが，学習を改善するのを助けることもできる。オリアリーとドラブマン（O'Leary & Drabman, 1971）は，失敗も多くあったものの，このプロセスによる多くの成功事例が文献で報告されていることを確認した。彼らが論評した研究では，肯定的な結果が得られたものが圧倒的に多かった。破壊的な行動の減少・勉強行動の増加・学力達成度の向上などがみられた他にも，よりよい出席率や学習者どうしのトークンの交換などの有益な予期せぬ結果もあった。文献と実験的研究についてのより最近の研究では，トラッチェリッカら（Truchlicka et al., 1998）が，中学校特別支援教育の行動障害学級において文字学習とその他のアカデミック能力を向上させるために，トークンシステムを開発した。生徒は，廊下で適切に行動したり，宿題を完成させたり，課題に取り組む行動によってポイントを稼ぐことができた。彼らはこれらの行動に対する強化とともに受け入れがたい行為についての反応コスト（罰則）を導入した。受け入れがたい行為には，「時間の浪費・もので遊ぶこと・宿題を完成しないこと・指示に従わないこと・おしゃべり・悪態をつくこと・カンニング・けんか・クラスに遅刻してくること・必要な学用品を持参しないこと」（p. 3）が含まれていた。彼らは，3人の生徒に対してシステムを導入して，それぞれに肯定的な結果を得た。彼らの論評は，以前の論評（Kazdin, 1982; Kazdin & Bootzin, 1972; O'Leary & Drabman, 1971）に比べて，より最近の研究に焦点をあてたものだが，トークンシステムの学校などの場面においても肯定的な応用例が多くあることを確認した結果となった。最後に，就学前の教室で破壊的なふるまいを管理するために導入されたトー

クンシステムの使用においても類似した肯定的な結果が，フィルチェックらによって確認されている (Filcheck et al., 2004)。彼らは，方法論的な問題点と一般化可能性の観点から，これらのシステムの重要な成功要因に関していくつかの考察をまとめた。カズディンとブージン (1972) と同様に，慎重なデザインと教師や他のプロジェクトメンバーによる厳格な実施が重要であることを指摘した。

多くのトークンシステムは肯定的な結果をもたらしている一方で，成功しない事例もある。オリアリーとドラブマン (1971) は，このおもな理由が3つあると指摘する。第1は，プログラム自体に関する問題で，カズディンとブージンがこのことについて詳細に議論している。第2には，前で説明したような実施上の問題であり，教師に関連している。たとえば，かなり多くの学習者がいる通常の教室で有効にトークンシステムを導入するのは，非常に困難である。学習者が教師をモニターしているし，かなり競争的になることがある。別の学習者に与えられたものと同じ報酬を提供するように教師に求め，社会的な比較をする傾向がみられる。たとえば，ビリーは，サリーが質問に答えるために4回挙手して3つのトークンを手に入れたのに，自分は4回挙手して，1つのトークンしかもらえなかったと教師に不平を言うかもしれない。教師が学習者からの苦情を避けながら，同時に学習環境がそれで損なわれないように配慮しながら，有効にトークン強化システムを管理するのは，非常に手間がかかる。第3の問題領域は，トークンシステムの対象となる集団に関する問題である。いくつかのグループは，否定的な周囲からの圧力などのため，肯定的に対応しないかもしれない。

▶ 外発的強化と内発的動機づけの関係

一般的にいって，第5章で論じられたように，内発的動機づけはその人の行動方針にかかわる選択の個人的なコントロール (deCharms, 1968) や能力の向上についての気づき (White, 1959)，それに，あるタスクや教科についての個人的な興味関心 (Schank, 1979) から構成されている。ホワイトは，能力のニーズを満たしたいという人の願望をエフェクタンス動機づけと呼んだが，これらの条件下の個人的ゴールの達成によって，「効力感」(feelings of efficacy: p. 322) と呼ぶ肯定的な感情を伴う結果が導かれる。それとは対照的に，強化の随伴性を利用して人の行動を管理しようとする試みは，個人的なコントロールをその人から奪い取って，行動管理者の手に渡す傾向がある。このことによる外部規制と誘因が内発的動機づけを傷つけ，学習に有害な影響を与えている点が長く指摘されてきた (deCharms, 1968; Harlow, 1953; Hunt & Sullivan, 1974; White, 1959)。認知的不協和理論のフレームワークを用いて行われてきた研究は，この問題を扱った初期の研究のなかで最も有名なものである。フェス

ティンガーとカールスミス（Festinger & Carlsmith, 1959）は，大金を支払われた参加者に比べて，少額を支払われて，本当はつまらなかった実験を「おもしろかった」と嘘をつくように指示された参加者のほうが，大きな行動変容があったことを示した。少額の支払いを受けた参加者は，支払われるより前に比べてよりこの実験を楽しんだ。多数の研究をまとめたコンドリー（Condry, 1977, p. 460）によれば，外発的な影響や報酬が大きければ大きいほど，行動変容や内面化は少なくなることが確認されている。人々は，考えと行動の間に内的な整合性を得ようとして，不協和があるときには，行動そのものか行動の解釈を変えることを，認知的不協和理論を用いて説明した。つまり，前出の実験で，嘘をつくために大金を受けたときには，お金のためにそうしたという事実を認める。しかし，わずかな報酬で嘘をつくことが彼らの良心を苦しめ続けていたので，彼らは何についての嘘かについての意見を変えた。社会的学習理論の視点からド・シャーム（deCharms, 1968）は，タスクを道具的な理由（つまり，外部のゴールまたは外部的に制御された報奨）のために引き受けたことを認める場合，内発的な興味や満足感は減少すると指摘した。

　このことについて研究は継続され，外発的強化と内発的動機づけの実現との間に複雑な関係があるのを繰り返し例証している。一般に，強化の研究では，まず標的行動の頻度を測定してベースラインを確認する。その後に強化スケジュールを実行して，再び標的行動の頻度を測定し，行動が増加していることを確かめる。その後，強化スケジュールを取りやめることで，頻度がベースラインまで戻ることを期待する。しかし，デシ（Deci, 1971, 1972）は，外発的な報酬を用いることが，内発的な興味を低下させる効果があることをいくつかの研究で示した。彼はいくつかの異なった方法を使用したが，典型的な実験は次のようなものであった。パズルか雑誌を選んで自由に時間を過ごした参加者に，パズルをやることで報酬を受けられる状況を経験させた後で，再び自由な時間を与えた。その結果，最初の自由時間でパズルに費やした時間（ベースライン）を下回る時間しか，パズルに時間をかけなくなった。この実験の結果については，単に参加者のパズルへの興味がなくなっただけではないかとの憶測を呼んだ。しかし，その後の研究では，外発的な報酬が内発的な興味関心を害する影響を与えることができることが確認された（Condry, 1977; Deci & Porac, 1978; Lepper & Greene, 1975）。しかし，外発的な報酬は，内発的な興味をいつでも減少させるとは限らない。人々が自分の仕事で稼いでいるときでも，その仕事をとても好きでやっていることもある。この領域での大規模な研究の結果，外発的な報酬と内発的な興味の間にある相互作用について説明するいくつかの概念が明らかにされた。

　報酬が内発的な意欲に対して肯定的であるか有害な影響を持つかを決定する要因の1つは，報酬の効果が情報付加的（informational）か，それとも制御的（controlling）

かという点がある。称賛などの報酬によって，ある人が難しいタスクをうまくこなしたことを伝える情報付加的な役割を果たすときには，内発的な意欲を高める効果がある。称賛によって，達成した結果は，その人の行動に起因していたことが示されるためである。たとえば，「あなたが今回の設計プロジェクトでクライアントの難題をうまく解決した創造力にはとても感動しましたよ」と伝えたら，建築学専攻の学生の効力感と内発的動機づけは高まる。一方で，その学生に，教師が指示した通りの解決策をそのまま実行したことで喜んでいると伝えた場合には，教師の制御的な影響力を感じて，学生の内発的な意欲は低下する（Brophy, 1981）。

報酬のタイミングも，内発的動機づけへの効果に影響を及ぼす。たとえば，数人の研究者が行った実験では，タスクを完了したら報酬が与えられることを事前に知らせておいたグループ（報酬予告群）と，何も知らせずにタスクを実施した後に，不意に報酬をもらったグループ（予告なし群）とが比較された。報酬予告群では，タスクへの興味がその後続かず，予告なし群と比較して学習成果そのものも低いときがあった。予告なし群では，スタート時点での内発的な興味が低かった人を除いては，タスクに対する興味には影響がなかった。むしろ，この群の参加者は，タスクに対する興味が実験後に大幅に高まった（Lepper et al., 1973）。これらの研究では，報酬はタスクに対して外因性（exogenous）があった。すなわち，報酬はタスクに論理的に関連づけられたものではなく，まるで，数学の宿題を終えた後にキャンディーバーを受けるようなものだった。

これとは対照的に，報酬が予想されてもそれが内発的動機づけを抑えつけないのは，報酬がタスクに対して内因性（endogenous）があるときである。すなわち，ポーカーでお金を勝ち得るとか，仕事で給与をもらうことなどは，報酬がタスクの自然な要素の1つであると考えられる。しかし，コンドリー（1977）は，これらがタスクと成果を結ぶ関係の肝要な部分であることから，これらの結果を報酬と呼ぶべきかどうかを疑問視した。ポーカーでお金を勝ち得るのは，それが公正で正直なポーカーゲームであると仮定すれば，「報酬」とはいえない。随伴性法則に従って，他の誰かが操作しているものではない。お金を得られるのは，ゲームに固有の運の要素との関連で十分なスキルを持って，それを実行した結果として予想されるものである。仕事で稼ぐのは，人の努力と才能を報酬と交換するという契約上の関係の自然な結果である。この関係性を支配する随伴性が裏切られ，出来高払いの給金をもらうときにありがちな，仕事の結果ではなく雇い主との関係性によって額が左右されるような事態になると，意欲喪失が起こる。そうでなければ，作業成果の期待される結果に対して外発的な「報酬」にはあたらない。

外発的強化と内発的動機づけとのこれらの関係を考えるときには，すでに対象に対

するある一定の内発的動機づけを持っている状況に適用されるということを覚えておくとよい。もしもあるタスクに対しての内発的な興味がまったくない場合には，まず外発的な報酬を用いて行動を確立し，その後にその行動そのものが自己持続的になることを期待することになろう。たとえば，子どもに歯を磨かせることは，頻繁に使用される例である。歯磨きに内発的な興味を持っていないならば，有形の報酬(オモチャ屋へ行くことと交換できるトークン）や，制御的な効果を持つ称賛（「あなたが歯を磨くとパパはとても幸せだよ」とか，「あぁ，とてもいい子だ！　あなたが歯を磨くことでパパをとても幸福にしたよ」）の利用が効果的だろう。

　この問題は，芸術やスポーツなどの分野ではまた，異なった様相を示す。映画俳優やポップ音楽のスターなどを含む芸術の世界では，外発的な報酬が巨大である。それでも，あるレベルを達成し競争力を身につけるためには，長年にわたる努力を傾けた練習（effortful practice: Ericsson, 2006）が要求される。外発的な報酬への期待が，それだけのために，これらの野心的なパフォーマーの意欲と精進を支えていると考えるのは難しい。スポーツにおいても，名選手と呼ばれ，そして生計上も十分な報酬を得るようになるためには，非常に高いレベルの競争心と内発的動機づけが不可欠であろう。このような文脈における内発的・外発的動機づけの相互関連はとても複雑であり，さらなる研究が求められる興味深いテーマである。

▶ 認知的評価と満足感

　職場での給料日，クラスであなたの論文の採点結果が返されるとき，週末のソフトボールの試合で僅差で負けてしまったとき，あるいは他のあらゆる状況のなかであなたの行動に伴う結果が出るとき，あなたはそれにどう反応するだろうか。幸福を感じたり，怒ったり，失望したり，安心したりする。あるいは，結果に無関心であると感じるかもしれない。あるいは，結果の公正さ・適切さ・ばからしさについて，判断的な反応を経験するかもしれない。これらの反応は，純粋に結果に基づいているわけではない。結果に対する期待と社会的な比較に基づいている。言い換えれば，人々は実際に起きたことを，他の人に起きたことや自分自身がいだいていた期待と比較する。これを認知的評価（cognitive evaluation）と呼ぶ。たとえば，ダンスを習うこと，数学のテストに合格すること，あるいは外国に旅行をすることなどに対して，かなりの不安を経験するかもしれない。しかし実際にやってみると予想したよりもはるかに恐怖的でないことを知ることになる。したがって,あなたはホッとするだろう。他方では，経験が期待と比較してどうかによって，高揚感か失望のどちらかを経験するかもしれない。仕事で昇給するか，または景気後退の期間に減給を避けることができれば，あ

なたは幸福になるだろう。昇給が予想したより大幅な額であれば有頂天になるかもしれない。しかしながら，もし昇給額が期待を下回ったり，あって当然と思っていたもの未満であれば，失望するか，怒るようになる。同様に，他の誰かがあなたと同じような仕事ぶりであった，あるいはより少ない仕事をしていたのにもかかわらず，より大きい昇給を得たことを知ったとき，どんな感情的な反応が起こるかをたぶんここに書く必要もないだろう！　学校では，同じグループに属する人全員が同じ評価を受けるようなグループプロジェクトに配属されることはめずらしくない。他の人が少ししかあるいは何もしていない間に，何人かの人がほとんどすべての仕事をすることはよくある。「働いた者」が，プロジェクトに関して負の感情を持っても不思議ではない。

　満足感は，自分の期待と社会的比較に基づいて行う結果の主観的な評価に大きく影響を及ぼされる。結果が自分の予想に反していれば，たぶん状況に対する態度や気持ちを変更することになる。そして，それはタスクや活動に関する将来の意欲に影響を及ぼす。たとえば，親水公園への旅行が予想したほど楽しくなかったとすれば，将来その活動に対する価値を下げるだろう。それとは対照的に，一般教育の科目要件を満たすためだけに文学の科目を履修した大学1年生が，割りあてられた文献読解・議論・省察課題がとても好きになった自分を発見することもある。期待をはるかに超えた経験からこの種の活動に付随させる価値が高まり，文学を専攻する決意にいたるかもしれない。言い換えれば，期待を調整することが直接満足感と学習意欲の継続に影響を及ぼす。「現代的な」母親が若い娘にベッドで読み聞かせる物語には，「したがって，王子と姫は，期待を抑えました。それ以来，ずっと，比較的満足げに生きましたとさ」と語られるかもしれない。

　出来事への人の認知（態度）的な，そして，感情的な反応について説明するいくつかの心理学理論がある。ここで紹介する3つは，認知的不協和理論・バランス理論・公平理論であり，学習への欲求を刺激するような魅力的な学習環境のデザインに直接応用が可能なものである。

認知的不協和理論

　人々には，たいていの場合，内部的に一貫した信念と行動がある。それが，たとえば正直を信条としている人々が，自分のものでないものを盗むことはない理由である。もし信条と両立しない位置に自分自身を発見したときには，どうしようか決めかねたり居心地の悪さを感じたりする。たとえば，デパートの駐車場でもらったお釣りが多すぎたとき，そのままにするか，それを返すかに悩むときなどのように。この状態は，認知的不協和（cognitive dissonance）として特徴づけることができる。この概念は，フェスティンガー（Festinger, 1957）によって提起されたもので，矛盾が態度や認知

の間にあるとき，それは起こる。この理論の基礎として，2つの基本的な仮説を述べた（p. 3）。第1は，不協和は心理学的に居心地の悪い状態なので，人はそれを軽減しようとする。フェスティンガーが「協和状態」（consonance）と呼んだ態度と行動が整合している状態を達成しようとするため，不協和状態は動機づけ要因としてはたらく。第2は，人々が「活発に，不協和を増加させる可能性がある状況や情報を積極的に避ける」（p. 3）ことである。この理論は，私たちがどんな決定を選ぶかには言及していない。不協和を解消するような努力をすることだけを指摘している。前出の例では，その正直な人はお金を返すだろうか？　それはたぶん，正直さについての信念の強さと金額の大きさに依存するだろう。これが堅い信条であれば，協和状態を達成するためにお金を返すだろう。特に，金額の差が1ドル紙幣の代わりに10ドル紙幣を受け取ったときのように，比較的大きい場合には。しかし，金額の差が小さい場合には，1ドル余分にもらっても大したことはないとか，返す手間に見あわないとかいう具合に返却しないことを合理化するだろう。特に約束に遅れそうだとか，疲れているとか，夕食を料理するために帰りを急ぐ必要があるとかの競合する条件がある場合は。この場合，人は，やり直す必要がないという，より大きな安らぎを得るために，1ドル余分にもらうという小さな不快を受け入れる道を選ぶことになる。

　これらの仮説は，社会心理学の歴史上の古典的研究になった実験で確認された（Festinger & Carlsmith, 1959）。その実験では，入門心理学のクラスからの男子学生のグループに彼らの研究参加要件の2時間中の1時間を非常に無味乾燥で退屈なタスク（表7.1）にあてることを要求した。参加者には，糸巻きでいっぱいのトレーが与えられた。トレーを空にして，再び糸巻きを戻して，それらを取り除く。この過程を30分間繰り返すように指示した。白衣を着て，ストップ・ウォッチを持った実験担

表7.1　態度と不協和に関する影響の3段階研究（Festinger & Carlsmith, 1959 より）

段階	条件		
	1ドル群 (2009年の価値では7.6ドル)	20ドル群 (2009年の価値では152.00ドル)	統制群
予備タスク (退屈で，単調なもの)	参加者全員が，糸巻きをトレーに置いて，それをトレーから取り除いて，次に，再び置きなおす作業に30分を費やした。もう30分は四角い釘を1度に4分の1ずつ回転するのに費やした。		
不協和を誘導する活動	両群の参加者は，実験がおもしろいと次の対象に内緒で言うように仕向けられた。		
タスクのおもしろさのインタビューと評価	参加者全員が，予備タスクで行った実験のおもしろさと有用性に関する4つの質問に関してインタビュアーに個別に会って，議論し，評定した。		

当者が，そのようすを観察し，彼のメモ帳に絶え間なく何かを書きこんだ。30分経過後，参加者は，次に，48個の四角い釘を与えられて，釘を1度に4分の1回転ずつターンするように指示された。実験担当者はずっと観察を続けた。

このタスクが終わったとき，次に行われる（と告げられた）インタビューを待っていた間に，次の実験があることが参加者に告げられた。実験担当者は，彼らの興味を満たすためにそれについて説明するといった。その実験条件では，彼のために働いていた学生が，ちょうど実験を終えたところのふりをして，入口の外で次の参加者と面会し，その実験が何と楽しい実験であるか，それがおもしろくて，おもしろくて，好奇心をそそるものだったなどということを告げた。そして，参加者はオフィスの外側でインタビューに呼ばれるのを待つように頼まれた。

数分後実験担当者は，参加者を呼び戻して，雇われた学生が研究室に来なかったと申し訳なさそうに説明した。そして，実験がどれくらいおもしろいかを説明するために次の参加者に会ってくれるように頼んだ。彼らの協力の対価として，1つのグループ（1ドル群）の参加者には1ドル（2009年の価値は約7.60ドル）を，もう1つのグループ（20ドル群）の参加者には20ドル（2009年の価値は約152ドル）を提供した。参加者がためらった場合には，実験者はさまざまな説得的コメントを使用して彼らを応じさせた。1ドル群は，高い不協和グループだった。フェスティンガーの理論では，信念とは逆の何かをする圧力や誘導が最小限であったときに，より高いレベルの不協和状態が結果として生じると予想されていた。見返りが20ドル（2009年の価値で152ドルに相当）のように大きくなったときには，より少ない不協和であることが想定された。低い不協和グループにおいては，研究の最終段階における彼らの評価で示されるタスクの退屈さには，あまり変化がみられないと予測された。彼らが受けた大金と誰も傷つけてはいなかったという理由づけによって，自分がついた嘘を合理化することができるので，不協和は低いはずだとされた。それとは対照的に，高い不協和グループは，タスクが実際にいくらかおもしろかったと考え直すことによって心の葛藤を解決するだろうと予測した。

最終的なインタビューでは，4つの質問があったが，そのうちの1つが，直接不協和状態の影響に関連したものだった。タスクがおもしろくて，楽しめると思ったかどうかを参加者に尋ねた。統制群と20ドル群は，タスクはあまりおもしろくなかったと答えた。この答えは，タスクの本質と一致した答えだとみなされた。それとは対照的に，1ドル群は，なかなかおもしろいと評定した。他の2群と比較して統計的に有意差があり，不協和減少仮説を支持する結果となった。不協和処理に間接的に影響を受けると予想された2番目の質問への回答は，最初の質問と同じ違いを示したが，統計的な有意差には達しなかった。また，実験が参加者にタスク実行能力を学ぶ機会を

与えたかどうか，また実験によって何か重要なものを測定していると思うかどうかを尋ねた。群間に回答の違いがないことが想定されていた。この問いは，不協和効果に特定な差のみが得られるという仮説を検証するために設けられたもので，状況への一般化された応答の差が得られないことを確認するためのものだった。3群間に，この質問への評定の有意差はみられなかった。全体的にみて，20ドル群の応答は統制群のそれときわめて類似していた。このことは，大きい報酬が偽りをいうための十分な正当化を与えたためにタスクの退屈な本質に関しての意見を修正する必要がなかったことを示唆した。一方の1ドル群は，金銭の代償のためではなく自ら進んで嘘をつくことが強いられたため，その結果として生じる不協和を減少させるように自分の意見を修正した。とても興味深いことに，71人の参加者のうちの11人が分析から外された。自分が雇われるのを拒否したか，または次の参加者に真実を伝えてしまったためであった！

　不協和理論の概念への挑戦もあった。たとえば，ウィックランドとブレーム（Wicklund & Brehm, 1976）は，自己概念に基づく個人の責任への意識が不協和反応の下敷きにあることを示した。良心的で知的な人物であっても，望まない特徴や結果が出ることをやってしまうという現実に直面することはあり得る。この実験結果は，そういう想定から生じる内的な心理的葛藤の結果である，と説明した。20ドル群の参加者が態度を変えたのは，自我防衛メカニズムとして説明できるとした。さらに，不協和理論には，より古くからある自我関連の認知過程に根ざして自己をとらえる理論と関連づけられる側面もある（Allport, 1943; Hilgard, 1949; Rogers, 1954）。それは人の持っている心理的な完全性を保全する傾向であり，そのための方法として，自己欺瞞・選択的注意・その他の自我防衛装置を用いるとみなす考え方である。第5章で論じられたように，この研究はパフォーマンス指向に対して達成指向を区別するより最近の考え方（Dweck, 1986），あるいは自我指向に対してタスク指向を区別する理論（Nicholls, 1984a, 1984b）にも関連がある。しかし，不協和理論にはまだ，これらの他の概念には包含できないユニークな特徴がある。グリーンウォルドとロニス（Greenwald & Ronis, 1978）は，その発案から20年後の不協和理論の状態を文献調査した。不協和理論の初期の概念に含まれていた特定の予測や関係が，理論の修正版ではうまく扱えていないことを示した。アロンソン（Aronson, 1992）は，この理論にある高い興味と低い興味の循環について議論し，それを認知と動機づけを扱った他の理論との関係で検討した。彼も初期の社会心理学的理論の基礎となった参加者へのごまかしや不快感を伴う研究を今日行うことが困難であることを指摘した。それは，権威への服従を研究するために，もう1人の参加者に痛みを伴う電気ショックを与えていたと信じさせたミルグラム（Milgram, 1965）の研究で極端に示されている種類

の研究である。しかし，不協和理論の研究におけるパラダイムとして詐欺を使うことが困難になった今日でも，以下の研究で例証されるように，この理論を調査する他の方法は残っている。

　フェスティンガーの不協和理論（1957）は，喚起や緊張の状態と同系のものとして特徴づけた不協和の誘導と，葛藤の心理的状態を排除するためにとられた行動の結果とを区別した。エリオットとディバイン（Elliot & Devine, 1994）は，不協和の研究がブレームとコーエン（Brehm & Cohen, 1962）やその他の研究（Croyle & Cooper, 1983）にみられるような覚醒に関する特性に集中する傾向があったと指摘した。一方で，不協和を縮小する方略の実施の後に，心因性不快感（psychological discomfort）の縮小を直接的にテストする実証研究は行われてこなかったとした。大学生を対象にした実験で，次の学期の授業料を10%上げることに反対もしくは賛成の立場でエッセイを書かせた。研究に参加した学生は全員，以前にこの実験とは関係ない文脈で授業料を上げることに反対する意思を示していた（当然のことだが！）。高い不協和グループの学生は，自己の意に反するエッセイを書くように強く促された。学費を値上げすることが大学のためになる理由をリストするように促されたが，最終的には学生の自由選択であるとされた。一方の低い不協和グループの学生は，値上げに反対する理由を書くように言われた。高不協和状態のグループの1つに割りあてられた学生は，エッセイを書く前に態度測定に答えることを求められた。もう1つの高不協和グループの学生は，最初にエッセイを書いてから，次に，態度測定に答えた。不協和の緩和が態度変化のあとに続くかどうかを確認する目的でテストしていたので，態度測定をいつ行うかは重要であった。それらの仮説は確認された。その結果，研究者は不協和誘導と緩和系列における，情意的・認知的過程のはたらきを確認することができた。

　フェスティンガーが認識と行動の不協和によって引き起こされた心理的混乱とその不快を回避するために人々がとる行動に焦点を合わせていたことを覚えておくのは重要である。これは，学習を巡る事象への学習者の反応について説明する手助けになる。たとえば，ある科目を成功裏に修了したことが，学生がコースから得られた結果に満足することを自動的に意味するわけではない。このことは，残りの2つの理論に関する説明をしてから，いくつかの例で考えてみよう。

バランス理論

　不協和を確認して分析する異なる方法は，ハイダーによって提供されたバランス理論（balance theory）である（Heider, 1946, 1958）。バランス理論は，人々が互いに満足感のポジティブな感情を持てるかどうかを説明するために用いられる理論である。バランス理論は，認知的不協和理論のように，人々が態度のなかに一貫性を求め

て努力することを前提としている。不協和理論よりも前に提案されたもので，人間と環境の相互作用に関連する概念に依拠している。たとえば，私たちが第1の関心を寄せる人（P）と，もう片方の人（O）との間にあるのが肯定的な関係か否定的な関係かを理解するためには，PとOとの相互の態度だけでなく，ある状況・出来事・考え方・ものなどの特定の実体（X）に対する彼らの態度を調べることによって可能になると提起した。多様な関係は，好きかどうか，価値をおくかどうか，尊重するかどうか，愛するかどうか，またそれの正反対かどうかで表現される。彼は，これらの関係を，人間と環境の相互作用を形式化した他の理論（たとえば期待×価値理論）のように乗法的ではなく，加算的であると考えていた。これがバランス理論の概念に展開した。

　ハイダー（1946）は，人（P）と，もう一人の人（O），ならびにオブジェクト（X）の3つの要素を含んでいる認知的な場の観点から個人の好みを分析して，予測した。これらの関係は，カートライトとハラーレイ（Cartwright & Harary, 1956）によって考案された図式化技法によって，視覚的に表現できる（図7.2）。たとえば，PがOを好み，PがXを好み，さらにOがXを好むときに，バランスのとれている状態が存在する。たとえば，ボブ（P）がジュン（O）を好きで，ボブとジュンの両方が，フットボール（X）を見るのを楽める場合，バランスのとれている状態が存在し，ボブとジュンが互いに好きでいることに貢献する。しかし，ジュンが図7.2bで示されているように，フットボールが嫌いな場合，不均衡の状態が存在し，ボブとジュンの双方がこの不協和を解消しようと動機づけられることになる。

　ハイダー（1946）は，不均衡から生じるさまざまな行動の可能性について述べている。1つの選択肢は，単に不協和から生じる不快感を受け入れることである。しかし，

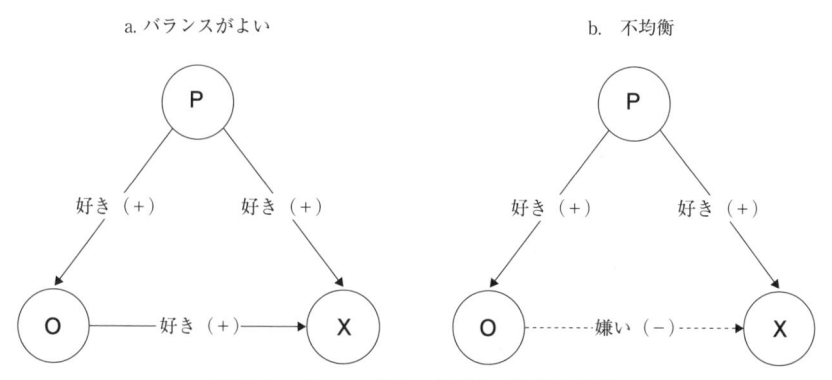

図7.2　バランスがよい状態と不均衡な状態

バランスを獲得するためには，どちらかがフットボールに対する態度を変えるか，あるいは双方がフットボールの葛藤をくつがえすくらいの楽しみを他に何か見つけることが必要になる。特に，ボブがフットボールへの彼の興味を加減するか，さもなければ，互いにつきあうのをやめる可能性もあるだろう。

三角形で示すことで関係が明確になるが，少し単純化しすぎる面もある。ボブとジュンが好き嫌いの態度を持っているのは1つのもの（X）だけではない。カートライトとハラーレイ（1956）は，複数の対象との関係がどのように図解できるかについて説明している。そして，より最近の研究では，ハモンとドレイアン（Hummon & Doreian, 2003）が複雑な関係をモデル化するシミュレーションプログラムを開発した。バランス理論は，1対1や三角関係の他にも小集団の行動の研究にも役に立ってきたが，さらに進んだレベルでのテストと応用はかなり複雑なものになる。現在の解釈では，この理論は，学習意欲の設計者が学習の結果への不満要素を分析する手助けとして役立てることができる。グループによる協調的学習活動が現在，重視され，さまざまな学習場面で用いられている。ハイダーによって始められて，他の研究者によって進展したこの研究は，研究と設計に確固たる基礎を提供するものである。これに関連する多数の研究が，ハモンとドレイアン（2003）によってまとめられている。

公平理論

内発的な要素と外発的な報酬を有効に活用することは，不協和と不均衡に関連する問題と同じように満足感に強い影響力を与える。それに加えて，ここに含むべき，もう1つの影響因子がある。私たちは，さまざまなタイプの人間関係を持っており，相互に多くの交流がある。これらの交流はさまざまな社会的な状況のなかで発生する。たとえば，仕事上の交流，両親と子ども，恋人どうし，チームメート，ボランティア組織，さらには，ゲームの対戦相手や憎みあう隣人などの敵対的な関係のなかでも起きる。アダムス（Adams, 1965）は，社会的な状況における交換の要素を研究した。どのような状況下で交流が，公平あるいは不公平とみなされるか，また公正あるいは不公正な交流とみなされた場合に，その結果として人がどんな行動に出るのかを探った。公平理論（equity theory）でアダムスは，入出力の比率の観点で交流を記述した。知覚された，もしくは実際の不公平につながる条件とそれに伴う結果について説明した。

入力は，個人が交流の価値を高めると知覚する何かを指す。何時間もの労働，技術的スキル，寿命，教育レベル，経験，労働観，年齢，リーダーシップ，民族，性別，有力な他者，社会的な地位や物理的な外見のようなものまである。アダムスは，これらの属性の認識と関連性とを区別した。たとえば，従業員と雇い主の双方がこれらの

属性が存在することを認めたとしても，どの属性が特定の状況に関連したものかについては同意しないかもしれない。面接に来た人が，名門大学の学位などの彼の正式な資格を高く評価してほしいと思っている一方で，雇い主は応募者の経験や，仕事で必要になる特定のスキルや能力に関する証拠，あるいは積極的な労働意識だけに焦点をあてるかもしれない。積極的な交流を望んでいる人への挑戦の1つとして，顕著な個人的特徴が何であるかを特定することがある。これは仕事場と同様に，個人的な関係にもあてはまる。ある男性が，ある女性に好印象を与えようとして，彼女のために何かをして見せて，問題を解決できる人であることを示したいと思っているとする。彼は，これが彼女への興味を示す積極的な表現であると考えているが，女性のほうは，よい聞き手になって感情を分かちあえる友情を高く評価する人なので，彼の行いが横柄であるとみなすかもしれない。

　仕事などの特定の状況で自分が十分な量と重要性を持つ入力で貢献していると考えている人は，賃金・地位・権威・敬意・昇進の機会などの公正な見返りを雇い主に期待する。これらは，その人の入力に対する結果であると考えられている。仕事の場面で満足感が得られる結果としては，地位の象徴・責任・意義深い仕事の分担・フィードバック・敬意などが含まれる。また，結果には，望ましくないことが「ない」ことも含まれる。たとえば，単調さ・孤立・監視（「マイクロ管理」）・達成の認識不足などである。管理職や親としてのふるまい，あるいは関係を保つために必要なことは，相手が適切だと思えるような出力を提供することである。入力と同様に，出力も認識と関連性の観点から評価することができる。何年も前に，主要航空会社の特典マイレージ組織のメンバーになったとき，私は，その組織での私の立場を示す魅力的で，縁どられた証明書を受け取った。同僚の1人は，彼のオフィスのめだつ場所に同じものを飾っていた。私は，それを見てばかばかしいと思っていた。それは何らかの達成した賞ではなく，実質的にはメンバーになるためにお金を出したことを示す領収書のようなものに見えた。私にはそれよりも，無料の特典マイル，あるいは航空会社のロゴが入った無料のトートバッグ，バインダー，その他の何か役に立つもののほうがうれしかった。航空会社の意図は認識できたが，それは私にとって関連性が高い結果ではなかった。しかし，私が受けた結果は他の新メンバーと同じものだったので，不公平だとは思わなかった。

　公平さ・不公平さの認識は，入力との関連で知覚された出力を社会的に比較した結果から生じる。比率が等しいと知覚されるとき（図7.3），知覚された公平さの状態が存在する。比率で考えることは重要な意味を持つ。たとえば，最低レベルの管理職が中間レベルの管理職よりはもらえる給与が低いのに，その状況は不公平だとは認識されない。なぜならば，中間レベルの管理職になるために必要な入力が地位に比例し

```
公平さ：
   ある人の結果     他者の結果
   ─────────  ＝  ─────────
   ある人の入力     他者の入力

否定的な不公平（公正な結果であると知覚されるより少ない）
   ある人の結果     他者の結果
   ─────────  ＜  ─────────
   ある人の入力     他者の入力

過度の不公平（公正な結果であると知覚されるより多い）
   ある人の結果     他者の結果
   ─────────  ＞  ─────────
   ある人の入力     他者の入力
```

図 7.3　知覚された公平・不公平な関係

てより大きくなると考えるからである。

　不公平は，入力と結果との関係が人によって異なるときに起きる。少なくともそう思ったときには不公平を感じる。また，不公平には，否定か肯定かの方向性がある。入力／結果関係に比例して公正であると考えているよりも比率が少ないと思う場合は否定的な方向（たとえば，正当な賃金を支払われていないと感じる），逆に，もらい過ぎだと感じている場合は肯定的な方向に不公平が存在する。

　不公平は不満をもたらす。アダムスがフェスティンガーの認知的不協和理論における不協和の気持ちと比較し，その結果，これらの負の感情を減少させるための努力をもたらした。負の感情を減少させる方法には，いくつかの種類がある。その第1は，入力を変更すること。ある人が得ている結果が入力に対して低過ぎると感じている場合，入力を減らすように動機づけられるかもしれない。これは出来高払いの仕事よりは時間単価で支払われる仕事で起きやすい。時間給労働者は賃金に影響を与えずに努力のレベルを減少させることができるが，出来高払いの労働者は生産性を減少させると収入に即座のマイナスの効果を持つ。理論的には，賃金が払われ過ぎだと知覚する人は，過払いを正当化するために生産性を上げようと試みることが想定されるが，正当な賃金を支払われていないと認識して入力を減らす場合ほどは予測通りではない。別の可能性としては，公平さを達成するように結果を変更することが考えられるが，結果は通常，他者のコントロール下にあるので，これは実行がより難しい選択肢となる。第3のアプローチは，単に入力結果比や他者との比較についての態度を変化させることである。これは，合理化と呼ばれているもので，実態と合わせるように人の知覚を変更するためには，比率に対する認知的な再解釈が要求される。さらにもう1つの解決策としては，状況から逃れることがある。仕事を辞める，関係を打ち切る，離婚することなどである。

この理論を使用するときには，満足できる比率の解釈が人ごとに異なるという難しさがある。つまり，入力／結果比が自分の相手よりも少ない状況を好む人がいるということだ。個人の好みの違いを説明するために，ヒューズマンら（Huseman et al., 1987）は，公平感度の概念を提唱した。彼らは3つの基本的なパターンを特定した。

　慈善者（Benevolents）：自分の入力／結果比が相手の入力／結果比に関する彼の知覚より少ないことを好む人。受けるより与えることを好む人として描写される人で，多くの援助的な状況で見受けられる。また，いくつかの宗教では，物理的な見返りを期待しない付与と犠牲の哲学を強調している。

　公平性敏感者（Equity Sensitives）：伝統的な公平モデルで想定される人。入力と結果の比率が同等であることを期待し，他者が受け取ったものと自分が受け取ったものとを比べる。

　権利期待者（Entitleds）：他者に比較して同じかより少ない入力で，より高いレベルの結果を期待する人。「駄々っ子」（spoiled child）の特性を持つか，自分のやることすべてが他者よりも高い収益（あるいは「有利な取引」）に値すると感じている人といえる。自尊心が低い人は，自分たちが何か特別に優位であると感じることで，自分たちの感情を維持する必要に迫られることがある。たとえば，子どものなかには彼らのきょうだいとの比較でより多くの食べ物を手に入れたり，より多くのおもちゃを手にするために，ごまかす方法を試すこともある。

　公平理論のさまざまな要素は，学習環境にとりわけ関連性が高い。ほとんど連続的に，個人の評価や作品の評価が行われているからである。学習者は社会的な比較を常にしている。個人的な注目度や評価結果，与えられる特権を他の学習者と比較することで，自分が受けている報酬が公平かどうかを確かめようとしている。また，自分自身が描いていた期待感と比べて，自分が出した結果の公平さを比較している。学習者が受講したコースがよく考えられていて，よい課題があって，おもしろかったと信じている一方で，彼らの人生の他の領域でのパフォーマンスの阻害要因となるほどの非常に過度の作業量だったことが原因で，そのコースに対して否定的な態度を持つ場合もありうる。また，試験が不公平だと感じることもある。たとえば，コースの内容の重要なポイントであると示唆した点を外していたことや，インストラクターが焦点を合わせたものと一致していなかったことなどがその理由になるかもしれない。したがって，学習環境における学習者の満足感を達成するためには，多くの要素がバランスを保っている必要がある。授業の質，学習目標の内的整合性，内容，あるいは試験や評価尺度が，すべての学習者にとって公正でなければならない。

▶ 次のステップへ

学習者の大多数が達した成果に満足感を得るように支援する方策はたくさんある。最適の難易度で真正な練習を用いたり，結果に対してフィードバックを与えたり，基準と一貫した公平な採点基準を設けたりすることが含まれる。

◯ 満足感の感情を促進する方略

努力が実って成功したといえる結果を出したり，クラスでうまくふるまうことができることは気分がよいことではあるが，そこからいつも満足の気持ちがもたらされるというわけではない。学習体験が全体として，肯定的な印象を持つためには，いくつかの条件が満たされなければならない。これらの条件は学習者の期待感に関連している。満足感の最も重要な要素は，内発的動機づけである。すなわち，学習者が，学んだことについて個人的に意義深いと感じ（すなわち関連性が高く），求めていたレベルを達成したと感じるとき，内発的な満足感が高くなる。しかし，もし学習意欲の一部が何らかの特別な名誉のために高い成績を収めなければならないなどの外発的な要素が絡んでいたのにそれを達成できないとすれば，満足感はせっかくの内発的な意欲にもかかわらず，沈み込んでしまう。これとは逆に，望んでいた外発的な報酬が得られるだけの成績を残せたとしても，学習体験が時間の浪費であったと思えば，満足感は最高にはならないだろう。さらに，満足感の別の要素として，期待した成果との比較や社会的比較に基づく面がある。もし学習者が，得た結果が要求された作業量に比べてまったく見あうものではなかったと感じたり，他の学習者と比べて彼らが公平に扱われなかったと感じたりすれば，実際に得た内発的・外発的成果があるにもかかわらず，彼らの満足感は下げられてしまう。満足感のこれらの要素は，表7.2にリストアップされた概念と方略に反映されている。

▶ S.1. 内発的満足感（内発的な強化）

300シリーズのミニコンピュータのための電子トラブルシューティングの独学コースで最終的な応用練習を終えた後に，ロバートは，サービス部門の販売員が同じタイプの問題を現場で解決したときに味わったうれしい気持ちを述べたビデオを見せた。

表7.2 満足感に関する下位分類・作業質問・おもな支援方略

概念と作業質問	おもな支援方略
S1. 内発的な強化 どうしたら学習体験に関する彼らの内発的な楽しみを奨励し，支持できるだろうか？	個人的な努力と達成に対する肯定的な気持ちを強化するようなフィードバックと他の情報を提供する。
S2. 外発的な報酬 何か価値ある結果を学習者の成功に対して提供できるだろうか？	ほめ言葉，本当の，または，象徴的な報酬，および誘因を使用するか，または学習者自身に成功の報酬として彼らの努力の結果を提示（「見せて語る」）させる。
S3. 公平感 公正な処遇だったことを学習者に認識させるために何ができるだろうか？	パフォーマンス要求をあらかじめ述べた期待と一致させて，すべての学習者のタスクと達成に一貫した測定標準を使用する。

　多くの教育者は，学習者が内発的な興味を発展させ，もしできれば，自分が教えている教科についても関心を刺激できればよいと考えているだろう。しかし，学習者が教室に入る前に，高いレベルの内発的動機づけがすでになかったならば，このことを実現することはとても難しい。これはひとえに，文化と家族の価値観が子どもが学校や学ぶことにいだく価値観に強い影響力を持っているためである。これらの明確に動機づけられた学習者を得たならば，教師の挑戦は，彼らの内発的動機づけを支えるか，またはそれを発展させることになる。一方で，この肯定的な見通しを持つ学習者を相手にした場合でも，それを維持するのは困難な課題かもしれない。なぜならば，ほとんどの状況において，学習者はあなたの教室にいることを要求されているのであり，彼らの自由意思で選択した結果ではないからである。したがって，彼らの内発的な意欲を支えて，それを高めるために，以下に記載する方策は，役立つだろう。これらの方策は，彼らが学んだことに関するプライドを強化することとともに，学習成果の価値を確認することに焦点をあてている。また，この方策は，高いレベルの内発的動機づけを持っていない学習者に対するときにも助けとなる。学習者や教師ならば誰でも，内発的興味が高まった状況を少なくとも1つは思い浮かべることができるだろう。内容に関連性があったり，教師の熱意が関心をかきたてたのかもしれない。それが起こったときには，学習者の興味を育て，支えるために，教師はその瞬間をとらえて，強化しなければならない。このセクションの他の方策といっしょに用いることで，学習者が高いレベルの満足感を達成できるように支援することが求められている。

肯定的な称賛

1. できるだけ早く現実的な場面で新たに獲得したスキルを使用する機会を与える。
2. 難度が高い課題を達成したことに学習者が内発的なプライドが持てるように言

語的な強化を提供する。
3. 肯定的で熱心なコメントを教材やフィードバックのなかに含め，ゴール達成についての肯定的な感情を反映させる。
4. タスクを習得した学習者にまだ達成していない学習者を助ける機会を与える。
5. 成功に必要であった行為や特性に対して称賛を与える。
6. 危険や挑戦を乗り越えたときには，それに対して称賛を与える。

継続的な動機づけ

7. 関連する興味関心領域についての情報を提供する。
8. このトピックについての興味関心を継続して追求するために何をやるかについて，学習者に問いかけたり情報を与えたりする。
9. 応用の新しい分野に関する情報を学習者に提供する。

▶ S.2. 報酬のある成果（外発的な報酬）

インストラクタースキル研修の2日間コースを実施中，カレンは学習者がプレゼンテーションをつくる際に用いた特定のスキルについて彼らを称賛するために，「動機づけのメッセージ」を書いた。

人々に満足感を感じさせる結果の最も伝統的な概念は外発的な報酬である。その報酬にはお金・成績・証明書・賞・象徴的なもの（バッチ・ロゴ入りの学用品・コーヒーカップ・キーチェーンなど），あるいはキャンディか学用品などの希望の物と交換できるトークンなどが含まれる。これらの物質的な物は学校の教師には手に入らないことも多いが，それに加えて，タスクや課題をやり終えた報酬として，楽しくておもしろい活動を採用することもできる。たとえば，ある事実を記憶するときのように，繰り返しが多く退屈なタスクをやり続けるように学習者を動機づけるためには，「自家製版の」クイズ番組ジェパディやコンピュータゲームを用いて練習や復習をさせることなどが考えられる。外発的な報酬についての挑戦は，控えめに，そして断続的にそれらを使用することである。平凡になると，強化価値を失うことになる。

1. 採点機能付きのゲームを含めることで，ドリル練習などの繰り返しの多い退屈なタスクに外発的な報酬システムを提供する。
2. 外発的な報酬を使用して，予期も制御もできないような方法で，内発的にもおもしろいタスクを強化する。

図7.4　安価な外発的報酬の例

3. 正しい応答にはおめでとうのコメントを含める。
4. タスクを達成するために取り組んでいる間か，タスク達成が成功した後に，個人的な注目を各学習者に与える。
5. 学習者が新しいスキルを習得しようとしているとき，強化を頻繁に用いる。
6. 学習者がタスクに精通してきたとき，強化をより断続的に用いる。
7. 作業成果を得る手段として，脅威と監視を避ける。
8. 個人やグループ間の競争で成功したときか，コースの最後に，証明書か「象徴的な」報酬を使用する。

心地よい驚き

図7.4に，外発的な報酬の使用の例が示されている。子どもにとっての多めの休憩時間から，大人のためのロゴ入りコーヒーカップまで，さまざまなものがある。適切に使用すれば，それらは非常に効果的である。39セントのキャンディの小袋でさえ，おもしろい報酬として競争的な学習活動に使うと，非常に前向きな影響の力を持つ。

▶ **S.3. 公平な待遇（公平感）**

　　安全な昇降手順のコースの終わりに，ケンは，コースの学習目標に基づくチェックリストを使用することで学習者の実績を振り返り，チェックリストのコピーを各学習者に与えた。

あなたは，今までに，肯定的な報酬をもらって喜んだあとで，他の誰かが同じことかそれ未満のことを成し遂げたことに対して，もっとすばらしい報酬や，より高いレベルの評価を受けたとわかってがっかりしたことがあるだろうか？　突然，あなたの肯定的な気持ちは否定的なものになる。これは，他の人々との比較，あるいは自分自身の期待値との比較をするからである。あなたが受け取る評価や報酬が遂げた努力や成功に比べて釣りあっていると感じなければ，結果に対する満足感は下がってしまう。たとえ学習成果の「絶対値」が肯定的なものであったとしても。同様に，他の誰かが自分と同じくらいか，より少ない達成のために，もっとすばらしい報酬を受け取ったと思えば，はじめの例のように，あなたの満足レベルは悪影響を受ける。公平さの認知に関しては，文化間の相違がある。文化によっては，学生が他の文化では当然期待されることと同じように，等しく扱われるとは期待しない。学習者がその人の状態と比較して過度な認識を受け取ることは恥ずかしいとみなす文化もある。また，グループから隔離される方法で称賛されることを恥ずかしいと思う人たちもいる。公平さの現れ方は異なるとしても，公平さへの期待が満足感に影響を及ぼすことは確かである。以下に，レッスン計画と実施の文脈での公平さについて2つの方策を示す。これらの方策は，公平さの示し方として，一貫性が重要であることに注意を促す。すなわち，何が実際に教えられたかを考えた場合，練習問題とテストは「公正」ですか？

1. 最終的な練習問題と事後テストにおける問題の内容とタイプが，教材で扱った知識・スキルや練習問題と一致していることを確かめる。
2. 最終的な練習問題と事後テストの難易度レベルが先行する練習と一致していることを確認する。

要約　人々は，起こるすべてを評価する傾向がある。教室に到着する前や，Webを利用したチュートリアルのページを開く前にさえ，自分が学ぶことに関してある態度をすでに持っている。そして，学習経験で完全に夢中にさせられる時間を除いては，学習中にも態度を持ち続けている。本章で述べた原理と方略は，学習者をレッスンに集中させ，内容に関する好奇心を育み，学習体験についてよい気持ちを持たせることができるように，組織し設計したものであった。

第8章
学習意欲の問題を見つける

◉ 本題に入る前に……

　システム的な学習意欲デザインのプロセス（motivational design process）をふまえれば，予測可能な形で，学習意欲に訴える教授方法の魅力を高めることができる，というのが，本書の大前提である。

　この前提を，創造性・自発性・革新性という面から検討してみよう。「システム的な学習意欲デザイン」とは，組み立て図を見ながらバーベキュー用コンロを完成させるように，学習意欲を機械的に高めていく過程であるという意味だろうか。学習意欲をデザインする人間がロボットになる，ということだろうか。逆にいえば，システム的な過程をふまえつつ創造性も保つ，ということは可能なのだろうか。

図8.1　学習意欲のデザインは機械的？

　あなたならどう答えるだろう。本章では，私の考え方を紹介する。

はじめに：デザインプロセスに取りかかる

　第3章で，ARCSのうちいずれの動機づけ方略をいくつ用いればよいか，という問題を取り上げた。この問題の背景には，学習意欲のデザインとはそもそもシステム的に進められるものなのか，それとも創造的・直感的な作業なのか，という議論があった。ここで学習意欲のデザインプロセスについて簡単におさらいしておこう。このプロセス自体は，機械的でも創造的でもない。学習意欲の問題とゴールをどのように定めるか，そして学習者の意欲を刺激し維持できる学習環境を整えるにはどうすればよいか。学習意欲のデザインプロセスとは，これらの問題を解決するべく一連の活動をシステム的な見方からまとめたものに他ならない。このプロセスの進め方や，取り組んでいる問題の性質が，結果的に機械的だったり創造的であったりする，ということなのである。

　学習意欲のデザインプロセスの完全版は10のステップからなり，さまざまな文化圏で，また幼稚園から生涯学習の場にいたるまでのあらゆる教育課程において採用されてきた。また，この過程の簡略版もある（第11章）。簡略版を使う場合は，10のステップすべてをふむ必要はないが，それでも完全版をきちんと理解しておかなければならない。

　表8.1の「インストラクショナルデザイン（ID）のステップ」の横の「学習意欲のデザインステップ」にあるように，まずは科目の情報を得ること（ステップ1）から取りかかろう。ここでは，動機づけを強化したい教授事象や学習目標を簡潔に記述する。次に，対象となる学習者の情報を記録する（ステップ2）。この情報に基づいて学習者の意欲を分析し，動機づけが十分にできていそうな点と不十分かもしれない点とを洗い出す（ステップ3）。

　以上の結果をみれば，授業計画にあたってARCSのうちどの動機づけに注意を払うべきかがわかる。この学習意欲の分析を行えば，学習者の習熟度や前提条件に基づいた学習者の可能性についての教授設計分析が完成する。

　学習者の分析に続いて，教材の現状を分析し，動機づけが十分な点と不十分な点とを洗い出す（ステップ4）。このステップは，教えるべき知識やスキルを明確にする教授分析の作業と似ている。これらの分析に基づいて，学習意欲のデザイン計画に組み込む動機づけ目標を設定し，その目標の達成度を測る方法を決定する。言い換えれば，動機づけ目標が達成されたことを確認するための評価項目を策定するのである（ステップ5）。IDの目標となるのは期待される学習成果であるが，動機づけ目標は，達

表 8.1 学習意欲のデザインとインストラクショナルデザイン（ID）との関連

設計一般	学習意欲のデザインステップ	ID のステップ
分析	1. 科目の情報を得る 2. 学習者の情報を得る 3. 学習者を分析する 4. 既存の教材を分析する	・教育が適切な解決策となる課題を設定する ・教授目標を設定する ・前提行動と学習者特性を特定する ・教授分析を実施する
設計	5. 目標と評価項目を書き出す 6. 方策の候補を書き出す 7. 方策を選択・設計する 8. 教授設計に組み込む	・行動目標を書き出す ・基準準拠テストを開発する ・指導方略を開発する
開発	9. 教材を選択・開発する	・授業を開発・選択する
試行	10. 評価・修正する	・形成的評価を設計・実施する ・総括的評価を設計・実施する ・教材を修正する

成すべき学習意欲のゴールを定めている。

　続く3つのステップは，設計である（ステップ6，7，8）。まず最初に，動機づけ目標を達成するのに役立ちそうな動機づけ方策を書き出していく（ステップ6）。個人もしくはグループでブレーンストーミングを行い，注意（Attention）・関連性（Relevance）・自信（Confidence）・満足感（Satisfaction）の4つの側面について，また授業の始め・中盤・終わりそれぞれに関して，できるだけ多くの方略を見つける。続いて方策の最終選択に移る。ブレーンストーミングでつくった方策リストを複数の基準から分析し直して，実際に用いる方策を選び出す（ステップ7）。この最終選択のステップが終われば，設計のステップも最終段階に入り，授業計画や指導方略の計画に動機づけ方略を組み込むことができる（ステップ8）。以上の設計過程は，目的だけでなく他のさまざまな点において，ID とは異なる。

　最後の2ステップは，ID の最後の2つのフェーズと同時に進めてもかまわないが，既存の科目の動機づけを高めたい場合には，ID から切り離して取り組むこともできる。ステップ9では，既存の教材を選ぶ・新しい教材を開発する・動機づけの要素を含む指導方略を修正する，という方法によって，動機づけ方策を開発する。そして最後のステップでは，試しにパイロットテストを行い，形成的評価を実施し，必要であれば修正を行う（ステップ10）。

　以上のステップが，ふまえるべきシステム的プロセスの完全版である。このプロセスをきっちりふまえて各ステップの内容を文書化してもよいし，あるいは，やり方を考えたり計画したりする際に全般的・発見的なガイドとして使うこともできる。正式なデザインの場面では，決定したことが見直されたり，担当者が変わったり，教授方

法が修正されたりするかもしれないため，各ステップでの出来事を文書にしておくと役立つだろう。しかし自分自身の科目のためにこのプロセスを使っているのなら，メモをいくつか残しておくだけでよい。将来同じ科目を提供する準備にあたって，リマインダとして役立つだろう。重要なのは，これらのステップがなすプロセスであって，ワークシート上の一つひとつの質問ではない。このワークシートを使う際には，自分の状況に合わせて修正してほしい。ここからは，各ステップを紹介し，ワークシートを詳しく説明する。

　このプロセスは，一言でいうとどんな意味を持っているだろうか？ 「本題に入る前に……」で問いかけたように，過度につくりこまれ，教授プロセスの創造性・自発性・革新性に悪影響を与えるものに思えるだろうか？　実際，形式化されたプロセスが自由や創造性を阻害すると信じて，システム的なデザインプロセスに抵抗する人もいる。もしかすると，人によっては自由や創造性を本当に阻害されることもあるかもしれない。しかし，それはその人の持つスタイルのせいであって，デザインプロセス自体が原因なのではない。デザインプロセスを構成しているのは，目標を達成しようとする際に時間を有効活用するために役立つガイドラインである。第2章で引用したように，「デザインとは夢を現実にするプロセス」（Koberg & Bagnall, 1976）なのだ。コーベルクとバグナルが『ユニバーサル・トラベラー：創造性・問題解決・目標達成のプロセスのためのソフトシステムガイド』の出版を始めたとき，彼らはカリフォルニア大学の建築環境デザイン学部に在籍していた。幾度も版を重ねているこの本の大きな特徴は，デザインプロセスを創造的に使いこなせるようになるための数々の資質を説明している点である。その資質とは，人生や身近なものすべてに対する自覚・情熱・自制心・前向きな態度・恐怖を克服する力などである。創造性やデザインの最大の敵は恐怖心であると，彼らは断言している。 恐怖を感じると，問題に対する解決策を生み出して試そうとする際に，考えが狭まり安全な案しか選べなくなってしまう。他人が賛成してくれなかったとしても，自分が心ときめく案ならば捨ててはならない。効果的なデザイナーになるためには，新しいことを進んで試し，計画通りに進まなければ調整し直し，自分が引き受けているプロセスに対して情熱を傾ける方法を自ら見つけなければならないのだ！　学習意欲のデザインプロジェクトに取りかかる際には，それに熱中しなければならない。さもなければ，プロジェクトの結果は，自分を含め，誰をもひきつけることのないものになってしまうだろう。反対に，情熱を傾けていれば，学習者にとっても魅力的な創造的アイディアを生み出すことができるに違いない。これは，デザインを使うあらゆる分野と同様に，IDや動機づけの問題においてもあてはまることなのである！

ステップ1：科目の情報を得る

▶ 概要

　ある科目に適切な動機づけ方策の選択と開発は，学習者特性や学習者のめざすゴールに限らず，それを含む多くの要素に依存している。動機づけ方策は，生み出すのに時間と労力がかかり，それを実行するにも時間がかかる。実行に時間がかかり過ぎると，学習目標や科目の内容からそれてしまうことがある。こうなると，動機づけ方策が「意欲をそぐもの」（demotivational）になってしまう。動機づけ方策を状況に合ったものにするためには，これから提供する科目と学習者について背景情報を集めることが必要である。

　ステップ1は，科目の特性と，科目の提供方法とに焦点をあてている。ワークシート1（表8.2）にあるように，このステップは，(1)科目の説明，(2)科目の論理的根拠，(3)文脈（context），(4)インストラクター情報，という4つに分けられる。「科目の説明」で問われることは，科目の概要と目的，教える回数や頻度，授業前の計画と設計にか

表8.2　学習意欲のデザインワークシート1

科目の情報を得る
教授単元名（科目・モジュール・授業等） **内容と条件の説明** 1. この単元の目的（主たる目的）は何ですか。 2. この単元の内容（実際または予想）を簡単に説明してください。 3. この単元を年間1回以上教えますか。そして翌年も教えますか。 4. この単元の改訂や作成にどのくらい時間がありますか。 **カリキュラムの論理的根拠** 1. この単元によってカリキュラム上のどんな要件が満たされると想定されていますか。 2. 学習者にとってどんな利益がありますか。 **文脈** 1. 前後に履修する他の科目とどう関係していますか。 2. どんな実施方法（教育の提供方法）を使いますか（たとえば，教室でのプレゼンと討議，講義と実験，個人ペースのプリントなど）。 **インストラクター情報** 1. あなた自身を含め，この科目の担当教師の教科領域についての専門性のレベルはどのくらいですか。 2. 担当教師が使い慣れている教授方略はどんなものですか。 3. 担当教師が使い慣れていない，反対しそうな教授方略はどんなものですか。

かる時間である。これに回答することによって，動機づけ方策の設計にどのくらいの労力をかけるかを決めることができる。科目の論理的背景や文脈（他の科目との関係や提供方法）を書き出すことによって，科目の目的に適した動機づけ方策が設計できるようになる。

　教育関係の開発者やカリキュラムの専門家はあまり考慮しないことだが，インストラクター主導型の授業用に教材を設計・開発する場合には，インストラクターの特性も考慮に入れなければならない。これは，用いられる教授方策と動機づけ方策の両方にあてはまることである。最終的には，インストラクター個人のスタイル・知識・経験が，科目全体や個々の方策の成功に大きな影響を与える。インストラクターは，ゲームやロールプレイといった方策をどのように適応させて用いるか，事前に訓練する必要があるかもしれない。取り組みの最初の段階でこのセクションの4つの設問への回答が得られれば，インストラクターが快適に使えるような方策の選択や教材の設計が，より効果的にできるようになる。

　自分自身の授業にこのプロセスを適用しようとしている教師の立場ならなおさら，これらの要素を考慮することだろう。教えたり，動機づけたり，ということに唯一最善の方法などないということは，心に留めておいてほしい。最良のアプローチは，自分自身の性格や好みを理解し，自分が心地よい方法やスタイルを生み出すことである。

　これらのワークシートについての重要な原則は，「適応と適用」（adapt and apply）である。それぞれのワークシートには全体としての目的があり，対象とする学習者・プロジェクトの性質・求められる設計開発の程度に基づいて，自由に修正してよい。1度か2度このプロセスを適用すれば，自分のニーズに合わせて設問を変更したりワークシートをカスタマイズしたりすることが快適にできるようになるだろう。しかし，ぜひどのステップも省かないでほしい。それぞれのステップは，プロセス全体において重要な機能を果たしている。あるステップについて考えるのに2～3分しかかからなかったとしても，そのステップに関して考えたことや文書化したことが，より強力でより効果的な結果に結びつくのである！

▶ ワークシート1のつくり方：科目の情報を得る

　このワークシート（表8.2）と次のワークシート（表8.5）のねらいは，学習状況や学習者についての背景情報を得て，学習者の意欲特性を分析するのに役立てること，また効果的な動機づけ方略選択を準備することにある。ここで得る情報のなかには，非常に一般的で，動機づけについての決定と必ずしも1対1の関係を持たないものもある。しかしこれも，学習者の意欲分析（ワークシート3）を行う際に使える一般的

な動機づけの枠組みを理解するために，必ず役に立つ。動機づけ方略の設計において，これらの一般的な情報を得ることによって，たとえ話や学習者活動，あるいは学習意欲のデザインに関するその他の要素を適切に選択することができるようになる。

内容と条件の説明

1. 教える単元の全体的な目的・目標を，1文か2文で述べてみよう。デザインのステップの間に考慮すべきものとしてリストアップする動機づけ方略・方策を採用するか否か決める際に，立ち返る情報となる。

2. 教える内容を簡単に要約してみることも，動機づけ方策を決めたり選んだりする際に参考になる。また，単元のうち非常に本質的な部分をリストアップしたりそこに集中したりするのにも役立つ。

3. 短時間で簡単に組み込める動機づけ方策もあれば，ケーススタディや経験学習活動のようにかなり時間がかかるものもある。この科目を何回教えるか考えてみることによって，動機づけ方策の準備にどのくらい労力をかけるかが決めやすくなる。たとえば，この単元を複数回，しかも1年間以上にわたって教えるのならば，設計・開発にもっと時間がかかるような動機づけ方策を練る価値がある。

4. 教師やトレーナーはよく，動機づけのための活動について考える時間が足りないという。実際，よい学習活動について考える時間すらないと彼らはいっている。この設問は，単純に時間がどのくらいあるかを問うている。ステップ7では，動機づけ方策を選択するための実用的な基準を適用する。時間もそれらの基準に含まれる。

カリキュラムの論理的根拠

1. 単元を開発して提供する理由にはさまざまなものがあり，規定のカリキュラム要件から，特別支援が必要な子どもたちのための個別の教育計画まで幅広い。その単元がカリキュラム上の規定の要素である場合は，扱う題材の哲学やカリキュラムや教科の構造に基づいた論理的根拠が存在することがある。教える内容のカリキュラムの論理的根拠を知って受け入れることによって，その教材を教えようという自分自身の動機づけや，それを学ぼうという学習者の動機づけが強化されるだろう。

2. 開発中の単元について学習者から「どうしてこれを学ばないといけないのですか？」と尋ねられたら，どう答えればよいだろう？「必修だからだよ」という言葉よりも有意義な回答を，あなたは思いつくだろうか。言い換えれば，学習

者がこの教材で学ぶことによって利益を得るとすれば，それはどのようなものだろうか。学習者にとって明確な利益がある場合もある。たとえば，大学受験用のプログラムを受講している学生は，そこで学んで受験テクニックを身につけることによって，競争率の高い試験でよい成績をとるという明確な利益を受けられるだろう。受験用のプログラムではない学習者にとっては，必修の教材に特定の利益があるとは思えない場合もあるだろう。教師自身もその点をずっと疑問に思ってきたかもしれず，そのため学習者にとっての利益を特定し難いこともある。つまり，私たちが教師として教えるのに大変苦労する単元には，自分でも実際の利益がわからないものもある。このセクションで，具体的な利益を特定してみよう。そうすれば，学習意欲のデザインプロセスにおいて，学習者の意欲のある特定の側面に集中する助けとなる。しかし，この時点で特定かつ有意義な利益を考えつかなかったとしても，心配はいらない。学習意欲のデザインプロセスを進めるなかで，この問題に改めて取り組む機会がある。

文脈

1. この単元と，科目やカリキュラムのなかの他の箇所とは，どのように関係しているか？　前回の内容やスキルの上に積み重なるものか？　対象となる学習内容やスキルの範囲内にある特定の前提条件や次のステップだけを考えるのではなく，関連があるトピックについて広く考えてみよう。たとえば，歴史の科目でエジプトについて教える場合，学習者が社会科や地理などの他の科目でエジプトや周辺の地域について読んだことがあるかどうかを考慮しよう。また，学習者が将来的に同じトピックに出会う状況や時期についても考慮しよう。これは将来，学習者の興味関心や経験に授業を関連づけるための動機づけ方策を開発する際に役立つ。

　　もう1つ考慮すべき背景情報は，スキルの上達との関係である。現在の単元で学ぶスキルのなかに，過去のスキルに積み重なるもの，もしくは将来的な要件に貢献するものがあるだろうか？　たとえば，あなたの教える単元で学習者が歴史的な文書を分析し，特定の時代の文化であることを特定する手がかりとなる何らかの主題やメタファー（古代ギリシャであれば均整と調和の概念など）の存在を探さなければならないとする。学習者は同様のスキルが必要とされる課題に，他の授業で取り組んだことがあるだろうか？　また，将来の科目で同じことをする必要があるだろうか？　たとえば文学の授業で，主題やメタファーの観点から文学作品を分析し，自分の考察を説明し裏づけるようなレポートを求められたことがあるだろうか，あるいはこれから書く必要があるだ

ろうか？ こういった結びつきができれば，授業の動機づけ上の価値を高めることができる。
2.「提供方法」(delivery system) は，学習者に教育を提供するおもな方法を尋ねている。一般的な提供方法としては，インストラクター主導の教室での授業，各自のペースで行うプリント学習，コンピュータ利用授業，Web 利用授業がある。提供方法とメディアの選択とを混同してはならない。提供方法に関係なく，どんな種類のメディアでも使うことができる。たとえば教室の授業では，ポスター・ビデオ・ホワイトボード・パワーポイントのスライドなど，多様なメディアを使うかもしれない。しかし提供方法が異なれば，その方法全体の特性に基づいた学習意欲のデザインが必要になる可能性がある。たとえば，経験豊富で教室内のダイナミクスに注目している教師は，動機づけ方策の変更が必要であることを察して，適切に反応できるだろう。しかし，コンピュータ利用教育では，学習者が必要とする動機づけを事前に予測し，適切な方策をあらかじめ教材に組み込まなければならない。コンピュータは，ベテラン教師のように柔軟かつ巧妙に変化に対応することはできないからである。

インストラクター情報（このセクションは，インストラクター主導型の授業向け）

インストラクター主導の場面で用いられる教材を設計・開発する際は，通常あまり考慮されていないが，インストラクターの特性を考慮に入れるべきである。これは，用いられる教授方略と動機づけ方略の両方にあてはまることである。最終的には，インストラクター個人のスタイル・知識・経験が，科目に大きな影響を与える。取り組みの最初の段階でこのセクションの設問への回答を得られれば，インストラクターが快適に使えるような教材の選択や設計がより効果的にできるようになる。

1. 教科領域についての専門性のレベルが，単元の動機づけを高めようとする際に重要になることがある。知識レベルや経験値の高い教師は通常，実行可能な動機づけ方策をより幅広く考え出すことができる。しかし時には，題材をよく知っているがゆえに，学習者の背景や興味関心に訴えるような新しく奇抜な見方ができなくなってしまうこともある。同様に，専門外の分野を扱っている教師のほうが，むしろそのトピックについての新しいアイディアや視点をもたらすことがある。題材を「新しい目」で見て学習意欲を高める方法を探す必要がどのくらいあるか，準備の際には考慮しなければならない。『ユニバーサル・トラベラー』(Koberg & Bagnall, 1976) というデザイン一般について書かれた本には，自分の視野を広げて新しいアイディアを得るためのさまざまなよい方策

が収められている。動機づけのアイディアを生み出す実際の演習は，後にステップ6で行う。ここで必要なのは，自分の専門性について，また複数名で取り組む場合は他のメンバーの専門性について，考慮することだけである。

2. これまでに自分が使ったさまざまな教授方略をリストアップしてみよう。たとえば，自分の教師経験の大半は，講義で説明した後に学習者に例や演習問題を示す，というようなものだっただろうか？　それとも，発見学習・探求的学習・シミュレーション・ゲーム・ケーススタディのような方略を使ったことがあるだろうか？　ともにプロジェクトに取り組んでいる他の教師はそういった方略を使ったことがあるだろうか？　できるだけ多くあげておこう。

3. 最後に，自分や他の教師が好きでない教授方略や，聞いたことはあるが使ったことがない教授方略をリストアップしよう。このセクションのこの情報によって，自分や他の仲間の教師が受け入れることのできる動機づけ方策を選択・開発する準備ができる。教師が自信を持ってかつ快適に創造的なロールプレイの実習を行うことができないのなら，そのような方略をつくりだす意味はないのである。

▶ ワークシート例

　ここに2セットのワークシート例を示す。このプロセスの説明の間，これらの例を使用する。両方とも実際の状況に基づいており，まったく異なる2つの場面で同じワークシートをどのように使えばよいかとても具体的に示しているので，「完璧」といえるレベルにまで修正することは控えた。つまり，全体的にはよくできているが，改善の余地もある。それはまた，適当なときに指摘することにする。本書をテキストとして使っている場合には，このワークシートを演習で用いて，学習者に批判的に検討させ，改善提案をさせることもできる。問題点をそのまま残したのは，私の学習意欲デザインの授業のなかで学生のなかにみられた問題の特徴を象徴するものだからである。よい例だけでなく避けるべき例を見ることは，学習者のためになる。

　最初の例（表8.3）は，企業内教育のコース用に開発中かつ動機づけを強化しようとしていた事例である。この例は，実在の企業のプロジェクトを題材にしており，もともとは，私の受け持った大学院生ジュリー・ジェンキンスが授業の課題のなかで報告したものである。しかし，ここに例として出すために，ワークシートの状況や内容について多くの点を修正した。この改訂は，この例の真正さ（authenticity）を損なうものではなく，各ステップの要件のさまざまな面をよりよく描き出すためのものである。

表8.3　ワークシート1「科目の情報」の例：企業内教育の場合

企業の例：ワークシート1
科目の情報

科目名
ESE は簡単（ESE = enterprise support environment）

科目の説明
科目の説明
　今回調査するレッスンは「デジタルマジック[1]・システムインテグレーションプロセスグループ」のための双方向性のあるコンピュータ利用研修（computer-based training: CBT）科目の一部である。この4時間のテクノロジー利用研修（technology-based training: TBT）は，SI-Pro（システム統合プロセス）を用いて企業支援環境（Enterprise Support Environment: ESE）という応用ソフトでプロジェクトの計画・管理・記録を行う方法をデジタルマジック・システムインテグレーション社員に教えるために設計された。

科目の目的
　科目の目的は，DDD にある概要のとおり，科目を修了すれば受講者が以下の目的で ESE を使えるようになることである。
　　1. 企業モジュールや企業テンプレートを読み込む
　　2. 業務の成果品を採用する
　　3. 作業分解図（Work Breakdown Structure: WBS）を調整する
　　4. 作業指示書（Statement of Work: SOW）を管理する
　　5. プロジェクトの計画を管理する
　　6. 企業の資材を管理する

新規か，既存か
　現在分析中の科目は，検査の最終段階にあり，汎用版として発行される予定がある。ESE はデジタルマジック社の新しいアプリケーションであるため，この科目は ESE についてはじめてつくられた科目である。

運用上の検討点
　本科目は今後2か月間，複数回にわたって教えられる。修正の頻度はクライアントによって異なる。しかし，ESE の次のバージョンについて教えるためにこの TBT の改訂版をつくろうという交渉がなされている。次に出る ESE も，現行バージョンと同じ機能を備える。しかし，プロジェクトのサイクル時間やコストを予測する機能が追加される。クライアントは，新しい TBT にはこの新機能に対応した説明を入れるべきだとしているが，私たちが好ましいと判断するならどのような改訂でも組み込んでほしいと望んでいる。

改訂にあてられる時間
　新バージョンの ESE は発行間近である。新しい改訂版 TBT をつくるための交渉は始まっているため，科目の改訂に6～8週間使えそうである。

論理的根拠
科目の論理的根拠
　この科目は，SI-Pro を使えるデジタルマジック社の社員に特定の訓練を受けさせるためのものである。ESE は，これらの社員（プロジェクトマネージャ，プロセス解読者）のニーズを支援するよう設計されている。そのため，この価値あるツールの使い方を教えるために ESE の科目がつくられた。

科目改訂の論理的根拠
　「ESE は簡単」の TBT は，この新しいツールについて教えるはじめての科目であるため，インストラクショナルデザイナーやプロジェクトチームのメンバーがコンサルタントの割り

---
[1] 架空の企業名。

当てた時間内で科目を組み立てるのは非常に難しかった。科目の評価がなされていないため，IDの有効性は不明である。加えて，動機づけ方略の改訂は絶対的に必要である。というのも，初版であったため，インストラクショナルデザイナーは時間をかけて動機づけの方針を詳細に定めることができなかったからである。

状況

文脈

　ESEは，ABCC社でプロジェクトマネジメントに携わっている社員のための双方向CBTである。この科目はCD-ROMで配布されており，この実施手段により社員が自宅や会社などで快適に使えるよう設計されている。この科目は，利用者が各自のペースで進められるように設定されている。この科目では，受講者は前に戻ることができる。また科目内の特定の地点では，前に戻るよう科目の側から促されることもある。この科目はデジタルマジック社内のいずれの科目とも関係ない。

実施システム

　この科目は，CD-ROMを通じて，職場もしくはABCC社員の家庭で実施される。

インストラクター情報

（該当しない）

　2番目の例（表8.4）は，ニュージャージー州の小学校の英才教育クラスでゲイル・ヒックスが行った授業に基づいている。彼女は児童とあまり会うことがなかったため，典型的な教室授業やオンライン授業とはかけ離れた状況だった。このプログラムは，児童が問いあわせスキルを習得できるよう設計されていた。学期を通じて行われ，動機づけについて検討すべき点が多数あった。彼女はARCSシステムデザインプロセスを使ったが，こちらのワークシートは私が多くの点を遡って書き込んで完成させたものである。彼女が求めた細かさのレベルを超えた部分もあるが，それも彼女のプロジェクトを文書化するもととするのに役立った。

▶ 次のステップへ

　これまで記録した情報すべてが，今後の分析・設計ステップで参照する枠組みとして役立つ。また，現在・将来の他の科目のために学習意欲のデザインプロジェクトを行う必要がある場合，このような文書があれば，このときの具体的な状況や，さまざまな学習意欲デザインが決定された理由を思い出せる。このプロジェクトへの取り組みの成果は，他のプロジェクトに転移されるだろう。次のセクションでは，この単元の学習者特性について詳しくみていく。

表8.4　ワークシート1「科目の情報」の例：小学校の英才教育クラス

小学校の例：ワークシート1
科目（単元）の情報
─────────────────────────────
単元[2]名：独立学習プロジェクト
単元の説明
1. この単元の簡単な説明[3]
　この単元で取り組むニーズは，独立プロジェクトの開発である。この科目が重点を置いているのは，自立性を高めること，自己主導型学習に必要な概念やスキルの紹介，問題解決のスキル，コミュニケーション，効果的な時間の使い方，そして独立プロジェクトの完成である。この単元の対象者は，知能・学力ともに優秀な英才教育クラスの5・6年生である。
2. この単元の目的（主たる目標）は？
　この単元の目的は，批判的・創造的な高度な思考スキルを身につけること，そしてそれらのスキルを用いて創造的に問題を解決すること，研究のための計画活動をより容易にすること，完成したプロジェクトを他者と共有することである。
3. 新規の単元か，既存の単元か？（1つにチェックを入れる）　既存 ☑　新規 ☐
　これは対象者にとって標準的な課題である。
4. この単元を運用する際の留意点は？
　a. 1回か，複数回か？　年1回ずつ教える。
　b. 修正の頻度は高いか，低いか？　毎年更新する。
　c. 頻繁に教えるか，間隔が長いか？　毎年教える。
5. 教える前にこの単元を修正・作成するのにどのくらい時間があるか？　3か月。
この単元の論理的根拠
6. この単元で満たすべき要件は？
　目的の1つは，単元のプロセス全体を通して，学習者の責任感や忍耐力（つまり，自己原因性（Personal Causation）の意識）が養われるような設計を行うことである。学習者にはまた，教材独自の独立プロジェクトを進めるなかで，問題解決の技法を用いるよう求めなければならない。さらに，このプロジェクトによって，学習者は「特に問題解決の手段として，独創的・奇抜なアイディアを生み出せる」（米国教育省による英才学級にいる子どもの定義）ようになる。そして学習者は，これらのスキルを用いて自分の可能性を最大限に生かし，自分や社会に対する貢献を実現できる（ウィノナ学園の英才学級育成方針の理念）ようになる。
7. 学習意欲や教授面で考えられる問題点は？
　この単元に関する問題は，学習者の学習意欲に関係している。このような優秀者向け英才教育プログラムでは，開講時点の学習意欲は通常は問題にならないが，期間中ずっと高レベルの学習意欲を保つのは困難なことが多い。今回の学習者は，各自が独立してプロジェクトに取り組む。

---

[2] 言及するレベルを科目全体から1つの単元に変更している。
[3] 質問を修正している。

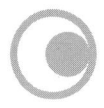

ステップ2：学習者の情報を得る

▶ **概要**

　このステップ（ワークシート2の表8.5参照）の情報は，前出の情報と併せて，ステップ3で行う学習者分析の基礎となる。このステップが焦点をあてているのは，学習開始時の学習意欲に深く関係する要因と，それらの要因が科目の内容や教授方略にどのように対応しているか，ということである。たとえば，科目に対するこれまでの評判，学習者が見いだしている価値の幅，そして科目の選択方法や学習者を科目に割り当てる方法などが，学習意欲の初期値を予測するのに役立つ。科目の一番最初に用いる動機づけ方策を設計する際，この情報は大変役立つ。

▶ **ワークシート2のつくり方：学習者の情報を得る**

1. クラスというものは常に不均質だという見方もできる。つまり，各学習者の性格や興味をみれば，必ず違いがある。しかし，全体的な社会経済的レベルや，学校への価値観，将来に対する態度についてみると，学習者がほぼ均質なクラスもある。また，これらの同じ変数によって，はっきりといくつかの下位集団に分かれるクラスもある。自分のクラスがどの程度均質だと思うか，またはどの程度はっきりと下位集団に分かれると思うか，簡潔に説明しよう。これは次

表8.5　学習意欲のデザインワークシート2

学習者の情報を得る
1. 学習者が知りあいどうしの場合，どのくらいお互いを知っていますか。およそ均質な集団ですか，それともいくつかの下位集団にはっきり分かれていますか。
2. 学校に対する学習者の全般的な意欲・態度はどのようなものですか。
3. この単元に対して，学習者はどのような態度で臨むと思いますか。この単元は選択ですか，それとも必修ですか。学習者は，この単元は有意義だと思うでしょうか，それとも個人的な価値はほとんどないと思うでしょうか？　難しいと思うでしょうか，やさしいと思うでしょうか？　退屈だと思うでしょうか，おもしろいと思うでしょうか？
4. 学習者はどのような教授方略に慣れていますか（例：講義＋演習，協調グループ学習，ケーススタディ，ロールプレイ，自己主導型のプリント学習，コンピュータ利用教育など）？　さまざまな教授方略に対して，学習者は強い好き嫌いがあると思いますか？

のステップで学習者分析を行う方法に直接的な影響を与える。
2. クラスの学習者は，生活のなかで学校や学校の重要性に対しておおむね前向きな態度だろうか？　学校に対する態度に関して，クラス内の下位集団の間で違いがあるだろうか？　この質問に対する答えのなかに，これらの態度についてメモしておこう。
3. このデザインプロセスで準備している教科領域の単元に対して，学習者はどんな態度をとるだろう？　有意義だと思うだろうか，それとも特に有意義なものではないと思うだろうか？　おもしろい教科だと思うだろうか，それとも基本的に何だか退屈なものだと思うだろうか？　この教科に対する彼らの態度について，書ける点は何でも書いておこう。
4. 最後に，学習者が慣れている教授方略は何か，それらの方略に対する学習者の態度はどうかについて考えよう。この点について省察しておけば，学習者にとって強い動機づけになる方略を選びやすくなるだろう。

▶ ワークシート例

　企業の例（表8.6）では，訓練や教育機関でのごく一般的な状況を描いている。というのも，これは必修科目であるため，受講者はいわゆる「囚われた聴衆」（captive audience）である。しかし，ワークシートが示すように，すべての受講者が否定的な態度を持つとは限らない！

　年齢層や組織の設定がかなり異なるものの，小学校の例（表8.7）は企業の例と比べて劇的に異なる状況である。企業の例と同様に必修科目であるが，子どもたちは授業を受けたいと強く希望している。日常的な繰り返しと比べると，これは子どもたちにとって目新しい経験であり，エリート的な雰囲気さえある。しかし，ワークシートが示すように，教師にとっては動機づけ上の課題が複数ある！

▶ 次のステップへ

　これらの最初の2つのワークシートには，科目や学習者について得られた背景情報の説明や考察が書かれている。この情報が集まれば，学習者を正式に分析する次のステップへの準備ができたことになる。次のステップ4では，動機づけ強化の対象単元向けにすでに存在している教材について，動機づけ分析を行う。

表 8.6　ワークシート 2「学習者情報」の例：企業内教育の場合

企業の例：ワークシート 2
学習者情報

学習者の情報に関する質問
学習者は誰か？
　対象の学習者は，SI-Pro を使える集団に属するプロジェクトマネージャやプロセス管理者である。プロジェクトマネージャもプロセス管理者も，ESE の管理者権限を持ち，SI-Pro の専門家であるとみなされている。
学習者どうしは知りあいか？
　対象の学習者は，さまざまな地点に散らばっているが，多くの者どうしはすでにネットワークを持っている。しかしこの科目は自己主導型学習として個人に提供されているため，現実のクラスや仮想のクラス内でやりとりすることはない。
学習者の意欲・態度は？
　学習者の大半は研修に対して否定的な態度である。研修に対する否定的な態度の原因は，次の 3 つの要因のいずれかである。(1) ESE 研修は必修であり，自発的なものではない。(2) これまでに受講した自己主導型 TBT 科目が，学習者にとって否定的な経験であった。(3) これまでに受講した対面研修コースが否定的な経験だった。
この科目に対する学習者の態度全般はどのようなものだろう？
　この科目に対する態度は多様だが，大部分は否定的である。大半の社員は研修を退屈なものだとか必要ないものだと考えている。それよりも自分のやり方でそのツールの使い方を覚えたいと思っている。
学習者は，研修の実施方法や教授方略に対して，強い好き嫌いがあるだろうか？
　しかし，TBT の経験がなく，新しい科目の受講を強く望んでいる学習者もいる。TBT を使いたくない，どんなタイプの研修も経験したくない，という社員もいる。

ステップ 3：学習者を分析する

▶ 概要

　学習者分析は，学習意欲のデザインプロセスのなかでも重要な意味を持つステップである。ここで求められる決定は，動機づけ目標の設定や，方策の選択・作成に直接影響する。このステップの目的は，クラス全体やクラス内の特定の下位集団や個人について，学習意欲のプロフィールはどのようなものかを推測することにある。
　動機づけの問題を解決する際に，学習者の開講時の意欲が低すぎるだけでなく，高すぎることも課題となる。学習意欲が低すぎると，成功したいという気持ちがほとんどなく十分に努力しないために学習成果が低くなる。一方で，学習意欲が高すぎると，

第8章　学習意欲の問題を見つける　　221

表8.7　ワークシート2「学習者情報」の例：小学校の英才教育クラス

小学校の例：ワークシート2
学習者情報

1. この単元の対象者は誰か？[4]
   アメリカ北東部のある小学校の英才教育プログラムに所属する5・6年生。
2. 学校に対する学習者の意欲・態度や，学校内でのやる気はどのようなものか？[5]
   学習者は全体的に学校生活を楽しんでいる。というのも，彼らはよい成績を収める力があり，学校側がかなりの資金を投じて彼らを支援してくれるからである。
3. 学習者どうしが知りあいの場合，どのくらいお互いを知っているか？　たとえば，今後お互い知りあって，協同作業を経験するだろうか？[6]
   この単元の開始までには，参加する学習者全員が同じ特別クラスに入るため，少なくともお互いが誰かわかるレベルまで知りあうことになる。友だちになったり，知人になったりする学習者もいるだろう。前の学年からいっしょで知りあいだったという学習者もいるだろう。
4. この単元に対する学習者の全体的な態度はどのようなものか？　自発的に参加したのか，義務だったのか？　彼らはこの単元を有意義だと思っているか，不必要だと思っているか？　難しいと思っているか，簡単だと思っているか？　退屈だと思っているか，おもしろいと思っているか？
   この単元は，このプログラムのすべての学習者にとって必修である。特別プロジェクトの教師が行ったインタビュー結果によると，学習者は「この単元は難しいが，自分ならできる」と思っている。彼らは自分の興味関心を追求する機会を持つことに夢中になるが，このプロジェクトは自分の将来にとってあまり有意義ではないと思っている。
5. 実施方法や教授方略について，学習者は強い好き嫌いがあるか？
   この学年だと，学習者の多くは多様性を好み，自分が興味のあるトピックについての「特別な話」でなければ，講義にはすぐ飽きてしまう。独立プロジェクトをすることは彼らにとって魅力的である。

過剰なストレスがかかり「硬直」してしまい，学習成果の質が下がってしまう。つまり，情報を覚えられなかったり，効果的ではない問題解決方策にはまってしまったりする。

　学習意欲のデザインの目的は，この両極端の間のちょうどよい中間地点（happy medium）に学習者をとどめておくための動機づけ方策を決めて使うことである。学習者を分析して具体的にどのような動機づけ上の問題が存在するか見極めることによって，これらの具体的な問題を解決する方策を選ぶことが可能になる。これによって，動機づけ方策が少なすぎたり多すぎたりすることから生じる問題も避けられる。そうすればインストラクターは，過去の経験や試行錯誤から生まれた手法のみに頼るのではなく，合理的な学習意欲のデザインの手法を信頼して使うことができる。

---

[4] 企業の例と質問が変わっている。
[5] ここでも，前の例と比べて学校という設定に適した質問に変わっている。
[6] ここでも，質問が修正されている。

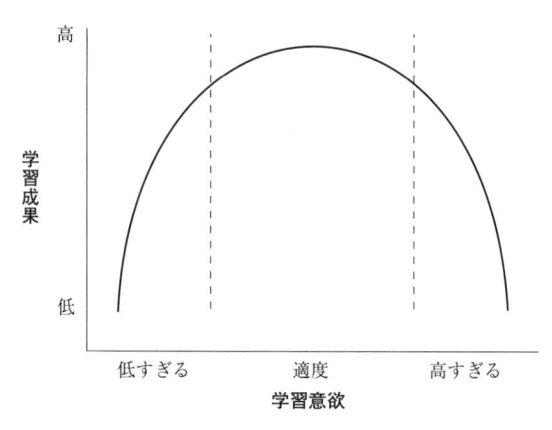

図 8.2　学習意欲の曲線的ダイナミクス

　これらの状況は，第3章でも示したグラフ（図8.2）に表れている。横軸は，学習意欲のレベルが低すぎる・適度・高すぎる，という3つの部分に分かれている。縦軸は，学習の成果を表している。描かれた逆U字カーブが示すように，学習意欲のレベルが適切な場合に学習成果が最大となり，学習意欲のレベルが低すぎたり高すぎたりすると学習成果が下がる。厳密にいえば，これは数学的なモデルではない。学習意欲のレベルを測定する手法は，学習意欲のすべての側面を網羅する厳密な数学的モデルのもととなるほど十分に正確で安定したものではないからである。しかし，これは学習意欲と成果の概念や状況をグラフに表すには役立つ手法であり，このセクションのタスク3（ワークシート3の表8.8参照）で学習者を分析した結果を記録する際にも役立つ。

　この学習者分析のプロセスでは，あなたが前出の章を学び，そこで説明されている注意・関連性・自信・満足感という4要因をそれぞれ表す概念・方策・下位分類について知っていることを前提としている。この分析を行う際は，動機づけを強化しようとしている単元の学習開始時点の学習意欲の特徴を予測しようとしているのだということを覚えておいてほしい。結果的に，学習者分析において，この予測結果を反映する形でARCSの各分類を説明する。ワークシート1と2の情報は，学習意欲のプロフィールを推測するための背景情報として使われる。

▶ ワークシート3のつくり方：学習者分析

1. 学習者の分析（ワークシート3；表8.8）では，ARCSの4つの側面それぞれを組み込んだ学習者のプロフィールをつくる。最初のステップは，集団全体の支配的なプロフィールがあるか，それとも明確な下位集団に分かれているか，ということを判断することだ。明確な下位集団に分かれていれば，それぞれの集団に別々のプロフィールをつくることになる。各下位集団について記述しながらラベリングすることによって，このワークシートに分析結果をすべて記録することができる。あるいはワークシートのコピーを下位集団ごとに別々に用意してもよい。心にとめておいてほしいのは，大集団を下位集団に分けたとし

表8.8 学習意欲のデザインワークシート3

学習者を分析する

1. この分析はクラス全体にかかわるものか，1つの下位集団にかかわるものか（説明で示すとおり，別々のフォームを使うか，ラベルで識別すること）？
2. ワークシート1と2からの情報に基づいて，以下のそれぞれの側面でどのように学習者を特徴づけるか（それぞれ記述し，グラフで結果を表示すること）？
   - 注意のレディネス：
   - 感じられる関連性：
   - 感じられる自信：
   - 潜在的な満足感：
3. 学習者分析のグラフ。このグラフを使って，学習者の分析結果を表示すること。必要ならば，他の下位集団や個人用にグラフを追加してもよい。

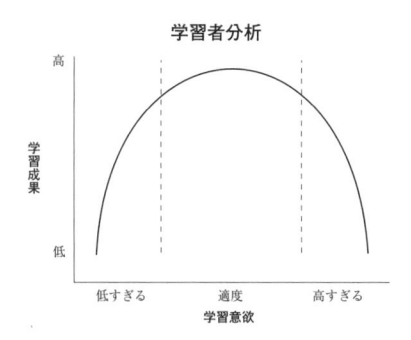

学習者分析

（グラフ：縦軸「学習成果」低〜高，横軸「学習意欲」低すぎる・適度・高すぎる，逆U字曲線）

4. 大きい問題と小さい問題をどう特徴づけるだろう？
5. 大きい問題は，修正できそうだろうか？ そうでなければ，全体的な動機づけを改善するために他のどの条件が影響を受けるだろうか？
6. 学習者分析で他に考慮しなければならないことがあるだろうか？

ても，そのなかの学習者ごとに学習意欲は異なるということだ。この分析の目的は，それぞれの集団や下位集団のおもな特徴を見定めることである。
2. 学習者の学習意欲のプロフィールを記述し，それをもとにして，どんな動機づけ方策を使うか決める。学習意欲が低すぎたり高すぎたりする場合は，それを適切な範囲内に持っていくような動機づけ方策を設計する。学習意欲がすでに適切レベルである場合，それを維持するのに必要な最低限の動機づけ方策を用いさえすればよい。

　　動機づけの変数の4要因のそれぞれにおいて，学習者の意欲が高すぎたり低すぎたりするかもしれない。それぞれの説明と例を見れば，学習意欲のプロフィールを決める準備ができるだろう。

注意のレディネス：学習者が教材に対していだく好奇心や注意の度合いについて述べる。極端な場合，学習者は刺激を受けず（退屈し），注意を払わないかもしれない。また反対に，刺激が多すぎて（活発になりすぎて），何か1つの刺激に注意し続けることができないかもしれない。

　学習者が自分で選んであなたの科目を受講している場合，または学習者が学習内容に強い興味を持っているためあなたの科目の内容に注目し心を開いてくれそうな場合，学習者はおそらく注意のレディネスの適切な範囲内にいる。しかし，学ぶのが妥当で重要な教材についてでも，ある学習者集団からは「おもしろくない，退屈だ」と思われてしまうことが予測できることもある。たとえば，体育の授業では，生徒はスポーツのルールの説明を聞いてはじめて，実際にプレイすることが許される。典型的に，生徒は皆，運動場に出てゲームを始めたいので，説明には退屈してしまう。一方，今日は科学に興味のある生徒のための授業の初日だとしよう。教室に入ったときに，カウンターは興味深い実験器具でいっぱいで，壁一面に科学のイラストや情報のカラフルなポスターが張られている，という状態だったら，生徒は活発になりすぎてしまう。生徒はすべてを見ようとし，部屋を歩き回ってもっと詳しく見てさまざまな物にふれたい，という強い欲求を持つだろう。この生徒の場合，注意の側面は過剰に高まってしまい，教師が彼らを落ち着かせなければ，授業を集中して聞ける状態にならないだろう。

感じられる関連性：動機や目的達成に関して，学習者が何か個人的な利益を感じそうかどうか，ということについて述べる。極端な場合，関連性を感じなければ，学習者は無関心になったり敵意を持ったりする。反対に，自分の将来的な目標達成（例：卒業・昇進・仕事の維持・奨学金）のためにこの科目が重要な場合には，感じられる関連性が非常に高くなり，危機感のせいでひどく不安になるかもしれ

ない。

　たとえば，学習者は学問的な教科には関連性を感じないことが多い。将来の目標に必ずつながるものであるため，その教科を学ぶ必要性は理解するかもしれない。これも関連性の1つの要素である。しかし，その教科が自分の生活でいかに重要な意味を持つかはわからないかもしれない。結果的に，彼らは関連性が「低い」と予想される。一方，自分の将来にきわめて重要な結びつきを持つ，もしくはそう感じられる科目を履修する場合もある。その場合，学習者は，科目でよい成績がとれないという結果についてあまりにも神経質になり，ストレス過剰のためよい成果をあげられなくなるかもしれない。この場合，関連性の面で，学習意欲のレベルが明らかに高すぎる。教科領域について，現在・将来の自分の生活に重要であり，自分の生活に何らかの個人的な関連性がある，と学習者が思う場合は，この側面では適切な範囲内にいる。

感じられる自信：科目の挑戦レベルについて学習者が心地よく感じるかどうかについて述べる。自信がなさすぎたら，無力感を経験するだろう。無力感とは「どんなにがんばってもできない」という気持ちであることが多い。しかし，自信がありすぎると，学習者は横柄になり，自分の知識と科目で教わる知識との間のギャップを見過ごしやすくなる。

　学習者が特定の教科に対して無力感を持つことはめずらしくない。たとえば，自分は書くのが苦手で，よいエッセイや専門的な報告書など難しくて書けない，と信じている学習者もいるだろう。数学に対しての不安感を蓄積して，数学恐怖症になっている学習者もいるだろう。自分の科目を受講する学習者の一部にそのような態度がみられると思ったら，自信のレベルが低いと判定する。一方，自分の知識が実際以上にあると信じている学習者もいる。既習だが前回はより基礎的であったような教科領域を教える場合，学習者が自信過剰になるという問題が生じるかもしれない。心にとめておいてほしいのは，学習者がその題材をすでに知っていると信じていて，かつ実際知っている場合は，自信過剰ではない。その場合は，彼らは適切な自信を持っている。適度な努力で教材を学べる，と学習者がおおむね予期している場合は，この側面の学習意欲レベルは適切な範囲内である。

潜在的な満足感：科目から得られる結果について学習者が事前にどのように考えているかということについて述べる。極端な場合，不本意な学習者は「負け惜しみ的」な気持ちかもしれない。それは「この科目でどんなによい成果を得ても，好きにはなれない」という感情である。反対に，科目に期待しすぎて，科目がすべての問題を解決してくれたり何らかのスキルを完璧にマスターさせてくれたりする万能薬であるかのように思ってしまうかもしれない。

学習者が題材に関連性を感じ，学ぶことができるという自信を持っている場合にもかかわらず，潜在的な満足感が低すぎる，と予想することも十分あり得る。これは必修科目でありがちである。選択肢がない，題材にもともと興味がない，というだけの原因で態度が悪くなる学習者もいる。この場合，その集団は満足感のポテンシャルレベルが低いことになる。学習者の期待感が高すぎる場合は，逆の状態になる。たとえば，外国語をはじめて学ぶ機会を得るとき，すぐに文通相手ができたり新しい言語で会話したりできると思って，熱中するかもしれない。これは新しい言語を学ぶ最初の単元が終わった時点では不可能である。そのため学習者は，科目の実際の目標達成という点ではとてもよい成果を収めたにもかかわらず，自分が学んだことに失望してしまう。学習者の期待感が現実を上回っていると思ったら，彼らの満足感への期待が高すぎるということである。この側面での学習意欲が適度な範囲にあるといえるのは，学習者が現実的な期待をし，成功したら達成したという満足感を得られると思っている場合である。

3. 分析結果をグラフ化する。分析結果をグラフの形で表示すると役立つ。厳密にいうと，このグラフは座標を定量的に表示したものではないが，一目で結果を理解できるような図になっており，学習意欲のデザインプロセスの今後のステップで手軽に参照できる。

　学習者のプロフィールをグラフ化するために，前のタスクの言語による記述を参照しよう。学習意欲の構成要素のいずれかが，受け入れられる最大限のレベルである場合は，図表（図 8.2）の横軸に沿って中心点まで鉛筆を動かす。そして鉛筆を逆 U 字カーブに届くまで上に動かし，逆 U 字カーブの頂点に A や S とイニシャルを記す。これは，学習意欲が最適なレベルにあると判断したことを示している。そして図表の縦軸を見れば，学習意欲が影響を及ぼす限りの最大級の学習成果が上がると思っていることがわかる。

　学習意欲が適切な範囲内にあるが最適ではない，と思えば，曲線の適切な地点に該当する要因のイニシャル（ARCS）を書く。同様に，学習意欲のレベルが低すぎたり高すぎたりする場合は，曲線の適切な地点にイニシャルを書いて動機づけの問題の大きさの推定値を示す。左の端や右の端の近くにあるイニシャルは，深刻な問題があることを示している。

　結果をグラフ化する際には，他に 2 つのことを考慮する必要がある。

　　・いずれかの特徴について学習者にかなり多様性がある場合，点ではなく線でグラフに示そう（図 8.3 の C を参照）。図 8.3 の例は，学習者の大半の自信のレベルは適切だが，自信がなさすぎたり大きすぎたりする学習者も

分析例

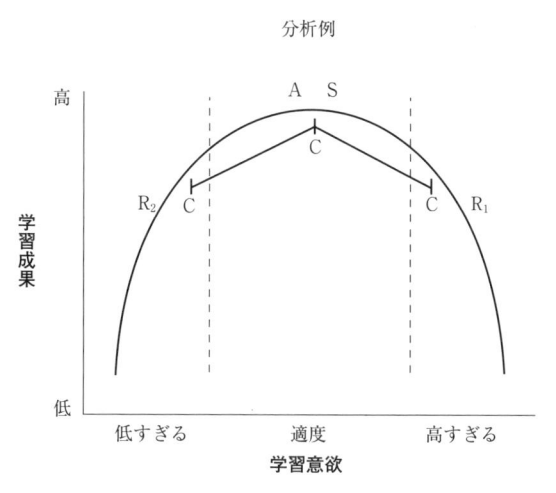

学習成果（縦軸：低〜高）／学習意欲（横軸：低すぎる・適度・高すぎる）

グラフ中のラベル：A　S　C　R₂　C　C　R₁

図8.3　学習者分析のグラフ例

いることを示している。
- ある集団の特徴が多面的である場合，それを2つの異なる点や線でグラフに示し，違いがわかるように小さい数字を入れる。たとえば，補習授業で，普段よりもよい成績で授業に合格し，平均評価点（GPA）を卒業できるレベルに上げなければならない場合，関連性は高すぎることがある。科目の成績が学習者の将来に深く関連し，学習者はよい成績をとらなかった場合に起こる事態を恐れて，関連性を過剰に感じてしまう（R_1）。しかし，これらの補習受講者が「この授業は自分の生活に対して意味のある利益をもたらさない」と思えば，または過去の経験や現在の興味に基づいて「おもしろくない」と思えば，彼らの個人的な関連性の感覚は低すぎるものになる（R_2）。心にとめておいてほしいのは，ARCSモデルの4要因にはそれぞれ下位分類があり，下位分類ごとに学習意欲の幅が異なることもあるということだ。その場合は，それぞれの下位分類を示す番号付きで記号を書き，それぞれがどういう意味か説明しよう。

4. この項目には，問題の根本的な原因とみられるものを何でも記録しよう。おもに1つの原因から，複数の動機づけ上の問題が生じているかもしれない。たとえば，科目に合格しないと卒業できない，という恐怖から，関連性が高くなりすぎるかもしれない。これが原因で，不安が大きくなり，脅威に対して奮起するのではなく引き下がってしまいがちな学習者の自信は低下してしまう。さ

らに，注意のレベルも高くなりすぎてしまうかもしれない（すべてのものを見ようとして視線がフラフラし，特定の項目に集中できなくなる）。結果的に，ARCSすべての側面で学習意欲の問題が存在するものの，その大半は卒業できない不安感を原因とする弱ってしまうほど高いレベルの関連性によって引き起こされた極端な状態なのである。

5. 動機づけ方略が最大限の効果を発揮できるのはどこか，記述しよう。大きい問題に対しては何もできないかもしれないが，全体的な動機づけの状況を改善して，学習意欲をより満足できるレベルにすることはできるだろう。たとえば，科目開発者やインストラクターとして，前出の例の関連性の問題，すなわち卒業できないかもしれないという現実を，変えることはできない。しかし，他の動機づけ条件の改善に取り組み，過度のストレスの影響をやわらげることはできる。たとえば，学習者に頻繁に具体的な成功体験をさせるような動機づけ方略や教授方略を通常よりも多く組み込むことによって，自信を強化することができるかもしれない。成功する意欲や能力がない学習者もいるかもしれず，全員を助けることはできないかもしれない。しかしここでのゴールは，慎重な設計によって，彼ら自身の潜在能力を最大限に引き出すことにある。同様に，気を散らすものを取り除き，より集中させる合図を加え，他の環境面でのストレス要因を取り除くことによって，注意の側面を改善できるかもしれない。

　　この時点では，解決策を決めようとしてはいけない（が，思いついたことを何でもメモすることは至極適切である）。ここでのゴールは，学習意欲に影響を与えることができる領域を見定めることである。

6. 学習者に関する情報や観察のうち，これまでのセクションにあてはまらないものは何でもここに記録しておこう。学習者や，使えそうな動機づけ方策について，思いついたことは何でも手早くメモしておこう。それらのメモが，後にデザインステップにいたった際にとても役に立つ。

▶ ワークシート例

　学習者分析の企業でのワークシート例は，学習者の動機づけ上のさまざまな条件をかなり細かく記述したものである。記述は，適度に詳細なものにすることが大切である。たとえば，ただ「学習者は教材が退屈だと思うだろう」と述べただけでは，過去の経験に基づいているのか，内容が退屈なのか提供方法が退屈なのか，授業そのものの問題ではなく学習者の側の興味不足が原因なのかなど，どういう理由で彼らが退屈すると理解しているのかを表現できていない。問題を特定し動機づけ方略を生み出す

表 8.9　ワークシート 3　「学習者分析」の例：企業内教育の場合

企業の例：ワークシート 3
学習者分析

対象の学習者
　以下の分析は，プロジェクトマネージャとプロセス解析者からなる対象者全体の学習意欲プロフィールを推定したものである。

注意のレディネス
　学習者の多く（グラフの A_1 参照）は，過去に退屈な TBT を受講しているため，この科目も退屈だろうと考えそうだ。彼らはこの製品が会社の全体イメージと調和していて良質であると思うだろうが，内容が技術的で直線的に提供されると思うだろう。また，多くの学習者は，自分で学べるようツールを与えてもらったほうがよい，という態度であるため，授業を受ける際に内容にあまり集中しない傾向がある。しかし，入社年数の浅い社員のなかには，テクノロジーに対して前向きな期待を持ち（A_2），内容に興味を持つだけでなく，この学習方法について好奇心を持つであろう学習者もいる。

感じられる関連性
　学習者が科目に感じる関連性は，内容が業務上の要求と関連していることから，高くなるだろう（R_1）。しかし，経験豊富な社員ほど，この学習自体の関連性が中〜低レベルだと思うだろう（R_2）。つまり，彼らの経験のなかでは，教えられた方法と実際の業務でそれを適用する方法との間に大きなギャップが存在したことが多い。

感じられる自信
　自信の程度は，システム統合プロセスの学習者の知識やコンピュータの操作技術に左右されるが，中〜低レベルだろう。SI-Pro の知識に自信がないプロジェクトマネージャやプロセス解析者は誰でも，SI-Pro を管理するために使う新しいアプリケーションである ESE を学ぼうとすることに心配を感じているだろう。加えて，ESE は 4 つのデータベースに対する単独のインターフェースとして機能する。コンピュータや SI-Pro の知識が豊富な学習者は，平均的知識を持つ学習者よりも自信があるだろう。同様に，科目の提供方法は，一部の学習者にとっては新しいもので，別の学習者にとってはうまくいかなかった方法である。結果的に，彼らは TBT 科目をしっかり修了できるかどうか確信がないかもしれない。

潜在的な満足感
　多くの学習者にとって，潜在的な満足感に関して 2 つの態度がある。一方では（S_1），研修に対する彼らの態度のせいで，最初は中〜低レベルだろう。つまり，彼らは正式な研修を受けるより，自分でツールを学びたいのである。しかし（S_2），このアプリケーションを仕事で使わなければならないということがわかっているので，しっかり学べるということがわかれば喜ぶだろう。この 2 番目の積極的な態度は，「この研修で利益を受け，よい経験になる」と思っている勤務年数の浅い社員側の全体的な満足感の期待が高いことを反映している。

学習者分析のグラフ

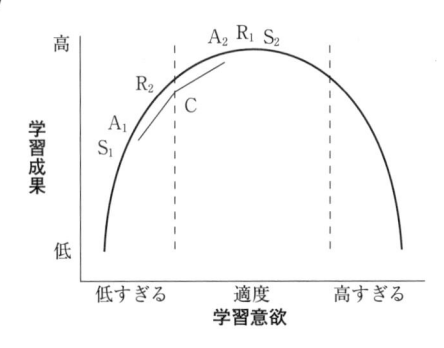

> **大きい問題の特徴と小さい問題の特徴**
> 　大きい問題としては，研修に関心がないため学習者の注意のレディネスが低いことや，生身のインストラクターの支援を受けずにTBT科目で学ぶ恐怖のために自信のレベルが低いことなどがある。小さい問題としては，題材を教える方法に対して感じられる関連性が低いことや，この種の研修やその修了までにかかる時間に対する否定的態度のために潜在的な満足感が低い学習者がいること，などがある。
> **大きい問題の修正**
> 　注意のレディネスや関連性の問題は，研修の初期に関連性が高く興味をそそる双方向的な活動を設定することで，いっしょに解決できる。あまり難易度が高くない演習を頻繁に入れて，ためになるフィードバックを与える，といったID方策を使うことによって，自信の問題も解決できる。連続的な方略を用いて，そのツールのおもしろいアプリケーションをいくつか，研修の初期に教えることも役立つだろう。これらの動機づけ上の問題を解決すれば，潜在的な満足感に関する問題もきっとなくなるだろう。

際に，より深い分析を行うことがおおいに役立つ。

　この例では，分析は集団全体に対して行ったもので，異なる下位集団についての分析ではない。各項目の分析内容を読んで，この分析に賛成できるだろうか，それとも，個別に議論すべき2つの下位集団があるように思えるだろうか考えてほしい。もし2つの集団があるのなら，個別に議論し，集団ごとにグラフをつくるのが適当である。

　小学校の例でも，全員を1つの集団として扱っているが，この場合は適切なようである。確かに，教師が1対1で対処できるような学習意欲の個人差があるが，この種のタスクに関して，特に締め切りを超過したりミーティングの頻度が下がったりすることについて，この年代に特徴的な問題がいくつかある。分析プロセスの最初にインストラクターがこの集団の動機づけ上の特徴をどのように判断したか，そして時間とともにそれがどう変化したか，ということにも注目してほしい。この場合，インストラクターはこの科目を教えるなかで，問題を予想するもととなる経験をした。彼女がARCSモデルを学んで適用したいと思った理由は，問題の知識がないと思ったからではなく，それを解決するための助言がほしかったからである。しかし，彼女は問題を知っていると思っていたが，このワークシートが示すシステム的な分析を行うことによって，彼女は自分の理解を洗練し，より具体的に考えられるようになった。

▶ 次のステップへ

　1本の鎖がすべてのつながりを必要とするように，学習意欲のデザインプロセスでもすべてのステップが重要である。しかし，学習者分析のステップはある意味，最も重要なステップである。これは，後に続くすべての決定の基礎となる。これが重要なもう1つの理由は，個人の学習意欲の多様な性質に関連していることである。ある時

表8.10 ワークシート3「学習者分析」の例：小学校の英才教育クラス

小学校の例：ワークシート3
学習者分析

1. **この分析はクラス全体にかかわるものか，それとも1つの下位集団にかかわるものか（個別のフォームを使うか，説明で示したラベルで識別する）？**
   ARCSは対象者全体に適用される。個人差があるものの，全員に対してほぼ等しくあてはまる問題や特徴があるからである。これらの結論は，学習者のサンプルとその教師に対するインタビューに基づいている。

2. **ワークシート1と2の情報に基づいて，下記4つの側面それぞれについて学習者をどのように特徴づけるか（それぞれ記述し，結果をグラフ化すること）？**
   注意のレディネス：最初は高い。学習者はトピックを選ぼうという気持ちが強く，それをプロジェクトでどのように実行したいかというアイディアを多数持っているだろう。
   感じられる関連性：低～中程度。学習者は，関連性があるのは課されたタスクを終えることだけだと感じているようだった。彼らは将来的に役立つことだと感じることはできていなかった。
   感じられる自信：高いが，高すぎるということはない。今年の独立プロジェクトに満足した学習者は，自信のレベルが高かった。そして今年の取り組みに満足しなかった学習者でも，将来的にはよい成果を出す力があると心から自信を持っているようだった。
   潜在的な満足感：多様。プロジェクトを達成できた学習者のほとんどは，個人的な管理や忍耐をかなり必要とするタスクに成功したことで，達成感を感じている（S_2）。しかし，あまり自律的ではない学習者は，ぎりぎりになって取り組むことが多く，たいてい結果に失望している（S_1）。
   学習者は数多くのアイディアを現実的に可能なレベル以上に成し遂げられると思っているため，意欲のありすぎも問題になるかもしれない。彼らの目標が高すぎる場合，フラストレーションのレベルになってしまうかもしれない（S_3）。独立プロジェクトを達成するというアイディアに内発的な満足を感じている学習者もいる（S_2）が，外発的動機づけを必要としそうな学習者もいる（S_1）。

学習者分析のグラフ

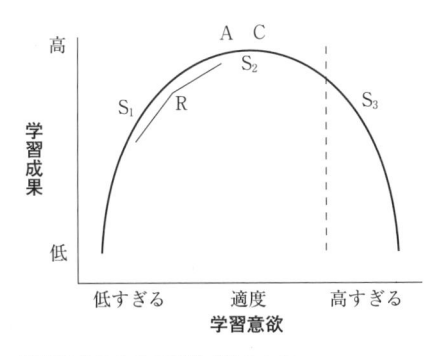

（グラフ：横軸「学習意欲」（低すぎる／適度／高すぎる），縦軸「学習成果」（低／高）。逆U字曲線上に A, C, S_2, S_1, R, S_3 がプロットされている）

3. **大きい問題や小さい問題をどのように特徴づけるか？**
   大きい問題は，長期的に彼らの学習意欲を維持することである。彼らは最初は熱心だが，個人の努力をずっと維持することが課題となる。彼らは興味を失い，それが注意に影響し，生活全般や将来の目標にあまり関連性がないと感じるだろう。

4. **大きい問題は，修正できそうか？　そうでなければ，他のどの条件が全体的な動機づけを改善するのに影響がありそうか？**
   大きい問題は修正できる。注意を維持し関連性をつくるような直接的な介入が役立つはずだ。

> また，プロジェクト中のキーポイントに満足感を高める方策を組み込む工夫も役立つだろう。
> **5. 学習者分析で考慮すべきことが他にあるか？**
> 現実的な目標の設定がある。学習者は自分が達成できる以上のことをしたがる。特別プロジェクトのインストラクターは，興味深いが現実的な目標を学習者が設定する手助けをする必要がある。

点で成功する動機づけ方略が，その後も有効であるとは限らない。その原因は，使いすぎや，授業内容の変化，授業の外からの干渉など，さまざまである。したがって，継続的に学習者の意欲をモニターするとよい。このセクションでワークシート3を用いたのは，学習者の学習意欲プロフィールを予想しようとするためであった。実際に経験すると，同じ学習者分析プロセスを，彼らの学習意欲プロフィールをモニターして自分の教授アプローチを修正するためにも使える。教師がこれを実行するのは比較的簡単だが，大半の自己学習の状況では不可能である。というのも，教材を用意するときに動機づけ上の決定が下される必要があるからである。これはすなわち，「下準備」(front-end) 段階の学習意欲の分析が特に重要だということを意味する。特にコンピュータ利用教育において，多かれ少なかれ継続的に学習者の学習意欲をモニターし，学習者の意欲の状態に合う動機づけ方策をコンピュータに自動的に選ばせるための努力がなされてきた（Astleitner & Keller, 1995; Song & Keller, 2001）。たとえば，学習者がある時点で自分の自信のレベルが低いということを示すと，コンピュータが反応して自信を改善するよう設計された何らかの方策を導入してくれる。ソンとケラー（Song & Keller, 2001）は，コンピュータ利用教育におけるそのような動機づけに適応したプロタイプに取り組み，成功した。しかし，これはさらに活発な研究の余地が大きく開かれている分野である。

ステップ4：既存の教材を分析する

▶ 概要

あなたが現在使っている教材や，採用を検討している教材は，学習者の動機づけ上の要求を満たす要素を備えているかもしれない。しかし一方で，現在の教材には意欲をそぐような欠点があるかもしれない。それらの欠点は，2つのタイプに分けられる。第1に，教材に必要な動機づけ方策が欠けていることである。学習者に教材が退屈だ

表 8.11　学習意欲のデザインワークシート 4

既存の教材を分析する

　このワークシートを用いて，既存の科目や教材一式について，もしくは採用を検討している科目について，分析結果を記録しよう。何らかのチェックリストを使っていれば，その分析結果を裏づけ情報として添付したり，このワークシートに替えて，分析結果をそのチェックリストの既存のフォーマットで代用したりしてもよい。

1. 注意獲得と持続の要素
    ・よい点
    ・問題のある分野
2. 関連性を生む要素
    ・よい点
    ・問題のある分野
3. 自信を高める要素
    ・よい点
    ・問題のある分野
4. 満足感を生む要素
    ・よい点
    ・問題のある分野
5. 一般的なコメント

とか不適切だと思われたら，どんな方策をどこに加えるか決めなければならない。第2に，学習者に適さないゲームやマンガなど，動機づけ上の要素や不適切な活動が多すぎるかもしれない。この内容を学ぼうという意欲や，最短時間で受験準備をしようという意欲が強いような場合は，動機づけのために入っているだけで学習内容には必要ではないゲームやシミュレーションなどの要素に対して，イライラするかもしれない。このステップの目的は，現在使っている教材を分析することである。それはあなたが動機づけを強化したいと思っている単元・モジュール・科目全体・何らかの教育の一部かもしれない。

　現在の教材を調査して，科目内にどんな動機づけ方策が存在しているか明らかにするために，このプロセスのデザインステップで解決すべき問題のリストをつくる（ワークシート 4，表 8.11）。科目を見直しながら，前出のワークシートに記録されている学習者の特性を検討していく。

▶ ワークシート 4 のつくり方：既存の教材を分析する

　既存の教材を見直して動機づけ上の特性を評価する際，次の 3 つの質問について考える必要がある。

1. これらの教材には，自分の教える学習者にとって適切な動機づけ方策が用いられているか？
2. 学習者にとって不適切な方策が含まれていないだろうか？
3. 動機づけ方策に欠点がないだろうか？　つまり，学習者分析で特定した分野や，意欲を維持するために必要な方策が欠けていないだろうか？

　これらの質問はすべて，学習者の動機づけ上の特徴に依存している。よって，教材を見直す間，ワークシート2（学習者情報を得る）と3（学習者の分析）の情報を参照することが必要である。ある学習者にとって完璧な方策が，別の学習者にとっては受け入れられないことがある。たとえば，数学が得意な集団は，チームで取り組んで数学の問題を解決しスピードや正確さに応じて報酬をもらえるような競争的なゲームを楽しむかもしれない。しかし，数学が苦手な学習者のクラスでこの種のゲームを行うと，彼らの無力感を増幅し，失敗するのではないかという恐怖心を強くしてしまう。このため，彼らの自信のレベルは低くなりすぎ，関連性は高くなりすぎる。そして身動きがとれないほど高レベルのストレスに苦しむことになる。
　この分析を行うためには，「動機づけ方策のチェックリスト」のような動機づけ方策のチェックリストや，第11章にあるものを1つ使うとよい。チェックリストを用いることで，学習意欲を高める要素のうち，どれが指導上不可欠なもので，どれが動機づけのみのためのものかを区別することができる。
　教材を見直す間，ワークシート4（表8.11）に観察結果を記録することができる。4つの学習意欲の要因それぞれに，よい点と問題点をあげよう。その際，問題点が2つのタイプに分けられることを念頭においてほしい。第1のタイプは欠点からなり，教材のなかで動機づけ強化が学習者のニーズを満たすために必要である分野を示す。これらの例では，存在する欠点の種類を記述しよう。後に，デザインのフェーズで，問題解決に使うかもしれない具体的な方策をあげていく。問題を解決する具体的な方策を思いついたら，すぐにそれをメモしよう。価値が出るかもしれないアイディアをみすみす失いたくはないだろう。既存の科目や教材一式を見直したり，購入を検討している教材を評価したりする際には，このワークシートを使う。見直しの際は，4つの要因それぞれに対して，その特徴を示す下位分類と作業質問（第4章〜第7章を参照）を参照してほしい。
　第2の問題は，私たちがいわゆる動機づけ過剰（motivational excess）と呼ぶものである。これは学習者にとって不適切な動機づけ方策が存在していることを示している。これが起こる要因は，学習者の意欲がすでに高まっているのに，動機づけを主たる目的とした方策が多すぎることである。見直しの際には，これらの問題点をメモし，

その方策を取り除くべきか，あるいは改変すべきかを示しておこう。

ワークシートの最後には一般的なコメントを記入する。分析の過程で，4つの分類のいずれともいえないが学習意欲を高めるような何かを発見するかもしれない。それらについてのコメントは，この最終部分もしくは別のページに記録しておこう。

---**学習者について考慮する**---

この分析の目的は，対象となる学習者にとって，この科目がどのくらい動機づけになるか判断することである。結果的に，この分析に当たっては，ワークシート2と3の結果を考慮するべきである。

▶ ワークシート例

企業の科目例の現在の状況についての分析は，とても詳しい。明らかに，設計・開発にお金をかけたと思われる，よくデザインされた科目である。しかし，それにもかかわらず，動機づけ上の魅力について数々の問題点がある。ここで見つかった欠点は，後にデザインステップに組み込む価値ある情報になる！ 全体的に，これはとてもよく書かれたワークシートの事例である。

表8.12　ワークシート4「既存教材の分析」の例：企業内教育の場合

企業の例：ワークシート4
既存教材の分析

注意獲得と持続の要素

よい点
- **科目タイトル**：タイトルの「ESEは簡単」は，シンプルだが印象的なテーマで，科目全体を通じて繰り返される。
- **グラフィックスの使用**：導入のモジュールに，特注のグラフィックスが使われており，ESEの機能とプロセスを示している。加えて，TBTを通じて，シミュレーション画面が説明を補助しており，学習者が科目を進めるなかで，視覚的に内容を表している。
- **音声の使用**：科目のナレーターは，声の調子を変えるなどして学習者の注意を維持できるベテランの専門家である。
- **フォーマットの多様性**：各モジュールは，指定された色で表され，ページの種類ごとにフォーマットがある（例：導入，グラフ付き本文，シミュレーション，複数の選択肢など）。

欠点や問題のある箇所
- **科目の系列**：ESEはプロジェクトのなかのさまざまなフェーズで使われるため，この科目は，学習者があたかもプロジェクトでタスクを成し遂げるためにESEを使っているか

のように各モジュールを進めていけるように設計されている。これは業務用アプリケーションという見方からはよいことだが，いくらか退屈で直線的なアプローチである。はじめの部分では，どのような結果になるだろうかという好奇心はそそられない。
- **好奇心を湧かせるためのシナリオ使用**：科目の最初や途中に，好奇心を湧かせるようなシナリオに学習者を引き込むためのものはない。
- **多様性の欠如**：製品の品質はよいが，注意を維持するための革新的な多様性は欠いている。

関連性を生む要素
よい点
- **導入のシナリオ**：業務過剰とプロジェクトマネジメントのタスクを遂行するための手段が不適切であるために疲れ果ててしまったプロジェクトマネージャを描いた簡単なシナリオで科目が始まる。プロジェクトマネージャが「もっとよい方法があるはずだ」と言ったたんに，ナレーターが声の調子を変えて急に語り始め，ESE について，また ESE を使ってそのようなタスクを遂行する方法について説明している。
- **導入のモジュール**：最初のモジュールでは，学習者に ESE の機能を簡単に紹介し，プロジェクトのライフサイクルの間にさまざまなタスクを遂行するための使い方を説明する。
- **モジュールの導入**：各モジュールの最初には，学習者が SI-Pro プロジェクトプレイブックに描かれたモデルを見る。各モジュールは，プロジェクトのなかのある特定のフェーズに対応している。

欠点や問題のある箇所
- **科目モジュール**：各モジュールは，ESE の機能を SI-Pro プロジェクトプレイブックに関連づけるモデルで始まっているが，モジュールは全体を通してこの関連性を維持してはいない。いったん結びつきがなされると，授業中に再びふれられることはなく，その結びつきは失われてしまう。
- **業務に関連したシナリオとケース**：授業では，SI-Pro と関連して ESE をどのように使用するか説明しているが，業務と関連した問題解決活動ができるような「現実世界」のシナリオやケースはない。

自信を高める要素
よい点
- **ゆっくり着実なペース**：ナレーターは教材をゆっくり，着実なペースで提示する。彼は単語を完璧に発音するので，教材についていきやすい。
- **ユーザー制御のナビゲーション**：学習者は，スクリーン下のナビゲーションバーを使って，どのくらいのペースで学習を進めたいかを制御することができる。ユーザーは不確かな出来事に戻ったり，立ち止まってメモをとったり，科目を簡単に修了するために必要なことをほぼ何でも行える。

欠点や問題のある箇所
- **新しい提供方法**：多くの学習者にとって，TBT は新しい教育の提供方法である。これらの学習者，特に自分のコンピュータスキルに自信のない学習者は，CD-ROM で研修を完結することを強いられて不快・不安に感じるかもしれない。
- **不明確な期待事項の説明**：導入モジュールで，科目の目的の全体的な説明がなされているが，学習者はそれ以降，路頭に迷ってしまう。
- **ナビゲーション指示の欠如**：導入のモジュールでは，ナビゲーションバーの使い方を学習者に教えていない。TBT を使うのがはじめての学習者にとっては，かなり辛いものになるかもしれない。

満足感を生む要素
よい点
- **チェックポイント問題**：授業の各切れ目で，または約 10～15 個のイベントごとに，次の教材に進む前に 2～3 のチェックポイント問題が出題される。これによって学習者は，提示されたばかりの教材について，細かいまとまりごとに，頭のなかでまだ「新鮮」なうち

欠点や問題のある箇所
・**練習問題の曖昧な基準**：ESE のツールの使い方を覚える本当の鍵は，練習問題で使うことにある。この TBT には練習問題があるが，明確な合格基準がない。各モジュールの練習問題を終えると，本当にそのステップを正しく修了できたのかどうかをチェックする方法がない。

　小学校の事例はインストラクター主導で，企業でのコンピュータ利用科目を支援するような手の込んだ教材はない。ここでは，教材は特定のスキルやタスクにおいて学習者を導くようデザインされており，このワークシートの筆者はそれをうまく説明している。この事例の欠点は，大部分において，学習者の興味を維持し，ミーティングや課題の締め切りの間隔が長い場合には避けがたい先延ばしに対処できるようにするための適切な活動やマネジメント方略がないことに関係している。

表 8.13　ワークシート 4　「既存教材の分析」の例：小学校の英才教育クラス

小学校の例：ワークシート 4
既存教材の分析

注意：この単元と直接関係する教材はほとんどない。なぜなら，求められるスキルの大半は，学習や質問に関する他の単元で事前に教わっているからである。この単元のおもな文書は，プロジェクトの目的やミーティングのスケジュール，おおまかなタイムラインを説明した，歓迎の手紙（ウェルカムレター）である。学習者は以下のものも受け取る。
・毎月の課題やミーティングをリストアップしたタイムライン
・自分のトピックやもともとある資源を記録する文書
・これから記入する独立プロジェクトの契約書
・プロジェクトのアウトライン（研究の情報源・必要な資材・プロジェクトを完遂するためのステップ）を書くフォーム
プロジェクトのファシリテータは，過年度に補完的な教材を配布していたかもしれないが，このプロジェクト文書ではそれらにふれていない。

1. 注意獲得と維持する要素
　a. よい点
　　・プロジェクトの概要と説明は，学習者に対するレターの形をとっており，典型的な「技術的」文書と比べて少し興味をひく。
　　・学習者は，独立学習プロジェクト用に「オーダーメイド」のフォルダを受け取る。これにはおもしろい情報の断片が載っており，役立つかもしれない情報を記録する場所もある。
　　・興味を刺激するため，今年のテーマが提示される。
　b. 欠点や問題のある箇所
　　・文書は大文字でタイプされており，視覚的な魅力がない。
　　・今年のテーマにふれる以外は，開始時に好奇心を刺激するものはほとんどない。

2. 関連性を生む要素
    a. よい点
        ・学習者は，今年の全体テーマの枠組みのなかで，自分自身のトピックを自分で選ぶことができる。
    b. 欠点や問題のある箇所
        ・昨年のテーマは「危機にある世界」だった。これは学習者に自分に関連するトピックを選ぶ機会を与える可能性があるが，テーマ自体は少し抽象的で，この年代の子どもたちの生活からはかけ離れている。
        ・学習者は，自分が学んでいる質問スキルの関連性について考えるよう教えられたり促されたりしてはいない。これを，現在組織で重視されている知識労働者・知識獲得・ナレッジマネジメント・デジタルリテラシーに結びつけるのは簡単だろう。
3. 自信を高める要素
    a. よい点
        ・単元プリントで，さまざまな課題やミーティングの目的と締め切り日を説明している。
        ・この単元は，学習者が以前学んだスキルの上に積み重なる。
        ・学習者はパートナーとともに取り組むことができる。
        ・学習者は提出した課題に対してフィードバックが受けられる。
        ・学習者は「リスクを犯す」ことを推奨されている。各学習者には，もしプロジェクトが成功しなかった場合には，「自分の試みについて，何がうまくいかなかったのか，そして試したかもしれない他のアプローチについて書く」ことができることが伝えられている。
    b. 欠点や問題のある箇所
        ・学習者は「暗闇のなか」で取り組んでいる。過年度の学習者のプロジェクト事例を調べることができない。
        ・具体的な課題に取り組んでいる間，プロジェクトのファシリテータに進捗を相談したりコーチングを受けたりすることはない。
4. 満足感を生む要素
    a. よい点
        ・学習者には，プロジェクトに対する成績のつけ方が伝えられている。
    b. 欠点や問題のある箇所
        ・学習者は，プロジェクトを終えたときに経験できるよい感情を描写する事例や証言を与えられていない。
5. 一般的なコメント（単元や文書全体にかかわるコメントを含む）
    なし

要約 このワークシートが終わったら，学習者分析と組み合わせて，学習者の具体的な動機づけ上の要件に焦点をあてた次のステップで動機づけ目標をつくるための文書ができたことになる。この文書はデザインプロセスをはるかに簡素化する。というのも，教材のどこに何のために動機づけ方策を集中させるべきか，正確にわかるからである。

第9章
動機づけの目的と方策を練る

本題に入る前に……

場面設定：新学期を前にした教師ラウンジ
ジェーン「あら，ジム！　元気？」
ジム「ああ，元気だよ。君はどう？」
ジェーン「とっても元気よ。そうそう，聞きたいことがあるのよ。トムが言ってたんだけど，あなた2年生（高校）の英語のクラスに劇的な変化をもたらすようなすごい仕掛けをしようとしてるんですって？　何かゲームとかやって盛り上げようとしているの？」
ジム（笑いながら）「そう，部分的にはそのとおり。ゲームっていうところはね。生徒たちはきっと楽しむだろう。でも，僕がやろうとしているのは，教育心理学に基づいたものなんだ。それはね，単なる楽しみのためのものじゃない，ストーリーとゲームだよ。」
ジェーン「それはどういう意味なの？」
ジム「ゲームはエンターテインメントとしてとてもポピュラーだよね。授業中に携帯ゲーム機でゲームをしないように生徒からは遠ざけないといけないね。でもね，ゲームを教育現場で有効活用しようという取り組みがとてもポピュラーになりつつあるんだよ，知っていた？」
ジェーン「何かちょっと小耳には挟んだことがあるけれど，てっきり一時の流行かと思っていたわ。」
ジム「うん，流行なのかもしれない。でもそれ以上の価値があると思うんだ。学習

を推し進めるようなゲームのことを『シリアス・ゲーム』というんだよ。もう1つ，とてもポピュラーになりつつあるのがストーリー型学習なんだよ。聞いたことあるかい？」

ジェーン「ストーリーといえば，子どもに読んで聞かせて以来，聞かないわ。あなた，英語のクラスの生徒たちに物語を読んで聞かせようとしているの？」ジェーンはからかうように言った。

ジム「いやいや，そうじゃないよ。学習のすべての単元がシナリオや物語をもとにしてつくられているんだ，ケーススタディのような形でね。この場合，生徒たちに問題が与えられる。生徒たちは問題を解決するために必要な知識やスキルが何なのかを自分で突き止めなければならない。それを学び，適用して，グループの共同作業で解決していく，というからくりだよ。」

ジェーン「ふーん，言葉ではわかるけれどイメージしにくいわ。例をあげてもう少し具体的に説明してもらえる？」

ジム「いいとも！　僕のクラスの生徒たちにアーネスト・ヘミングウェイの作品の特徴，彼の文学界への貢献，アメリカの20世紀の文化に対する影響を学ばせたいとしよう。そうなると，生徒たちは，文学的評論のための基本的な原理を身につけなければならないし，彼の作品のうちのどれを読むかを決断する必要がある。そして，ヘミングウェイの人生そのもの，彼が影響を受けた作家や作品，彼の人生に影響を与えた文化的，政治的な環境などを学ばなければならない。また，彼がどのように人々に影響を与えたかも調べる必要がある。僕はというと，彼らがしなければならない調査がどんなものかを，生徒たち自身が明確にして調査開始できるように，使えそうな材料や案内のリストと，調査と関連性のある素材へのリンク集を提供する。同時に，コーチやファシリテータとしての役割も果たすんだ。でもね，基本的には生徒たちが自分たちでチームを運営する。主要な質問群に回答するための最終成果物の準備は自分たちの責任のもとで行うんだよ。」

ジェーン「おもしろいものになりそうな感じね。でも，ゲームがこのやり方にどうフィットするのかしら？」

ジム「僕はね，ゲームを中心とした場面設定のなかにストーリー型のモジュールを入れ込もうと計画しているんだ。たとえばね，ストーリー型のモジュールをアドベンチャーゲームとして盛り込むとしよう。探偵もの，冒険ものとかそんな設定のゲームにするんだよ。そこではいくつかの障害を設けるんだ。『賢者』といくつかのイベントが生徒たちを助けたり，邪魔したりする。生徒たちは1ステージをクリアするごとに点数や賞を受ける。調査と関連のある情報が詰まった宝箱という形でね。生徒たちにもポピュラーなインターネット上で仮想社会が展開される『セカンドライフ（仮想

世界)』のなかにモジュールをしかけるというのもいいかもしれないと考えているんだよ。」
　ジェーン「モジュールをデザインするのに相当手間がかかりそうね！」
　ジム「ああ，そうなんだよ。週末はかかりっきりになるだろうね。でもね，僕自身も楽しみでやりがいがあると感じているんだ。」
　ジェーン「そうね，いいものができるといいわね！　またようすを教えてちょうだいね。」
　ジム「もちろんだよ。そうするよ。」
　……続く

　皆さんはジムのアイディアをどう思われただろうか。ジムのアイディアによって，高校2年生の生徒たちの学習意欲は十分かつ適切に高まるのだろうか？　ジムのアイディアは実行できるのだろうか？　それとも，ジムは動機づけ上の困難にぶつかるのだろうか？　困難があるとすれば，それはどんなものだろうか？

はじめに

　さて，ここまでに，あなたは学習場面と対象者の情報を集め，対象者と既存教材を分析した。ここでは，プロジェクトの目的を定め，あなたの教授活動をよりよくするために用いる動機づけ方策リストをつくってみよう。あなたが記すゴール群は，あなたが達成したい事柄と，どのようにしたら達成したことが認識できるのかを示したものとして，目標の形で表現されるだろう。これらの動機づけ目標（motivational objective）を，授業の目的に関連してあなたが学習者に経験してほしい態度や感情といった情意的な学習目標（affective learning objective）と混同させてはいけない。情意的な学習目標は，あくまで教授設計（ID）の文脈で書かれるものであって，動機づけを高める準備の段階で書かれるものではない。この文脈における目標とは動機づけプロジェクトの目標である。それは，あなたが先のワークシートであげたような学習意欲のバリアを学習者が乗り越えた状態，つまり，あなたの授業の受講生が授業への意欲を好転した際の変化を示すものである。このような理由から，あなたが達成したい動機づけのゴールを一つひとつ明確にするために前段で作成したワークシートを見返すことはとても重要である。同じく重要なのは，設定できる目標には2つの種類があるということだ。1つ目は，既存の授業に内在する特定の問題・課題を解消するためにデザインする動機づけ促進策である。たとえば，ある種類のコンテンツの

おかげで生徒のやる気が高まることが予想できる場合には,「生徒がこの教材で退屈しない」という動機づけ目標を示す。2つ目は,動機づけを持続させるために行うことに関連するゴールや目標である。たとえば,あなたの授業が受講者の好奇心を刺激し,受講者が興味を持つと期待できるものだとしよう。しかし,その興味をさらに強める仕掛けを何かしなければ,はじめの興味は長く続かないことをあなたは承知しているはずだ。このような場合は,授業を通して生徒の好奇心を維持することを目標として記述するかもしれない。この目標は,前述の例と同様に,適切な動機づけ方策を設計するための基礎となるだろう。目標を書きあげていくことに加えて,その目標を達成したかどうかを確認する方法を記述しておくことも肝要だ。言い換えれば,目標の達成を確認するために使う評価や基準についても記述しておくべきだということである。

　このステップを完了したら,次に動機づけ方策のリストをつくってみよう。ここでは2つの手順をふむ。まずはじめに,あなたのおかれている状況に関連する,動機づけに関するアイディアをできるだけ多く書き出す。改めていうが,このブレーンストーミング作業において,先に作成したワークシートに列記した事柄に留意することが大切である。手順や説明については本章の後半で改めて詳しく説明するが,ここではいくつかの基本的な原則について述べておく。第1は,いかにあなたの方策が功を奏しているとしてもその効果は永遠には続かない,ということだ。教材設計者やインストラクターが起こしがちな過ちとして,ある方策が非常に効果的だった場合に,得意になって何度も使いすぎてしまう傾向があげられる。どの新しい方策にも,それが生み出す動機づけ的つながりの深さ如何にかかわらず,「新奇性効果」(novelty effect)がある。つまり,新しいという事実だけで,ある程度の興味を刺激することができる。しかし,その目新しさがかげったときには,学習意欲上の必然性と持続的かつ有意義につながっている場合に限り,引き続き彼らを動機づけることになる。とはいえ,そのような場合でさえ,やがて学習者は飽きを覚える。なぜなら,新奇性への渇望は人間の動機づけの一側面だからである!

　もう1つの原則は,あなたが方策を立てる際の「認知指向性」(cognitive orientation)と関係する。ブレーンストーミングを行っている間は,視野を広げて批判的にならないことが肝要である。方策はたくさんリストアップできればできるほどよい。特にあなたが複雑で長期間にわたる科目を担当しているなら,考慮すべき方策をたくさんあげるとよい。あなた自身の過去の経験に重ねて書きあげてもかまわないし,他の人たちを見て学んだことでも,教師や講師向けの情報関連書籍に重ねてもかまわない。たとえそのアイディアを実現・開発するのが過度に複雑であったり,高い費用がかかるものだとしても,ここでそれらを排除してはいけない。その方策を完全

な形で実現することはできないとしても，より簡略化したやり方で同様の成果を実現できるかもしれない，と考えるのがよい。

　ここであげる最後の原則は，動機づけ方策の最終選択に関するものである。作成した方策リストのなかのどの方策を実施項目として採用するかを決定するとき，あなたはさまざまな制約について考慮しなければならない。これらの制約はワークシート7でリストアップされるものだが，方策の準備や開発に要する時間，科目の学習目標との関連性，そして方策実施のために必要な時間があげられる。いつも念頭におかなければならないことは，動機づけ方策が果たすべき役割は，学習者の意欲を刺激・持続させることにある，ということである。したがって，動機づけ方策は教授方策の一部であり，それ自身が優先されることはない。これらのことを考えあわせ，ジムのカリキュラム改革がどうなったのか見てみよう。

　場面設定：教師ラウンジ，新学期の終わりの休日教師ランチ時に。
　ジェーン「お久しぶり，ジム！　長らくここで見かけなかったわね。」
　ジム：いくぶん体重も減り，おでこには新しいしわが。「それは，ずっと僕がこもりっぱなしだったからだね。元気にしていたかい，ジェーン？」
　ジェーン「ええ，とっても。あなたはちょっとストレスがたまっているみたいね。大丈夫なの？」
　ジム「ああ，確かに。ちょっと働きすぎかもしれないね。開発していた新しいカリキュラムの件が原因だね。」
　ジェーン「本当！　そうだろうとは思ったけれど，でもどんな具合なの？　とっても興味があるわ。」
　ジム「まずはドカン！とインパクトをつけてスタートしたんだ。生徒たちは最初のモジュールでは本当に楽しんでいたよ。みんな自分からどんどんと入り込んでいったよ。自分たちの力で多くの基本スキルを身につけ，お互いに宿題を出しあいながら，共同作業を行った。そして，創造的なヒネリを加えて立派な成果物を生みだしたんだ。」
　ジェーン「すばらしいわ！　私も自分の社会科のクラスで何かそのような取り組みを行わなくちゃいけないかしら。でも，そんなにうまくいったのにどうしてストレスを感じているの？」
　ジム「最初はインパクトをつけてスタートしたって言っただろう？　4週間続いた最初のモジュールはよかったんだ。それから，次の4週間続いた第2モジュールもうまくいったんだよ，最初と同じくね。とはいえ，最初のモジュールほど興奮を与えるものではなかった。でも生徒たちはひきつけられる目新しいアプローチによってまだ高く動機づけられていた。しかし，3番目の4週間モジュールで彼らは冷めてしまっ

たんだ。」

　ジェーン「どうしてそれがわかったの？　生徒たちは何と言ったの？」

　ジム「彼らはこんな質問を投げかけてきたんだよ。『プロクター先生，先生はどうして僕たちが学ばなければならない基本事項をただそのまま教えてくれないのですか？　そのほうが手っ取り早いでしょう？　僕たちは手短に教えられることにこんな時間をかけることにもうウンザリしているのです。それから，先生は僕らをグループに分けて課題にあたらせることもできたでしょう？　あと，ゲームのところは楽しかったんですけど，3回目には飽きてしまいました』と。」

　ジェーン「興味深いわね。きっとあなたが何をしようとも，生徒たちは同じようなことの繰り返しにはウンザリするのではないかしら？」

　ジム「ウン，そうだと思う。そもそも学校でのたいていのことで，生徒たちは最短距離でゴールにたどり着きたいと思っているんだ。目新しいアプローチには，彼らはたまには楽しむけれど，ちょっと飽きてきたら途端に効率を追求するんだ！」

　ジェーン「まるで大人と同じね！　あなたはそのアプローチでもう1度やってみようと思っているの？」

　ジム「ああ，必ずね。もうモジュール開発作業には疲れ果てたけれど，賢明な方法で使おうと思う。僕が立てる学習目標達成に最適なタイミングを見計らって，恐らく1学期に1回まで，というところだろうね。」

　ジェーン「疲れて見えるのに興奮している訳がよくわかったわ。エッグノッグを一杯いかが？」

　ジム，喜んで「いただきます！」

　要約すると，ジムは，あなたが今本書で学んでいる学習意欲のデザインについて，現場での苦い経験を通して学んだのである。さあ，プロジェクト目標（ステップ5）と動機づけ方策リスト作成（ステップ6・7）の準備を始めよう。

◯ ステップ5：目標と評価を列挙する

▶ **概要**

　このステップでは，学習意欲のデザインにおける動機づけ目標と評価方法について記述する。目標においては，あなたが学習者にしてほしい学習意欲に関する行動を記

述すること。目標を書く際には，学習意欲のギャップを縮めることと学習意欲を維持することとを区別しておくことが重要である。ある場面では，学習者分析が示すように，注意を払うべき特定の学習意欲の課題がある。たとえば，学習者が，あなたが教えようとする事項に「関連性」を見出せていないようであるならば，その問題を動機づけ目標として書いておく。

しかし，学習意欲に特段の問題がなかったとしても，学習意欲を維持することは必要になる。つまり，あなたの授業や研修がつまらなくならないように，必要な動機づけ方策を含めておかなければならないだろうし，学習者の自信を維持させるような挑戦レベルを保たなければならない。予想できるすべての主要な学習意欲の課題に対して，動機づけ目標を書いておくべきである。初期段階ですでに申し分ないレベルにある学習意欲をただ持続すればよい領域については，動機づけ目標としていちいち書く必要はない。しかし，もし自信や満足感を持続させる必要性が見込まれるのなら，潜在的な課題として動機づけ目標を書いておくことが有効である。

目標の記述（表9.1：ワークシート5）は，デザインの過程において，鍵となる動機づけ方策に力を注ぐことに集中するのを助けてくれる。そして，動機づけ目的を果たすことができるかどうかを確認する手段を与え，長い間の恩恵になるだろう。学習意欲の問題を同定し，目標を書き出し，動機づけ方策をデザインし，そしてその結果を評価するという経験を重ねることによって，あなたの自信と専門性は大きく育つことだろう。

表9.1　学習意欲のデザインワークシート5

目標と評価方法リスト	
1. 動機づけ目標 学習意欲の姿勢（態度）にもたらしたい変化について記述した目標をリストせよ。 1. 2. 3. 4. 必要なだけ記述せよ。	**2. 評価** 動機づけ目標が達成されたかどうかを決定するのに使う測定方法や観察の結果指標を記述せよ。 1. 2. 3. 4. 必要なだけ記述せよ。

▶ ワークシート5のつくり方：目標と評価方法を書く

　ワークシート5には2つの列がある。最初の列には，あなたの企画に適した動機づけ目標をできるだけたくさんリストアップすること。2列目には，それぞれの目標に対する評価方法について記述する。

動機づけ目標

　あなたが学習者に獲得してほしいと願う学習意欲の特性に関する変化について記述した目標をすべて書き出す。これらの目標は，学習意欲のデザインにおける動機づけ目標であり，学習者に達成してほしいと願う学習意欲の変化を記述しているものであること。たとえば，コンピュータを使う能力に自信のない学習者にワープロの初級クラスを教えるとするなら，動機づけ目標の1つは次のようになる：
「最初のクラスの1時間のうち，20分の実習を行った後に教師が課す簡単な学習者自己評価において，学習者は満足あるいはそれより高いレベルの自信を示す。」
　動機づけ目標も，通常の学習目標と同じ原理に基づくように記述しておくべきである。つまり，学習者に期待する行動として観察可能なことを述べ，言及しておくべきあらゆる重要な条件と合格基準についても可能な限り記述しておく。しかし，これらが学習意欲向上のための目標であって，学習目標ではないことを忘れてはならない。もしあなたがインストラクショナルデザインのシステム的な手順を使っているならば，知識・スキル・態度・情意などの，学習目標はすでに記述してあるはずだ。この段階では，学習者が動機づけられているかどうかを明らかにする手段を特定することが目的であって，学習者が何を学んだかを明らかにすることではない。

評価方法

　あなたの動機づけ目標を達成したかどうかをどのように決定するかについて書いてみよう。評価方法は動機づけ目標のなかに明示・暗示されているかもしれないが，観察方法について詳細に記述したもの，もしくは，どの測定方法をいつ使うのか，を具体的に書いておくことが有効である。たとえば，上に例示された動機づけ目標では次のように述べている。「教師が課す簡単な学習者自己評価において，学習者は満足あるいはそれより高いレベルの自信を示す。そして最初のクラスの1時間のうち，20分の実習を行った後に実施する」。この例は，たいていの目標よりもずっと完全な内容の記述といえる。しかし，まだもう少し細かいところまで言及することさえできる。この目標に対する評価方法として，次のように書くこともできる。「受講者に質問用

紙を配り，自分の自信レベルを問う2つの質問をする。1つ目の質問は，ワープロを学ぶための全体的な能力についてどの程度自信が持てているかを問い，2つ目の質問は，コンピュータ利用にあたっての阻害要因や心配事項について自由記述を求める。受講者たちが次の練習問題をやっている間にその質問結果を教師がまとめる」。注意深く使うなら，ほとんどの種類の測定方法が利用可能である。よりくつろいで学習に注力しているかどうかを計るために，学習者のボディランゲージや自発的もしくは促されて発せられた口頭によるコメントのようなより主観的な測定材料を使ってもかまわない。また，学習者が課題に退屈するまで，もしくは集中力を欠くまでの時間を計測するなど，より正確な測定方法を用いてもかまわない。

いずれの測定方法を使うのかは，評価にどれだけ時間をかけられるか，どれだけデータの正確性が重要か，そして，どれだけ通常の授業を混乱させることなく測定を行うことができるか，といった要素に依存する。もし学習意欲の改善ができた，という自分の気持ちを満足させるためだけならば，より主観的な測定方法のみで十分だろう。しかし，もし調査研究をしているとか，動機づけ方策が成功に終わったことを他者に説得的に報告しようというのならば，より客観的な測定方法を用いて，信頼性と妥当性を満足させるだけのレベルで論証できるような準備が必要になるだろう。

▶ ワークシート例

前章と同様，2つの事例についてのワークシート例を示す。企業での事例（表9.2）と小学校での事例（表9.3）は，ともに動機づけ目標と評価方法を組み立てる手順について説明している。

目標と評価方法を読んで，その適切性に関して批評してみよう。目標がよいとしても，その評価方法はその目標が指定することを確かに測定する手段を提供しているだろうか？　事例にある「関連性」の目標のための評価方法について考察してみよう。「自信」欄の3番目の評価方法は曖昧である。すでに記したとおり，ここに紹介する事例はおおよそ妥当な内容となっているが，そこには，あなたが避けたいと願っている典型的な問題を含む場合もあることを見落とさぬように！

小学校の事例では，3番目の評価方法が目標に適切である。一方，最初の2つの評価方法は，子どもが学習目標を達成したかどうかの評価手段ではなく，学習目標を達成するのを支援するための方策になってしまっている，ということが重要である。これは，私がかなり頻繁に直面してきた問題である。教材を学習者とともに評論するなどの方略は，のちほどワークシート6と7で記述する。ここでは，「あなたの目標が達せられたかどうかをいかにして知るのか？」ということを問いたい。4番目の評価

表 9.2　ワークシート 5 「動機づけ目標と評価」の例：企業内教育の場合

企業の例：ワークシート 5
目標と評価方法

動機づけ目標と評価方法
概観：これは自己主導型の科目なので，学習途中での受講者の学習意欲を観察することはできない。学習意欲に関するフィードバックは次の 2 つの方法で集められる。
(1) レッスンの試験運用の間，受講者を観察し，次のセクションで示す質問への回答を求める。
(2) コースが実施されたとき，学習者は事後アンケートに回答する。

	動機づけ目標	評価
注意	受講者は，研修が終始，精神的な刺激を与え，注意をひきつけられ続けたと話す。	受講者に，それぞれのモジュールと科目全体への興味の度合いについて質問する。
関連性	受講者は，ここで学んだツールと彼らの実業務とが強く関連していることを感謝し，研修では，どのように実際の仕事の場でそれを活用していけばよいか明確に理解できるような実習が提供されていたと話す。	受講者に，これらの関連性に関する項目について質問する。
自信	受講者は， (1) 科目全体とそれぞれの練習問題を妥当な時間でやり終える， (2) 第 1 回のモジュールを終えた後，満足できるレベルの自信を示す，そして， (3) 科目の残りでも満足できるレベルの自信を示し続ける。	試験運用での受講者が，科目全体をおおよそ 4 時間で完了できるかどうかを計測する。 試験運用での学習者に，教材を実施する間の自信の度合いの変化について質問する。 学習者に，事後アンケートを実施する。
満足感	受講者は ESE 固有の特徴について列挙し，それが日々の業務にどのようにメリットをもたらすかを説明できるようになる。	科目完了時，試験運用での受講者に，ESE 固有の特徴を列記し，それらがいかにプロジェクトに役立つかを説明することを求める。 同様の質問を事後アンケートにて尋ねる。

方法は正しい方向へ向いているが，まだ完全なものではない。

▶ まとめ

ここまでですべての分析手順を終え，動機づけ目標と評価方法を書くというデザインの最初のステップを完了した。あなたは目的に到達するために役立つ方策が何なの

表9.3　ワークシート5 「動機づけ目標と評価」の例：小学校の英才教育クラス

小学校の例：ワークシート5 目標と評価方法	
動機づけ目標	評価方法
学習意欲の姿勢（態度）にもたらしたい変化について記述した目標をリストせよ。	動機づけ目標が果たされたかを決定するのに使う測定方法が何なのかを目標ごとに記述せよ。
1. 自分たちのプロジェクトに現実的なゴール設定をする。	1. 指導教師は各プロジェクトをレビューし，それを学習者と議論し，そして，目的達成のための適切なフィードバックを与える。
2. プロジェクト実施期間中，興味を持続する。	2. 指導教師は，進捗報告をレビューし，学習者と面談し，進捗を評価する。
3. このプロジェクトの，彼ら自身への関連性についての認識を高める。	3. （もし扱った中身そのものでなかったとしても）彼らがプロジェクトで身につけるスキルが彼らの人生において行う他の探求活動とどのように関連するかを記述させる。そして，今日，将来の社会において探求スキルがますます重要になることについて記述させる。
4. 彼らの考えをおもしろく伝えるための表現方法や手段を駆使して，プロジェクトに対する熱意を表す。	4. 指導教師は，報告書を評価する。

かを考慮する準備ができたといえよう。次のステップは楽しいものとなるだろう。なぜならば，あなたの目的達成のための方法をできる限りたくさんあげていくことになるからだ。そのあとで，ステップ7では，あなたのアイディアを分析して最も可能性の高いものを選択することになる。

ステップ6：可能性のある方策を列挙する

▶ 概要

方策の選択には2つのステップがある。最初の1つ，ステップ6（ワークシート6：表9.4）は，特定の目標やワークシートのステップ1から5で記述したような一般的学習場面に関係する，可能な限りの動機づけ方策・解決策のリストを準備する準備的

表9.4 学習意欲のデザインワークシート6

方策の候補を列挙する				
動機づけ方策の候補：				
	開始期	実施中	終了期	終始
A				
R				
C				
S				

段階である．それから，ステップ7の最終的な方策選択（ワークシート7：表9.7）では，選択基準を適用して，実際に利用する方策を選択・統合し，実利用に適う方策としてまとめる．

　ステップ6は準備段階で，ブレーンストーミングがその中心となる．まずステップ5であげた動機づけ目標に関係する方策を列挙する．同時に，科目を通じて学習意欲を持続させる方策も含める．たいていの動機づけ目標には，単純なものから綿密なものまでを含んで，さまざまな方策が候補として列挙されることだろう．ここでのゴールは，創造的思考を妨げることなく，できるだけたくさんの方策を列挙することにある．たとえ，時間や費用の観点で可能と思われないアイディアであったとしても，他の有効なアイディアの発想につながるかもしれない．時には，たとえ完全な実現とまではいかなくとも，理想に近づく方法がのちに見つかるかもしれない．次のステップでは，可能性を評価し，最も適切な方策を選択する．

▶ ワークシート6のつくり方：可能性のある方策を列挙する

　ワークシートには，行を4つの学習意欲要因に分けており，列には，考えやすいように科目の各部を4列に割り振っている．学習意欲を刺激するために，まず授業開始期に行うことについて考える．次に，そのモジュールもしくは科目の実施中に学習意欲を持続させるために行うことを検討する．そして，授業を締めくくり，学習意欲の持続をもたらすために終了期に行うことについて考える．また同時に，学習意欲を維持するために科目全体を通して行いたいことについても考える．科目全体を通して例示や実習を継続して用いることは，学習者の興味を持続させる助けとなる．同じ例や

実習を継続することによって，それらが「ストーリー」となり，学習者は次の「エピソード」を楽しみにするようになる。

アイディアのよい材料は，ワークシート4（既存の教材を分析する）の結果や，第11章で紹介する動機づけ方策チェックリストなどのチェックリスト，そして，学習意欲の考え方について書かれた専門書や，科目内容について学習者に興味を持たせる考え方について書かれた専門書で見つけることができる。動機づけ目標を念頭におきながら，同時に，できるだけたくさんのアイディアを列挙することが肝要だ。たとえ，すべてのアイディアを今回の学習意欲のデザインプロジェクトで使わなかったとしても，次の機会に活用できるかもしれない。学習意欲のアイディア集をつくっておくといつ何時も有効なものだ。あなたは，自分自身がアイディア集を頻繁にふり返ることに驚くことになるだろう。

▶ ワークシート例

企業事例のワークシートは対面形式の研修に関するものなので，講師が直接的に実施する活動がたくさん含まれている。また，興味関心をひき，関連性を示すために活用できるさまざまな素材について記述している。

このワークシートに列挙されている多くの方策は大変すばらしいものであるが，一般的なアイディアを実現するための具体的な事例が列挙されていることが最も望ましい。たとえば，「注意」の欄では，研修企画者が「興味を促すオープンエンドの質問をいくつか尋ねる」と述べている。これはよい原理だが，まだ実際的な方略・方策とは言い難い。ここでは，実際に利用されているオープンエンドの質問事例をいくつか併記しておくのがよい。たとえば，「研修の受講者たちに，現行のデータ管理システムに関してこれまでに経験した障害や不満を3つ列挙させ，列挙した事案について議論するよう促す」と併記するのがよいかもしれない。

「関連性」の最初の欄も同様だ。研修企画者は，どうやって「ESEの機能と実際のプロジェクトマネジメント利用とを合致させる」のかについての具体的な事例を併記したり，「ESEが日常業務を簡便にし，日々を簡単に過ごせるようにする」のはどんな方法によってかを具体的に述べることもできたはずだ。このように，追加的にもう一段アイディアを詳細化することで，最終デザインに盛り込むアイディアを具体化し，動機づけ方略と研修とを統合することにつながる。

この企業研修のワークシートと比べたとき，小学校事例のワークシートに記載された方策集には特徴的な相違点がある。相違点は，企業と小学校での組織の性格上の相違や年齢層の相違などによるものだと考えられるが，他方で，科目の種類の相違や分

表9.5　ワークシート6「準備的デザイン」の例：企業内教育の場合

企業の例：ワークシート6
準備的デザイン

ブレーンストーミングの結果

	開始期	実施中	終了期
A	―はじめのモジュールにおけるグラフィックスを改善する。 ―興味を促すオープンエンドの質問をいくつか尋ねる。 ―計画や報告などESEで作成した図をより多く提示する。	―チェックポイントの質問をゲーム形式に変換する。 ―チェックポイントの質問をより高度化する。 ―次のセクションに進むことによってのみ回答できる質問を投げかける。 ―SI-Proに関する問題含みの状況を提示し、「さてどうしますか？」と尋ねる。	―受講者に、ESEの利用について考える必要が生じるオープンエンドの質問を尋ねる。
R	―ESEの機能と実際のプロジェクトマネジメント利用とを合致させる。 ―ESEが日常業務を簡便にし、日々を簡単に過ごせるようにする方法を受講者に知らせる。 ―ESEで作成した文書の完成事例をたくさん見せる。	―受講者に、プロジェクトの間、いかにESEの機能がさまざまな方法で使われているかを列挙させる。 ―ツールをいかに最善利用するかを決定する問題解決場面を伴うシナリオをよりたくさん提供する。	―ESEがいかにプロジェクトマネジメントに利用されるかについて要点を確認する。
C	―受講者がその科目に期待するものを明確に定義する。 ―科目を終了するために、受講者はごく基本的なコンピュータ操作技術だけが必要であることを明示しておく。 ―ESEが容易なものであり、受講者がそのコースを楽しめることを強調する。	―それぞれのモジュールを開始する際にはモジュールの目標を定義しておく。 ―チェックポイントの質問や実習課題は挑戦的なものであることを確認する。ただし、難しすぎないこと。 ―比較に資する特定の実習結果を提供することにより、受講生へのフィードバックを改良する。 ―科目内容や実習を受講者が修了しようとしている特定の目標に関連づけ直す。	―最終の実習課題は挑戦的であることを確認する。ただし、達成できる範囲とする。 ―科目実施中に受講者が達成した目標の概要を提示する。
S	―ESEの研修とESEの機能の関係を示す。	―モジュールで実施する実習課題に対する明確で肯定的なフィードバックを返す。 ―実習課題は単純すぎず、難しすぎないこと。	―達成に対する肯定的なフィードバックを返す。 ―受講者が新たに獲得した能力について再確認する。

表9.6 ワークシート6 「準備的デザイン」の例：小学校の英才教育クラス

小学校の例：ワークシート6
準備的デザイン

	●●●方策●●●		準備的なアイディア
	開始期	実施中	終了期
A	・(興味をつかむ)子どもたちに以前の別のプロジェクトにおける事例を目に見える形で示す。 ・(変化性)「児童－教師」間の双方向性から児童どうしの双方向性へとシフトする。子どもたちがプロジェクトで協働することを許す。 ・(探求)好奇心に訴えるようなトピックやプロジェクト，課題を選ぶ機会を与える。興味があればどんなトピックでも選んでかまわないし，どんなメディアを使って進めてもかまわない。	・(興味をつかむ)それぞれのプロジェクトを3分間で宣伝する担当の子どもを時々選ぶ。彼らのプレゼンテーション作成を手助けし，開始時に興味を「つかみ」，あとでちょっとしたヒネリを加えるように仕向ける。 ・(変化性)プロジェクトに関する事項や進捗などの情報を共有するために「ミニ新聞」や手製はがき，その他の道具を使う。	・(変化性)子どもたちにテーマ決めや装飾をつくる作業を手伝わせて授賞式を準備する。
R	・(ゴール重視)子どもたちに，授業を彼らの未来の目標に関連づけるよう指示する。10～12歳の子どもで，大きくなったら何になりたいか自覚しており，そのゴールに向かって学ぶことで，高い確率で成功を導くことを示す。未来の目標と関連づけてプロジェクトについて議論する。 ・(動機との一致)この年頃の子どもたちの興味関心がより高く，個々に関連性のあるテーマをその年ごとに選ぶ。子どもたちは，将来何が起こるのか知りたい気持ちになる。子どもたちが自分自身の将来を想像させるようなテーマで，その時点の興味に関連するトピックを選び，それらを未来に関	・(選択)ゴール到達のための有意義で新しい手段を提供する。子どもたちは，個別学習でレポートを書くと思いがちだ。私は，子どもたちに，トピックを選んだあと，小グループで共同作業をして，学習活動やプロジェクト進捗に利用できるさまざまな手段についてブレーンストーミングしてほしいと思っている。	・(ゴール重視)子どもたちに，最後のミーティング時において与える各賞の一覧を作成させる。子どもたちにいずれが受賞者かを選ぶ投票をさせる。

			連づけていく。
C	・（学習要件）教材のなかに，学習目標を明確に書き込んでおく。 ・（学習要件）明示されたゴールに基づいた自己評価ツールを提供しておく。子ども用自己評価フォームを提供する。 ・（期待）子どもたちが現実的な目標を持つよう支援する。子どもたちがそれぞれのプロジェクトを決定する際には，私は彼らが挑戦的で現実的なゴールを設定するよう誘導したい。	・（難易度）教材はだんだんと難しくなるように組み立てる。子どもたちは，その知識と理解の段階とに見あった調査活動を行うだろう。子どもたちは，ブルームの学習目標分類学にあるさまざまなレベルの課題をこなしていくだろう。最終プロジェクトは，最も高いレベルの思考（総合または評価のうちのいずれか）を問うものとなるだろう。	・（自己確信）子どもたちに，学習成果の良し悪しは，学習を完璧に終えたかどうかで判断するものではない（不完全＝失敗ではない）ことを理解させておく。英才教育プログラムのゴールの1つは，子どもたちが「リスクテイカー（危険に対して躊躇しない人）」とはどういう人かを学ぶことである。子どもたちにとって失敗を恐れることなく，何か「新しいことや違ったこと」を試す最適の場所である。何かに挑戦し，たとえうまくいかなかったとしても，それは許容の範囲であると理解させ，子どもたちを感銘させたい。子どもができることは，試したこと，うまくいかなかったこと，他に挑戦できたやり方などについて記述することである。
S	・（自然な結果）課題をやり終えた子どもには他の子どもを支援させる。子どもたちがそれぞれのプロジェクトを助けあいながら進められる「自主プロジェクトの時間」を実施するつもりだ。	・（計画性）断続的な強化を行う。私は子どもたちと定期的にミーティングの場を持ち，学習状況を把握するためのコミュニケーションを行おうと考えている。 ・（肯定的な結果）口に出してほめてあげる。クラス全員に対して，個々の子どもたちの存在への注意を払う。有益で有効なフィードバックを返す。私は，自主プロジェクト科目にこれらの方策をできるだけ多く組み込むよう常に注力する。	・（自然な結果）新しく身につく調査スキルが，これからの将来にいかに有用で，多くの場面で利用されるかということを説明・例示する。 ・（肯定的な結果）「最も興味をひいたで賞」や「最も科学的だったで賞」のように，学習成果をさまざまな形で賞し，手頃な費用で賞品（表彰状や学校のロゴ入りグッズなど）を準備・授与する。 ・（公平さ）表彰式に続いて，プロジェクトを完了した功績を記念する軽食の場を設ける。

析段階で同定した動機づけ上の課題の相違にもよる。企業研修は，終日行動を共にする参加型ワークショップである。一方で，小学校の事例では，指導教師は限られた時間のなかで不定期に実施するミーティングしか接触の機会が得られない。したがって，小学校の教師は子どもの興味や努力を持続させるために，より多くの課題を抱えることになる。小学校の事例における方策に関して，指導教師はこれらの課題に対応するためのいくつかの創造的な手段を駆使していることに注目しておこう。たとえば，「それぞれのプロジェクトを3分間で宣伝する担当の子どもを時々選ぶ」や，「彼らのプレゼンテーション作成を手助けし，開始時に興味を「つかみ」，あとでちょっとしたヒネリを加えるように仕向ける」といったとても具体的な方策を数多く計画している。このように具体的な方策を記述することによって，強力かつ効果的なデザインの裏づけを得ることができる。

▶ 次のステップへ

このワークシートを完成したあと，次の作業として，最も可能性のあるアイディアを選択し，取りまとめていく作業に移る。なお，アイディアに関するこのワークシートを「閉じた世界」ととらえてはいけない。これからの手順でも，新しいアイディアを発想し，計画へさらに組み込むことができる。一度動機づけ方策についてのアイディアを考案するように頭を鍛えたならば，自発的・創造的に，まだある可能性を追求することができるようになるだろう。

◐ ステップ7：方策を選んでデザインする

▶ 概要

このステップでは，実際に教材に組み込む動機づけ方略を選択していく。前回までのワークシートはすべて，このステップの道標となる。あなたがたった今つくった，種類豊富な方策候補群に加えて，授業環境（ワークシート1），受講者（ワークシート2，3），現在の教材（ワークシート4），そして，動機づけ目標（ワークシート5）に関する情報がある。ステップ7では，実践場面におけるニーズに最も適合する方略を選択する基準についても解説する。多くの場合，動機づけ方略を「選択」するわけではない。選択するのではなく，複数のニーズを同時に満たすために，複数の方略を「組み

合わせて」1つにまとめることになる。他の言葉でいうなら，以下に説明するとおり，ある1つの方略が複数の動機づけ効果を生むことがある。ちょうど企業研修の企画者が企画準備段階で「注意」の区分として，現行のシステムで遭遇する挑戦を列挙するよう受講生に尋ねたときに，この方略が「注意」と同時に「関連性」の方略を講じることにもなっていたように。

　もう1つの問題は，動機づけ方略を実行するのに必要な時間のことだ。インストラクターが時おり口にするのは，授業の内容をすべてこなすには時間が足りないということだ。だから，動機づけ方略を講じる時間などない，という。しかし，「授業の内容をすべて」こなそうとすると，学習者は授業内容のどれもが頭に残らないし応用できないという結果になることが多い。したがって，より効率的で効果的なのは授業内容の重点を決めて，最も重要なところにはしっかり時間をかけ，さほど重要ではない箇所はさっさと進むようにすること。これは，学習意欲向上のための時間や応用的な学習活動に費やす時間をつくるためであり，その結果として，パフォーマンスも改善される。学習意欲の分析手順を注意深く実施し，よくできた明確な動機づけ目標を学習目標とよく統合された具体的な方略とともに記述することができれば，容易に実現可能なことである。こうして，実施に不要に時間をかけることなく，学習者の意欲を改善する最終的な方策集ができあがる。

　ワークシート7（表9.7）は，注意・関連性・自信・満足感の4要素には分けられていない。それは，動機づけ方策の統合について考えてほしいからである。この作業は，動機づけ方策を教授方略に組み込むステップ8の準備となる。それぞれの動機づけ方策の文末には，その方策を表す ARCS の要素，注意（A）・関連性（R）・自信（C）・満足感（S）の略語（あるいはその組み合わせ）を頭文字で記述すること。

表9.7　学習意欲のデザインワークシート7

方策を選択してデザインする
（それぞれの方策が A, R, C, S のいずれの要素にかかわるものかを末尾に記述すること）
開始期
実施中
終了期
終始

▶ ワークシート7のつくり方：方策を選択してデザインする

さて，実現可能性を考慮して，いくつかの基準に基づいて最も適切な動機づけ方略を選択する段階にやってきた。最終的な選択を決断するにあたっては，以下のすべてのことについて考慮してほしい。

1. どれだけ時間が必要なのか。動機づけ方略は授業時間に対してあまり多くの割合を占めるべきではない。
2. 学習目標への貢献度。動機づけ方略，特に，ゲームやシミュレーション，そして比喩などは，内容そのものよりも興味をひいてしまうこともあるので注意が必要。
3. 開発のための時間と経費が手ごろであること。学習意欲向上のためのアイディアはすばらしいが科目の実施可能期間に対して，開発のための時間と費用がかかり過ぎることがよくある。
4. 受講者の学習スタイルとの両立性があること。
5. インストラクターの教授スタイルとの両立性があること。
6. 思慮分別のある利用であること。すべての分析結果に基づいて，あなたが必要と思うすべての動機づけ方策を使うこと。ただし，それ以外は活用しようとしないこと。学習意欲のデザインにおける主要原理は……

すでに学習意欲のある学習者を動機づけようとするべからず！

もし学習者がすでに高く動機づけられている場合，効果的なインストラクショナルデザインや学習意欲の持続に焦点をあてること。過度の「動機づけ強化策」はむしろ学習の進捗を妨げ，学習者をイライラさせることになるだろう。

方略の選択に対するこれらの原理を用いるのに量的な判断はない。基本的な手順は，それぞれの動機づけ方策が，これらの基準に照らして，許容の範疇かどうか考えることである。時には，採用する基準そのものを選択しなければならないこともある。たとえば，ある方策が最も安価な道ではないが，魅力的で効果的である確率が高いならば，ともかくそれを使いたい，ということになるかもしれない。方策を選ぶときには，ワークシート1から4に記載した情報も考慮すること。実施のしくみと科目に関する

その他の状況，受講生の規模と種別，受講生の特性などに照らして，適切な方策を選択するとよい。この最終デザインのステップでは，統合することが重要である。学習意欲向上のための解決策は，その効果において，注意・関連性・自信・満足感のどれか1つだけに区分できることはまれである。いくつかの動機づけ方策を組み合わせて統合的な解決策に結合していくかを決定する際には，ワークシート6に列記したすべての動機づけ方策について，まず授業の「開始期」をまとめて点検するのがよい。

「注意・関連性・自信・満足感」にある方策をいくつか組み合わせて，1つの解決策に結合できるだろうか？　たとえば，「注意」と「関連性」を統合した方策として，導入の対話や短いケーススタディを書くことができるかもしれない。また，教材を無事修了した先輩の事例を引用することによって「自信」の方策を含むことさえできるかもしれない。「開始期」の動機づけ方策を点検し終えたら，同様に，終始・実施中・終了期についても統合を検討していく。

▶ **ワークシート例**

ワークシート7の2つの事例では，これらのテンプレートをあなたの状況に合致するように修正する方法を詳説している。企業研修の事例（表9.8）では，集中型の対面ワークショップに応用可能な「終始」区分の方策を含んでいる。また，この例では「終始」区分の方策群を，テンプレートのリストの最後に記述するかわりにリストの先頭に記載している。それぞれの方略の記述の文末には，動機づけ要素のうちのいずれの要素に効果的だと思われるかを記している。

小学校の事例（表9.9）では「終始」区分を設けていない。グループのミーティングがまばらなため，段階ごとの動機づけ方策に違いがあるからだ。ブレーンストーミングの際に出た多くの方策が統合されたため，最終方略は簡潔なリストとなっている。これらの方略はそれぞれ，子どもたちの興味のレベルに応じて講じられる重要な役割を持つ。

表9.8　ワークシート7　「最終デザイン」の例：企業内教育の場合

企業の例：ワークシート7
最終デザイン

選択と取りまとめの段階

終始
- 受講者が考えたり，自分自身の興味を刺激するような，正解が定まっていない問いを投げかける（A, R）。
- プロジェクト管理の業務を集中することによって，ESEが受講者の業務を簡便にすることを想起させる（A, R）。
- チェックポイントの質問は挑戦的でありながらも，達成可能なものとする（C, S）。
- 学習内容と演習課題を受講者が達成しようとする目標と関連づけ直す（R, C, S）。

開始期
- ESEツールを使って作成した実際のプロジェクト企画，WBSやSOWなどの事例を紹介する（C, R）。
- 全般的な科目目標について，受講者に期待している事柄について明確に定義しておく（C）。
- 受講者が科目を成功裏に修了するためには，コンピュータについては基本的な知識さえあればよい，ということを記述しておく（C）。
- 明快な進行方法（ナビゲーション）を示しておく（C）。
- ESE研修科目と，プロジェクト管理の間に利用するESEの諸機能との関係について説明しておく（R, S）。
- ESEというテーマは難しくないことを強調しておく（S）。
- 実際の業務でみられるリアルな問題をもとにした導入シナリオを準備し，やりとりしながら進める（A, R）。

実施中
- チェックポイントの質問をゲーム形式に落とし込む（A）。
- 次のセクションに進まなければ答えられないような質問を投げかける（A）。
- それぞれのモジュールで，最初に目標を定義しておく（C, S）。
- 比較のための特定課題の結果を提示して，フィードバックを改善する（C, S）。

終了期
- プロジェクト管理の間，さまざまな方法でESEがいかに利用できるかについて，順を追って概要を示す（R, S）。
- この研修科目で受講者が達成した学習目標の概要を提示する（C, S）。
- 科目完了について，肯定的なフィードバックを与える（S）。
- 受講者が新たに修得したスキルリストをレビューする（S）。

表9.9 ワークシート7 「最終デザイン」の例：小学校の英才教育クラス

小学校の例：ワークシート7
最終デザイン

開始期
- ニュースレポーター，作家，車についてもっと知りたい人，住宅建築について知りたい人など，日々の生活のなかから選んだ事例を使う（A, R）。
- 探検やその他の冒険と，個別調査活動を比較する（A）。
- 子どもたちがプロジェクトパートナーと共同学習することを許可することで，「教師－児童」間の双方向から「児童－児童」間の双方向に切り替える（A, C）。
- 新しいゲームやおもちゃでもかまわないので，何かについてもっと知りたいとき，子どもたちが何をするかを尋ねる（A）。
- すでに実施したプロジェクトから事例を示す（A, C）。
- 子どもたちが望むトピックを自由に選ばせる（A, R）。そして，それを進めていくのに，子どもたちが望むどんなメディア表現でも許容する（C）。
- 子どもたちに，課題を彼ら自身の将来の目標と関連づけるよう指示する（R）。

実施中
- ゴール到達のための意義のある代替手段を提示し，それぞれのグループで，彼らの学習やプロジェクト活動に使えるさまざまな手法についてブレーンストーミングさせる（R）。
- 個別作業をスケジュールどおりに完了するのを困難にさせる障害にはどんなものがあるか，経験や研究に基づいて説明する（C）。
- 子どもたちの計画を確認して詳細なフィードバックを返すことにより，挑戦的かつ現実的なゴールを定めさせる（C）。
- プロジェクト進行中の定められたタイミングで使う自己評価ツールを子どもたちに提供する（C, S）。
- プロジェクト中に適度な間隔で，個々の子どもならびにグループに対して詳細な注意を向ける（S）。
- 個人やグループに対して，何かよいことをしたときには必ず，意義のある肯定的なフィードバックを与える。プロジェクトを改善するための批判的でないフィードバックを与える（S, C）。

終了期
- 子どもたちが自分たちの学習成果を発表でき，他グループの成果を見ることができるような「発表会」のような特別なイベントを実施する。「発表会」は評価するためのものでも，比較するためのものでもなく，ただ楽しむためのものにする。採点はこのイベントとは切り離して行う（S）。
- 発表では，各グループが見つけた「成功の秘訣」を共有させる。子どもたちが，次のプロジェクト実施の際にその秘訣を参考にして成功に導けるようにする（S）。

> **要約**
>
> 2つの例にみられる方略はそれほど大量ではないことに気づくだろう。学習意欲のデザインにおいて鍵となる原理に従い，デザインの過程で特定された動機づけの必要条件に直結した方策，学習意欲を持続させるのに必要な方策，そして学習目標の達成を支援する動機づけ方策のみを採用する。
>
> ここまでに作成した7種類のワークシートは非常に多くの詳細情報を含んでいる。それらは3つの目的に有用である。学習意欲のデザイン手順を学ぶ場合，1つの科目丸ごともしくはその大部分に動機づけ要素を盛り込む場合，そして，個別作業を文書化することでチーム作業による学習意欲のデザインを運用する場合，である。1回の授業での学習意欲を高めるといったプロジェクトの場合には，すべてのワークシートを利用する必要はない。簡略化したアプローチは第11章で記述している。しかし，簡略化したアプローチを効果的に実施するためには，第4章から第7章で述べた基本的な学習意欲向上の概念と学習者分析手順を含む全体手順についての知識を身につけておかなければならない。このことを理解しておくことは重要である。
>
> ここまでで，学習意欲のデザインのおもな要素についての学びを完了した。科目全体との関係をふまえて，動機づけ方策について考えるときが来た。次のステップは，動機づけ方策を教授設計計画のなかに統合することだ。これを進めるなかでも，スムーズに学習活動と統合することをめざして，これまでに考えた方策を修正していくことになるだろう。

第10章 学習支援設計に組み入れる

本題に入る前に……

次の2つの質問を考えてみてください。

1. 指導案と青写真（blueprint：図10.1）はどういう点で似ているだろうか？
2. 詳細な指導案を書く恩恵には何があるだろう？　指導案はやっかいな文書作成にすぎないのだろうか？

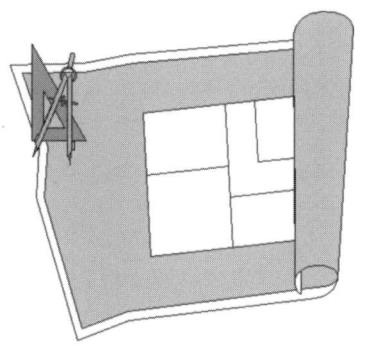

図10.1　青写真を描く

はじめに

青写真（設計図）は建築に不可欠なものである。建築契約では，最初に詳細な青写真も描かずに建築に着手することは考えられない。青写真には，たとえば電気的・機械的・配管・骨組みのようなサブシステムまたは構成要素のすべてが設計されており，それらがどう組み立てられ相互接続されるかについての具体的な方法が記述されている。同様に，指導案には，目標・内容・教授方策・開発すべき教材が記述され，それらがどのように「組み立てられて」レッスンになるかが示されている。しかしながら，建築契約の場合と異なり，教育の場面では，インストラクターがすべての詳細を立案せずに，いくつかの鍵となるアイディアをリストアップするだけでレッスンを始める

こともめずらしくない。インストラクターのスキルと経験次第では，そのレッスンは「まあまあ」（okay）なものになるかもしれない。しかし，それは詳細な計画がある場合と同じくらいには効果的になりそうにない。単発のレッスンを準備するときならばまだしも，新しい科目を教え始めるときには，よい指導案を準備することは特に有益だ。

本章は，学習意欲デザインプロセスのステップ 8 を扱っている。指導案の標準的なテンプレートを下敷きにして，ステップ 7 で考えた動機づけ方策を教育プログラムに統合する方法をシステム的に計画できるセクションが加えられている。また，前章までに使用された小学校プロジェクトのための指導案を事例として詳細に取り上げている。本章の後半は，開発（ステップ 9）と評価（ステップ 10）に含まれる活動の説明である。

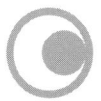

ステップ 8：インストラクショナルデザインに統合する

▶ 概要

ここでは，学習目標・内容・学習活動といったインストラクションの主要な要素（J. M. Keller, 2000 February）と動機づけ方策とを統合（integrate）する。最初に，あなたが開発している教授ユニットを見直して，その要素のすべてを記載することを提案したい。それから，あなたが選択した動機づけ方策を見直し，それらをレッスンのどこに位置づけるかを正確に決定する。これにより，開発上の決定を下し，次のステップで説明するような教材の準備が可能になる。

学習意欲をデザインすることを学び始めたあなたには，このステップが役に立つものであることがわかるだろう。なぜならば，ここがあらゆるものが統合される場所だから。しかしながら，もしあなたにインストラクショナルデザインの専門知識があって，すでにレッスンの学習意欲の側面を設計した経験があるならば，このステップは少々余分だと思えるかもしれない。経験豊富なデザイナーは，通常，動機づけ方策を考えるときに，それらの的確な配置についても同時に考えているからである。

ここに，初心者と専門家の違いが表れる。あなたが新しいプロセスまたはスキルを学ぶときには，すべての要素を学ぶまでは，数回にわたって 1 つずつやってみるのが普通だ。その後，専門性が高まるにつれて，知識とスキルが統合され，おのおののステップを他のステップから隔離して行うことが少なくなる。あなたが初心者のうちは，

最終的な，統合された計画を準備するために，このワークシートが手助けとなるだろう。一方で，たとえあなたが経験者だとしても，このワークシートは以下のことに役立つかもしれない。

1点目に，ワークシートが複雑な教育計画の作業を支える。
2点目に，複数の人がプロジェクトに取り組んでいる場合には，ワークシートがガイダンスを提供する。
3点目に，あなたがプロジェクトをやめた場合に，他の誰かがあなたがやめたところから始めなければならないときに，ワークシートが過去の記録と計画を提供する。
そして4点目に，他のさまざまなプロジェクトに取り組んだ後で，あるいは他の科目を教えた後で，将来再びこの科目に取り組まなければならない場合に，ワークシートが科目の構造と内容，そして具体的な学習意欲の促進策について思い出すために必要な膨大な時間を節約させるだろう。

▶ ワークシート8のつくり方：指導案の詳細

このセクションには，学校や成人教育場面で用いられている多種多様な指導案に共通する特徴を備えた指導案テンプレート（表10.1）がある。このテンプレートには，ユニークな特徴（たとえば方略と方策の区別や動機づけ計画の包含）がいくつかある。本書のすべての他のテンプレートと同様に，あなたの専門用語や設計上の好みに合わせてこのテンプレートを修正することができる。テンプレート自体が，重要なのではない。テンプレートによって表された目的とそれに含まれている情報の種類こそが，重要な要素だ！

以下は，ワークシート8（表10.1）にある各項目についての解説である。

1. 科目タイトルを記入するときは，科目番号や参照番号などの，科目をカタログ化するためにあなたの組織で使われる情報を含めること。
2. 科目のなかに複数の異なったモジュールやユニットがあるときには，そのタイトルと目標を記載するためにこの欄を使用する。
3. この欄の情報は，非常に明確にすること。開発中のレッスンの最終目標とタイトルを明示すること。
4. 教授方略を記述すること。つまり，このレッスンで使用される全体的な教授アプローチに言及する。教授事象（Gagné et al., 2005）に準拠した単純な「教示

表10.1 学習意欲のデザインワークシート8

詳細な指導案

1. 科目タイトル：	4. レッスンの教授方略の概要：
2. モジュールタイトル： 　モジュール目標：	5. レッスンの動機づけ方略の概要： 　a. 維持方略：
3. レッスンタイトル： 　レッスンの最終学習目標（TLO）：	b. 強化方略：

6. 系列ずみの 学習目標	7. 学習内容の 概要	8. 教授方略	9. 動機づけ方略	10. 評価	11. 教材	12. 所要時間

的」（instructivist）アプローチであるかもしれないし，あるいは「内容・例示・練習」が含まれる他のバージョンかもしれない。または，ソクラテス的対話アプローチや経験学習プロセスなど，多くの利用可能なアプローチのうちのどれか1つであるかもしれない（教授モデルを参照のこと）。

5. ここに，全体的な動機づけ方略を記載する。ワークシート3の学習者の学習意欲分析に基づくこと。動機づけ方略の記述例は，表10.2を参照のこと。

6. この欄には，レッスン内で達成される学習目標を記載すること。下位目標を最初にして最終目標を最後に並べた達成順とする。これが，レッスンのアウトラインになる。

7. 学習内容の欄には，単なる題目やキーワードの羅列以上のものを含むこと。実際に用いる文章や内容に関する説明を記述するのが最もよい。そうすれば，開発の第1歩になる。詳細な指導案を作成しておけば，レッスンの実際の内容を書き始めるのが，かなり簡単になるはずだ。

8. どんな種類の教授方略を使用するつもりだろうか？　おのおのの学習目標と内容の要約について，使う予定の教授技法を記述すること。講義（できれば短く！　小講義のように）・パネル討議・演示・事例分析・補足ビデオ（たとえば「YouTube」クリップ）・練習活動・自己チェッククイズなどが考えられる。活動のタイプを識別する1～2語のラベルよりは，教示の例や質問のサンプル

などの具体的な詳細を含めた短い解説を入れるほうがよい。

9. この欄には，レッスンの各部に関連した動機づけ方策を記載すること。対応する教授方策なしで動機づけ方策のみを書くことも，またその逆も可能である。さらに他の場合には，2つが絡みあって1つの方策として書かれるかもしれない（2つの欄が点線で区切られているのはそのためである）。たとえば，インストラクションの最初のエピソードに先立って，考えさせる質問を投げかけるなどの動機づけ方策でレッスンを始める場合があるだろう。この場合，教授方策欄の対応部分は空白のままにしておく。次に，ある販売のテクニックがどう行われるかを実演する際に，関連性の感覚を創出する目的でケース分析を含むレッスンを考えてみよう。この場合，この活動を記述する際には，教授方策と動機づけ方策の両方の要素を含んでいるので，動機づけ方策欄には簡潔な説明のみを書いて教授方策欄に書き入れることもできるし，あるいは2つの欄にわたって記述することもできる。

10. 学習過程では，学習者とインストラクターの双方が，何を達成しようとしているかわかっていることが重要である。評価は，学んでいることの証拠を提供し，また学習者が学習過程についてどのように感じているかを示唆してくれる。学習者がトピックに興味を持ち続け，レッスンに対する肯定的な感想を他者に伝えるどうかを示すものとして，学習成果に加えて態度は重要である。この評価欄は，総括的評価の他に，形成的評価も記載するためにある。自己チェッククイズ・得点化可能な練習活動・相互レビュー・フィードバック活動・テストなどを含むこと。

11. 特に教室やワークショップ環境において，レッスンの各部で使用される補助教材を記載することは役に立つ。プレゼンテーション画面や配布物・ウェブリンク集・イーゼル台・サインペン・テープなどを記載することで，インストラクターがそれらの教材を使ってどう教えるかを想像することを容易にし，また，教材一覧表を作成する一助となる。

12. 最後に，レッスンの各部の時間見積もりを立てておくことは役に立つ。この欄に関する最大の誤りは，レッスンの各部がどれくらいかかるかについて過小評価することである。冒頭のコメントのために2分とか，協調学習活動のために25分などの見積もりを記載することがあるが，これらの両方ともが非常に非現実的である。特に，人々を「その気にさせる」ための時間を考慮すれば，最も短い導入でさえ5分はかかるだろう。協調学習活動は，40分未満に収まることはめったになく，もっと長時間になることが多いだろう。「クラス全体」での講義や議論から協調活動に移行する場合には，グループを再編成し，指示

表 10.2 ワークシート 8「詳細な指導案」の例：小学校の英才教育クラス

小学校の例：ワークシート 8
詳細な指導案

詳細なレッスンデザインガイド：
5年生・6年生用の自主研究プロジェクト

1. 科目タイトル：英語（5年生・6年生）
2. モジュールタイトル：自主プロジェクトの開発
   - モジュールの目標：自主研究プロジェクトを計画・実施し、成果について報告する。
3. レッスンタイトル：1. 研究テーマとゴールの設定
   - レッスンの最終学習目標（TLO）：学習者は、彼らの興味がある領域の背景情報を得て、テーマを持ち、目的を定める。

注：自主プロジェクトに関連する3つのレッスンの第1回目である。各レッスンは、1年間のプロジェクトの間に間隔をおいて展開される複数の授業時間に及ぶものである。第2回と第3回のレッスンは、まだ開発中である。

4. 全体的な教授方法の概要：全体的なアプローチはチュートリアルによるコーチとガイダンスである。対話セッションを各科目のキーポイントとする。

5. レッスンの動機づけ方略の概要
   a. 持続方略（学習意欲を望ましいレベルで維持するために）：全体課題そのものが動機づけになる一方で、興味を維持させるためには、さまざまな工夫を凝らし、また、関心を維持させ生産的であり続けさせるために高い水準での学習成果の共有が必要となるだろう。
   b. 強化方略（改善のために必要な動機づけのために）：この課題の意義を失うことがときとしてあるだろう。プロジェクトのすべての部分を完了するために必要となる長期間において、自信が揺れ動くこともあるだろう。したがって、総合的な強化方略は、(1) はじめの知識理解・読解レベルから最後の評価レベルまで、徐々に難易度を増すように、課題を体系化すること、(2) 学習過程のなかで予想できる困難点、自信をなくなりそうなポイントで激励すること、(3) 課題が完了したときに、よいタイミングを逃さずに、肯定的なフィードバックを与えること、である。

6. 系列づきの中間学習目標 (ILO) と TLO	7. 学習内容の概要	8. 教授方略（活動、自己チェック、テスト）	9. 動機づけ方策（活動）A, R, C, S または組み合わせに分類	10. 評価	11. 教材	12. 所要時間
1. 1 興味があるおおよその領域を特定する。	自主研究プロジェクトの目的とアプローチ。過去のクラスのテーマ例。	興味があることについて人々は情報を手に入れているのか、どうやって家を建てたいか、他の何かについてもっと知りたがっているのかを説明する。以前のクラスの学習者が彼らにプロジェクトとは何かを説明する。	日常生活（たとえばニュースリポーター、車、作家について知りたい、家を建てたい、他の何かについてもっと知りたがっている人々）からの例を用いる。(A, R)	範囲の適切性と実現可能性についてのテーマを評価する。	以前のテーマのOHP。	1限目：20分

第 10 章　学習支援設計に組み入れる　269

項目	要素	活動例	評価	教材・配布物	時間
1.1	興味があるテーマを選択する際に考慮すること。このプロジェクトにおいて、パートナーを選ぶか、1人で研究するかを決める際に考慮すること。	選択したテーマ例を示す。そして、もっと知りたい領域を特定するには、どのように行動するのかを尋ねる。希望者にパートナーを選ばせる。後で自分たちの決定を変えられることを伝える。	自主研究を、探検やその他の冒険のような活動にたとえる (A)。学習者がプロジェクトにおいてパートナーと研究するのを許すことによって、教師－児童から児童－児童の交流へ移行する (A, C)。	OHP：情報収集について。配布物：情報収集について。	1限目：30分
1.2 テーマのある領域の背景情報を集める。	児童がすぐに利用できる情報源。材料を集める方法のガイドライン。この課題のために、どのくらいの量の、どんな種類のものを集めるか。	情報収集についてのガイドラインについて説明する。彼らが最終的なテーマを選択する前に、どんな種類の材料を集めなければならないかについて説明する。	参考文献リストの項目とテーマとの関連性、妥当性について、評価する。		
1.3 テーマ文の説明と要素。	テーマ文の書き方について説明する。さまざまな異なったテーマの特徴と要素。	よいテーマの書き方について説明する。例を提示する。いくつかの異なったテーマを書く練習をさせる。個人またはグループのいくつかのテーマを、クラスの他の人と共有させる。フィードバックを与える。	新しいゲームやおもちゃのことを例に出して、もっと知りたいことがあるときに何をするか尋ねる (A)。学習者が望むあらゆるテーマを選択 (A, R)、そして彼らが望むあらゆるメディアでの作成 (C) を許可する。学習者に、課題を将来のゴールと関連づけるよう求める (R)。	以前のプロジェクトの例。配布物：よいゴールの書き方の要件。	2限目：20分
1.4 研究計画を作成する。	よい研究計画の要素（活動・方法・期限を含む）。	研究計画の項目の要素を説明する。日常的に行っている情報入手プロセスと共通している点は何かを質問する（より形式的に焦点化される）。	以前のプロジェクトの例を示す (A, C)。実現可能性と、将来のゴールとの関係について、テーマと説明を評価する。研究計画の項目の妥当性と実現可能性を評価する。目標達成のために役立つ代替方法に何があるかを示唆する。小グループで、研究やプロジェクトへ活かせるさまざまな取り組み方について。	配布物：研究計画のガイドラインと例。	2限目：30分

1.5 パートナーと共同作業を行う自主研究における自主性と期限内の個々の責任を受け入れる。	成功のための計画法（期限を決めて守ること。障害を予測して克服すること。パートナーと情報交換することなど）を含む。	着手したこと以外は同じであることを確認させる。研究計画の下書きを準備することとする。	通常の授業の課題や宿題に比べて、この課題を時間通りになすのが難しくさせる原因が何があるりそうか尋ねる。回答を黒板にリストする。 締め切り日と各自の責任分担を修正することで、もっと現実的な計画になりそうか、研究計画を見直させる。	スケジュールを守って自主研究での個人作業を計画通りに終わらせるのを困難にさせる原因について、経験や研究がわかっていることを説明する。（C）。 学習者の計画を再検討し、詳細なフィードバックを与えることによって、やりがいはあるが、現実的なゴールを設定することを手助けする（C）。	配布物：自己評価ツール。 3限目:20分
1.6 考えを伝えるために、表現とメディアの多様な形態を用いる。	テーマと研究計画を、文書と口頭発表の両方で用意する方法。	研究テーマと研究計画を、他のグループにプレゼンテーションするか、ガイドラインを示す。 例を与える。 プレゼンテーションをさせる前に、報告書とプレゼンテーションの概要をチェックする。	彼らがプロジェクトで指定された間隔で使用する自己評価ツールを提供する（C）。 プロジェクトの間、間隔をおいて、児童／グループごとに細かい配慮をする（S）。 個人またはグループをするたびに、意味がある肯定的なフィードバックを与える。批判的ではなく、向上するのを助けるような改善のためのフィードバックを与える（S, C）。 プレゼンテーションを行う際に、プロジェクトの次のフェーズで全員の参考になるような「成功のコツ」を気づいた場合、グループ間でそれを共有させる（S, C）。	プレゼンテーションの形成的なフィードバックを与える。 評定をつけるために最終報告書をチェックする。	3限目:30分（計画のため） 4限目:50分（プレゼンテーションのため）

を与え，各グループが活動に対して「その気になり」，グループ活動を盛り上げ，結論を導き，グループ活動の目的を思い出し，グループ活動報告のコメントを準備し，そして最後に各グループが発表する。それだけの時間がかかるのである。複雑な活動は小さな構成要素に分解して，各部の必要時間を推定することによって，より現実的な見積もりに到達しやすくなるだろう。

この活動によって動機づけ方策リストのさらなる修正点に気づくかもしれない。この全体デザインのステップには，前に決定したことの見直しも含んでいるので，修正点に気づくことは間違いなく喜ばしく，また至極当然のことである。全体デザインを考えるうちに，視点が変わり，新しい洞察力を獲得し，そのことであなたの考えや発想が変化する。これにより，最初に作成したものよりも，もっと創造的な解決策を生み出すことができるようになる。

ワークシート8が完成したときには，No.6～12の項目のすべてが時間軸に沿っていることを確認できるはずである。デザイナーとインストラクターがレッスンの流れを思い描く助けとなるだろう。

▶ **ワークシート例**

表10.2に示す例は，前章からの小学校の事例に基づいている。この例は，動機づけ方策がレッスンの他の要素とどのように統合されるかについて，非常に詳細に説明したものである。また，この事例だけでなく他の状況に適合させても使用できる，多数の動機づけ方策の例を含んでいる。

ステップ9：教材の選択と開発

▶ **概要**

これまでのワークシートでは，動機づけ方策のタイプと，レッスン内のどこに位置づけるかを特定した。このステップでは，既存の動機づけ教材が使えるのか，それとも作成しなければならないかを決める。あなたが考えた方策には，すぐに実践できるか，既存の教授内容を修正するだけで済むので，教材を探さなくてもよいものもある。しかし，ゲームやシミュレーション，あるいは体験学習活動を取り入れたいが，既存

表10.3 学習意欲のデザインワークシート9

教材の選択・開発

次の手順でこのワークシートを使うこと。
1. 既存の動機づけ教材や活動を確認する。もし既存の動機づけ教材が使えればそれでよい。
2. 科目の学習目標に沿って動機づけ方策を組み込むか,動機づけのために少しだけ修正して,教授方策または学習活動をリストする。
3. 動機づけに必要な条件を満たすために相当修正しなければならないか,または新たに開発しなければならない項目(教材または方策)をリストする。
4. 開発スケジュールを記述する(業務内容・誰が・いつ・どのぐらいの期間で)。
5. 動機づけ方策それぞれの成果物を説明する(特徴・必要時間・個別の条件)。

のものが思い浮かばない場合には,あなたのやりたいことに適合可能なものか,少なくとも手本になるような既存教材を探したほうがいいかもしれない。

　このワークシート(ワークシート9:表10.3)は,他のシートと同様に,作業を計画し,決定の結果を記録するためのアウトラインになる。実際の方策は,開発された後にレッスンのなかに統合される。もし書類として保管したり将来の参考文献として役立てたいならば,方策のコピーをワークシートに添付しておくとよい。

▶ ワークシート9のつくり方:教材の選択と開発

1. 動機づけ方策を見直し,既存の教材をそのまま使うか,既存の教材を改善するかを含めて,どの方策を採用するのが最もよいかを決定する。出版社,ASTDなどの学会,その他教師向けの活動提案や教材パッケージを提供している会社などは,よい情報源である。たとえば,あなたがチームワークの開発にかかわる経験的な活動を含みたいなら,上記の情報源のなかにはそのような活動例が多くある。これらを参考にして,既存の活動をそのまま行うか,あるいは自分の状況に適応させることで,いいアイディアを得ることができる。

2. レッスンのなかには,すでに動機づけの効果を持つ教育・学習活動があるかもしれない。これらはしばしば,あなたが考える動機づけ目標を達成するために,少しだけ修正すれば済むものである。ワークシートのこのセクションで,最小限の修正で済む項目を特定しよう。

3. このセクションでは,新たに開発しなければいけないか,相当の修正を必要とする動機づけ方策をリストする。それらは通常,膨大な開発作業量を必要とする項目である。

4. タイムスケジュール・業務リスト・担当者など,開発に必要なあらゆるリソー

スを含む開発スケジュールを準備する。これまでのワークシートや作業と同様に，あなたや他者の業務管理に役立つと考えられるときだけ，開発スケジュールを準備すればよい。
5. この最後のセクションでは，「成果物」をリスト化するとよい。成果物リストは，あなたと他者の仕事をモニターするのを助けるチェックリストとして機能する。

▶ 次のステップへ

すべてのデザイン過程と同じように，指導案を完成させ，教授と動機づけのためのすべての教材の設計図とプロトタイプができたこの段階で，どうやってそれらを評価するかを考えよう。

ステップ10：評価と改善

▶ 概要

正式な教授設計プロジェクトでは，学習者がどのくらいその教材を好きか，またどのくらい学力テストの成績が向上するかに関して，教材を明確に評価することは開発プロセスの一部である。時には，学習者がどのくらい学習活動が好きかについては正式な評価が必要ないかもしれない。たとえば，もしあなたが教室で教えるレッスンを開発しているなら，学習者がどのくらい好意的かは感覚でわかるだろうし，彼らと非公式に話しあうこともできる。しかし，ほとんどの状況において，特に他の誰かがその科目を教える予定ならば，正式な評価を行うのが望ましい。また，もし教室での教育ではなく独学教材の場合や，教材に対する学習者の反応について具体的な証拠がほしい場合には，正式な評価が必要である。

▶ ワークシート10のつくり方：評価と改善

このワークシート10（表10.4）は，とても簡単で効率的な評価計画のためのアウトラインである。ただし，多様な研究デザインや統計手法を記述してはいない。評価計画と結果を記録として残す手助けをするのが目的である。教育評価のより詳細な情

表10.4 学習意欲のデザインワークシート10

評価と改善
評価計画と実施結果をまとめるために，このワークシートを使おう。 1. 評価項目リスト 2. 使用する評価ツールのリスト（たとえば，アンケート，観察チェックリストなど） 3. 評価計画の説明（サンプル，どこで，いつ） 4. 結果のまとめ 5. もしあれば，改善リスト

報については，評価に関する教科書や論文を参照してほしい。

1. 具体的に何を知りたいのか決めて，ここに質問項目をリストする。学習者はその活動が好きだったのか，有益な時間を過ごしたと思ったか，レッスンの内容と直結していたか，楽しめたのかなど，いろいろ尋ねたいことがあるだろう。あなたが知りたい具体的な項目に加えて，ARCSモデルで定めた動機づけの要素も対象項目にしよう。注意・関連性・自信・満足感に対する学習者の反応を尋ねることで比較が可能になる。
2. 使用するデータの収集方法をリストする。たとえば，アンケートを実施すること，チェックリストを作成して学習者が熱中しているか，あるいは飽きているかを，活動を観察してあなた自身が記入すること，正直な答えを十分くれるほど信頼関係を築いているならば何人かの学習者に個別インタビューをすること，あなたが偶然小耳にはさんだコメントを記録することなど，実現できることは多くある。
3. 誰から情報を集めるか，そしていつ集めるのかを決める。通常，すべての学習者が評価対象になる。しかし，ほんの数人だけを対象にしたい状況もある。同じ科目を複数のクラスで教えている場合，1つのクラスだけ詳細な評価をして，もしそれが肯定的な結果なら，他のクラスではより短時間の評価で済ませてもいいかもしれない。前のワークシートのように，誰を評価に含むか，いつ，どこで評価を行うのか，誰が評価を実施するのかを特定して，計画を立てよう。
4. 学習者の反応を得た後で，結果を分析し，ここにまとめよう。結果をまとめる手法は，どんなタイプの情報を集めたかによって決まる。とても正式なプロジェクトでない限り，統計分析にかかわることはまずないだろう。おそらく，結果を読み取り，学習者が語ったポイントを表に書き出し，各ポイントが何回指摘されたかをまとめることになる。アンケートを使ったならば，各項目に対する反応の数を集計することもできる。

5. 最後に，結果から結論を導き出す。特に不満が表明された場合には，どの部分を改善する必要があるのか特定する。改善案があるなら，それらをまとめる。改善に役立つ具体的なポイントも記録しておこう。たとえば「レッスン3の動機づけ活動は，時間がかかり過ぎだ」のようなコメントは，「私はレッスン3が好きではなかった」というコメントよりも役に立つ。もし2番目の例のような一般的な意見が非常に多い場合には，なぜ多くの学習者がレッスン3を好きではなかったのかを知るために，追加情報を集め直さないといけないかもしれない。

> **要約**
>
> 正式な評価を成功させるためには，時間と調整が必要なので，難しい場合がある。しかしながら，時間が限られているとしても，まだ草稿の段階で，何人か（なるべくなら対象となる学習者のなかから1人か2人）に教材をレビューしてもらうことで，役立つフィードバックを得ることができる。これらのレビューからは，教材のわかりやすさとおもしろさに関して，きわめて役立つフィードバックが得られる。科目を実施するときには，公式なアンケートを用いてコメントを得られないなら，学習者から非公式なフィードバックを得ることもできる。
>
> 1回目の挑戦には，うまくいくことがある一方で，うまくいかないこともあるのが普通である。動機づけ活動を成功させているインストラクターのほとんどは，試行と改善の過程を通過したということを，覚えていてほしい。正式な手順に従った評価は，開発と実施のサイクルをより早く回す手助けになる。
>
> これで，あなたの動機づけ計画は完結する。一方で，この過程は，学習者の動機づけを行うときに最も典型的な「単なる直感またはカリスマ的なアプローチ」からの大きな前進を意味する。伝統的な動機づけアプローチでは，肯定的な強化の原理を組み込んではいるものの，指導を興味深いものにするために，属人的な直観的才能と独創性（またはその欠如！）に頼る傾向が強い。ARCSモデルは，人間の動機づけの有効な原理に基づく過程を提供することによって，直感力への依存度を縮小する。しかし，他方では，完全なアルゴリズムでも，機械的な過程でもない。それとは縁遠いものである。この過程は，あなたがインストラクションに動機づけを取り入れることを確実に助ける。そして，学習者意欲を高めるために，設計・実施できる具体的な方策にはどのようなものがあるかを明らかにする。しかしながら，それでも

やはり，学習意欲のデザインにはあなたの知識や経験が必要である。あなたが学習意欲デザインをシステム的に行う経験を重ねるほどに，あなた自身の経験と他者を観察して得られた情報を組み合わせて，成功したテクニックをさらに統合できるようになるだろう。

第11章 学習意欲のデザイン支援ツール

◯ 本題に入る前に……

図 11.1 規則正しい行程か予測不能な冒険か？

　設計プロセスは，階段の絵（図 11.1 左）のように，最初から最後まで規則正しい行程であるのか，あるいは，スキーヤーの絵（図 11.1 右）のように，予測できないような冒険のようであるのか？　そういったプロセスを支援するツールには，どんな種類のものがあるのだろうか？
　プロセスとそれを支えるツールは，規則正しく予測可能なものもあるが，一般的なガイドライン程度にすぎないものもある。前者はアルゴリズム的（algorithmic），後

者はヒューリスティック（heuristic）に分類できる。アルゴリズム的なプロセスとツールは，予測通りの解決策を導く。たとえば，ある機械の始動や停止の方法，社会保証申請書の記入方法，ローンを返済するまでに支払う利息の合計を計算する方法，ケーキを焼くレシピ，パンクしたタイヤを交換する方法などを表すフローチャートやチェックリストのようなものがある。これらのツールは，答えを計算する電卓と同類であり，意図された通りに正しく適用される場合には問題の解決が保証される。一方で，解決の支援は行うが，実際に解決できるかどうかは保証されないツールもある。それらは，ヒューリスティックスと呼ばれ，「経験則」とほぼ同じようなものである。

　これらのツールは，あなたの抱える問題を解決するための手段となるが，依然として，目的を達成するために自己の問題解決スキルを適用することを要求する。たとえば，同じチェックリストでも，海外旅行の荷造りのためのリストやその他の種類の荷造りリスト，健康や自動車を点検するための症状のリスト，あるいは電気回路のトラブルを解決するときや教材を設計する際に用いる方略や方策集などがあげられる。スキーヤーの絵（図11.1右）に描かれている矢印は，ヒューリスティックなツールの例を示している。矢印は，スキーヤーがどこをめざすのかのおよその方向を示すが，スキーヤーが到着する地点そのものズバリを示すものではない。スキーヤーをとりまく環境に非常に多くの制御不能な要因がからんでいるからである。

　人の知識・パフォーマンス・態度を改善するために，人間のふるまいを理解し，解決策や介入策を設計しようとするときには，アルゴリズムよりもヒューリスティックスのほうが，かなり多く存在する。ランダ（Landa, 1974, 1976）は，教授・学習・パフォーマンスの文脈におけるアルゴリズムの開発と利用について徹底的に研究を行い，それらがいかに効果的で強力であるかを示した。しかしながら，そのアルゴリズムの適用範囲は限定的である。学習やパフォーマンスの技術的で手続き的な領域では効果的であるが，問題解決や知識構成の領域にはあまり適さない。意欲デザインのほとんどの側面がヒューリスティックスであり，なおいっそうアルゴリズムの適用範囲は限定的である。本章で紹介するツールは，学習者の意欲を分析したり方略を設計したりする作業に一貫性を与えるよう支援するものであるが，効果的な学習意欲の方略を創造するには，これまでの経験と創造性の両面から判断する必要がある。また，革新的で創造的な解決策を提案する能力は，経験と努力を重ねるとともに磨かれていく。これは学習できるスキルである。そのことは，これまでにシステム的な学習意欲の設計プロセスを適用してきた多くの人々によって証明されている。

はじめに

　本章では，これまでの章で提供されてきた内容についての支援や補完となる6つのツールを取り上げる。そのうちの4つは，特定の学習意欲のデザインタスクに対してのヒューリスティックな支援を提供するものである。残りの2つは，多くの研究で実証され利用されてきた測定ツールである。

- ・学習意欲デザインの簡略版
- ・動機づけアイディアのワークシート
- ・2種類の学習意欲測定ツール
    - ・科目の興味度調査
    - ・教材の学習意欲調査
- ・動機づけ方策チェックリスト
- ・動機づけ実施チェックリスト

学習意欲の設計マトリックス：簡略化されたアプローチ

▶ はじめに

　全部で10ステップから構成される学習意欲の設計プロセスは，コースやワークショップ全体の学習意欲を高めたいときや，多様な人々が従事する大規模なプロジェクトにおいて有効である。10ステップモデルは，学習者と環境を綿密に分析するためのガイダンスを提供し，協調のためや，後の参考資料となるよう，各ステップのドキュメント化を支援する。しかしながら，多くのプロジェクトは，このレベルの詳細な支援を必要とはしていない。教師や教材開発者が1つのレッスンやモジュールを設計するときには，より簡略化したアプローチが望まれる。

　鈴木は，学習意欲デザインの簡略版（simplified approach to motivational design）を開発し検証した（Suzuki & Keller, 1996）。この方法はまず最初に，学習意欲に適応型のコンピュータ教材の開発に適用された（Song & Keller, 2001）。次に，国際的な遠隔学習コース向けの学習者支援手法の開発に適用された（L. Visser, 1998）。

　仙台市立第一中学校では，8教科25人の教師が，日本政府の支援を受けた公開授

業の一環として，コンピュータ利用教育のプロジェクトを数年間にわたって展開した。そのプロジェクトの最後の2年間（1994年～1995年）に，システム的な学習意欲の設計に取り組んだ。鈴木は，10ステップモデルのすべてを行うことは，訓練や実施に時間がかかり過ぎるとし，学習意欲デザインの簡略版を開発した（Suzuki & Keller, 1996で報告）。簡略版のゴールは，学習者と授業内容の領域，ならびに利用するハードやソフトについて，鍵となる学習意欲上の特徴を，教師が確実に把握することにあった。教師たちは，これらの情報について評価し，確認された学習意欲の問題に基づいて方策を処方した。このプロセスを採用することによって，方策が膨大な数にのぼってしまうことや，生徒や環境の特徴を無視して教師の好みの方策のみを利用することを避けることができた。

　結果としてまとめられた設計プロセスを表11.1に示す。最初の行には，設計者が，学習者の全体的な学習意欲についての顕著な特徴をあげる。2行目には，学習課題がいかに学習者をひきつけるかについての設計者の判断を記入する。3～4行目には，教授メディアと教材について期待できる学習者の態度を記入する。これらの記入の際には，学習意欲上の特徴が肯定的であるか否定的であるかを示すために，プラス（＋）かマイナス（－）を付記する。1～4行目までの情報に基づき，学習意欲の観点から，どのような学習意欲の支援が必要とされ，どんな方策を用いるのかを記述していく。参照可能な方策のリスト（J. M. Keller & Burkman, 1993; J. M. Keller & Suzuki, 1988）を使ったり，特定されたニーズに基づいて自らが方策を創造したりもした。

　たとえば，インターネットについての授業を担当した教師は，自信の側面だけが本当の問題であると分析し，その問題に対処するために動機づけ方策を考えた。また，他の側面の方策もあげていたが，それらは特定の問題を解決する方策ではなく，学習意欲を維持するための方策であった。この教師が簡略版の設計プロセスを適用した利点としては，方略の絞り込みが可能となったことがあげられる。彼がこのプロセスを適用する前には，刺激的で動機づけるためにとの思いから，動機づけ方策の長いリストを考えていた。しかし，学習意欲デザインの研修教材として使われたさまざまな選択基準の分析や適用を行うことで，多すぎる動機づけ方策に多くの時間を消費してしまうことや，教科に対する生徒の内発的な興味を阻害してしまう危険性に気がついた。設計プロセスを利用することによって，彼は動機づけ計画を簡略化し，特定のニーズに的を絞ることができたのである。

　この学習意欲の設計プロセスに関する効果の評価（Suzuki & Keller, 1996）では，いくつかの方策が不適切な場所に記入されていたこと以外には，的確にマトリックスを利用することができていたことがわかった。また，3分の2以上の教師は，設計プロセスがより効果的な学習意欲のデザインを実現する手助けになっていたと感じてい

表11.1 簡略版設計プロセスを支援する点検表（Suzuki & Keller, 1996 を一部修正）

設計要因	電子メールとインターネットの授業のための簡略版学習意欲デザイン ARCSカテゴリー			
	注意	関連性	自信	満足感
学習者の特徴	―選択科目，高い関心（＋）	―高いコミットメント（＋）	―タイピングと英会話のスキルが低い（－）	―生徒のグループは新しくつくられたが（－），なじみの教師である（＋）
学習課題 ―（学習者の学習課題に対する態度）	―新しく，魅力的で，冒険的（＋）	―インターネットへの世間の高い関心（＋） ―将来に役立つ（＋） ―コンピュータへのアクセスが限定的（－）	―難しく見える（－） ―はじめて接する（－）	―獲得されるスキルの高い応用性（＋） ―刺激的な成果（＋）
メディア ―授業でのコンピュータ利用（学習者のメディアに対する態度）	―ネットワークツールとして興味をひく新しい利用法（＋）	―スタンドアローンの学習ツールとしてよく知っている（＋）	―不安定なネット接続が生徒を不安にさせるかも（－）	―即時フィードバック（＋）
コースウェアの特徴 ―（電子メールソフト）			―英語の使用（－）	―すべての生徒が参加（＋）
概要	―最低限の方策でよい	―最低限の方策でよい	―自信をつけさせることが必要	―最低限の方策でよい
レッスンでの動機づけ方策	―世界中と交流できる機会であることを強調する ―すぐに伝わって返事が返ってくるという特色を実演する	―個々の交流能力がいかに伸びるのかを示す	―徐々に低い目標から高い目標へとなるように，目標を設定する ―外国語指導助手とのチームティーチングとする ―翻訳ソフトを用いる	―「ネットワーク上の友だち」からメッセージを受け取ることによって，強化を与える

た。一方で，何人かの教師は，分析段階において困難に直面しており，簡略版を利用するための研修を行う場合に，分析の段階が重要な領域であることが示唆された。

▶ 学習意欲適応型教材への応用

この簡略版設計プロセスは改善され，少なくとも次の2つのプロジェクトで利

用された。そのうちの1つは，学習意欲適応型コンピュータ教材（motivationally adaptive computer-based instruction）の開発に，もう1つは遠隔学習コースで利用された。

　動機づけ方略の開発を行うために正式な学習意欲の設計プロセスをコースの開設にあたって導入する際の問題の1つに，学習意欲は時が経つにつれて変化し，それが予測できない方向に変化し得るということが指摘されてきた。学校の教室や他のインストラクター主導の環境では，インストラクターが専門家として対象者の学習意欲の状態を継続的に測り，適切な調整をすることができる。しかし，自己主導型の学習環境では，この種の継続的な調整は機能しない。いったん教材が設計されて「パッケージ化」されると，限定的な分岐やその他の学習者制御のオプションのような例外を除いては，基本的に全員が同じプログラムを受講することになる。それらのオプションが学習意欲にプラスの効果を与える可能性はあっても，違うタイミングで学習者ごとに変容する学習意欲の推移を十分に反映しきれてはいない。

　広い範囲で変容する学習意欲の条件ごとに対応するように多くの方策を含むことは可能であるが，そうすることによって動機づけとパフォーマンスにおそらくマイナスの効果を与えるであろう。なぜならば，学習に動機づけられている際には，動機づけのための活動ではなく課題達成に直結する学習活動を行いたいと思うからである。外発的な動機づけを与えるためのゲームやアイスブレイクの活動のような，余計な動機づけ活動に邪魔されることを望む人はいない。こうしたことから，学習者の意欲レベルを感じとって適応的に応答することができるコンピュータ教材やマルチメディアソフトを用いることは有益であると考えられる。

　ソン（Song, 1998; Song & Keller, 2001）は，学習意欲適応型教材を設計して評価した。彼は，中学生向けの遺伝の教材にチェックポイントを組み込んだ。事前に設定されたチェックポイントにおいて，実験群1の生徒には，学習意欲について質問する画面が出された。その応答に基づいて，実際のパフォーマンスの水準と比較しながら，注意・関連性・自信のどれかを改善するために設計された動機づけ方策が与えられた。彼は，適応型の処遇に含まれる方策の仕様作成にあたり，ARCSモデルの簡略版設計プロセスを変形して利用した。実験群1の学習意欲とパフォーマンスに関する結果は，画面レイアウトの良し悪しを中心に最小限の動機づけ方策だけを用いた，効率重視の教材で学んだ統制群と比較された。実験群2は，最大数の動機づけ方策を組み込んだ教材で学んだ。つまり，彼らは，実験群1向けに用意されていた潜在的な方略候補にあったすべての方策を与えられたことになる。

　その結果，適応型の処遇（実験群1）と最大数の処遇（実験群2）は，両方とも，最小限の処遇（統制群）よりもすぐれていた。また，多くの場合，適応型の処遇（実

験群1）は，最大数の処遇（実験群2）よりもすぐれていた。この研究で利用したコンピュータの機能的な制限（たとえば音が出ないなど）はあったが，これらの結果に基づけば，より処遇を洗練したり，1時間よりも長い処遇の場合には，処遇効果がさらに高まることが示唆された。

この研究は，先駆的な取り組みであった。学習意欲適応型のデザインを考案し検証した初期の論文（Astleitner & Keller, 1995; del Soldato & du Boulay, 1995）はきわめて厳格な研究であったが，彼らのアプローチには多くの制約があった。それは，持続性や自信のような学習意欲の特定の側面に焦点化する傾向があったことである。ソンの研究は，より全体的であり，あとに続く研究に対してよい基礎を提供しているといえよう。

▶ 遠隔学習への応用

2つ目の応用は，遠隔学習における簡略版設計プロセス（L. Visser, 1998）であり，このツールの多文化性を示している。フランス在住のヴィッサーは，オランダの大学からの助成を受けながら，イギリスの大学で提供されている遠隔学習コースの研究を行った。この研究は，モザンビークで成人教育を対象に開発と検証が行われた動機づけ方略（J. Visser & Keller, 1990）を応用したものであった。

遠隔学習者が特に社会的ネットワークを利用できない場合において，動機づけを行うことが難しい挑戦であることは疑いようがない。このことはヴィッサーの事例に限らず，インターネットの利用が制限された遠隔学習者に対して，プリント教材の配布を余儀なくされている世界各地で，いまだにあてはまることである。脱落率の高さだけを見ても，学習意欲の問題があるととらえられる。学習者からは，孤独と感じたり，着実な進歩を実感できなかったり，他にやるべきことがあったり，時間的な制約によってコース修了の見通しが立たない，という意見がよくあげられている。

ヴィッサー（L. Visser, 1998）は，遠隔学習コースにおける対象者・条件・可能な解決策を分析するために，簡略版 ARCS モデル設計プロセスを用いた。この研究は，2つの特色を持つ文脈で行われた。1つ目は，公式で伝統的な遠隔学習コースの限定のなかで実施されたことである。そこでは，音声やビデオカセットの補助教材を伴ったテキスト教材が用いられていた。この文脈における動機づけ問題の全体評価から，容易に改善することができない教材よりも，学習者を支援する体制に焦点をあてることによって，学習意欲にプラスの効果を与える可能性が示唆された，と結論づけた。

2つ目は，ある1つの動機づけ方略の検証に焦点をあてたことである。その方略には，複数の異なる動機づけ方策を組みこむことが許された。そこで，2種類の異なるスケ

ジュールで「動機づけメッセージ」を学生に送信するプログラムを実施した。一方の計画では，コース中におけるある特定の時期で，動機づけメッセージが最も強い効果があると予測されたときに送信した。これらのメッセージは，全員同じものであった。他方の計画では，チューターが適切と考えたときに，学生へ個別のメッセージを送信した。メッセージは，激励・催促・共感・アドバイスや，その他の適切な内容を伝えるグリーティングカードの形式であった。

　これらのメッセージは，簡略版設計プロセスを応用した彼女の研究結果に基づいて設計された。それは，鈴木によって作成された様式と同様であるが，分析において検討が必要となる状況に固有の側面を含めるために，行の見出しを修正したものだった（表11.2）。遠隔教育コースにおいて学習者は，クラスの開始時にはたいてい好意的で興奮気味であるが，コースの後半になるほど興味がなくなって失望するようになることがよく知られている。そこで彼女は，コースの事前の態度予測（1行目）と，コースの中間の態度予測（2行目）を分けることにした。このように変更したおもな理由は，同様の学習者を相手に遠隔教育コースで教えていた彼女の経験に基づいていた。3行目（表11.2）ではコース内容に対する学習者の態度を予測し，4行目ではコースを受講している間に学習者が受ける支援に対する態度について点検している。5行目は，1行目から4行目までの結果を要約したもので，使用する動機づけ方策を決めるための根拠として利用した。このマトリックス（L. Visser, 1998）は，方略設計の最終段階においてその記述を超えたものも盛り込まれたが，重要な問題や決定に関する要約として有効であった。

　この介入の効果を検証するために，動機づけメッセージを受け取ったコース内の実験用のセクションと動機づけメッセージを受け取っていない他の3つのセクションとの保持率を比較した。また，さまざまなコース評価やフィードバックツールへの学生の応答の質的な評価も行った。学生の不自然な態度を引き出すことのないように，動

表11.2　設計要因のカテゴリー（L. Visser, 1998）

遠隔学習コースにおける簡略設計				
分析と設計カテゴリー	A	R	C	S
1. 遠隔学習コースに対する学習者の事前の態度				
2. 遠隔学習コースに対する学習者の中間の態度				
3. コース内容に対する学習者の反応				
4. コース中に提供される学習者への支援の特徴				
5. 要約				
6. 動機づけメッセージに使われる動機づけ方策の例				

機づけメッセージの効果について直接尋ねることはしなかった。その結果として，保持率が伝統的な教育と同程度の 70 〜 80％に改善された。また，学生の意見からも，動機づけメッセージが明らかに支援していたということが示された。

動機づけアイディアのワークシート

▶ はじめに

　動機づけアイディアのワークシート（表 11.3）は，簡略版設計マトリックスよりもさらにシンプルなものである。このワークシートは，レッスンの特定の場所で用いられる 1 つの動機づけ方策のアイディアを考えるうえでかなり有用である。あるいは，いつどこで使うのかがまだわからないときでも，思いついた動機づけ方策のアイディアの簡単な記録となる。あなたは今までに，カンファレンスでの発表を聞いたり，興味をひかれた方策を用いた同僚を観察したり，何かを読んだりしたときに，アイディアを思いついたことがあるだろうか？　もしそうであるなら，この 1 ページ分のワークシートが，あなたのアイディアを記録し，学習意欲の特徴に分けて整理するために有用である。私は動機づけに関するクラスやワークショップにおいて，学生たちが心理学の基礎を学習しているときに，このワークシートを記入させるようにしている。そうすることで，設計プロセスに進んだときには，学生たちはすでにいくつかのアイディアを持っていることになる。

▶ 利用方法

　「場面設定」の欄（表 11.3）には，学習トピックやこのアイディアを適用するクラスの情報を記入する。あなたが記録したり創出しようとしている動機づけのアイディアは，外国語の語彙のレッスン，南北戦争の歴史に関するレッスン，算数における三角形のレッスン，システム理論やサイバネティクスに関する教授システム学のレッスン，あるいはその他のどんなレッスンにも適用することができる。またこの欄には，あなたのアイディアが想定する対象者やその他に該当する情報をコメントとして記入することもできる。たとえば，数学に不安を持つ中学生，3 年生のドイツ語クラスに飛び級した学習者，あるいはトレーニングの設計や実施の経験がない教授システム学修士課程の大学院生というように。

表 11.3　動機づけアイディアのワークシート

動機づけのアイディア	
氏名＿＿＿＿＿＿＿＿＿＿＿＿＿＿＿	日付＿＿＿＿＿＿＿＿
場面設定はこれ クラス／トピック： 対象者： **補足的情報** （たとえば，経験・態度・性別など）：	**状況（問題）はこれ**
アイディアはこれ！ 注意 __ A.1. 興味をひく：学習者の興味をひくために何ができるか？ __ A.2. 刺激する：どのようにすれば探求の態度を刺激できるか？ __ A.3. 注意を維持する：どのようにすれば自分のやり方に変化をつけられるか？ 関連性 __ R.1. 目的と関係づける：どのようにすれば学習者の目的を最も満足させられるのか？　学習者の目的を把握しているか？ __ R.2. 興味と一致させる：いつどのようにすれば学習者の学習スタイルや興味と関連づけられるか？ __ R.3. 経験と結びつける：どのようにすれば学習者の経験と結びつけることができるか？ 自信 __ C.1. 成功への期待：どのようにすれば前向きに成功への期待を持つように支援できるか？ __ C.2. 成功の機会：どのような学習経験が，学習者が自分の能力に自信を持てるように支援したり高めたりするのか？ __ C.3. 自己責任：どのようにすれば，学習者が自分の成功を運やインストラクターのおかげではなく，自分の努力や能力によるものと確信するのか？ 満足感 __ S.1. 内発的な満足感：どのようにすれば，学習経験の本来の楽しみを促進し支援できるか？ __ S.2. 価値のある成果：何が学習者の成功の結果に価値を与えるのか？ __ S.3. 公平な扱い：どのようにすれば公平に扱われていると学習者が感じるか？	**方策の説明** （足りなければ裏面へ） **結果：**（このアイディアはうまくいったか？　何か特別なことや留意点はあるか？）

「状況（問題）」の欄には，学習意欲の問題が発生している状況か，または発生すると予想される状況について，簡潔に記述する。たとえば，中学校数学のピタゴラスの定理の導入部分，あるトピックに関連する経験のない大学院生と経験の豊富な大学院生が混在したクラスのオリエンテーション，ドイツ語の標準的なレッスンに物足りなさを感じている優秀な学生の興味をひくとき，強制的にトレーニングに参加している従業員が積極的に学習を進める風土をつくるために，というようなものである。

3つ目のステップは，達成しようとする動機づけのゴールを確認することである。たとえば，上記のドイツ語の学生の場合，主要な目的は，A.2（探求心の喚起）とR.3（経験との結びつき）となるかもしれない。動機づけのゴールを特定することで，その目的に焦点を合わせながら動機づけのアイディアを作成することができる。このステップは，対象者の学習意欲分析の一部として，あなたのアイディアと動機づけ方策の整合性をとることに役立つだろう。

このシートで最も大きな欄は，動機づけのアイディアを記入する場所である。記入の方法は自由であるが，それがどのようなものかの概要を示す1〜2行の文章をまず書き入れ，その後でそれを詳しく述べるとよいだろう。また，そのアイディアを実施する方法についての考えを記載しておくことも得策である。たとえば，クラスをグループに分ける予定であるか？　そのグループはいくつになりそうか？　YouTubeビデオを利用するのか？　そのURLは？（YouTubeは安定していないことを留意してほしい。たまにお気に入りのビデオが消えることがある。）

最後に，あなたの考えた方略を実施したら，その結果を記録する。新しいアイディアが最初の試行で完全に成功することもたまにあるが，たいていは意図通りにいかないものである！　あなたにとっての最善の方略はおそらく，あなたの独創的なアイディアの修正と微調整を行っていくことを通して生まれてくるものであろう。

ARCSモデルに基づく学習意欲の測定

▶ はじめに

ARCSモデルといっしょに利用できる2つの測定ツールがある。1つ目は，「科目の興味度調査」（Course Interest Survey: CIS）と呼ばれ，インストラクター主導の授業や研修に対する学習者の反応を測るために設計された。2つ目は，「教材の学習意欲調査」（Instructional Materials Motivation Survey: IMMS）と呼ばれ，自己主導

型の教材に対する反応を測定するために設計された。これらは，状況に固有な自己評価による測定であり，他の考えられるすべての配信システムにおける学習者の意欲を測定するためにも利用できる。CIS は，対面クラスにおけるインストラクションだけでなく，インストラクターが支援する同期・非同期のオンライン科目でも使える。他方の IMMS は，紙ベースの自己主導型学習・コンピュータ教材・自己主導色の強いオンラインコースでも利用できる。

　さらに，これらのツールは，ARCS モデル（Keller, 1987a, 1987b）を構成する動機づけの概念や理論によって示される理論的根拠と対応するように設計された。この理論は，人間の学習意欲に関する実験論文（Keller, 1979, 1983b, 1999）から心理学の構成概念を取り入れている。そのため，たとえば，達成動機・統制の所在・自己効力感（ここでは簡単に 3 つの例をあげておく）などのより構成概念が確立された測定ツールと比べたときに，CIS や IMMS の項目の多くには測定の意図は同じであるが異なった用語が用いられている。

　CIS と IMMS は状況依存の測定ツールである。したがって，学校学習における学習者の一般化されたレベルの学習意欲を測定することは意図しておらず，また，特性や構成概念を測定するものでもない。これらのツールのめざすところは，学習者が特定の科目に関してどのように動機づけられたのかを測定することにある。これらの調査は，大学生や大学院生，大学以外の場面で学ぶ成人，あるいは高校生が利用できることを想定している。さらに，読みのレベルに問題がなければ，年齢の低い子どもにも利用可能だろう。年齢の低い子どもや英語の読み書きが不十分な人に利用してもらう際には，いくつかの項目については学習者の経験を考慮して，口に出して読んだり言い換えたりする必要があるかもしれない。

　また，両ツールとも，特定の状況に合うように適応させることが可能である。具体的には，各項目における設問が，標準形として「この科目」や「この教材」のようなフレーズを含んでいるので，これらを「この講義」「このコンピュータ教材」「このワークショップ」のように，評価を行う特定の状況に合わせて変更してもよい。また，事前調査として利用するために，各項目の時制を過去形から未来形に変えることもできる。しかしながら，各項目が学習意欲の特定の属性に基づいているので，項目の本質を変えることはできない。

▶ 開発プロセス

　各ツールの開発にあたっては，まず項目の候補を，動機づけの概念・方略・測定ツールのレビューを通して収集した。これらの項目を，動機づけ研究に精通した 10 名の

大学院生がレビューした。彼らは，各項目に回答したあとで，曖昧と感じた項目や，対応する高次の概念（すなわち，注意・関連性・自信・満足感）と関係しない項目，その他の回答が難しい項目について議論した。

最初の項目候補について，各項目の曖昧さを取り除いたり，キーコンセプトをはっきりさせたり，二面性のある項目を2つに分割するか焦点を改善することにより，項目の削減や修正が行われた。さらに各項目について，学習者の立場になって回答する「ふりをする」手法によって，さらに曖昧さのチェックをかけた。次に，大半が大学院生で，なおかつ動機づけ領域の専門家ではない別の成人10名に対して，配布されたツールに2度回答するように依頼した。彼らには1回目は「よいふり」をして，2回目は「悪いふり」をしてもらった。つまり，まず，高い意欲で科目を受講していると仮定して，積極的な高い意欲を示すように各項目に回答してもらい，次に，すっかり意欲がなくなった状態で科目を受講していると仮定して回答してもらった。このテストによって，「どちらを選んでもよい」といった区別が曖昧な，判別力に乏しい数項目が明らかになった。たとえば，学生が意欲的かどうかにかかわらず，「教師はとても好感が持てる」というような項目には賛同してしまうだろう。このような項目は，改訂と再テストを行うか，あるいは削除の対象とした。

▶ 科目の興味度調査

科目の興味度調査（CIS）は，4種類のARCSカテゴリーのそれぞれにおよそ均等な項目数を含む34項目で構成されている。CISを標準的に実施する場合の項目の並びを，表11.4に示す。しかし，4つの下位尺度のそれぞれを独立して利用し，得点化することもできる。また，調査の形式はリッカート尺度やコンピュータ採点の方法に変更することができる。本項では，得点化の手続き・信頼性の評価・初期の妥当性テストについて述べる。

得点化

CISは，4つの下位尺度のそれぞれの点数か，尺度全体の点数によって得点化される（表11.5）。回答に利用する評価点は，1から5までの範囲となる（表11.4参照）。よって，34項目からなる調査の最低得点は34で，最大が170，中間が102となる。各下位尺度の項目数が異なるので，それぞれの最小・最大・中間の得点は違う。

得点化の別の方法としては，合計する代わりに各下位尺度や尺度全体の平均点を算出する方法がある。平均点は，各回答者について当該尺度の項目数でその尺度の合計点を割ることになる。これにより，合計点ではなく1～5の点数となるので，下位尺

表11.4　科目の興味度調査票

科目の興味度調査

説明：このアンケートは34項目で構成されています。今，終了したこのクラスについて，それぞれの項目がどのくらいあてはまるかを示してください。あなたが本当はこうあってほしいと思うことや他の人がこう回答してほしいと期待しているだろうと思う反応ではなく，あなた自身にとって本当にあてはまる答えを選んでください。

それぞれの項目について独立して考え，それがどのくらいあてはまるのかを示してください。あなたがある項目に回答した内容によって，他の項目の回答が影響されないようにしてください。

配布された回答シートにあなたの回答を記入してください。そして，この調査で利用する回答シートに追加の指示がある場合には，それに従ってください。

各項目への回答には以下の値を用いてください。

1 (or A) = まったくあてはまらない
2 (or B) = わずかにあてはまる
3 (or C) = 半分くらいあてはまる
4 (or D) = かなりあてはまる
5 (or E) = とてもあてはまる

1. インストラクターは，科目の内容に関して私たちを熱心に取り組ませる方法がわかっていた。
2. この科目で学習した内容は，私にとって役に立つだろう。
3. 私はこの科目をうまくやる自信があった。
4. このクラスには注意をひきつけられることはほとんどなかった。
5. インストラクターはこの科目の内容が重要だと思わせていた。
6. この科目でよい成績をとるには幸運が必要だった。
7. 私がこの科目で成功するために必要な努力は，大きすぎた。
8. この科目の内容が，私がすでに知っていることとどのように関連するのかがわからなかった。
9. この科目で成功するかどうかは自分次第だった。
10. インストラクターは要点に近づくときに，どきどき感を演出した。
11. この科目の内容は，私にとって難しすぎた。
12. 私はこの科目にかなり満足している。
13. このクラスで私は高い基準を立てて，そこに到達しようとしていた。
14. 私の成績やその他の評価は，他の学習者と比べて公平だったと思う。
15. このクラスの学習者たちは，内容に興味を持っているようだった。
16. 私はこの科目で楽しく学習した。
17. インストラクターが私の課題にどのような成績をつけるのかを予測するのは困難だった。
18. 私が思っていた自分の課題のでき具合に比べて，インストラクターの評価には満足している。
19. この科目から学んだことに満足している。
20. この科目の内容は私の期待や目的と関連していた。
21. インストラクターは，興味をひくために普段と違うことや驚くようなことを行った。
22. 学習者たちはこのクラスに積極的に参加していた。
23. 私の目的を達成するために，この科目でよい成績を収めることが重要だった。
24. インストラクターは，さまざまなおもしろい教授法を用いていた。
25. この科目を受けて何か得をするとは思えなかった。
26. このクラスを受けている間に，私はよく空想にふけっていた。
27. このクラスを受けていて，十分に努力すれば成功できると信じていた。
28. この科目による個人的な利益は自分にとって明らかだった。

29. このクラスの内容について尋ねられた質問や与えられた問題によって，私の好奇心がよく刺激された。
30. この科目での挑戦レベルは，やさしすぎも難しすぎもしないと感じていた。
31. この科目には，かなりがっかりした。
32. 評価やコメントやその他のフィードバックによって，この科目の課題への私の取り組みが十分認められていると感じていた。
33. 私がこなす必要がある課題の量は，この種の科目としては適切だった。
34. 私は自分がどの程度うまく行っているのかを知るために，十分なフィードバックを得ていた。

表 11.5　科目の興味度調査（CIS）のための得点化ガイド

注意	関連性	自信	満足感
1	2	3	7（反転）
4（反転）	5	6（反転）	12
10	8（反転）	9	14
15	13	11（反転）	16
21	20	17（反転）	18
24	22	27	19
26（反転）	23	30	31（反転）
29	25（反転）	34	32
	28		33

度のそれぞれのパフォーマンスの比較を簡単に行うことができるようになる。

また，この調査には基準値が存在しない。CIS は状況依存の測定であるので，回答の正規分布は期待できないからである。

得点は，それぞれの下位尺度や尺度全体への回答を集計することによって決まる。「反転」と書かれた項目（表 11.5）は，否定的な文章で述べられていることに注意してほしい。これらの回答は，合計に加算する前に反転しておく必要がある。すなわち，反転項目は，5=1，4=2，3=3，2=4，1=5 となる。

CIS の内部一貫性（信頼性）評価

本調査をはじめて 45 名の大学生のクラスに実施したところ，内部一貫性の評価は申し分のない結果となった。事前テスト版は，各項目を未来形に書き換えて準備され，65 名の大学生に実施された。内部一貫性の評価は高い結果となったが，ツールを改善するためにかなりの改訂がなされた。本調査の標準版は，南東部のある大学において教育学部の 200 名の大学生と大学院生を対象に実施した。あわせて学生の科目成績と GPA についても調査した。クロンバックの α に基づいた内部一貫性の評価結果は良好であった（表 11.6）。

表 11.6 CIS の内部一貫性評価

尺度	信頼性評価 （クロンバックの α）
注意	.84
関連性	.84
自信	.81
満足感	.88
尺度全体	.95

表 11.7 CIS と科目成績および GPA との相関

ARCS 分類	科目成績	GPA
注意	.19	.01
関連性	.43	.08
自信	.51	.01
満足感	.49	.03
尺度全体	.47	.04

CIS の状況的妥当性

　内部一貫性評価の対象とした 200 名の大学生と大学院生の CIS 得点について，彼らの科目成績や GPA との相関係数を調べた（表 11.7）。科目成績との相関はすべて 5%水準で有意となった一方で，GPA との相関はどれも 5%水準で有意とはならなかった。このことは，状況に固有な学習意欲の測定である CIS の妥当性を支持している。学校学習における一般化された学習意欲の測定，言い換えれば「構成概念」の測定ではなかったことを裏づけた。

▶ 教材の学習意欲調査

　教材の学習意欲調査（IMMS）は 36 項目で構成されている。関連性と自信の下位尺度はともに 9 項目，満足感は 6 項目，注意は 12 項目からなる。注意と満足感の項目数が異なるおもな理由は，プリント教材は退屈で刺激が不足しがちであり重要な特徴であるのに比べて，満足感のカテゴリーは他と比べてプリント教材との関係が強くないからである。IMMS の項目を表 11.8 に示す。CIS と同様に，通常この項目の並びで実施されるが，4 つの下位尺度のそれぞれを独立して利用し得点化することもできる。また，調査の形式はリッカート尺度やコンピュータ採点の方法に変更することができる。前項のように本項の残りの部分で，得点化の手続き・信頼性の評価・初期の妥当性テストについて述べる。

表11.8　教材の学習意欲調査票

教材の学習意欲調査

説明：このアンケートは36項目で構成されています。あなたが今，学習を完了した教材について，それぞれの項目がどのくらいあてはまるかを示してください。あなたが本当はこうあってほしかったと思うことや他の人がこう回答してほしいと期待しているだろうと思う反応ではなく，あなた自身にとって本当にあてはまる答えを選んでください。

それぞれの項目について独立して考え，それがどのくらいあてはまるのかを示してください。あなたがある項目に回答した内容によって，他の項目への回答が影響されないようにしてください。

配布された回答シートにあなたの回答を記入してください。そして，この調査で利用する回答シートに関して追加の指示がある場合は，それに従ってください。ご協力に感謝します。

各項目への回答には以下の値を用いてください。

1（or A）= まったくあてはまらない
2（or B）= わずかにあてはまる
3（or C）= 半分くらいあてはまる
4（or D）= かなりあてはまる
5（or E）= とてもあてはまる

1. はじめてこの教材を見たとき，自分にとって簡単であるという印象を持った。
2. 教材の開始時に，注意をひきつけられる何かおもしろいことがあった。
3. この教材は，私が期待した以上に理解することが難しかった。
4. 導入の情報を読んだあとで，この教材から何を学習するのかがわかったという自信を持った。
5. この教材の練習を終えたときに，十分な達成感に満足した。
6. この教材の内容と自分がすでに知っていることが，どのように関係しているかは明らかである。
7. 多くのページに大量情報があり過ぎて，重要なポイントを拾い出して覚えることは難しかった。
8. この教材は人目をひく。
9. この教材がいかに重要であるかを示すためのストーリーや絵，あるいは例があった。
10. この教材をうまく完了することは，自分にとって重要であった。
11. 文章の質が，私の注意をひきつけておく助けとなっていた。
12. この教材は非常に抽象的で，注意を保ち続けることが困難であった。
13. この教材で学習したときに，内容を習得できる自信があった。
14. 私はこのトピックについてもっと知りたいと思うほど教材を楽しんだ。
15. この教材のページは，無味乾燥で魅力が足りないようにみえた。
16. この教材の内容は，自分の興味と関連していた。
17. ページ上への情報の配置は，私の注意をひきつけておくことに役立った。
18. この教材の知識を人々がどのように利用するのかに関する説明や例があった。
19. この教材の練習は非常に難しかった。
20. この教材には私の好奇心を刺激するものがあった。
21. 私はこの教材を学習することが本当に楽しかった。
22. この教材における繰り返しの量が，ときには私をうんざりさせた。
23. この教材の内容と文体は，その内容を知る価値があるという印象を与えた。
24. 私は驚きのある意外なことをいくつか学んだ。
25. この教材でしばらく学習した後に，私はその内容のテストに合格する自信があった。
26. この教材の大部分をすでに知っていたので，私のニーズとは合わなかった。
27. 練習のフィードバックやその他のコメントが，私の努力に対してのふさわしい報酬と感じた。

28. さまざまな説明・練習・図解等によって，この教材に注意をひきつけられた。
29. この教材の文体は退屈するものだ。
30. 私がこれまでの生活のなかで見たり行ったり考えたりしたことと，この教材の内容を関係づけることができた。
31. 各ページに言葉が多くあって，イライラさせられた。
32. この教材を成功裏に修了できたことは気持ちがよかった。
33. この教材の内容は私にとって役立つだろう。
34. この教材のかなりの部分をまったく理解できなかった。
35. この教材の内容が適切に整理されていたことは，学習できるという自信につながった。
36. うまく設計された教材で学習できてよかった。

表11.9 IMMSの得点化ガイド

注意	関連性	自信	満足感
2	6	1	5
8	9	3（反転）	14
11	10	4	21
12（反転）	16	7（反転）	27
15（反転）	18	13	32
17	23	19（反転）	36
20	26（反転）	25	
22（反転）	30	34（反転）	
24	33	35	
28			
29（反転）			
31（反転）			

得点化

　CISと同じように，IMMSは4つの下位尺度のそれぞれの点数か，尺度全体の点数によって得点化される（表11.9）。回答に利用する評価点は，1～5までの範囲となる（表11.8）。よって，36項目からなる調査の最低得点は36で，最大は180，中間は108となる。各下位尺度の項目数が異なるので，それぞれの最小・最大・中間の得点は違う。

　特に下位尺度の項目数が異なるので，別の望ましい得点化の方法として，合計する代わりに各下位尺度や尺度全体の平均点を算出する方法がある。平均点は，各回答者について当該尺度の項目数でその尺度の合計点を割ることになる。これにより，合計点ではなく1～5の点数となるので，下位尺度のそれぞれのパフォーマンスの比較を簡単に行うことができるようになる。

　この調査には基準値が存在しないので，ある得点が高いとか低いとかを判定することはできない。事前・事後テストのようにある時点での得点を次の時点での得点と，

表 11.10　IMMS の信頼性評価

尺度	信頼性評価 （クロンバックの α）
注意	.89
関連性	.81
自信	.90
満足感	.92
尺度全体	.96

またはある群が獲得した得点を対照群が獲得した得点と比較することは可能である。また，IMMS は状況依存の測定であるので，回答が正規分布することは期待できない。

得点はそれぞれの下位尺度と尺度全体への回答を集計することによって算出される。反転と書かれた項目（表 11.9）は，否定的な表現で述べられていることに注意してほしい。これらの回答は，合計に加算する前に反転しておく必要がある。反転項目は，5=1，4=2，3=3，2=4，1=5 となる。

IMMS の内部一貫性（信頼性）評価

調査は，南部の大規模大学において教職課程の 2 クラスで合計 90 名の大学生に実施した。クロンバックの α による内部一貫性の評価結果は良好であった（表 11.10）。

IMMS の妥当性評価

妥当性評価には，行動目標の概念をテーマとした 2 種類の教材を用意した。これらの教材は，大学の教職課程の応用教育心理学コースにおける授業計画や教授設計の課題の一部であった。両方の教材とも同じ目標を扱い，技術的な内容も同等であった。統制群の教材は，インストラクショナルデザインの標準的な原理に従って準備されたが，興味をひくための拡張は行っていないものだった。一方で実験群の教材は，好奇心を刺激し，内容の実用的な意義を示し，自信を持たせ，満足するような成果を提供する方略を用いて拡張したものだった。学生は，テストを含めて 1 回分の授業のなかで終了する 2 種類の教材のどちらかに，無作為に割りあてられた。実験群の得点は，統制群と比べて統計的に有意に高い結果となった。

▶ CIS と IMMS の現状

これらのツールの 4 つの下位尺度には高い相関関係があるため，ツールに伝統的な因子分析を適用して因子構造を得ることは難しい（Huang et al., 2005）。1 つには，

これらのツールが状況に固有の態度を測定するために設計されたものであって，心理的構成概念の測定ツールではないという理由がある。状況的な測定では，回答者が特定の状況に対してかなり積極的な態度を示すときに，特に大きく変化する場合がある。したがって私たちは，ARCSモデルの概念構造や関係する測定ツールを検証するために他の方法を利用した。ナイム-ディッフェンバック（Naime-Diffenbach, 1991）は，教材の関連性と満足感の側面を可能な限り排除し，注意と自信の側面を拡張する方法で，教材の動機づけ属性を操作した。彼女の研究では，これらの動機づけ属性の操作によって教材に生じさせた差異が，測定ツールによる得点にも反映されることを確認した。

スモールとグラック（Small & Gluck, 1994）は，異なる動機づけ属性に対する近さや遠さの感覚を測定するためにマグニチュード推定法（magnitude scaling approach）を用いた研究を行い，ARCS理論の4分類を支持する結果を得た。また，自分のペースで進めるオンライン学習環境での学習意欲やユーザビリティに関するフー（Hu, 2008）などの近年の研究でも，IMMSの内部一貫性や経験的妥当性に関する追加的な確認が得られている。

両方のツールとも多くの研究で利用され，また，他のいくつかの言語にも訳されている。それらの研究の概要を述べることは本書の範囲を超えているが，そのような研究が存在することは，これらのツールの有用性や妥当性を裏づけている。

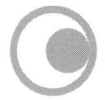

動機づけ方策チェックリスト

▶ はじめに

動機づけ方策チェックリスト（Motivational Tactics Checklist；表11.11）は，数年間をかけて開発・改善されてきた。このチェックリストは，おもに紙やディスプレイ上の「印刷」（print）教材に焦点をあてているが，それに限定せずに利用できる。既存の教材を評価する指針として利用したり，新しい教材を開発するときのアイディアとして利用してもよい。しかしながら，これはあくまでもアイディアと特徴の一覧であり，すべての教材に全部を応用すべきお勧めセットではない。学習意欲デザインにおける他のすべての側面と同様に，このチェックリストも対象者の学習意欲の分析結果と併せて利用すべきである。次項では，チェックリストの利用方法について説明する。

表 11.11 動機づけ方策チェックリスト

注意（Attention）
A1. 知覚的喚起（具体性） 学習者の興味をひくために何ができるか？
1. 「人間」や「人々」その他の抽象概念よりも，特定の人物について言及しているか？ 2. 一般的な原理，アイディア，その他の抽象概念が，具体例や視覚的な表現で例示されているか？ 3. 複雑な概念や概念間の関係を，比喩やたとえ話でより具体的にしているか？ 4. 一連の項目が，段落形式よりもリスト形式で提示されているか？ 5. 段階的な手続きや概念の関係が，フローチャートや図表，漫画，その他の視覚的補助手段を用いて，より具体的に示されているか？
A2. 探求心の喚起（好奇心の喚起） どのようにすれば探求の態度を刺激できるか？
1. トピックを問題含みに導入・発展させているか（つまり，新しい知識やスキルによって解決できるものとして問題を提示することで，探求心を刺激しているか）？ 2. 心の葛藤を引き起こさせることによって好奇心を刺激しているか（たとえば，過去の経験と矛盾する事実・逆説的な事例・相反する原理や事実・意外な意見）？ 3. 解決策があるとは限らない未解決の問題を提示して，ミステリーを呼び起こしているか？ 4. 好奇心を刺激したりミステリーを演出するために視覚的要素が使われているか？
A3. 変化性 どのようにすれば学習者の注意を維持できるか？
フォーマットの変化 1. 情報（文字やイラスト）をまとまりごとに分けるために，空白が利用されているか？ 2. タイトルや引用，公式，キーワードなどにさまざまなフォントが使われているか？ 3. レイアウトに変化があるか（たとえば，情報のブロック配置の変化）？ 4. 素材の種類に変化はあるか（たとえば，テキスト・図・表などの混在）？ **スタイルと流れの変化** 5. 文章表現に変化があるか（たとえば，説明・描写・ナレーション・説得）？ 6. 調子に変化はあるか（たとえば，まじめな・ユーモアのある・熱心な）？ 7. 教材の構成要素の順序に変化はあるか（たとえば，導入・提示・例・練習のような流れが，応用練習などが追加されることなどで順序が変わるか）？ 8. 内容の提示と能動的な反応（たとえば，質問・問題・練習・パズル）の間の変化はあるか？
関連性（Relevance）
R1. 目的指向性 どのようにすれば学習者の目的と教材を関連づけられるか？
現在の価値 1. 教材の直接的な利点に関する説明が記述されているか，または自明であるか？ 2. 教材の内容についての内発的な満足度を高めるコメント・エピソード・事例があるか？ **将来の価値** 3. 学習者が教材を終了した後に何ができるようになっているのかを述べているか？ 4. 学習者にとって将来的に必要となる知識やスキルと教材に含まれている事例や練習とが，明らかに関係しているか？ 5. この教材で成功を達成することが，将来の目的を達成することにどのように関連しているのかを学習者に説明しているか（たとえば，次のコースへの参加・専攻分野の選択・上級レベルの学習・昇給・仕事の維持・昇進が承認されるために，この教材の達成が重要であるか）？ 6. この教材が，一般的な生活維持スキルをどのように向上させるのかを説明しているか？

7. 学習者が本来興味のある領域の学びや発達に寄与するものとして，この教材をとらえるように促しているか？

R2. 動機との一致
いつどのようにすれば学習者の学習スタイルや興味と教材とを関連づけられるか？

基本的な動機の刺激
  1. 学習者が人として話しかけられていると感じさせる人間味ある表現が使われているか？
  2. 達成への努力や学習の成果を示す事例（エピソードや統計など）が提供されているか？
  3. 達成に伴う感情を伝えるような報告や事例が含まれているか？
  4. 達成や成功までの道のりやそれに伴う感情をイメージするように学習者に促しているか？
  5. 個別の目的設定・履歴管理・フィードバックを許容するような練習を設けているか？
  6. グループでの共同作業を必要とする練習があるか？
  7. 問題解決や達成への努力を活気づけるパズル・ゲーム・シミュレーションがあるか？
  8. 練習（パズル・ゲーム・シミュレーションを含む）のなかで，学習者どうしの競争や，学習者自身との競争（自分の記録を抜こうとすること），あるいは標準との競争を奨励しているか？

役割モデル
  9. 学習分野において注目すべき人物のエピソード，彼らが直面した障害，達成した業績や結末が述べられているか？
  10. 教材のコースを好成績で修了した後で，さらに進んだ目的を達成した人たちからの事例や証言などが提供されているか？
  11. 特定のスキルや知識領域に関する利点について説得力のある説明ができる人物を，引きあいに出したり引用したりしているか？

R3. 親しみやすさ
どのようにすれば学習者の経験と教材とを結びつけることができるか？

これまでの経験とのつながり
  1. 教材がどのように学習者の既存スキルや知識に積み上げるものかを明示的に述べているか？
  2. 学習者がすでに熟知しているプロセス・概念・スキルと教材を関連づけるために，比喩やたとえ話が使われているか？

個別化のオプション
  3. 学習者は課題の内容を選択できるか（たとえば，学習者が個人の興味に基づいて事例やトピックを選択できるような課題が含まれているか）？
  4. 学習者は課題のタイプを選択できるか（たとえば，学習者が1つの課題を達成するための手段を多くの選択肢のなかから選べるか）？

自信（Confidence）

C1. 学習要求
どのようにすれば，学習者が前向きな成功への期待感を持つように支援できるか？

  1. 学習が成功したことの証拠として学習者にどのような行動が期待されているのかを，観察可能な行動として明確に述べているか？
  2. 学習者が自分自身の学習目的や目標を書き記すための手段があるか？

C2. 肯定的な結果
学習経験が，学習者自身の能力に対する信念をどのように支えたり高めたりするのか？

チャレンジの難易度
  1. 教材の内容が明確で使いやすい流れに整理されているか？
  2. 教材の各部分で出題される課題の流れが，やさしい課題から難しい課題へとなっているか？
  3. 全体の難易度（読解レベル・事例・練習）が学習者のレベルに適切であるか？

不安の軽減
4. 教材には，ひっかけ問題や，または非常に難解な質問や練習はないか？
5. 練習は，学習目標・内容・事例に合致しているか？
6. 練習への解答のような自己評価を行うための手段が提供されているか？
7. 基準を満たした回答に対する確認的フィードバックや，基準を満たしていない回答に対する矯正的フィードバックがあるか？

C3. 自己責任
どのようにすれば，学習者は自分の成功が自分の努力と能力によるものであると確信するか？

1. 学習者は，教材の流れを選択できるか（すなわち，学習者が教材のさまざまな部分を自分で配列できるか）？
2. 学習者は，自分のペースで学習を進めることができるか？
3. 学習者は，自分の能力を例示する方法（すなわち，練習やテストでの他のやり方）を選択できるか？
4. 自分の能力を示すための方法や自分なりの練習方法を学習者自身がつくる機会を与えているか？
5. 学習者が，学習環境（すなわち，他の人たちといっしょの部屋で学習するか，あるいは他の人たちとは離れて学習するか）を選択できるか？
6. 教材の改善案やもっとおもしろくさせる工夫について，学習者が記録を書き残す機会を与えているか？

満足感（Satisfaction）

S1. 内発的な強化
どのようにすれば，学習経験の本来の楽しみを促進し支援できるか？

肯定的な称賛
1. 学習者にできる限り早く，新しく獲得したスキルを現実的な場面で使う機会を与えているか？
2. 難しい課題を達成した学習者がプライドを感じられるような言語的な強化はあるか？
3. 目的を達成したことについての肯定的な感情を反映した，肯定的で熱心なコメントが教材に含まれているか？
4. 課題を習得した学習者が，他のまだ習得していない学習者を助ける機会はあるか？
5. 成功に必要だった学習者の行動や性格への称賛があるか？
6. リスクや挑戦を乗り越えたことへの称賛があるか？

持続的な学習意欲
7. 興味をひきそうな関連領域についての情報が提供されているか？
8. トピックへの興味を追求し続ける方法について学習者に質問するかまたは伝えているか？
9. 学習者は新しい応用領域について知らされているか？

S2. 外発的な報酬
学習者の成功に対して，どのような報酬的結末を提供するのか？

1. ドリル練習のような繰り返しの飽きそうな課題において，外発的な報酬システムを提供するために，採点システム付きゲームが含まれているか？
2. 外発的な報酬が嫌みのない思いがけない方法で，課題への内発的な興味を強化するために使われているか？
3. よい成績に対して，公の場でほめているか？
4. 学習者が課題達成に向けて学習している間や課題達成の後で，個別に着目されているか？
5. 学習者が新しいスキルを習得しようとしているときに，強化を頻繁に用いているか？
6. 学習者が課題についてより有能になった段階では，強化を断続的に用いているか？
7. 課題へのパフォーマンスを得る手段として，おどしや監視は行わないようにしているか？
8. 個人間やグループ間の競争時やコースの最後に，成功に報いるための修了証や「象徴的な」報酬が用意されているか？

> **S3. 公平さ**
> どのようにすれば学習者が公平に扱われていると感じるか？
> 1. 最終課題や事後テストで出題される問題の内容や種類は，教材のなかにある知識・スキル・練習問題に一致しているか？
> 2. 最終課題や事後テストの難易度が，先行する練習問題と一致しているか？

▶ 利用方法

　このチェックリストを新しい教材の設計や開発の支援として利用するときには，アイディアや見せ方が学習者の特徴に照らして適切となるように点検する。この場合，与えられた状況に固有の設計指針とするために必要な項目だけを含めたチェックリストに改訂し，開発時のトライアウトやパイロットテストの評価用チェックリストとして用いることができる。

　一方で，既存の教材を評価する指針としてこのチェックリストを使うときには，いくつかの意思決定を行うことになる。教材を分析して方策を検討する際に，教材中の方策が満足であるか，方策が不足しているか，方策が余分過ぎるのかを判断する。

　満足：その方策が教材に含まれており，学習者に適切な使われ方であることを意味する。
　不足：その方策が教材に含まれていないが，学習者の特徴を考えるとそれを教材に追加すべき場合は不足とする。
　余分：学習者に不適切な動機づけ方策が教材に含まれている場合は，余分とする。たとえば，学習者にとって「子どもじみた」もので，内容のまじめさを損なうとみなされるような漫画を取り入れた場合は余分である。

　先に述べたように，応用状況にふさわしくない項目をすべて削除し，補充した方策の記述を追加することで，設計や評価のためのツールとして利用する独自のチェックリストを開発することができる。

動機づけ実施チェックリスト

▶ **はじめに**

　動機づけ実施チェックリスト（Motivational Delivery Checklist；表11.12）は，ボニー・H・アームストロングと筆者が開発した。両者の許可のもとにここで紹介する。このチェックリストは，インストラクター主導の授業や研修における動機づけの特徴を評価するために利用される。チェックリストには，プレゼンテーション形式や学習者への焦点化など，すぐれた学習意欲デザインとインストラクショナルデザインに関する特徴を組み込んでいる。時には，インストラクターに提供される教材に問題があるために，インストラクターが実力を十分に発揮できないこともある。問題の原因に関する調査は，このワークシートに問題を書きとめた後に行われる。インストラクターは，教材の完全性を評価するために，また，実施前のリハーサルの補助手段として，このチェックリストを利用することもできる。

▶ **利用方法**

　このチェックリストを活用する方法はあなたの要求に答えるどんなやり方でもかまわない。1つの方法として，次の注釈を用いて，各項目をチェックすることができる。

　　E ＝ すぐれている　　　　　O　＝ ない（しかし含めるべき）
　　S ＝ 申し分のない　　　　　NA ＝ あてはまらない
　　I ＝ 改善が必要

表 11.12　動機づけ実施チェックリストの項目一覧

動機づけ実施チェックリスト

導入部分において：
注意
1. 心に「引っかけるもの」(hook) を使っている。たとえば，学習者の興味をひく問題や矛盾を持ち出す。
2. 学習者にアピールする要素と授業を関係づける。

関連性

3. 事前に学習者分析ができていない場合には，学習者の学習経験・興味・目的を調べるためにアイスブレイクを用いる。
4. 学習者の仕事や職業上の役割と学習目標がどのように関連するのかを説明する。
5. 学習者の個人的な興味・経験・目的と学習目標がどのように関連するのかを説明する。

自信

6. 学習者がお互いを知らない場合や多様な集団から来ている場合は，アイスブレイクを用いる。
7. 学習者が心配そうだったり居心地が悪そうにしていたら，アイスブレイクや他の雰囲気づくりの活動を，個別活動ではなく小グループで行う。
8. 授業中に何が起こり何をするのかについて，学習者が把握できるように「ロードマップ」を利用する。
9. 教室のルールを説明する。

授業中を通じて：
注意
10. 元気で活動的にふるまう。
11. 熱意を感じさせる言葉づかいや表情をする。
12. 学習者に対して均等に視線を合わせる。
13. 重要な点を強調するために，話し方に抑揚をつける。
14. 全員に聞こえるように大きな声で，興味をひくように抑揚をつけて話す。
15. 話し方のペースに変化をつける。
16. 正しくはっきりと発音する。

関連性

17. 授業中ずっと，あるいは特定の時間を設けて，学習者に意見や質問の機会を与える。
18. 現在や将来の仕事に関連した事例を用いる。
19. 学習者や学習の状況に合った言葉づかいや専門用語を用いる。

自信

20. 学習者を名前で呼ぶ。
21. 学習者からの意見や質問に返答するために積極的傾聴を行う。
22. 親しみを表現したり，開放的な身振りや姿勢をするなど，肯定的なボディランゲージを活用する。
23. 学習者の応答が間違っていても，親しみのある表情で確認や訂正を行う。
24. 質問をした後に，学習者が返答できるように十分な時間をとる。
25. 意見を述べたり質問をしている学習者と視線を合わせる。
26. すべての学習者と定期的に視線を合わせる。
27. 学習者の応答や意見のなかに含まれる正しい部分を際立たせる。
28. 学習者の誤りを指摘するときには，ひいきすることなく課題解決に向けた言葉を用いている。
29. 間違いを訂正した学習者に対して，内容確認の質問を促し，そのような質問には適切に返答する。
30. パフォーマンスへのフィードバックをすぐに提供する。

満足感

31. 学習者への評価や称賛の言葉を適切に与える。
　32. 学習者自身の努力による成功であることを伝える。
　33. 飽きそうな，繰り返しの多い，長い，複雑なセクションの最後には，具体的な報酬を提供する。たとえば，講義の最後にリフレッシュのための休憩時間を設ける。
　34. 授業における努力や成果を認めるコメントを適時に行う。

たまに：
注意
　35. 問題や矛盾を投げかけるために質問を利用する。
　36. 学習者の見方や感じ方を引き出すために質問を利用する。
　37. 事例・ストーリー・問題のなかに，学習者の経験・興味・目的を取り入れる。
　38. 適切なときに視聴覚教材を用いる。
関連性
　39. 事例のなかに，学習者に固有な経験・興味・目的を取り入れる。
自信
　40. フィードバックを要求し，それを親しみのある表情とひいきのない感謝の言葉で受け取る。
　41. 学習者が混乱したり，怒ったり，悩んでいたり，興味がなさそうにしているときには，具体的な説明を求める。
　42. フィードバックは必要なときに中断するなど，うまく対応する。
　43. 弁明や合理的な説明がなくても，フィードバックを受け入れる。
　44. 学習者が成功できると信じていることや，それを助けるために自分が存在しているということを説明する。
　45. 成功は学習者の努力によるものであると説明する。

授業の終わりで：
満足感
　46. 授業の最後に達成を認める称賛を与える。たとえば，ほめ言葉や達成証明書など。
　47. 学習者の努力や成果にふさわしいねぎらいの気持ちを伝える。

要約　この章では，学習意欲のデザインや研究活動を支援するいくつかの設計ツール・測定ツール・チェックリストについて述べた。これらのツールのすべては応用場面で開発され有効であると証明されているが，人々が開発してきたツールの氷山の一角に過ぎない。他にも，筆者が聞き及んではいるものの，見たことはないツールが多く存在する。仮にあなたが学習意欲のデザインをシステム的に実施するならば，自分にとって有益となるツールを自分自身で作成するに違いない。

　本章で述べたい最も重要なポイントは，学習意欲のデザインがシステム的なプロセスであるという点である。あなたの実践スキルを絶えず磨いていくために，本書で説明しているプロセスをたどり，さまざまなツールやドキュメント化の手法を利用してみよう！

第12章
学習意欲のデザインに関する研究と開発

◯ 本題に入る前に……

- 高齢者のための取扱説明書の使いやすさについてのオランダにおける研究（Loorbach et al., 2007）
- バンコクにおける医薬品指示書のデザイン（Wongwiwatthananukit & Popovich, 2000）
- 韓国におけるオンライン学習での文化差についての研究（Lim, 2004）
- 北アイルランドにおける母乳による育児促進の訓練プログラム（Stockdale et al., 2008）
- ギリシャにおけるユーザビリティ評価法研究（Zaharias & Poylymenakou, 2009）
- ドイツにおけるオンライン学習の持続性を維持するための挑戦に関する評論（Deimann & Keller, 2006）

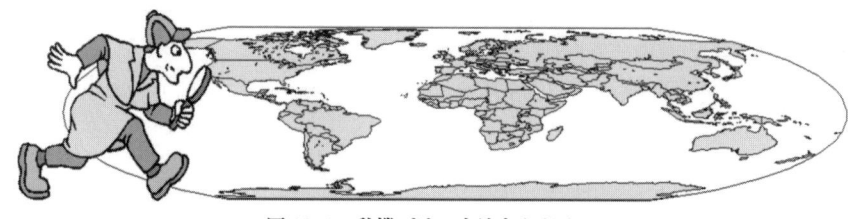

図12.1　動機づけの方法をさがせ！

・フロリダ州立大学の学部生の動機づけに関するアクションリサーチ（Kim & Keller, 2008）

上記の研究にある，1つの共通点は何だろうか？

はじめに

　この章の目的は，本書でこれまでに説明されてこなかったARCSモデルを組み込んだ研究や開発の多様な場面を例示することにある。この文脈における多様性には，地理・組織・学校の教科などを含む。世界のほぼすべての地域で研究者や実務家が自分の研究と実践の一環としてARCSモデルを採用していることが，上記のリストで例示されている。このことは，ARCSモデルが文化を超えて適応可能であり，また，研究と実践の多様な領域で適用することができると思われていることを示している。このモデルは，教育が行われるあらゆるタイプの組織に組み込まれている。つまり，大学・小中学校・医療機関・企業・軍事組織，そして行政機関までもが含まれる。教科領域としては，数学教育・第2外国語・社会科教育・助産教育・医薬品研修・原子力発電の操作研修・営業研修・学校管理者のトレーニング・管理職研修・栄養学教育・その他，公教育で教えられるあらゆる基礎教育に組み込まれている。また，コンピュータを用いた独学・オンライン教育・遠隔学習・モバイル学習，そしてもちろん教室での授業をも含んださまざまな実施システムの設計とともに研究されてきた。これらの多様な領域において，ARCSモデル活用の目的は，学習者の意欲や学習についての学術的な解明から，教育実践のための学習意欲のデザイン支援に及んでいる。

　ARCSモデルに広範な適用可能性があるにもかかわらず，学習意欲のデザインにはいくつかの重要な課題があることを見逃してはならない。1つには，用いられる研究方法がある。いくつかの研究では，伝統的な実験計画法もしくは準実験計画法が用いられている。一方で，相関的研究・質的研究・アクションリサーチが用いられることもある。また，評価研究あるいは妥当性検証と呼べる研究もある。それは，特定の方略や介入が効果的であるかどうかを確認することを目的としたものである。学習意欲のデザイン研究の包括的な目的は，学習環境をデザインしたり，学習者の自発性をガイドすることによって，人々の学習意欲をどのように向上させることができるかを理解することにある。このことは，学習意欲のデザインに関する研究や開発が，以下のような多様な障害が発生し得る応用場面で多く行われることを示唆する。すなわち，

・応用環境で最小限のコントロールしか効かないこと
・特定の変数を隔離あるいは操作可能にすることの困難さ
・新奇性効果（novelty effect）のための意図しない影響
・学習者の学習意欲プロフィールの診断と経年変化の追跡における困難さ
　そして
・明確な推論と結論を導くように結果を測定することの困難さ

　これらの問題は多くの学問領域でもみられるものであり，研究法についての書籍で議論されてきている。しかし，学習意欲の研究においては，次の3つの特有な課題があると思われる。それは，学習意欲についての「ギャップ」を診断すること，さまざまなタイプの配信システムのための方略を設計すること，そして，動機づけ方策を実施する方法についてである。

　第1の課題である「学習意欲ギャップの特定」については，考慮すべき3つのタイプが想定される。1つ目は，与えられた教材を学ぶ学習者の意欲を妨げるようなギャップがあるかどうかである。2つ目は，教材や動機づけフィードバックやガイダンスによる学習者支援などの学習環境のなかに動機づけ上の欠陥があるかどうかである。これらの障害の評価と分析の方法については第8章で詳述されている。3つ目のギャップは，学習者がそのギャップを埋めたいと思っているかどうかである。学習者自身に自信がなかったり，教育内容に何ら関連性をも認めていないとしよう。それでも，そのギャップを取り除きたいと思っていると想定してよいだろうか？　そうとはいえないだろう。学習者の態度は，「どちらでもよい」と思っているのかもしれない。この点については，第1章に記述した「他人の学習意欲はコントロールすることができない」という動機づけの基本的前提の1つに立ち戻ることになる。もし学習者が，学ぶことを真に望まない場合は，それについてあなたができることはほとんどないといえよう。しかし，教育者が自らの科目への情熱を表明したり，学習者を競争に駆り立てることなどで，学びへと学習者を喚起できるかもしれない。つまり，学習者の好奇心，関連性の認識，そして成功への期待といった特定の学習意欲の問題があることを知ることができたとしても，その結果としてその問題に対応して講じた態度変容をめざした動機づけ方略が成功して，意欲満々の学習者に生まれ変わるという結果が約束されているわけではない，ということである。まず，学習者がその科目を学びたいという気になること，そして，そのうえで助けになる方略が実装されることが必要となるのである。

　第8章に学習意欲分析のための豊富なガイダンスがあるが，そのプロセスは対面教育の場面で最も容易に用いられるだろう。なぜならば，学習者を教育が始まるより前

から分析することができるし，学習意欲の状態を実施中にもモニターできるからである。一方で，この章で述べられる研究やプロジェクトのいくつかに関連することであるが，遠隔地で展開される学習場面において学習者の意欲を測定する方法を見つけるのはとても難しい。さらに，学習中の学習意欲レベルの変化をモニターしていくことは特に難しいといえる。

第2に考えるべき問題は，異なる配信システムのための方略設計を行わねばならないことである。対面式による教育場面で採用しやすくかつ効果的である動機づけ方略が，遠隔地で展開する学習システムでも可能とは限らない。対面教育の講師は，動機づけ方策を統合した教材を設計したうえで，さらに，適切なときに動機づけのための支援を自ら提供することができる。たとえば，教室にいる講師は魅力的なシミュレーションで学習者をひきつけることができるうえに，学習者が何か注目に値することをした際に，すぐその場でそれに気づくこともできる。その際，即時的な動機づけフィードバックを与えることができるし，また，学習者が困難なことに直面した際には，激励することもできる。しかし，配信システム上では，動機づけ上の問題を発見し，有意義なフィードバックを即時に提供することは，少なくとも現在においては，未だ困難である。高度に洗練された知的指導システムの開発によりそれが可能になる日が来るかもしれないが，現時点で私たちがとり得る方法はきわめて原始的なものに限られている。とはいえ，配信システム上においても，動機づけ方策を埋め込んだり，学習者を支援するための革新的な技法がこれまでにも考案され，またテストされてきている。本章におけるさまざまな学習や研究のプロジェクトに言及する際に，それらをあわせて紹介していきたい。

第3の課題としては，前のことにも関連しているが，配信システム上で展開する学習環境において，動機づけ方略を供給する問題がある。コンピュータによる研修（CBT）で何年も使われてきた技法に，セルフチェックやテストでの学習者の反応によって，自動的に動機づけあるいは矯正的フィードバックを提供するという埋め込み方式がある。正解の際の典型的なメッセージは，たとえば「おめでとう！　あなたはすばらしい仕事をしていますね」のようになる。このようなタイプのフィードバックは便利だが限界もある。自信や関連性への気づき，持続性などのさまざまな学習者自身の意欲の問題にふれることができない。本章で紹介する研究には，アニメーションを利用した教育エージェントや，意欲喚起と意志高揚のための電子メールメッセージ，そして学習意欲適応型のコンピュータ教材など，動機づけフィードバックやガイダンスのための多くの革新的な方略が含まれている。

本書の重要な点は，ARCSモデルが学習意欲のデザインへの問題解決アプローチを提供しているということにある。方略や方策は，与えられた状況における動機づけの

問題や目標が特定された後に作成される。しかし，このプロセスを適用するにはたくさんの挑戦的課題がある。それは，動機づけ問題を特定することの困難さによるものであり，また，適切な動機づけ方策を適切なタイミングで提供する方法を見つけるのが難しいことによる。最も効果を上げるためには，学習意欲の問題に学習者が直面しているときに関連した特定の方策が提供されるべきである。たとえば，インストラクショナルデザイン（ID）を学ぶクラスの学習者が職務・課題分析を実施するタスクを与えられているとしよう。今までにやったことがないタスクであり，作業開始までにまだ1週間ある。この場合，「なかなか大変なタスクだと感じることが予想されるが，そう思ってもとにかくがんばるように」というようなことを今言っても，意味がないだろう。動機づけとなる励ましを彼らに送るタイミングは，彼らが実際に作業を行っている最中であり，「大変なタスクだなぁ」と感じているときである。そうすれば，共感のメッセージや作業への取り組み方についての提案は受け入れられるだろう。

　本章では，学習意欲のデザイン研究や応用に関連する諸問題を，特にオンラインや，コンピュータ，そしてその他の技術を用いて遠隔で提供する教育形態に焦点をあてて述べていく。最後に，ARCSモデルが，意志や自己調整の概念を取り入れて拡張してきていることを述べて本章を終わる。

動機づけメッセージ

　本章で述べられているたくさんの教育実施場面への一般的応用を持っている動機づけ方略は，「動機づけメッセージの臨床利用」（clinical use of motivational message）と呼ばれている。このコンセプトはヤン・ヴィッサー（J. Visser & Keller, 1990）により形が整えられた，参加者の意欲の継続的な診断をもとにした動機づけメッセージの創出と配信のことを指す。このプロセスはヴィッサーが学習意欲に深刻な問題があった対面コースを教えていた場面で開発された。そのコースの参加者は15人の政府職員で，彼らが働いていた職場にて実施された。学習意欲の問題は，恒常的な危険があった当時のモザンビークの状況によるものであった。そこには，反体制ゲリラの危険，きわめて低い水準の生活レベル，コースを履修することに対する報償の不足，コースの難易度，そして受講中も十分な業務レベルを維持しなければならないという要求などがあった。これらの多くの学習意欲の問題を解決するため，ヴィッサーは，ジャストインタイムの動機づけ支援を提供する方法として，動機づけメッセージのコンセプトを開発した。彼はシステム的な学習意欲デザインのプロセスであるARCSモデルを応用し，学習意欲の問題をARCSに分類して診断した。そして，その問題

を軽減するために，ゴール達成に向けての努力を刺激するためにデザインされた方策を創出した。一部のメッセージは小さいポスターや手紙の形式で提供されたが，そのほとんどは注意を喚起する表紙と中に適切なメッセージの書かれたグリーティングカードの形でつくられた。この形式は，第 6 章の例（図 6.3）の不安の軽減を意図してデザインされたグループへのメッセージとして示されている。もう 1 つの例（図 12.2）として，よい成果を出そうと懸命に努力している学習者に，肯定的なフィードバックと激励を与えるためにデザインされた個別メッセージを示す。

　メッセージの中身は，そのときに何が利用可能かに依存したが，毎週最大 5 種類のタイプのデータ分析に基づいて決められた。最初のデータはインストラクター自身の動機づけのストレスポイントについて知っている事実で，彼の授業実施経験をふまえて導き出された。たとえば，研修内容は ID のシステム的なプロセスであり，そのなかで学習者たちはいつも，分析作業が大変難しいものだと感じていた。自分たちの企画書が形成的に評価されたあと，厳しいフィードバックを受けると意気消沈してしまうことが多い。そこで彼は，学習者たちが評価を客観的にかつ前向きにとらえられるようなメッセージを準備したのである。彼はまた，学習者たち自身が前の週に体験したことのなかから，大きな動機づけの阻害要因となったもの 3 つと，最も肯定的な動

```
[Good Work! カード図]            親愛なるビル

                                「赤いバッジは勇気の印」でのあなたの
                                エッセイは非常によくまとまっていて，
                                著者の言いたいことを鋭く洞察していま
                                す。彼のはじめての戦いに対するあなた
                                の感情的な反応の分析は，あなたが彼に
                                とても共感していたことを示しています。

                                このエッセイは，以前の作品に比べて大
                                きく進歩しています。次作を書く前にぜ
                                ひ会いに来てください。もっとよいもの
                                を書くのに役立ちそうな助言がいくつか
                                あります。
                                成績：B

                                心をこめて　Mr. Quillmore
```

図 12.2　自信を高めるための個別化された動機づけメッセージの例

機づけの影響を与えたもの3つをそれぞれレポートにまとめさせ，匿名で毎週提出させた。かつ，コースのなかで改善したい喫緊の課題があれば，同じく記述させた。他の情報源は，学習者が自ら下す進歩や停滞についての素直なコメント，教育者側が学習者に求めた学習者からのコメント，そして学習者の進捗評価の3点であった。

　これらの情報をARCSモデルの側面に基づき分析し，ヴィッサーは3つのタイプのメッセージから1つないしそれ以上のメッセージを用意した。最初のタイプは，インストラクターが過去のクラスでの授業体験に基づき予期できた動機づけの課題を呼びかけたものであった（図6.3）。2番目のカテゴリーのメッセージは，クラス全体の動機づけのレベルが影響を受けた，思いもよらない出来事に対応するものであった。そして，3番目のタイプは，個人的な動機づけの課題を抱えていることがヴィッサーにわかった個々の学習者へのメッセージから構成されていた。たとえば，英語が堪能な学習者（ポルトガル語がモザンビークの公用語である）の1人で，授業にまったくついていけなくなってしまった者がいた。彼女の日常業務での負荷が劇的かつ法外に増えたことが原因であった。ヴィッサー（1990）は彼女にメッセージを送った。「あなたのための特別なメッセージです。不可能なことを求められたとき，人はいたたまれず落胆する。けれども，あなたが一生懸命努力したことに満足して，もっとできる状況にあればちゃんとした結果を出すことができた，と思いなさい」（p. 384）。その学習者はそのメッセージを読んで涙した，と後日彼に伝えた。

　彼はメッセージを用意し，授業の合間に特にコメントをせずに学習者たちのワークステーションに置いたり，あるいは自ら彼らに配った。なぜならば，これは授業の一環であり，特別に注意を向けることではないと学習者たちに理解してほしかったからである。この試みは，「小さなノート」として，学習者の間では有名になった。

　さまざまな方法で測定した結果（Visser, 1990; Visser & Keller, 1990），メッセージは学習者たちの態度や粘り強さに肯定的な効果を持ったことが明らかになった。学習者の在籍率は通常より高くなり，学習者の粘り強い努力や成績も同様に高まった。

　動機づけメッセージの臨床使用の重要な属性は，学習者が直面している特定のタイプの動機づけ上の課題を指摘するデータに基づいているということであり，学習者の感情と態度の動機づけ側面と明示的にかかわっており，タイミングがよい，ということである。これは，教材に埋め込まれた動機づけ方策と対照的である。コースと不可分のものとして実施されるが，その方策は学習に向けての参加者の態度における特定の動機づけのギャップを狙い撃ちしたものではない。

◯ インストラクターに支援された学習環境

　インストラクター支援環境は，対面も，オンラインも，またはブレンド型のものもある。学習意欲デザインワークシートの2つの例（第8章～第10章）を含め，これまで本書にあった動機づけ方略のほとんどの事例は教室場面のものだった。本章では，ブレンド型コースかオンラインクラスかを問わずテクノロジーに支えられた場面の事例に焦点をあてる。

　ブレンド型学習場面とは通常，オンライン機能によって拡充された教室型のコースを指す。ブレンド型コースは柔軟性が高く，スケジュールが決まった毎週1回だけの授業とは対照的に，週全体を通して，さらに絶え間ない学習活動にすることができる。ボンクとザング（Bonk & Zhang, 2008）によりオンラインとブレンド型コースで使うための100以上の活動が紹介されている。教師たちは討議フォーラム・チャットルーム・グループ協調課題をはじめ，さまざまなオンライン機能の利点を生かすことができる。たとえば，私がキャンパスで教える学習意欲についての専門科目においては，1つまたはそれ以上の課題図書に関連する討議フォーラムを持つことにしている。特に私がクラス全員に意見を発言させたいときには有効である。クラスでは，数人の学習者が予想通り積極的な発言者となり，全員の発言が得られないことが多い。前学期のクラスの第1週の間に，私は2つのフォーラムを開いた。最初のフォーラムでは，私は彼らに，自分自身の経験に基づいて動機づけのコンセプトを説明せよ，と指示した。それは，彼らの生活のなかで何が動機づけを構成するのかという問いであった。2番目のフォーラムでは，私は彼らに動機づけ計画でのデザインの役割について議論してほしいと求めた。つまり，動機づけに対して設計ができるか，あるいはあまりにも機械的すぎるか，自発的な活動の結果に期待すべきだろうか，と。すべての学習者は，特定の日付までに投稿することを求められた。しかし，彼らは私がその当日公開するまではお互いの反応を見ることができなかった。この方法では，各学習者はその問いを自分で検討しなければならないし，また，他の学習者の発言からの「借り物」でない反応が要求される。この方法で，反応率が高い，豊かな議論が導かれた。他にも，学習者が共同で行う宿題を出し，それに対する結果をクラスで発表させることもある。この方法は，内発的動機づけと外発的強化に関連した要因とその相互の影響に関しての課題で特によく機能した。各グループには，調査する概念のリストが与えられた。彼らのタスクは，否定的な例（学びの喜びをどうやって抑えるか）と肯定的な例（学びの喜びをどう維持するか），ならびに用語の定義を準備することであった。授業中

には，各グループはその概念を教え，議論を促進する責任を負った。

　これらの方略は，実行するのが簡単で，インストラクターに求められる時間的にも対処可能なもので，インストラクターが議論に参加するときは特に生産的になる。しかし，20人をあまり上回らないクラスの比較的小さいサイズのときがよい。より大きなクラスでは，単に数の点だけでなく，状況が異なる。小さなクラスで使うことができた学習方略のすべてを使うことは可能でなくなるかもしれない。しかし，学習者支援の問題がより顕著になる。とても大きなクラスでは，インストラクターがすべての学習者を知ることも難しいし，それぞれの学習者が直面している特定の動機づけ上の問題にも気づきにくくなる。しかし，コースのオンライン要素によって，この問題を救うことができる。

　学習者に動機づけ支援を提供する1つの方法に，前節で紹介した電子メールを使った動機づけメッセージ法（Visser & Keller, 1990）がある。このアプローチを，ある学部の考古学クラスに対して，2つの異なるブレンド型の研究（J. M. Keller et al., 2005; Kim & Keller, 2008）でテストした研究がある。この研究においては，コースインストラクターと彼女の助手の過去の経験や観察に基づいて，学習意欲上の問題が起こりそうになるときに提供する動機づけ支援メッセージを準備した。また，有益な自己調整行動を勧めるために，意志（volition）にはたらきかけるメッセージも含まれた。メッセージは，インストラクターではなく研究者により作成され，配布された。診断的アンケートが毎週学習者たちに送られ，彼らの意欲的な態度と努力の量を学習に費やした時間で測定した。これらのクラスでは，ヴィッサーのケースとは対照的に，インストラクターには学習者に直面する動機づけ上の挑戦の一般的な知識はあったものの，クラスの外での学習者との普段の対話を持たず，また，彼らの学習に悪影響を与えるかもしれない学習者たちの生活のなかの出来事の個人的な知見も持ちあわせていなかった。また，インストラクターはクラスの外で個人的にメッセージを配布することもできなかった。メッセージは，電子メールを通して配布された。ヴィッサーの研究において個人的に届けられた紙によるメッセージに比べると，いくぶん人間味がないものとみなされるやり方だったかもしれない。しかし，このメディアの広範囲にわたる利用を考慮すると，学習者は電子的なメッセージでも個人的な注目の一形態として受け取るかもしれない（Woods, 2002）と仮定された。

　最初の研究（J. M. Keller et al., 2005）では，インストラクターと助手により確認された学習意欲上の問題に基づく動機づけメッセージが用意された。最初のグループ（一括配布）は，学習者たちがすべてのメッセージをすぐに役立てることができるように，4週におよぶ実験期間の最初に，メッセージのセットすべてを「学習のヒント」ととして受け取った。2番目のグループ（分散配布）は，「学習のヒント」を「学

習意欲と意志モデル」(J. M. Keller, 2008b) に則った順序で間隔をあけて受け取った。学習意欲の方策から関与の方策，さらには意志の支援（自己調整）方策へという順序で進行した。統制群は，偽薬的なメッセージ（placebo messages）を受け取った。それは他のグループにも送られたが，実験が行われているという一般的な知識から生じるかもしれない新奇性効果を制御するためであった。その結果，自信の側面と成績において正の影響があることが示された一方で，動機づけの他の構成要素には影響がなかった。電子メールを使った動機づけメッセージによる学習意欲支援の潜在的効果の確認は，限定的だったといえる。

最初の研究の後の4週間で行われた第2の研究（Kim & Keller, 2008）においては，個人的な動機づけメッセージが開発された。診断アンケートに基づいて，メッセージをより個人的に変化させ，あいさつ文に彼らの名前を入れて学習者個々にメッセージを送り，個々の学習者のために動機づけメッセージの内容をカスタマイズするといった努力がなされた。

2番目の大きなテストの後，学習者に，他の質問に混ぜて，テストの結果に満足しているかどうかを尋ねた。テストを受ける前に，彼らは添付書類に「学習のヒント」がついた電子メールを受け取った。そして最後の電子メールでは，彼らが添付書類を開けたかどうか，そしてどの「学習のヒント」が自分にとって役に立ったかを尋ねた。これらの情報に基づいて，メッセージは書き出し部分を変えたり，彼らの名前をあいさつに含めることによってカスタマイズされた。たとえば，表12.1のメッセージの3つの例は，試験結果に不満であるといった学習者に送られたものである。学習者が添付書類を開けなかったか，開けたが役に立った方策にはチェックがなかったか，あるいは開けたうえでいくつかの方策が役に立ったとチェックしたかで，メッセージが異なっていた。書き出しの後のメッセージ本文には，さらなる動機づけの要素を含んでいた。しかし，この部分はおのおのケースで同じでありここでは割愛されている。完全なメッセージのサンプルは，キムとケラー（Kim & Keller, 2008）にある。

この研究の結果は，これらのカスタマイズされたメッセージを受けた学習者は，後の処遇においても全体的により高いレベルの自信を示した。そして彼らのテストの成績と対照グループとのギャップは縮まった。この2つの研究から学んだ鍵となる教訓は，学習者が，自分たちに役立つ動機づけ方策を手に入れたいと思わない限り，いかなる方策も効果的ではない，ということであった。研究者たちは，計画の学習者分析段階において，重大な学習意欲上の問題を確認したと考えた。しかし，問題に関する情報は，インストラクターと助手から来たものであった。その情報は，一部の学習者たちについては真実だったが，他についてはそうではなかった。そして，それが真実だった者でさえも，全員が学習意欲や意志の問題での援助を望んでいるわけではな

表 12.1 個別化された動機づけメッセージの見本

例 1：添付書類「学習のヒント」を開けなかった学習者
フランクさんへ

おめでとう！

前の記録によると，あなたは Test 2 の成績に完全に満足していないと回答し，ここまでに得たよりも高い成績を得たいと思っているようですね。私にはいくつかの提案があります。あなたが残り 2 つのテストであなたの成績評価を上げる助けになるかもしれない「学習のヒント」とこのメッセージのなかに，です。

最近，クラスのあるグループの学習者たちは，添付書類として「学習のヒント」を受け取りました。第 2 のテストのクラス全体の平均は最初のものと同じでした。しかし，「学習のヒント」を使ったといっていた学習者たちは，2/3 段階（たとえば C から B-へ）成績があがりました。これらのヒントが非常に役に立ち得ることを私たちに物語っている証拠です。

もしあなたがこの機会を利用したいと思うならば，すべきことはここにあります。

例 2：「学習のヒント」を開けたが 1 つも方策を使わなかった学習者
フランシスさんへ

前の記録によると，あなたは Test 2 の成績に完全に満足していないと回答し，ここまでに得たよりも高い成績を得たいと思っているようですね。私にはいくつかの提案があります。あなたが残り 2 つのテストであなたの成績評価を上げる助けになるかもしれない「学習のヒント」とこのメッセージのなかに，です。

数週前，あなたは，あなたが「開けた」と回答した添付書類「学習のヒント」を受け取りましたが，役に立った方策の欄には 1 つもチェックしませんでした。しかし，それを開けたと回答したうちの何人かは，いくつかの方策を使って，それが「役に立った」と回答しました。彼らの 82 パーセントは成績が上がり，平均上昇は 2/3 段階（たとえば，C から B-まで）でした。何人かはさらに上がり，また何人かはより少しでしたが，この事象はこれらのヒントが大変役に立ち得ることを私たちに物語っています。対照的に，第 2 回のテストの全体的なクラス平均は，最初のものと同じでした。

もしあなたがこの機会を利用したいと思うならば，すべきことはここにあります。

例 3：添付の「学習のヒント」を開け，いくつかの方策を使った学習者
フェイさんへ

テストでの大きな向上，おめでとう！ しかし，前の記録によると，あなたは Test 2 の成績に完全に満足していないと回答し，ここまでに得たよりも高い成績を得たいと思っているようですね。私にはいくつかの提案があります。あなたが残り 2 つのテストであなたの成績評価を上げる助けになるかもしれない「学習のヒント」とこのメッセージのなかに，です。

数週前，あなたは，あなたが「開けた」と回答した添付書類「学習のヒント」を受け取り，そしてそのなかのいくつかの方策が「役に立った」とチェックしました。方略を開けて「役に立った」と回答した学習者のほとんどが，成績が上がったという結果に興味をひかれるかもしれません。総数は少なかったですが，成績向上の平均は 2/3 段階でした（たとえば，B から A-へ）。あなたを含んで何人かはさらに上がり，また他の何人かはより少しでした。しかし，この事象はこれらのヒントが大変役に立ち得ることを私たちに物語っています。対照的に，第 2 回のテストの全体的なクラス平均は，最初のものと同じでした。**今度は，もう一度，しかももっと体系的に方策を使ってみることを勧めます。そうしたらあなたの成績はさらに向上を続けることでしょう！**

もしあなたがこの機会を利用したいと思うならば，すべきことはここにあります。

かった。動機づけ方策は,学習者がそれを目にしたいといったときが最も効果的であった。

▶ インストラクター支援のオンライン学習環境

インストラクター支援型オンラインコースは,誰でも同時に仮想会議に参加する同期型,学習者が個々にログオンし学ぶ非同期型,そしてその両者をあわせた組み合わせ型がある。組み合わせ型では,おもに非同期型が採用されるが,時として学習者たちを小グループに割りあてて課題に取り組むための同期型の仮想会議を持つ。そして,もちろん,これらの他にも多くのバリエーションがあり得る。鍵となるのは,インストラクターがコースに活発に関与するということだ。仮想会議の司会進行,討議フォーラムへの参加,ネットワークを介するプレゼンテーションの提供,そしてガイダンスやフィードバックの提供といった形でなし得る。一般的には,ブレンド型コースのオンライン部分にあてはめられるものと同様の原理や方略がここでもあてはまる。しかし,おもにオンラインコースを対象とした非常にたくさんの研究が発表されている。

ジョンソンとアラゴン（Johnson & Aragon, 2002）は,7つの原理からなるオンライン学習環境の教授方略のフレームワークを提案した。それらは,行動学習理論・認知学習理論・社会的学習理論の心理学3領域に基づいている。彼らは,力強いオンライン学習が起こるためには,オンライン学習環境には次の7原理の組み合わせを含むことが必要であると主張した。その7つとは,(1) 個々の違いに配慮する,(2) 学習者を動機づける,(3) 情報過多を避ける,(4) 現実の文脈を創造する,(5) 社会的なかかわりを促す,(6) ハンズオンの活動を提供する,そして,(7) 学習者の省察を促す,である。このフレームワークは,教育心理学とIDで確立した概念と原理に基づいている。しかし,彼らは彼らのモデルに対する実証的な裏づけを提供してはいない。その代わりに,自分たちの教授場面において成功した具体的な実践例を提供している。たとえば,2番目の原理「学習者たちを動機づける」に対しては,ARCSモデルを簡潔に説明し,それから彼らが使ってきた3つのテクニックを述べている。

最初の方略は,ゲームをオンライン環境に取り込むことである。彼らが使う例は,「億万長者になりたい人」（Who Wants to Be a Millionaire）という人気テレビ番組に基づいたものである。動機づけ方略の第2の例は,多くのコースがストリーミング音声や「講師の話す顔（トーキングヘッド）」のビデオ中心であるのに対して,複数のディスクジョッキー（DJ）と「ゲスト」の訪問で構成された疑似放送環境にすることでよりおもしろくするという提案である。3つ目の方略提案は,可能な場合はいつでも,マルチメディアを取り入れることである。ちょうど人気テレビ番組を見るよう

に，比較的頻繁な場面転換でいろいろなメディアがあると期待している現代の観衆に言及している。特定の概念と手順を例示するおもしろいクリップを含むいろいろなグラフィックイメージ・写真・ビデオクリップを入れることが役に立つという。

　彼らのフレームワークの限界は，これらの原理を実現する方略をいつ使用するべきかについて，ガイダンスを提供してないということにある。たとえば，「できるときはいつでも，いろいろなマルチメディアを使用すること」という彼らの提案は，ARCSモデル（第4章参照）では「注意」の3つの下位分類のうちの最後にあたる好奇心を維持するための変化性を述べたものである。この方略は，学習者の特徴に基づいて修正される必要がある。学習者のなかには，短く，頻繁に変わるプレゼンテーション方法に悩まされる人もいるだろう。学術的な話題のなかには，複雑な手順の図解のようなより継続的なプレゼンテーションが必要となるものもあるだろう。言い換えると，彼らの原理7つすべてについて，いつ，そして，どのように各原理を適用するべきかを決定するためには，学習者分析のプロセスを拡張しなければならない。

　このように，動機づけ方略を選んだり創造することとともに，学習者の特徴を調べることは，重要である。リムとキム（Lim & Kim, 2003）は，オンライン場面での学習と学習意欲の結果に関連して，学習者属性と学習意欲の特徴を確認しようとした。学習者属性には，性別・職歴・婚姻の状態・通信教育経験・年齢を含んでいた。以前の通信教育経験がなかった人々を除いて，どの属性の学習者にも統計的に有意な学習の向上がみられた。しかし，通信教育経験を持った70人に対して，以前の通信教育経験がなかった学習者は7人だけしか含まれていなかった。最終的な学習結果の違いは，これらの分類の範囲内では，性別だけだった。女性は男性よりよりすぐれていたが，婚姻状態・30歳以下か以上か・フルタイムで働いているかパートタイムか失業中であるかは，何の違いも及ぼさなかった。この研究には，男性の2倍の女性がおり（54対23），著者は性差の説明をしなかった。さらなる研究においてこれらを調査することは，興味深いだろう。

　リムとキムは，コースをとる理由についての学習者の反応に基づいて，動機づけの応用得点を構成した。学習者が学んだものを使う機会，彼らの仕事と学習内容の関連性，個人的な興味，そして彼らが学んだものを活用しようとする個人的動機づけを含んでいた。その結果，コースへの興味以外のすべての動機づけ変数が学習成果に関連があることがわかった。しかし，強化と自己効力感の2点だけが，彼らの学習応用得点に関連があった。

　この研究は，オンライン学習の態度とパフォーマンスに影響を及ぼすかもしれない学習者の特徴について，いくつかの興味深いポイントを示している。しかし，確固たる結論を出すにいたる前に，他の多数の研究によって補強される必要があるだろう。

オンラインコース開発と動機づけ方策のガイダンスに関しては，ARCSモデルの一部であるシステム的な学習意欲のデザイン手順を補うガイダンスを含む本がある。ボンクとザング（2008）は，オンライン学習で使える100以上の方略を解説している。方略のそれぞれに対して，インデックスを提供し，リスク・時間・原価・学習者中心の度合い・全体的な期間の面から各方略を評価している。これらは主観的評価であるが，方略の制約を教育目的や学習活動の特徴と合致させる際に，インストラクターを支援するだろう。彼らの本に含まれる方略は，彼らのモデルの4領域を意味する頭文字（R2D2）に分類されている。それらは，読む（Read：聴覚と言葉の学習者），反射する（Reflect：省察と観察の学習者），表示する（Display：視覚の学習者），そして行動する（Do：触覚と運動感覚の学習者）である。これとは対照的に，コーとロッセン（Ko & Rossen, 2001）は，オンライン学習計画の全体的なプロセスのための実際的なガイドを提供している。オンラインコースとシラバスを作成し，オンライン学習環境を開発し，学習活動を設計し，そして学習者にオンライン学習経験の準備をさせるという流れに沿っている。このうちのいくつかのセクションは，学習意欲の視点から見ることができる。たとえば，オンライン学習活動とオンライン学習環境の構築からは，システム的な学習意欲の設計プロセスの文脈で考慮される具体的な方略と設計上の配慮が読み取れる。また，学習への準備に関するセクションでは，動機づけ方策を盛り込むための文脈が提供されている。

　興味深いことに，いろいろなeラーニング（電子的な学習）環境に関連した学習者の特徴や学習環境，そして学習活動に関する文献上にみられるガイダンスのほぼすべては，教室指導・ブレンド型指導・オンライン指導を区別するユニークな特徴というよりは，共通したものである。これを認め，スペクターとメリル（Spector & Merrill, 2008）は，「遠隔学習」の特別版として，eラーニングの「e」が効果的（effective）で，効率的（efficient）で，魅力的（engaging）な学習を表す「e^3ラーニング」となると提唱した。つまり，デジタル世代には，同じ基本的な原理がすべての送信システムにあてはまるとしている。特定の方略や方策に関して所与の環境で効果的かどうかの違いがあり，これらの方略はさまざまな送信システムのために形を変えて構成されなければならない。しかし，基本的な原理は大なり小なり一般的にあてはまるとする。その学会誌では，メリルのIDの第1原理（Merrill, 2002）に言及し，インストラクションは次のようなときに効果的になることを示した。

　　・意味のある問題や課題を中心にする。
　　・学習目的と課題は，すでに身につけている知識やスキルとはっきりと関連づけられている。

- 新しい知識とスキルは自然な文脈で例示される。
- 学習者は，徐々に複雑さを増すさまざまな関連問題や課題に取り組む機会を持ち，いろいろな所からフィードバックが与えられる。
- 学習者は彼ら自身のパフォーマンスを管理することができ，新しい知識とスキルを他の活動に統合させることができる。

メリルは教育心理学とIDの莫大な文献からこれらの原理を引き出した。彼は，多くの具体的かつ特定の原理，そして文献に示されている研究結果が，これらの一般的な原理に包含されることを見いだした。

同様に，私は「学習意欲の第1原理とe^3学習」というタイトルで論文を書いた（J. M. Keller, 2008a）。これらの原理の最初の4つはもともと，人間の動機づけと学習についての文献を広範囲に統合してARCSモデルの基礎を形づくったものである。そこに意志または自己調整に関するものとして，第5の原理が加えられた。

1. 学習への意欲は，学習者の好奇心が現在の知識のなかのギャップを知覚して刺激されたとき，増進される。
2. 学習への意欲は，学ぶべき知識がその人のゴールに有意義に関連があると気づいたとき，増進される。
3. 学習への意欲は，学習者が学習課題をマスターすることに成功できると思うとき増進される。
4. 学習への意欲は，学習者が学習課題に満足な結果を予想し経験するとき，増進される。
5. 学習への意欲は，学習者が彼らの意図を保護するために意志（自己調整）の方略を使うとき，増進され，かつ，維持される。

これらの2つの原理リストを合わせれば，学習者の特徴・学習者ニーズ・教育の特徴を分析するための基礎となる。両原理は，多くの実証的な研究において確認され，メリル（2002）やケラー（2008a）その他の出版物として公開されている。

自己主導的な学習環境

自己主導的な学習環境は，インストラクターに支援される場面とは異なる挑戦をもたらす。2つの場面の基本的な違いは，教材が，教育の実施に先立って準備され，自

分のペースでできる印刷教材やコンピュータによる教育として，またはWebによるオンラインプログラムとして届けられるということである。これは，教授方略と同様に動機づけ方略を，学習態度・能力・前提知識やスキルのレベルを予測して，開発時に教材に含まれなければならないことを意味する。個別化を加えようとする試みの1つとして，学習者の成果の個人差に反応しながら適応型の教育プログラムを設計する努力が，プログラム学習の初期からなされてきた。単純な形としては，間違いをした後に補習的な学習経路を学習者に指示する方法がある。より複雑なバージョンとしては，学習スタイルと前提知識レベルに基づく代替の学習経路を提供しようとしたものもあった。しかし，ほとんどの場合，これらの努力はあまり成功しなかった。なぜならば，いろいろな学習スタイルに対応したプログラムを開発することやプログラム開始時の必須前提知識を指定することのほうが，より費用対効果的だったからである。

学習者の意欲状態を予想して，前もって方策を設計することもまた，とても挑戦的である。教材の最初に学習者の注意を集める工夫を組み入れることや，関連性構築に役立つケーススタディを教授方略として使うことはそれほど難しくない。しかし，学習開始時の学習意欲にはとても大きな個人差があるかもしれない。そして，学習を進めるにつれて，学習者の態度がまちまちに変わることが予想される。それでもなお，多くの独学プログラムは，ARCS設計プロセスを応用して動機づけ面にシステム的に取り組むことによって，おおいに改善され得る。

適応型の機能を独習プログラムの動機づけに取り込む試みが，これまでにいくつかあった。それらの一部を以下で紹介する。学習意欲適応型のコンピュータ教材の開発，動機づけ支援によって教育支援を補うためのアニメーション化された教育的エージェントの挿入，そして再使用可能な動機づけオブジェクトを含むことにする。

▶ 学習意欲適応型のコンピュータ教材

コンピュータ教材を用いて学習を進めている間の異なる時点では，学習者を特徴づける学習意欲の状況には差異が生じる可能性がある。この問題を扱う1つの方法は，起きるかもしれない多くのタイプの学習意欲の問題に対して教材が確実に応答するために，動機づけ状況の幅広い範囲をカバーするための多くの動機づけ方策を含むことが考えられる。しかし，この方法は，学習意欲と学習成果に否定的な効果をもたらすだろう。なぜなら学習者たちの意欲が高いときには，作業に直結した活動に取り組みたいと思い，不必要な動機づけ活動によって気を散らされたくはないからである。たとえば，すでに，内容を学ぶ能力にとても自信を持っている学習者は，彼らの自信を高めることを目的とする動機づけメッセージを受けることは好まない。これらの理由

から、学習者の意欲レベルを特定することができ、適切な方略で適応的に反応することができるコンピュータ教材があることが望ましい。

膨大な量ではないが、学習意欲適応型コンピュータ教材についての研究がある（Astleitner & Keller, 1995; del Soldato & du Boulay, 1995; Rezabek, 1994）。レザベック（Rezabek, 1994）は、学習意欲適応型の教育システム開発のための内発的動機づけ方略の使用を議論した。彼はARCSモデルとチクセントミハイのフロー理論（Csikszentmihalyi, 1990）を統合したモデルを作成し、適応型教育システムにそれらを入れ込むことで、学習経験のなかに、最適なフロー体験を維持するための方策セットを提案した。しかし、彼のモデルのプロトタイプを開発してテストすることはなかった。また、どんなタイプの適応が彼の適応型教育システムに含まれるかについても説明しなかった。

「適応型教材」（adaptive instruction）という表現は、頻繁に使われる一方で、フィードバックの提供や学習者の行動に基づいた学習経路の変更という一般的な解釈以上に特定されないまま用いられることが多い。ジョナセン（Jonassen, 1985）は、適応型教材設計の分類学を導入した。それに基づいて、アストライトナーとケラー（Astleitner & Keller, 1995）は、以下に述べる学習意欲適応の6レベルモデルを提唱した。

1. レベル1では、教授システムは、学習者の実際のパフォーマンスに反応する。固定的な動機づけフィードバックが、課題完成の正誤に基づいて与えられる。
2. レベル2では、レベル1にパフォーマンスの発達に応じた励ましを追加する。つまり、コンピュータによるフィードバックが、それまでのいくつかのパフォーマンスへの反応として与えられる。たとえばモジュールやユニットの終わりの要約フィードバックのようなものである。
3. レベル3では、異なる種類のパフォーマンスに対して特化されたフィードバックを導入する。動機づけフィードバックや学習経路分岐の選択肢が、たとえば完成させた課題の難易度に基づいて提供される。
4. レベル4では、学習開始前に測定された個人差尺度に基づいて、適応型オプションを提供する。レッスンには、測定された学習者の意欲の違いに応じていくつかのコースが含まれており、学習者はプロフィールに基づいて自動的に特定の学習経路に導かれる。たとえば、自己効力感で低い得点だった学習者は、自信のこの面を改善するように設計された方策を含んでいるコースに入れられる。高い自己効力感のコースには、これらの追加的機能は含まれていない。この方法は、適応型のなかでは高度な個別対応ではない。しかし、それでも個別の学習意欲のうちのいくつかの重要な違いに適応することができる。

5. レベル5では，単純なマネジメント機能（たとえば学習ペースと配列の制御）から動機づけの特徴による教授事象のより複雑な制御まで，適用型オプションの多様なタイプを含む。ケラーとケラー（1991）は，動機づけとの関係において学習者制御の重要なタイプを概説した。
6. 適応性が最高のレベル6では，コンピュータが学習者の意欲状態に反応することができるだろう。この場合，コンピュータは，現在と過去の学習結果や自己申告の指標に基づいて学習者の意欲状態をモデル化し，教え学ぶ相互作用のなかに動機づけ方策が適切に施される。

アストライトナーとケラー（1995）は，アトキンソンとバーチ（Atkinson & Birch, 1970）の行動の力動理論（theory of dynamics of action）を応用して，いくつかの異なる動機づけ条件のもとでの学習行動シミュレーションによるレベル6のテストをした。この実験においては，4つの指標に基づいて，4つの異なる条件が構築された。パフォーマンス・困難レベル・結果達成の見込み・結果の確実性（所定の結果を成し遂げることが再現できるという確信）の指標4つである。このモデルに基づくシミュレーションの実施結果として，課題達成への時間の使い方の比率の違いと，おのおのの状態の学習意欲の特徴に基づいた行動傾向の異なったパターンがあることが示された。このモデルとシミュレーションは非常に理論的なものだったが，より実際的な適応のアプローチのための基礎を提供した。

デル・ソルダートとドゥ・ボウレイ（del Soldato & du Boulay, 1995）は，アストライトナーとケラー（1995）のモデルよりも具体的かつ活用可能な適応型動機づけモデルを提案した。彼らは知的個別指導システムの枠組みを使った。学習者の意欲状態を感知し，そのうえで否定的な動機づけ状態を打ち消すための方略を導入するための動機づけ計画を行う必要があることを示した。学習意欲の診断のために，次の4つの情報源を用いることを提案した。第1は，教育開始前に施行されるアンケートである。ARCS学習者分析プロセスの場合と同じように，指導の開始時に適切な動機づけ方略を採用するための情報を提供する。しかし，この事前情報は固定的なものなので，適応型プログラムにするためには，補完的な情報を学習進行中に補わなければならない。第2の情報は，レッスン実施中のデータ収集である。たとえば，学習者に，「OK」「難しすぎる」「やさしすぎる」あるいは「ヒントがほしい」といった標準的ボタンをクリックさせた。第3のデータタイプは，学習者のヘルプ要求に基づくものである。何回かの試みをした後にのみヘルプを求める学習者と，問題を解決しようとする前にヘルプを求めた学習者とでは，自信のレベルがとても異なる。第4のデータのタイプは，学習中の，学習者の意欲状態についての自己評価である。たとえば，いつでも自分の自

信レベルを示すために，スクロールバーでメモリを動かすことができるようにした。彼らの知的個別指導システム内の計画機能では，コンピュータは方略の影響とレッスンの全体的な構造を評価し，どんな動機づけ方策を導入すべきかについて決定する。

　彼らのモデルは，学習意欲適応型環境に取り込むことができるいくつかの機能を示した。彼らは，適応型指導の学習意欲面の支援をめざしてはいたが，効果的な知的個別指導システムの開発要求に焦点をあてていた。そのため，動機づけ理論や学習意欲の複数要因性を完全には取り入れていなかったという点で，彼らのシステムには限界があった。彼らは自信の側面に焦点をあてて，個別指導を通じて学ぶ間の学習者の努力と自立性との関連を探った。

　ソン（Song & Keller, 2001）は，アストライトナーとケラー（1995）の分類法のレベル6で適応可能なアプローチを開発することによって，それまでの研究を発展させた。ソンは，3つのバージョンの高校1年生向け遺伝学の教材を準備した。3つのバージョンは，動機づけの拡張レベルが異なったものだった。第1のものは，動機づけ的拡張なしで，最小の動機づけ方策を含んでいた。教材の品質を損なうことなく動機づけに影響するかもしれないすべての特徴を取り除くことは，不可能だった。たとえば，レッスンのはじめに，学習目標が何であるかや学習者がどのように評価されるかという説明を含めることには，前向きな動機づけ上の利点があるが，それはうまく設計されたレッスンの特徴でもある。しかし，教育効果上必要なこととは無関係で，学習意欲に影響を及ぼすと考えられる特徴はほぼすべて取り除いた。この動機づけ的拡張なしのバージョンが，統制群のうちの1つで使われた。ソンは，このレッスンで使うことのできる24の動機づけ方策を開発し，「動機づけ飽和群」（motivationally saturated group）と名づけた第2の統制群で用いたバージョンにそのすべてを含めた。第3の「動機づけ適応群」（motivationally enhanced group）では，学習者の意欲状態に基づいて各学習者のための教授プログラムの修正を可能にした学習意欲適応プロセスを取り入れた。

　あらかじめ定められた時点で，学習意欲適応群の学習者は彼らの学習意欲についての質問を受け，理解度をチェックする短い演習クイズに応じた。動機づけの問題への彼らの反応に基づいて，学習者は注意，関連性または自信を改善するように設計された動機づけ方策を受け取った。たとえば，学習者がレッスンが退屈になってきたと言えば，コンピュータは好奇心を刺激する方策を与えた。コンピュータは，学習者の意欲と彼らのクイズの回答状態とを比較した。導入された動機づけ方策の効果に影響すると考えられたためである。たとえば，もし学習者が自信があると感じると言い，クイズもよい成果の場合，コンピュータは称賛のメッセージを与えるが，それ以外の自信を改善するために設計された動機づけ方策は加えない。しかし，もしある男子生徒

が，この内容を学ぶ彼の能力に自信がないと言いながらも，彼がクイズに正解した場合には，コンピュータは彼の学習成果を強化するために設計された方策を導入し，成功への期待感についての肯定的な感情を後押しすることになる。

結果は，適応群と飽和群が，拡張なし群よりすぐれていることを示した。そして，ほとんどの場合，適応群は飽和群よりすぐれていた。この研究において使うことができたコンピュータ機能のタイプには制限があった（たとえば，音がなかった）。しかし，実験条件をより高度にしたり，1時間より長い場合には，この実験の結果に基づけば，さらにより強い効果が期待できるだろう。

これらの早期の研究は，結果において2つの方向で明るい見通しがあった。彼らは学習意欲に適応性のあるレッスンを開発することが可能であることを証明した。そして，これらの技法から肯定的な結果が導き出せることを示した。しかし，これらの研究は事実上プロトタイプ的なものであり，この考え方が実践に完全に導入できるようになる前には，さらなる開発が必要とされる。これらの研究はまた，自己主導的学習の発展のもう1つの領域のための基盤にもなる。それは，指導と学習意欲を促進するためのアニメーション化された教育エージェントの導入である。

▶ 教育エージェント（エージェント支援型コンピュータ教材）

アニメーション化された教育エージェント（pedagogical agent）が，コンピュータ学習環境における学習と態度の発達の支援に有益であり得ることが，多くのかつ成長中の研究によってすでに明らかになっている。教育エージェントとは，コンピュータ学習環境のなかで，アニメーション化され，まるで生きているようなキャラクターである（W. L. Johnson et al., 2000）。直接的な指導や，質問への回答，問題解決状況でのガイダンスを提供したり，学習者の成績に基づいてフィードバックをしてくれるコーチのような存在として，学習をサポートする。一般的にいって，学習者はすぐにこれらの化身（アバター）を意味ある社会的なエージェントとして受容する（Baylor, 2007）。人々が，エージェントを埋め込まれた彼らのコンピュータを，人間と同じ特徴を持つものと仮定することを示している研究がある。一連の実験を通して，リーブスとナス（Reeves & Nass, 1996）は，「コンピュータ，テレビそして新しいメディアを用いた個人的なインタラクションは，まさに実生活のインタラクションのように基本的に社会的であり，自然である」（p. 5）と結んだ。さらに，教育エージェントについてのジョンソンの定義（W. L. Johnson et al., 2000）や「感情計算論」（affective computing）についてのピッカードの概念（Picard, 1997）に述べられているように，情動的な教育エージェントが学習者に感情的な支援を提供できると仮定することは，

合理的である。エージェントが学習者の感情の状態を感じて認識することができ，そしてリアルタイムに学習者の感情の状態に適切にこたえることが可能であれば。エージェントの利点のうちの1つに，フィードバックとガイダンスを学習者に提供する際に，表情や言語的なコメントによって感情を表現することができるということがある。

　高校卒業証明書獲得に向けて勉強していた高校中退者のグループを対象にして，数学への不安を軽減し，パフォーマンスを向上させるように設計された研究において，シェン（Shen, 2009）は2人のエージェントを取り入れた。主要なエージェントであるヘンドリックス博士は，ピタゴラスの定理の概念，それを適用する方法，そしてそれを使って問題を解決するステップを，活動的に説明するチューター役を務めた。ヘンドリックス博士はまた，認知的・感情的な動機づけメッセージを用いて，学習意欲支援も学習者に提供した。認知的メッセージは自信を注ぎこむように設計されており，学んでいる教材の関連性を例示し，質問と他の特定の方策によって好奇心を刺激した。ヘンドリックス博士は，学習者の不安を減らすことや学習経験に関して前向きな感覚を促進するために設計されたメッセージにより，感情的な支援も提供した。時々，特に学習者が特定の問題に取り組んでいたとき，ヘンドリックス博士は彼らが不安を感じていたかどうかを尋ねた。学習者が「はい」のボタンをクリックすると，仲間と話をしたいと思うかどうか，彼らに尋ねた。再び「はい」と言うならば，スクリーンには他のエージェントが映し出された。ケイトというこのエージェントは，同級生として紹介され，学習者に，スクリーン上のテキストウインドウにタイプ入力することによって彼らの不安を表明するように誘った。これは，COPE（Carver et al., 1989）と呼ばれる感情支援モデルのなかで「はけ口」(venting)と呼ばれる方策と一致していた。

　シェンは，感情的支援が含まれていた部分において，学習者の数学への不安が軽減され，成績が向上した結果を得た。しかし，認知的動機づけメッセージを含む部分にはその効果がみられなかった。感情的支援要素は，学習者に彼ら自身を表明させる機会を与えたこと，そして，古くからの数学学習への不安感情との結びつきを提供したという点で個人的なものであった。一方の認知的メッセージは，参加者の態度の一般的な評価に基づいていた。この実験の参加者には，あまりにも抽象的なものとしてとらえられたのかもしれない。この研究の全体的なデザインとそこから得られた結果は，エージェントが学習者の態度と成果に影響を及ぼすことに関する現実の，そしてさらなる可能性についての強力なサポートである。今後の研究では，認知的動機づけ支援要素を洗練し，感情的支援の可能性についての学びを深め，そして異なるタイプの参加者を得てこの結果の一般化可能性を確認することが求められよう。

▶ 再利用可能な動機づけオブジェクト

コンピュータ利用教育と高度なテクノロジーを利用した学習環境についての文献レビューでは，特に小中高教育で，一貫してよりよい成績とより積極的な態度が得られることが報告されてきた（Kulik, 1994; Sivin-Kachala, 1998）。しかし，これらのプログラム開発は，特に設計段階で，インストラクターが自然発生的にコースを主導するケースよりも，はるかに多くの時間を必要とする。時間をかけることが，もしかするとこの種の指導がすぐれた結果をもたらす理由の1つだといえるかもしれない。そして，設計・開発時間の増加は，より高いコストを意味する（Robinson & Anderson, 2002）。コンピュータ利用教育のコストを下げて，開発時間を短くする努力において，再使用可能な学習オブジェクト（RLO: reusable learning object）というコンセプトが生まれた。これは，オブジェクト指向プログラミングの技術（Friesen, 2003; Masie, 2002）に基づくものである。RLOは，目標・内容・練習・評価で構成され，その構造はさまざまである。それらには「タグ」と呼ばれるメタデータが含まれており，リポジトリ（保管場所）への保存とそこからの検索を容易にしている。レッスンの全体的なトピックと学習者の特徴に適切なRLOを組み合わせることにより，多くのレッスンをつくりあげることができると期待されている。最大限に効率的で再使用できるためには，RLOはできる限り文脈依存でない（decontextualized）ものでなければならない。たとえば，もし「神聖な物」の概念を教えるように設計されたRLOがキリスト教の十字架の画像を含むとすれば，それはユダヤ人やイスラム，ヒンズー教徒の参加者にとって効果的ではない。コンピュータアプリケーションの独学教材を開発する会社や，多くの異なる領域で同じ電子回路の基本的な概念を教えている軍の組織など，指導の同じ要素が多くの異なるレッスンで使われる環境では，RLOを脱文脈化することはもっと簡単だろう。しかし，これらの環境でさえ，文脈依存の事例がないといった厳しい制限により，完全にRLOのみからつくられるレッスンの効果には限界がある。また，動機づけ方策を学習オブジェクトに取り入れる方法や，学習オブジェクトから生成する教育プログラムに動機づけ方策を取り込む方法がこれまでは検討されていなかった。

この点に着目して，オー（Oh, 2006）は再利用可能な動機づけオブジェクト（RMO: reusable motivational object）の概念を導入した。彼の博士論文（Oh, 2006）でこの概念のプロトタイプを開発し，評価した。オーは，RMOが固定的にも柔軟にもなり得ることを示していた。固定的なRMOは，RLOに似て，与えられた文脈で使うときの精密な方略を指定したものである。しかし，多くの動機づけ方策の鍵となる要素

が学習者の態度や環境との関係性を築くことに関連があるために，大部分のRMOはRLOと同じ程度にまで脱文脈化できないと仮定された。各タイプのRMOに対して，次の5種類のメタデータをリストした。

1. 関連した話題：ピタゴラスの定理などの適用トピックを指定する。固定的RMOで必要なデータである。
2. タイトル：各RMOに唯一あてはまる独特の名称である。
3. シーケンス：RMOが，レッスンの導入部・中ほど・終結部に現れるべきかどうかを示す。
4. 動機づけ分類：各RMOは，その動機づけ目的を記述するARCS分類とその下位分類に分類されなければならない。たとえば，「注意－探求心の喚起」。
5. 学習者：学年レベル（たとえば小学6年生～中学2年生），あるいは不動産業者やエンジニアといった職種を指定する。

RMOについてのオーによる研究の初期目的は，それらの実現可能性や，ID活動に対する影響，そして効率を吟味することだった。内容領域の専門家であり授業計画の訓練を受けてきた数学教育専攻の大学院生に，RLOとRMOの両方を取り入れてレッスンを構築することができる素材が与えられた。彼らは，RLOだけを持った群ならびに，RLOとRMOに動機づけ設計業務支援（MDA: motivational design job aid）を加えた群と比較された。パフォーマンスは，チェックリストを使用して評価者が判定した作品の得点を，仕事に費やされた時間で割った比率に基づく効率得点で比較された。言い換えると，高品質なアウトプットと短い開発時間の組み合わせで，効率得点が最高となる。長い開発時間と高品質アウトプット，または，短い開発時間と低品質なアウトプットでは，効率得点は低いという結果になる。RMOとMDAに対する態度は，教材の学習意欲調査票（IMMS：第11章参照）を用いて測られた。

オー（2006）は，RMOが動機づけ設計のパフォーマンスに統計的に有意な影響を及ぼすことを見つけたが，一方のMDAによる影響はなかった。設計プロセスに対する態度の違いもみられなかった。しかし，1つには取り組み時間が比較的短かったという事実による影響があったかもしれない。参加者は，各人が割りあてられたグループで使ったもの以外には，ID手法に接した経験がなかった。しかし，完成した教材の品質には，肯定的な効果があった。そこから，RMOの概念は意味のある動機づけオブジェクトを開発するために利用可能であること，最小のID訓練を受けただけの教師によっても効果的に使えるものであること，そして，このタイプの学習環境において動機づけの第1原理を表現する手段となることが確認できたといえよう。

学習意欲のデザインジョブエイドとマニュアル

　ARCSモデルは，ジョブエイド（作業補助）やマニュアルのようなものに動機づけの特徴を組み込むために用いることができる。ジョブエイドは，銀行・飛行機・電話帳・レストランのトイレ・ボードゲームなどのあらゆる場面で普通に用いられている。原則・手順・意思決定の規則について，明白な（しばしば図表入りの）要約を提供するものである。たとえば，事務所のトイレの「従業員は，必ず手を洗うこと」という表示，「あなた自身で組み立てる」家具をつくるための図解入りガイドライン，飛行機のシートポケットのなかの非常時避難カード，温水器の口火を再点火するためのステップごとの手順書，冊子でもオンラインでも利用できるローン金額・金利・月年数から月間支払額を教えてくれる支払い計算。これらはみんなジョブエイドの例である。ポール・エリオット（Paul Elliott, 1999）が指摘したように，もしあなたがこれらのプロセスを1つ1つ暗記したり，あるいは公式から答えを計算する方法を思い出さなければならないとしたら，いかに人生は難しく厄介になってしまうだろうか。

　ジョブエイドは人生をシンプルで安全なものにしてくれる。研修の時間を減らしたりなくしたりさえしてくれる（Elliott, 1999）。たとえば，クネベルら（Knebel et al., 2000）は，電子業務支援システム（EPSS）がすぐに利用できない発展途上国の健康管理プロバイダーによる紙ベースのジョブエイドの使用をテストした。これらの安価なジョブエイドによって，職場外の研修の必要性をしばしば減らしたり置き換えたりすることができることを見つけた。ジョブエイドはさらに，忘れっぽさ・時間制約・何かの組織的障壁が原因の不服従を減らすことの助けともなった。しかし，潜在的で実際的な利点にもかかわらず，ジョブエイドは，しばしば十分に活用されないか，まったく使われないこともある（Tilaro & Rossett, 1993）。利用するかしないかを選ぶ理由には，成功したいという彼らの内なる願望と，ジョブエイド自体の特徴との組み合わせがあるのかもしれない（Tilaro & Rossett, 1993）。一方で，もし人々がじょうずにやりたいと動機づけられているならば，ジョブエイドや他のどの業務支援ツールでも使おうとするだろう。他方で，もしそれほど意欲的でない人の場合は，動機づけ的に強化されたジョブエイドならば利用するという結果になるかもしれない。

　ティレイロとロセット（Tilaro & Rossett, 1993）は，ジョブエイドの設計にARCSモデルを応用した。そして，ジョブエイドの動機づけ特性を調べ，より直接的にジョブエイド設計に結びつくように，ARCSモデルの作業質問と主要な支援方略の表（表4.1，表5.5，表6.3，表7.2）を修正した。2つのバージョンを直接比較したものを，

表12.2に掲げる。

　ティレイロとロセット（1993）は，ARCS分類の全4つがすべてのジョブエイドに適用される必要はないと指摘する。たとえば，ジョブエイドのなかには，そのおもな動機づけ上の目的が，大きくてカラフルな文字を用いて注目を集めることや，手順の重要性を思い出させることで関連性を補強することに限られているものもある。それとは対照的に，航空会社の座席ポケットに配置する緊急処置ジョブエイドには，上記の目的を両方とも達成したうえに，乗客が緊急時には正しいことができるという自信

表12.2　ジョブエイドの動機づけ設計のためのジョブエイド（Tilaro & Rossett, 1993による）
注意

下位分類	作業質問（挑戦）	方略／方策
A1. 知覚的喚起	オリジナル版： 　彼らの興味をとらえるために何ができるか？ ジョブエイド版： ・作業者の興味をとらえるために何ができるか？	オリジナル版： 　新しいアプローチや，個人的または感情的要素の注入により，好奇心と驚嘆を創出する。 ジョブエイド版： ・言葉を絵に置き換える。 ・可能なところでユーモアを使う。 ・最大限の可視性を。
A2. 探求心の喚起	オリジナル版： 　どのように探求心を刺激することができるか？ ジョブエイド版： ・どのようにこのジョブエイド（JA）の使用に関する興味を刺激することができるか？	オリジナル版： 　質問をし，矛盾を創造し，探究心を持たせ，課題を考えさせることで，好奇心を増す。 ジョブエイド版： ・小さな，コンパクトな，そしてシンプルなJA。 ・JAがアクセスできて使用に便利なことを確認する。 ・よいデザイン原則に従う。 ・美学・ユーザビリティ・可視性・他の変数のバランスをとる。
A3. 変化性	オリジナル版： 　どのように彼らの注意を維持することができるか？ ジョブエイド版： ・どのように作業者の注意を維持することができるか？	オリジナル版： 　発表スタイル，具体的に類推できるもの，興味をひく事例，予測しない事象により，興味の維持を図る。 ジョブエイド版： ・重要な情報を優先して，データを「かたまり」に分ける。 ・色分け・強調表示・太字・アウトライン・箇条書きの項目を使用する。

関連性

下位分類	作業質問（挑戦）	方略／方策
R1. 目的指向性	オリジナル版： 　どのように，学習者のニーズに最もうまく答えることができるか？（学習者のニーズを知っているか？） ジョブエイド版： ・どのように作業者のニーズを満たすか？　作業者のニーズを知っているか？	オリジナル版： 　このインストラクションが役に立つという記述や事例を提供し，ゴールを提示するか，あるいは学習者にゴールを定義させる。 ジョブエイド版： ・ニーズ調査を行う。すなわち，綿密な作業・作業者・職場分析を実行する。 ・どこで・いつ・どのように・なぜ使われるかに基づいてJAのゴールを決定する。
R2. 動機との一致	オリジナル版： 　どのようにして，いつ，私のインストラクションと学習者の学習スタイルや個人的興味を結びつけることができるか？ ジョブエイド版： ・どのようにJAを，作業員が好む働く方法に，または彼ら個人の利益に結びつけることができるか？	オリジナル版： 　個人ごとの達成機会や，協力的活動，リーダーシップの責任，そして，積極的なロールモデルを提供することにより，教育を学習者の動機や価値に呼応するものにする。 ジョブエイド版： ・作業者の視点からJAを見る。 ・作業員が彼ら自身でつくったJAに基づいてJAを組み立てる。 ・作業員をJA開発プロセスのパートナーにする。 ・エンドユーザーと管理職から「買い込み」要因を探す。
R3. 親しみやすさ	オリジナル版： 　どのようにして，インストラクションと学習者の経験を結びつけることができるか？ ジョブエイド版： ・私はどのようにJAと作業者の経験を結びつけることができるか？	オリジナル版： 　学習者の仕事や背景と関連のある具体例や比喩を提供することにより，教材や概念をなじみのあるものにする。 ジョブエイド版： ・SME（内容領域の専門家）を起用する。 ・すでにあるJAを改編する。 ・JAのおおまかな下書きをパイロットテストする。

自信

下位分類	作業質問（挑戦）	方略／方策
C1. 学習要求	オリジナル版： 　どのように成功に関する肯定的な期待を持てるように支援することができるか？	オリジナル版： 　成功とみなすための要求事項と評価基準を説明することによって肯定的な期待感と信頼を得る。

第 12 章　学習意欲のデザインに関する研究と開発　331

		ジョブエイド版： ・この JA を使うとき，前向きな成功への期待感をどのように構築することができるか？	ジョブエイド版： ・潜在的な問題（たとえば「変化への不安」）を予想して，それらと戦うために，方略を開発する。 ・ジョブエイドの使い方を作業者に訓練する。 ・作業者に何が期待されているかを知らせる。
C2. 成功の機会		オリジナル版： どのように学習経験が彼らの能力についての信念を支援または拡張することができるか？ ジョブエイド版： ・JA を使うことが，彼らの有能さに対する作業者の信念をどのように支援または拡張するか？	オリジナル版： 多くの・多様な・挑戦的な経験を提供することによって，自分の能力への信頼を高める。 ジョブエイド版： ・JA を使って成功を経験する状況を，作業者に与える。 ・定期的に古い JA をチェックする。 ・誰が JA を受け取ったかのリストを，将来の改訂のために保管する。
C3. 個人的なコントロール		オリジナル版： 学習者はどうしたら彼らの成功が彼ら自身の努力と能力に明確に基づくものだと知るのだろうか？ ジョブエイド版： ・作業者はどうしたら彼らの成功が彼ら自身の努力と能力に基づくものだと知るのだろうか？	オリジナル版： 個人的な制御を（可能であればいつでも）提供する技法を用い，成功を個人の努力に帰属するフィードバックを提供する。 ジョブエイド版： ・作業員が自己モニターすることができる JA をつくる。 ・開発のすべての段階で，SME と管理職から OK サインを得る。 ・JA を保守する「所有者」を見つける。

満足感

下位分類	作業質問（挑戦）	方略／方策
S1. 内発的な強化	オリジナル版： どうしたら学習体験に関する彼らの内発的な楽しみを奨励し，支持できるだろうか？ ジョブエイド版： ・JA の使用をどのように促し，支持を得ることができるか？	オリジナル版： 個人的な努力と達成に対する肯定的な気持ちを強化するようなフィードバックと他の情報を提供する。 ジョブエイド版： ・JA を改善するために，エンドユーザーから入力を求める。 ・JA を使う利点を示すために，フィードバックを提供する。 ・JA と，パフォーマンス向上や収益との関係を管理職に見せる。
S2. 外発的な報酬	オリジナル版： 何か価値ある結果を学習者の成功に対して提供できるだろうか？	オリジナル版： ほめ言葉，本当の，または，象徴的な報酬，および誘因を使用するか，また

		ジョブエイド版： ・JAを使った成功に対して，何か価値ある結果を提供できるだろうか？	は学習者自身に成功の報酬として彼らの努力の結果を提示（「見せて語る」）させる。 ジョブエイド版： ・組織的なインセンティブや報酬とパフォーマンス向上とを関連づける。 ・すぐれたアイディアには，称賛のプログラムを持つ。 ・コーチしほめるように上長を励ます。
S3. 公平さ		オリジナル版： 　公正な処遇だったことを学習者に認識させるために何ができるだろうか？ ジョブエイド版： ・公正な処遇を受けていることを作業者にどのように説得できるか？	オリジナル版： パフォーマンス要求をあらかじめ述べた期待と一致させて，すべての学習者のタスクと達成に一貫した測定標準を使用する。 ジョブエイド版： ・評価タイプのJAのために評価基準を標準化する。 ・JAを必要とするかもしれないすべての作業者に配布する。

を感じることにも役立たなければならない。これらの動機づけ上の目的は，もちろん，ガイドし指示するというジョブエイドの主要目的よりも下位におかれるものである。ティレイロとロセットの提案には，ジョブエイドを構築する4ステップ（計画・構築・インストール・保守）のプロセスが示され，多数の役に立つ例が含まれている。

> **要約**　本章では，テクノロジーを用いた文脈における動機づけデザインに関する問題や方略，あるいはモデルについて述べた。インストラクター主導型と自律型の両タイプの実施システムを扱った。また，近年・現在の学習意欲のデザインに関する研究・開発の領域についても記述した。動機づけオブジェクト，ジョブエイド，そして他の革新的なテクノロジーの活用法を含む適応型指導の研究のすべての領域に，調査され得るたくさんの興味深い研究課題がある。

引用文献

Adams, J. S. (1965). Inequity in social exchange. In L. Berkowitz (Ed.), *Advances in experimental social psychology* (Vol. 2). New York: Academic Press.

Allport, G. (1937). *Personality: A psychological interpretation.* New York: Holt, Rinehart, & Winston. 詫摩武俊・青木孝悦・近藤由紀子・堀 正（共訳） 1982 パーソナリティ：心理学的解釈 新曜社

Allport, G. (1943). The ego in contemporary psychology. *Psychological Review, 50,* 451-478.

Alschuler, A. S. (1973). *Developing achievement motivation in adolescents.* Englewood Cliffs, NJ: Educational Technology Publications.

Alschuler, A. S., Tabor, D., & McIntyre, J. (1971). *Teaching achievement motivation: Theory and practice in psychological education.* Middletown, CT: Education Ventures, Inc.

Arnstine, D. (1966). Curiosity. *Teachers College Record, 67,* 595-602.

Aronson, E. (1992). The return of the repressed: Dissonance theory makes a comeback. *Psychological Inquiry,* 3(4), 303.

Ashton, P., & Webb, R. (1986). *Making a difference: Teachers' sense of efficacy and student achievement.* New York: Longman.

Astleitner, H., & Keller, J. M. (1995). A model for motivationally adaptive computer-assisted instruction. *Journal of Research on Computing in Education,* 27(3), 270-280.

Atkinson, J. W. & Birch, D. A. (1970). *A dynamic theory of action.* New York: Aley.

Bandura, A. (1969). *Principles of Behavior Modification.* New York: Holt, Rinehart and Winston, Inc.

Bandura, A. (1977). Self-efficacy: Toward a unifying theory of behavioral change. *Psychological Review, 84,* 191-215.

Bandura, A. (1982). Self-efficacy mechanism in human agency. *American Psychologist,* 37(2), 122-147.

Bandura, A. (1986). *Social foundations of thought and action: A social cognitive theory.* Englewood Cliffs, NJ: Prentice Hall.

Bandura, A. (1997). *Self-efficacy: The exercise of control.* New York: Freeman.

Banks, W. P., & Krajicek, D. (1991). Perception. *Annual Review of Psychology, 42,* 305-331.

Baylor, A. (2007). Pedagogical agents as social interface. *Educational Technology, January-February,* 11-14.

Beck, R. C. (1990). *Motivation: Theories and principles* (3rd ed.). Englewood Cliffs, NJ: Prentice-Hall.

Berlyne, D. E. (1950). Novelty and curiosity as determinants of exploratory behaviour. *The British Journal of Psychology, 41,* 68-80.

Berlyne, D. E. (1954a). An experimental study of human curiosity. *British Journal of Psychology,* 45(4), 256-265.

Berlyne, D. E. (1954b). A theory of human curiosity. *British Journal of Psychology,* 45(3), 180-191.

Berlyne, D. E. (1963). Complexity and incongruity variables as determinants of exploratory choice and evaluative ratings. *Canadian Journal of Psychology, 17,* 274-290.

Berlyne, D. E. (1965). Motivational problems raised by exploratory and epistemic behavior. In S. Koch (Ed.), *Psychology: A study of a science* (Vol. 5). New York: McGraw-Hill.

Bialer, I. (1961). Conceptualization of success and failure in mentally retarded and normal children. *Journal of Personality, 29,* 303-320.

Bloom, B. S. (Ed.). (1956). *Taxonomy of educational objectives, the classification of educational goals - handbook I: Cognitive domain.* New York: David McKay.

Boekaerts, M. (2001). Motivation, learning, and instruction. In N. J. Smelser & P. B. Baltes (Eds.), *The international encyclopedia of the social and behavioral science* (pp. 10112-10117). Oxford: Elsevier.

Bonk, C. J., & Zhang, K. (2008). *Empowering online learning: 100+ Activities for reading, reflecting, displaying, & doing.* San Francisco: Jossey-Bass.

Brehm, J., & Cohen, A. (1962). *Explorations in cognitive dissonance.* New York: Wiley.

Briggs, L. J. (1984). Whatever happened to motivation and the affective domain? *Educational Technology,* **24**(5), 33-44.

Brophy, J. E. (1981). Teacher praise: A functional analysis. *Review of Educational Research,* **51**, 5-32.

Brophy, J. E. (1983). Conceptualizing student motivation. *Educational Psychologist,* **18**(3), 200-215.

Brown, M. B., Aoshima, M., Bolen, L. M., Chia, R., & Kohyama, T. (2007). Cross-cultural learning approaches in students from the USA, Japan and Taiwan. *School Psychology International,* **28**(5), 592-604.

Caron, A. J. (1963). Curiosity, achievement, and avoidant motivation as determinants of epistemic behavior. *Journal of Abnormal and Social Psychology,* **67**(6), 535-549.

Carstensen, L. L., & Fredrickson, B. L. (1998). Influence of HIV status and age on cognitive representations of others. *Health Psychology,* **17**, 494-503.

Cartwright, D., & Harary, F. (1956). Structural balance: A generalization of Heider's theory. *Psychological Review,* **63**(5), 277-293.

Carver, C. S., Scheier, M. F., & Weintraub, J. (1989). Assessing coping strategies: A theoretical based approach. *Journal of Personality and Social Psychology,* **56**, 267-295.

Cattell, R. B. (1950). *Personality: A systematic, theoretical and factual study.* New York: McGraw-Hill.

Cattell, R. B. (1957). *Personality and motivation structure and measurement.* New York: World Book.

Cattell, R. B., & Cattell, H. E. P. (1995). Personality structure and the new fifth edition of the 16PF. *Educational and Psychological Measurement,* **55**(6), 926-937.

Chen, H., Wigand, R. T., & Nilan, M. S. (1999). Optimal experience of Web activities. *Computers in Human Behavior,* **15**(5), 585-608.

Condry, J. (1977). Enemies of exploration: Self-initiated versus other-initiated learning. *Journal of Personality and Social Psychology,* **35**, 459-477.

Corno, L. (1989). Self-regulated learning: A volitional Analysis. In B. J. Zimmerman & D. H. Schunk (Eds.), *Self-regulated learning and academic achievement: Theory, research and practice* (pp. 111-141). New York: Springer.

Corno, L. (2001). Volitional aspects of self-regulated learning. In B. J. Zimmerman & D. H. Schunk (Eds.), *Self-regulated learning and academic achievement: Theoretical perspectives (Second Edition)* (pp. 191-226). Mahwah, NJ: Erlbaum.

Corno, L., & Randi, J. (1999). A design theory for classroom instruction in self-regulated learning? In C. M. Reigeluth (Ed.), *Instructional-design theories and models* (Vol. 2, pp. 293-318). Mahwah, NJ: Erlbaum.

Craik, K. (1943). *The nature of explanation.* Cambridge, UK: Cambridge University Press.

Crandall, V. C., Katkovsky, W., & Crandall, V. J. (1965). Children's beliefs in their own control of reinforcement in intellectual-academic situations. *Child Development,* **36**, 91-109.

Cronbach, L. J., & Snow, R. E. (1976). *Aptitudes and instructional methods.* New York: Irvington.

Croyle, R., & Cooper, J. (1983). Dissonance arousal: Physiological evidence. *Journal of Personality and Social Psychology,* **45**, 782-791.

Csikszentmihalyi, M. (1975). *Beyond boredom and anxiety.* San Francisco: Jossey-Bass. 今村浩明 (訳) 2000 楽しみの社会学 新思索社

Csikszentmihalyi, M. (1990). *Flow: The psychology of optimal experience.* New York: Harper & Row.

Day, H. I. (1968a). A curious approach to creativity. *The Canadian Psychologist,* **9**(4), 485-497.

Day, H. I. (1968b). Role of specific curiosity in school achievement. *Journal of Educational Psychology,* **59**(1), 37-43.

Day, H. I., & Langevin, R. (1969). Curiosity and intelligence: Two necessary conditions for a high

level of creativity. *The Journal of Special Education, 3*(3), 263-268.
deCharms, R. (1968). *Personal causation.* New York: Academic Press.
deCharms, R. (1976). *Enhancing motivation change in the classroom.* New York: Irvington. 佐伯　胖（訳）1980　やる気を育てる教室：内発的動機づけ理論の実践　金子書房
Deci, E. L. (1971). The effects of externally mediated rewards on intrinsic motivation. *Journal of Personality and Social Psychology, 18*, 105-115.
Deci, E. L. (1972). Intrinsic motivation, extrinsic reinforcement, and inequity. *Journal of Personality and Social Psychology, 22*, 113-120.
Deci, E. L. (1975). *Intrinsic motivation.* New York: Plenum Press. 安藤延男・石田梅男（訳）1980　内発的動機づけ：実験社会心理学的アプローチ　誠信書房
Deci, E. L., & Porac, J. (1978). Cognitive evaluation theory and the study of human motivation. In M. R. Lepper & D. Green (Eds.), *The hidden costs of reward.* Hillsdale, NJ: Lawrence Erlbaum Associates.
Deci, E. L., & Ryan, R. M. (1985). *Intrinsic motivation and self-determination in human behavior.* New York: Plenum.
Deci, E. L., & Ryan, R. M. (2000). The "what" and "why" of goal pursuits: Human needs and the self-determination of behavior. *Psychological Inquiry, 11*(4), 227-268.
Declerck, C. H., Boone, C., & DeBrabander, B. (2006). On feeling in control: A biological theory for individual differences in control perception. *Brain and Cognition, 62*, 143.
Deimann, M., & Keller, J. M. (2006). Volitional aspects of multimedia learning. *Journal of Educational Multimedia and Hypermedia, 15*(2), 137-158.
del Soldato, T., & du Boulay, B. (1995). Implementation of motivational tactics in tutoring systems. *Journal of Artificial Intelligence, 6*(4), 337-338.
Dewey, J. (1913). *Interest and effort in education.* Boston: Houghton Mifflin Co. 水木　梢（訳）1929　興味と努力とに基ける自力本位學習原論　高踏社
Dick, W., & Carey, L. (1996). *The systematic design of instruction* (4 ed.). New York: Harper Collins. 角　行之（監訳）2004　はじめてのインストラクショナルデザイン：米国流標準指導法 Dick & Carey モデル　ピアソン・エデュケーション　＜本書は原著の第5版（2001）の翻訳＞
Dollinger, S. J. (2000). Locus of control and incidental learning: An application to college student success. *College Student Journal, 34*(4), 537-541.
DuCette, J., & Wolk, S. (1973). Cognitive and motivational correlates of generalized expectancies for control. *Journal of Personality and Social Psychology, 26*, 420-426.
DuCette, J., Wolk, S., & Friedman, S. (1972). Locus of control and creativity in black and white children. *Journal of Social Psychology, 88*, 297-298.
Duffy, T. M., Lowyck, J., & Jonassen, D. H. (Eds.). (1993). *Designing environments for constructivist learning.* New York: Springer-Verlag.
Dweck, C. S. (1975). The role of expectations and attributions in the alleviation of learned helplessness. *Journal of Personality and Social Psychology, 31*, 647-695.
Dweck, C. S. (1986). Motivational processes affecting learning. *American Psychologist, 41*(10), 1040-1048.
Dweck, C. S. (2006). *Mindse.* New York: Random House. 今西康子（訳）2008　「やればできる！」の研究：能力を開花させるマインドセットの力　草思社
Eccles, J. S., & Wigfield, A. (2002). Motivational beliefs, values, and goals. *Annual Review of Psychology, 53*, 109-132.
Elliot, A. J., & Devine, P. G. (1994). On the motivational nature of cognitive dissonance: Dissonance as psychological discomfort. *Journal of Personality and Social Psychology, 67*(3), 382-394.
Elliot, A. J., & Dweck, C. S. (2005a). Competence and motivation: Competence as the core of achievement motivation. In A. J. Elliot & C. S. Dweck (Eds.), *Handbook of competence and*

achievement motivation (pp. 3-12). New York: The Guilford Press.
Elliot, A. J., & Dweck, C. S. (Eds.). (2005b). *Handbook of competence and motivation*. New York: The Guilford Press.
Elliott, P. H. (1999). Job aids. In H. D. Stolovitch & E. J. Keeps (Eds.), *Handbook of human performance technology: Improving individual and organizational performance worldwide* (2 ed., pp. 430-441). San Francisco: Jossey-Bass Pfeiffer.
Englehard, G. (1985). The discovery of educational goals and outcomes: A view of the latent curriculum of schooling. (Doctoral dissertation, University of Chicago, 1985). *Dissertation Abstracts International, 46*, 2176-A.
Engelhard, G., & Monsaas, J. A. (1988). Grade level, gender, and school related curiosity in urban elementary schools. *Journal of Educational Research, 82*(1), 22-26.
Ericsson, K. A. (2006). The influence of experience and deliberate practice on the development of superior expert performance. In K. A. Ericsson, N. Charness, P. Feltovich & R. R. Hoffman (Eds.), *Cambridge handbook of expertise and expert performance* (pp. 39-68). Cambridge, UK: Cambridge University Press.
Farmer, T. M. (1989). *A refinement of the ARCS motivational design procedure using a formative evaluation methodology*. Bloomington: Indiana University.
Festinger, L. (1957). *A theory of cognitive dissonance*. Evanston, IL: Row, Peterson. 末永俊郎（監訳）1965 認知的不協和の理論：社会心理学序説 誠信書房
Festinger, L., & Carlsmith, J. M. (1959). Cognitive consequences of forced compliance. *Journal of Abnormal and Social Psychology, 58*, 203-210.
Filcheck, H. A., McNeil, C. B., Greco, L. A., & Bernard, R. S. (2004). Using a whole-class token economy and coaching of teacher skills in a preschool classroom to manage disruptive behavior. *Psychology in the Schools, 41*(3), 351-361.
Flanagan, J. (1967). Functional education for the seventies. *Phi Delta Kappan*, September, 1967, 27-33.
Fleming, M., & Levie, W. H. (1978). *Instructional message design: Principles from the behavioral sciences*. Englewood Cliffs, NJ: Educational Technology Publications.
Flesch, R. (1948). A new readability yardstick. *Journal of Applied Psychology, 32*, 221-233.
Flesch, R., & Lass, A. H. (1949). *A new guide to better writing*. New York: Harper and Row.
Fredrickson, B. L., & Carstensen, L. L. (1990). Choosing social partners: How old age and anticipated endings make people more selective. *Psychology and Aging, 5*, 335-347.
Friesen, N. (2003). Three objections to learning objects. In R. McGreal (Ed.), *Online education using learning objects*. London, UK: Taylor & Francis Books Ltd.
Fromm, E. (1955). *The Sane Society*. Greenwich, CN: Fawcett.
Gagné, R. M. (1965). *The conditions of learning*. New York: Holt, Rinehart and Winston, Inc. 金子敏・平野朝久（訳）1982 学習の条件 学芸図書 ＜本書は原著の第3版(1977)の翻訳＞
Gagné, R. M., Wager, W. W., Golas, K. C., & Keller, J. M. (2005). *Principles of Instructional Design* (5th ed.). Belmont, CA: Wadsworth/Thomson Learning, Inc. 鈴木克明・岩崎 信（監訳）2007 インストラクショナルデザインの原理 北大路書房
Gallup, H. F. (1974). Problems in the implementation of a course in personalized instruction. In J. G. Sherman (Ed.), *PSI: Personalized system of instruction*. Philippines: W. A. Benjamin, Inc.
Gardner, R., Sainato, D. M., Cooper, J. O., Heron, T. E., Heward, W. L., Eshleman, J. W., et al. (Eds.). (1994). *Behavior analysis in education: Focus on measurably superior instruction*. Pacific Grove, CA: Brooks/Cole Publishing Company.
Garner, R., Gillingham, M. G., & White, C. S. (1989). Effects of "seductive details" on macroprocessing and microprocessing in adults and children. *Cognition and Instruction, 6*(1), 41-57.
Geirland, J. (1996). Go with the flow: An interview with Mihaly Csikszentmihalyi [Electronic Version]. Wired (Online), 4. Retrieved 09212008 from http://www.wired.com/wired/archive/4.09/czik.html

Geiwitz, J. P. (1966). Structure of boredom. *Journal of Personality and Social Psychology, 3*(5), 592-600.
Gibson, S., & Dembo, M. H. (1984). Teacher efficacy: A construct validation. *Journal of Educational Psychology, 76*, 569-582.
Goleman, D. (1995). *Emotional intelligence.* New York: Bantam Books.　土屋京子（訳）　1998　EQ：こころの知能指数　講談社
Gollwitzer, P. M. (1993). Goal achievement: The role of intentions. *European Review of Social Psychology, 4*, 141-185.
Gollwitzer, P. M., & Brandstätter, V. (1997). Implementation intentions and effective goal pursuit. *Journal of Personality and Social Psychology, 73*(1), 186-199.
Goodlad, J. I. (1984). *A place called school: Prospects for the future.* Chicago: Aldine publishing.
Greene, B. A., & DeBacker, T. K. (2004). Gender and orientations toward the future: Links to motivation. *Educational Psychology Review, Asked*(2), 91-120.
Greenwald, A. G., & Ronis, D. L. (1978). Twenty years of cognitive dissonance: Case study of the evolution of a theory. *Psychological Review, 85*(1), 53-57.
Harlow, H. F. (1953). *Motivation as a factor in the acquisition of new responses.* Lincoln: University of Nebraska Press.
Harp, S. F., & Mayer, R. E. (1997). The role of interest in learning from scientific text and illustrations: On the distinction between emotional interest and cognitive interest. *Journal of Educational Psychology, 89*(1), 92-102.
Harp, S. F., & Mayer, R. E. (1998). How seductive details do their damage: A theory of cognitive interest in science learning. *Journal of Educational Psychology, 90*(3), 414-434.
Harrow, A. (1972). *A taxonomy of the psychomotor domain. A guide for developing behavioral objectives.* New York: David McKay.
Hawking, S. (2005). Public lectures: Does God play dice? [Electronic Version]. Retrieved September 27, 2008 from http://www.hawking.org.uk/lectures/lindex.html.
Healy, S. D. (1979). *The roots of boredom.* New Brunswick: Rutgers The State University of New Jersey.
Hebb, D. O. (1955). Drives and the conceptual nervous system. *Psychological Review, 62*, 243 - 253.
Hebb, D. O. (1958). The motivating effects of exteroceptive stimulation. *American Psychologist, 13*, 109-113.
Heider, F. (1946). Attitudes and cognitive organization. *The Journal of Psychology, 21*, 107-112.
Heider, F. (1958). *The psychology of interpersonal relations.* New York: Wiley.　大橋正夫（訳）　1978　対人関係の心理学　誠信書房
Hidi, S., & Baird, W. (1986). Interestingness: A neglected variable in discourse processing. *Cognitive Science, 10*(2), 179.
Hidi, S., Baird, W., & Hildyard, A. (1982). That's important but is it interesting? Two factors in text processing. In A. Flammer & W. Kintsch (Eds.), *Discourse Processing,* Amsterdam: North-Holland, 63-75.
Hilgard, E. R. (1949). Human motives and the concept of self. *American Psychologist, 4*, 374-382.
Hoffman, R. (2007). Pandora's Box [Electronic Version]. *Encyclopedia Mythica,* http://www.pantheon.org/areas/folklore/folktales/articles/pandora.html. Retrieved July 21, 2007.
Holden, K. B., & Rotter, J. B. (1962). A nonverbal measure of extinction in skill and chance situations. *Journal of Experimental Psychology, 63*, 519-520.
Hsieh, T. T., Shybut, J., & Lotsof, E. J. (1969). Internal versus external control and ethnic group membership. *Journal of Consulting and Clinical Psychology, 33*, 122-124.
Hu, Y. (2008). *Motivation, usability and their interrelationships in a self-paced online learning environment.* Unpublished doctoral dissertation, Virginia Polytechnic Institute and State University, Blacksburn, VA.

Huang, W. D., Huang, W.-Y., Diefes-Dux, H., & Imbrie, P. K. (2005). A preliminary validation of Attention, Relevance, Confidence and Satisfaction model-based Instructional Material Motivational Survey in a computer-based tutorial setting. *British Journal of Educational Technology,* 37(2), 243-259.

Hull, C. L. (1943). *Principles of behavior.* New York: Appleton-Century-Crofts. 能見義博・岡本栄一（訳）1965 行動の原理 誠信書房

Hummon, N. P., & Doreian, P. (2003). Some dynamics of social balance processes: bringing Heider back into balance theory. *Social Networks,* 25(1), 17-49.

Humphreys, M. S., & Revelle, W. (1984). Personality, motivation, and performance: A theory of the relationship between individual differences and information processing. *Psychological Review,* 91(2), 153-184.

Hunt, D. E., & Sullivan, E. V. (1974). *Between psychology and education.* Hinsdale, IL: Dryden.

Huseman, R. C., Matfield, J. D., & Miles, E. W. (1987). A new perspective on equity theory: The equity sensitivity construct. *Academy of Management Review,* 12(2), 232-234.

Ifamuyiwa, S. A., & Akinsola, M. K. (2008). Improving senior secondary school students' attitude towards mathematics through self and cooperative-instructional strategies. *International Journal of Mathematical Education in Science and Technology,* 39(5), 569.

James, W. (1890). *The principles of psychology* (Vol. 2). New York: Henry Holt.

Jenson, W. R., Sloane, H. N., & Young, K. R. (1988). *Applied behavior analysis in education: A structured teaching approach.* Englewood Cliffs, NJ: Prentice Hall.

Jessor, R., Graves, T. D., Hanson, R. C., & Jessor, S. L. (1968). *Society, personality, and deviant behavior.* New York: Holt, Rinehart & Winston.

Johnson-Laird, P. N. (1983). *Mental models: Towards a cognitive science of language, inference and consciousness.* Cambridge: Harvard University Press. 海保博之（監修）・AIUEO（訳）1988 メンタルモデル：言語・推論・意識の認知科学 産業図書

Johnson-Laird, P. N. (2005). Mental models in thought. In K. Holyoak & R. J. Sternberg (Eds.), *The Cambridge handbook of thinking and reasoning* (pp. 179-212). Cambridge, UK: Cambridge University Press.

Johnson, S. D., & Aragon, S. R. (2002). An instructional strategy framework for online learning environments. In T. M. Egan & S. A. Lynham (Eds.), *Proceedings of the academy for human resource development* (pp. 1022-1029). Bowling Green, OH: AHRD.

Johnson, W. L., Rickel, J. W., & Lester, J. C. (2000). Animated pedagogical agents: face-to-face interaction in interactive learning environments. *International Journal of Artificial Intelligence in Education,* 11, 47-78.

Jonassen, D. H. (1985). A taxonomy of interactive adaptive lesson designs. *Educational Technology,* 25(6), 7-17.

Jones, E. E., Kanhouse, D. E., Kelley, H. H., Nisbett, R. E., Valins, S., & Weiner, B. (1971). *Attribution: Perceiving the causes of behavior.* Morristown, NJ: General Learning Press.

Joyce, B., & Weil, M. (1972). *Models of Teaching.* Englewood Cliffs, NJ: Prentice-Hall, Inc.

Jussim, L., & Eccles, J. (1992). Teacher expectancies II: Construction and reflection of student achievement. *Journal of Personality and Social Psychology,* 63, 947-961.

Kabat-Zinn, J. (1990). *Full catastrophe living: Using the wisdom of your body and mind to face stress, pain, and illness.* New York: Dell Publishing. 春木 豊（訳）2007 マインドフルネスストレス低減法 北大路書房

Kagan, J. (1972). Motives and development. *Journal of Personality and Social Psychology,* 22(1), 51-66.

Kaplan, S., & Kaplan, R. (1978). *Humanscape: Environments for people.* North Scituate, MA: Duxbury Press.

Kazdin, A. E. (1982). The token economy: A decade later. *Journal of Applied Behavior Analysis,* 15(3),

431-445.
Kazdin, A. E., & Bootzin, R. R. (1972). The token economy: An evaluative review. *Journal of Applied Behavior Analysis*, **5**(3), 343-372.
Keller, F. S. (1968). Goodbye teacher. *Applied Behavior Analysis*, **1**, 78-79.
Keller, J. M. (1979). Motivation and instructional design: A theoretical perspective. *Journal of Instructional Development*, **2**(4), 26-34.
Keller, J. M. (1983a). Investigation of the effectiveness of a learned helplessness alleviation strategy for low aptitude learners. In G. Zeeuw, W. Hofstee & J. Yastenhouw (Eds.), *Funderend Onderzoek van het Onderwijs en Onderwijsleerprocessen* (pp. 191-202). Lisse, The Netherlands: Swets & Zeitlinger B.V.
Keller, J. M. (1983b). Motivational design of instruction. In C. M. Reigeluth (Ed.), *Instructional design theories and models: An overview of their current status*. Hillsdale, NJ: Lawrence Erlbaum Associates.
Keller, J. M. (1984). The use of the ARCS model of motivation in teacher training. In K. Shaw & A. J. Trott (Ed.), *Aspects of educational technology volume XVII: Staff development and career updating*. London: Kogan Page.
Keller, J. M. (1987a). Development and use of the ARCS model of motivational design. *Journal of Instructional Development*, **10**(3), 2-10.
Keller, J. M. (1987b). Strategies for stimulating the motivation to learn. *Performance and Instruction*, **26**(8), 1-7.
Keller, J. M. (1987c). The systematic process of motivational design. *Performance and Instruction*, **26**(9), 1-8.
Keller, J. M. (1988). Motivational design. In D. Unwin & R. McAleese (Eds.), *Encyclopaedia of educational media communications and technology* (2nd ed., pp. 406-409). Westport, CT: Greenwood Press.
Keller, J. M. (1994). Motivation in instructional design. In T. Husen & T. N. Postlethwaite (Eds.), *International encyclopaedia of education* (2nd ed.). Oxford: Pergamon Press.
Keller, J. M. (1999). Motivation in cyber learning environments. *Educational Technology International*, **1**(1), 7-30.
Keller, J. M. (2000 February). *How to integrate learner motivation planning into lesson planning: The ARCS model approach*. Paper presented at the VII Seminario, Santiago, Cuba.
Keller, J. M. (2008a). First principles of motivation to learn and e3-learning. *Distance Education*, **29**(2), 175-185.
Keller, J. M. (2008b). An integrative theory of motivation, volition, and performance. *Technology, Instruction, Cognition, and Learning*, **6**(2), 79-104.
Keller, J. M., & Burkman, E. (1993). Motivation principles. In M. Fleming & W. H. Levie (Eds.), *Instructional message design: Principles from the behavioral and cognitive sciences*. Englewood Cliffs, NJ: Educational Technology Press.
Keller, J. M., Deimann, M., & Liu, Z. (2005). Effects of integrated motivational and volitional tactics on study habits, attitudes, and performance. In *Proceedings of the Annual Meeting of the Association for Educational Communications and Technology*. Orlando, Florida.
Keller, J. M., & Keller, B. H. (1991). Motivating learners with multimedia instruction. *Proceedings of the International Conference on Multi-Media in Education and Training (ICOMMET '91)*. Tokyo, Japan: The Japanese Association for Educational Technology and the International Society for Technology in Education.
Keller, J. M., & Kopp, T. W. (1987). An application of the ARCS model of motivational design. In C. M. Reigeluth (Ed.), *Instructional theories in action* (pp. 289-320). Hillsdale, NJ: Erlbaum.
Keller, J. M., & Suzuki, K. (1988). Application of the ARCS model to courseware design. In D. H.

Jonassen (Ed.), *Instructional designs for microcomputer courseware design* (pp. 401-434). New York: Lawrence Erlbaum, Publisher.

Kim, C. M., & Keller, J. M. (2008). Effects of motivational and volitional email messages (MVEM) with personal messages on undergraduate students' motivation, study habits and achievement. *British Journal of Educational Technology*, **39**(1), 36-51.

Knebel, E., Lundahl, S., Edward-Raj, A., Abdullah, H. (2000). *Use of manual job aids by health care providers: What do we know?* (No. USAID Contract No. HRN-C-00-96-90013). Bethesda, Maryland: Center for Human Services.

Ko, S., & Rossen, S. (2001). *Teaching online: A practical guide*. New York: Houghton Mifflin Company.

Koberg, D., & Bagnall, J. (1976). *The all new universal traveler*. Los Altos, CA: William Kaufman, Inc.

Koffka, K. (1935). *Principles of gestalt psychology*. New York: Harcourt, Brace and World. 鈴木正彌（監訳） 1998 ゲシュタルト心理学の原理（新装版） 福村出版

Kopp, T. (1982). Designing the boredom out of instruction. *NSPI Journal*, May, 23-27, 29.

Krathwohl, D. R., Bloom, B. S., & Masia, B. B. (1964). *Taxonomy of educational objectives, handbook II: Affective domain*. New York: David McKay.

Krishna, D. (1971). "The self-fulfilling prophecy" and the nature of society. *American Sociological Review*, **36**, 1104-1107.

Kuhl, J. (1984). Volitional aspects of achievement motivation and learned helplessness: Toward a comprehensive theory of action control. In B. A. Maher & W. B. Maher (Eds.), *Progress in experimental personality research* (pp. 101-171). Orlando: Academic Press.

Kuhl, J. (1985). Volitional mediators of cognitive-behavior-consistency: Self-regulatory processes and action versus state orientation. In J. Kuhl & J. Beckmann (Eds.), *Action control: From cognition to behavior* (pp. 101-128). Berlin: Springer.

Kuhl, J. (1987). Action control: The maintenance of motivational states. In F. Halisch & J. Kuhl (Eds.), *Motivation, intention and volition* (pp. 279-291). Berlin: Springer.

Kuhn, T. S. (1970). *The structure of scientific revolutions* (2nd ed.). Chicago: University of Chicago Press. 中山　茂（訳） 1971　科学革命の構造　みすず書房

Kulik, J. A., Kulik, C. C., & Cohen, P. A. (1979). A meta-analysis of outcome studies of Keller's personalized system of instruction. *American Psychologist*, **34**, 307-318.

Kulik, J. A. (1994). Meta-analytic studies of findings on computer-based instruction. In E. L. Baker & H. F. O'Neil (Eds.), *Technology assessment in education and training*. Hillsdale, NJ: Lawrence Erlbaum.

Landa, L. N. (1974). *Algorithmization in learning and instruction* (V. Bennett, Trans.). Englewood Cliffs, NJ: Educational Technology Publications.

Landa, L. N. (1976). *Instructional regulation and control: Cybernetics, algorithmization and heuristics in education* (S. Desch, Trans.). Englewood Cliffs, NJ: Educational Technology Publications.

Lang, F. R., & Carstensen, L. L. (2002). Time counts: Time perspective, goals, and social relationships. *Psychology and Aging*, **17**(1), 125-139.

Lenehan, M. C., Dunn, R., Ingham, J., Signer, B., & Murray, J. B. (1994). Effects of learning-style intervention on college students' achievement, anxiety, anger, and curiosity. *Journal of College Student Development*, **35**, 461-466.

Lepper, M. R., Green, D., & Nisbett, R. E. (1973). Undermining children's intrinsic interest with extrinsic rewards: A test of the overjustification hypothesis. *Journal of personality and Social Psychology*, **28**, 129-137.

Lepper, M. R., & Greene, D. (1975). Turning play into work: Effects of adult surveillance and extrinsic rewards on children's intrinsic motivation. *Journal of Personality and Social Psychology*, **31**, 479-486.

Lepper, M. R., & Greene, D. (1978). *The hidden costs of reward: New perspectives on the psychology of human motivation.* Hillsdale, NJ: Lawrence Erlbaum Associates.

Lewin, K. (1935). *A dynamic theory of personality.* New York: McGraw-Hill. 相良守次・小川　隆（訳）1957　パーソナリティの力学説　岩波書店

Lewin, K. (1938). *The conceptual representation and the measurement of psychological forces.* Durham, NC: Duke University Press. 上代　晃（訳）1956　心理学的力の概念的表示と測定　理想社

Lim, D. H. (2004). Cross cultural differences in online learning motivation. *Educational Media International,* **41**(2), 163-175.

Lim, D. H., & Kim, H. (2003). Motivation and learner characteristics affecting online learning and learning application. *Journal of Educational Technology Systems,* **31**(4), 423-439.

Livingston, J. S. (1969). Pygmalion in management. *Harvard Business Review,* **47**(July - August), 81-89.

Loorbach, N., Karreman, J., & Steehouder, M. (2007). Adding motivational elements to an instruction manual for seniors: Effects on usability and motivation. *Technical communication,* **54**(3), 343-358.

Lowenstein, G. (1994). The psychology of curiosity: A review and interpretation. *Psychological Bulletin,* **116**, 75-98.

Main, R. G. (1993). Integrating motivation into the instructional design process. *Educational Technology,* **33**(12), 37-41.

Malone, T. (1981). Toward a theory of intrinsically motivating instruction. *Cognitive Science,* **4**, 333-369.

Manojlovich, M. (2005). Promoting nurses' self-efficacy: A leadership strategy to improve practice. *Journal of Nursing Administration,* **35**(5), 271-278.

Markle, S. M. (1969). *Good frames and bad: A grammar of frame writing* (2nd ed.). New York: Wiley.

Martin, B. L., & Briggs, L. J. (1986). *The affective and cognitive domains: Integration for instruction and research.* Englewood Cliffs, NJ: Educational Technology Publications.

Masie, E. (2002). *Making sense of learning specifications & standards: A decision maker's guide to their adoption.* Saratoga Springs, NY: The MASIE Center.

Maslow, A. H. (1954). *Motivation and personality.* New York: Harper & Row. 小口忠彦（訳）1987　人間性の心理学：モチベーションとパーソナリティ（改訂新版）　産業能率大学出版部　＜本書は原著の第2版（1970）の翻訳＞

Maw, W. H., & Magoon, A. J. (1971). The curiosity dimension of fifth-grade children: A factorial discriminant analysis. *Child Development,* **42**, 2023-2031.

Maw, W. H., & Maw, E. W. (1961). Information recognition by children with high and low curiosity. *Educational Research Bulletin,* **40**(8), 197-201, 223.

Maw, W. H., & Maw, E. W. (1964). *An exploratory study into the measurement of curiosity in elementary school children* (CRF Project No. 801 (SAE 8519)): United States Office of Education, Department of Health, Education, and Welfare.

Maw, W. H., & Maw, E. W. (1966). Self appraisal of curiosity. *Journal of Educational Research,* **61**, 462-466.

Maw, W. H., & Maw, E. W. (1970a). Nature of creativity in high- and low-curiosity boys. *Developmental Psychology,* **2**(3), 325-329.

Maw, W. H., & Maw, E. W. (1970b). Self concepts of high- and low-curiosity boys. *Child Development,* **41**, 123-129.

Maw, W. H., & Maw, E. W. (1977). Nature and assessment of human curiosity. In P. McReynolds (Ed.), *Advances in psychological assessment* (Vol. 4). San Francisco: Jossey-Bass.

McClelland, D. C. (1965). Toward a theory of motive acquisition. *American Psychologist,* **20**, 321-333.

McClelland, D. C. (1976). *The achieving society.* New York: Irvington Publishers.

McCrae, R. R., & Costa, P. T. (1987). Validation of the five-factor model of personality across instruments and observers. *Journal of Personality and Social Psychology,* **52**, 81-90.

McCrae, R. R., & John, O. P. (1992). An introduction to the five-factor model and its applications.

Journal of Personality, **60**(2), 175-215.

McDougall, W. (1908). *An introduction to social psychology.* London: Methuen.

McDougall, W. (1970). The nature of instincts and their place in the constitution of the human mind. In W. A. Russel (Ed.), *Milestones in motivation.* New York: Appleton-Century-Crofts.

McMullin, D., & Steffen, J. (1982). Intrinsic motivation and performance standards. *Social Behavior and Personality,* **10**, 47-56.

McQuillan, J., & Conde, G. (1996). The conditions of flow in reading: Two studies of optimal experience. *Reading Psychology,* **17**(2), 109-135.

Means, T. B., Jonassen, D. H., & Dwyer, R. M. (1997). Enhancing relevance: Embedded ARCS strategies vs. purpose. *Educational Technology Research and Development,* **45**(1), 5-18.

Medsker, K. L., & Holdsworth, K. M. (Eds.). (2001). *Models and strategies for training design.* Silver Spring, MD: International Society for Performance Improvement.

Mehrabian, A., & O'Reilly. (1980). Analysis of personality measures in terms of basic dimensions of temperament. *Journal of Personality and Social Psychology,* **38**(3), 492-503.

Merrill, M. D. (2002). First principles of instruction. *Educational Technology Research and Development,* **50**(3), 43-59.

Merton, R. K. (1936). The unanticipated consequences of purposive social action. *American Sociological Review,* **1**(6), 894-904.

Merton, R. K. (1948). The self-fulfilling prophecy. *Antioch Review,* **8**(2), 193-210.

Messick, S. (1979). Potential uses of noncognitive measurement in education. *Journal of Educational Psychology,* **71**, 281-292.

Milgram, S. (1965). Some conditions of obedience and disobedience to authority. *Human Relations,* **18**, 57-76.

Muller, P. A., Stage, F. K., & Kinzie, J. (2001). Science achievement growth trajectories: Understanding factors related to gender and racial-ethnic differences in precollege science achievement. *American Educational Research Journal,* **38**(4), 981-1012.

Murray, H. A. (1938). *Explorations in personality.* Oxford: Oxford University Press.

Naime-Diffenbach, B. (1991). *Validation of attention and confidence as independent components of the ARCS motivational model.* Unpublished doctoral dissertation, Florida State University, Tallahassee, FL.

Nicholls, J. G. (1984a). Conceptions of ability and achievement motivation. In R. Ames & C. Ames (Eds.), *Research on motivation in education* (Vol. 1). Orlando, FL: Academic Press.

Nicholls, J. G. (1984b). Achievement motivation: Conceptions of ability, subjective experience, task choice, and performance. *Psychological Review,* **91**, 328-346.

Nichols, J. D., & Miller, R. B. (1994). Cooperative learning and student motivation. *Contemporary Educational Psychology,* **19**, 167-178.

Norman, W. T. (1963). Toward an adequate taxonomy of personality attributes: Replicated factor structure in peer nomination personality ratings. *Journal of Abnormal and Social Psychology,* **66**, 574-583.

O'Leary, K. D., & Drabman, R. (1971). Token reinforcement program in the classroom: A review. *Psychological Bulletin,* **75**, 379-398.

Oh, S. Y. (2006). *The effects of reusable motivational objects in designing reusable learning object-based instruction.* Tallahassee, FL: The Florida State University.

Okey, J. R., & Santiago, R. S. (1991). Integrating instructional and motivational design. *Performance Improvement Quarterly,* **4**(2), 11-21.

Paradowski, W. (1967). Effect of curiosity on incidental learning. *Journal of Educational Psychology,* **58**(1), 50-55.

Paris, S. G., & Oka, E. R. (1986). Children's reading strategies, metacognition, and motivation.

Developmental Review, 6(1), 2 -56.
Parsons, O. A., Schneider, J. M., & Hansen, A. S. (1970). Internal-external locus of control and national stereotypes in Denmark and the United States. *Journal of Consulting and Clinical Psychology,* **35**, 30-37.
Paunonen, S. V., & Ashton, M. C. (2001). Big Five factors and facets and the prediction of behavior. *Journal of Personality and Social Psychology,* **81**, 524-539.
Pavlov, I. P. (1906). The scientific investigation of psychical faculties or processes in the higher animals. *Science,* **24**, 613-619.
Pavlov, I. P. (1927). *Conditioned reflexes* (G. V. Anrep, Trans.). London: Oxford University Press.
Penney, R. K., & McCann, B. (1964). The children's reactive curiosity scale. *Psychological Reports,* **15**, 323-334.
Peters, R. A. (1978). Effects of anxiety, curiosity, and perceived-instructor threat on student verbal behavior in the college classroom. *Journal of Educational Psychology,* **70**(3), 388-395.
Phares, E. J. (1976). *Locus of control in personality.* Morristown, NJ: General Learning Press.
Piaget, J. (1952). *The origins of intelligence in children.* New York: International Universities Press.
Picard, R. W. (1997). *Affective computing.* Cambridge, MA: MIT Press.
Pintrich, P. R., & De Groot, E. V. (1990). Motivational and self-regulated learning components of classroom academic performance. *Journal of Educational Psychology,* **82**(1), 33-40.
Pintrich, P. R., & Schunk, D. H. (2002). *Motivation in education: theory, research, and applications* (2 ed.). Upper Saddle River, NJ: Merrill Prentice Hall.
Premack, D. (1962). Reversibility of the reinforcement relation. *Science,* **136**, 255-257.
Pressey, S. L. (1926). A simple apparatus which gives tests and scores – and teaches. *School and Society,* **23**(586), 373-376.
Raynor, J. O. (1969). Future orientation and motivation of immediate activity: An elaboration of the theory of achievement motivation. *Psychological Review,* **76**(6), 606-610.
Raynor, J. O. (1974). Relationships between achievement-related motives, future orientation, and academic performance. In J. W. Atkinson & J. O. Raynor (Eds.), *Motivation and achievement.* Washington, DC: V. H. Winston.
Reeves, B., & Nass, C. (1996). *The media equation: How people treat computers, television, and new media like real people and places.* Cambridge: Cambridge University Press. 細馬宏通（訳）2001 人はなぜコンピューターを人間として扱うか：「メディアの等式」の心理学　翔泳社
Reigeluth, C. M. (Ed.). (1983). *Instructional design theories and models: An overview of their current status.* Hillsdale, NJ: Lawrence Erlbaum Associates.
Reigeluth, C. M. (Ed.). (1999). *Instructional design theories and models: An overview of their current status.* Hillsdale, NJ: Lawrence Erlbaum Associates.
Renninger, K. A., Hidi, S., & Krapp, A. (1992). *The role of interest in learning and development.* Hillsdale, NJ: Erlbaum.
Rezabek, R. H. (1994). *Utilizing intrinsic motivation in the design of instruction.* Paper presented at the Washington, DC: Association for Educational Communications and Technology.
Robertson, I. T., & Sadri, G. (1993). Managerial self-efficacy and managerial performance. *British Journal of Management,* **4**, 37-46.
Robinson, R., & Anderson, M. (2002). *The ever-changing courseware landscape: Migration strategies and lessons learned.* Paper presented at the Distance Learning 2002, Texas.
Rogers, C. R. (1954). *Client centered therapy.* Boston: Houghton Mifflin. 保坂　亨・諸富祥彦・末武康弘（共訳）2005 クライアント中心療法（ロジャーズ主要著作集）岩崎学術出版社
Rosenthal, R., & Jacobson, L. (1968). *Pygmalion in the classroom.* New York: Holt, Rinehart & Winston.
Rotter, J. B. (1954). *Social learning theory and clinical psychology.* New York: Prentice-Hall.

Rotter, J. B. (1966). Generalized expectancies for internal versus external control of reinforcement. *Psychological Monographs,* **80** Whole No. 609), 1-28.

Rotter, J. B. (1972). An introduction to social learning theory. In J. B. Rotter, J. E. Chance & E. J. Phares (Eds.), *Applications of a social learning theory of personality.* New York: Holt, Rinehart, & Winston.

Rotter, J. B., Liverant, S., & Crowne, D. P. (1961). The growth and extinction of expectancies in chance controlled and skilled tasks. *Journal of Abnormal and Social Psychology,* **52**, 161-177.

Ryan, R. M., & Deci, E. L. (2000). Intrinsic and extrinsic motivations: Classic definitions and new directions. *Contemporary Educational Psychology,* **25**, 54-67.

Salomon, G. (1984). Television is "easy" and print is "tough": The differential investment of mental effort in learning as a function of perceptions and attributions. *Journal of Educational Psychology,* **76**(4), 647-658.

Saxe, R. M., & Stollak, G. E. (1971). Curiosity and the parent-child relationship. *Child Development,* **42**, 373-384.

Schachter, S. (1964). The interaction of cognitive and physiological determinants of emotional state. In L. Berkowitz (Ed.), *Advances in experimental social psychology* (Vol. 1). New York: Academic Press.

Schaefer, E. S., & Bell, R. Q. (1958). Development of a parental attitude research instrument. *Child Development,* **29**, 339-361.

Schank, R. C. (1979). Interestingness: Controlling inferences. *Artificial Intelligence,* **12**(3), 273-297.

Schrank, W. (1968). The labeling effect of ability grouping. *Journal of Educational Research,* **62**, 51-52.

Schrank, W. (1970). A further study of the labeling effect of ability grouping. *Journal of Educational Research,* **63**, 358-360.

Schunk, D. H. (1981). Modeling and attributional effects on children's achievement: A self-efficacy analysis. *Journal of Educational Psychology,* **73**(1), 93-105.

Schunk, D. H. (1985). Self-efficacy and classroom learning. *Psychology in the Schools,* **22**(2), 208-223.

Schunk, D. H. (1996). Goal and self-evaluative influences during children's cognitive skill learning. *American Educational Research Journal,* **33**, 359-382.

Seligman, M. E. (1975). *Helplessness.* San Francisco: Freeman. 平井　久・木村　駿（監訳）　1985　うつ病の行動学：学習性絶望感とは何か　誠信書房

Seligman, M. E. (1991). *Learned optimism: How to change your mind and yourself.* New York: A. A. Knopf. 山村宜子（訳）　1994　オプティミストはなぜ成功するか　講談社（講談社文庫）

Selye, H. (1973). The evolution of the stress concept. *American Scientist,* **61**, 692-699.

Shellnut, B., Knowlton, A., & Savage, T. (1999). Applying the ARCS model to the design and development of computer-based modules for manufacturing engineering courses. *Educational Technology Research and Development,* **47**(2), 100-110.

Shen, E. (2009). *The effects of agent emotional support and cognitive motivational messages on math anxiety, learning, and motivation.* Tallahassee, FL: Florida State University.

Shernoff, D. J., Csikszentmihalyi, M., Schneider, B., & Shernoff, E. S. (2003). Student engagement in high school classrooms from the perspective of flow theory. *School Psychology Quarterly,* **18**(2), 158-176.

Simpson, E. (1972). *The classification of educational objectives in the psychomotor domain: The psychomotor domain* (Vol. 3). Washington, DC: Gryphon House.

Sins, P. H. M., Joolingen, W. R. v., Savelsbergh, E. R., & Hout-Wolters, B. v. (2008). Motivation and performance within a collaborative computer-based modeling task: Relations between students' achievement goal orientation, self-efficacy, cognitive processing, and achievement. *Contemporary Educational Psychology,* **33**, 58-77.

Sins, P. H. M., Savelsbergh, E. R., & Joolingen, W. R. v. (2005). The difficult process of scientific modeling: An analysis of novices' reasoning during computer-based modeling. *International Journal of Science Education, 27*(14), 1695-1721.

Sivin-Kachala, J. (1998). *Report on the effectiveness of technology in schools (1990-1997)*. Software Publisher's Association.

Skinner, B. F. (1954). The science of learning and the art of teaching. *Harvard Educational Review, 24*, 86-97.

Skinner, B. F. (1968). *The technology of teaching*. New York: Appleton-Century-Crofts. 村井　実・沼野一男（監訳）慶応義塾大学学習科学研究センター（訳）　1969　教授工学　東洋館出版社

Sloane, H. N., & Jackson, D. A. (1974). *A guide to motivating learners*. Englewood Cliffs, NJ: Educational Technology Publications.

Small, R. V., & Gluck, M. (1994). The relationship of motivational conditions to effective instructional attributes: A magnitude scaling approach. *Educational Technology, 34*(8), 33-40.

Smock, C. D., & Holt, B. G. (1962). Children's reactions to novelty: An experimental study of "curiosity motivation". *Child Development, 33*, 631-642.

Song, S. H. (1998). *The effects of motivationally adaptive computer-assisted instruction developed through the arcs model*. Unpublished doctoral dissertation, Tallahassee, FL: Florida State University.

Song, S. H., & Keller, J. M. (2001). Effectiveness of motivationally adaptive computer-assisted instruction on the dynamic aspects of motivation. *Educational Technology Research and Development, 49*(2), 5-22.

Spector, J. M., & Merrill, M. D. (2008). Editorial: Effective, efficient, and engaging (e3) learning in the digital era. *Distance Education, 29*(2), 123-126.

Spence-Laschinger, H. K., & Shamian, J. (1994). Staff nurses' and nurse managers' perception of job-related empowerment and managerial self-efficacy. *Journal of Nursing Administration, 24*(10), 38-47.

Sperber, D., & Wilson, D. (1986). *Relevance: Communication and cognition*. Cambridge, MA: Harvard University Press. 内田聖二・宋　南先・中逵俊明・田中圭子（訳）　1993　関連性理論：伝達と認知　研究社出版

Steers, R. M., & Porter, L. W. (1983). *Motivation and work behavior*. New York: McGraw-Hill.

Stockdale, J., Sinclair, M., Kernohan, W. G., Keller, J. M., Dunwoody, L., Cunningham, J. B., et al. (2008). Feasibility study to test Designer Breastfeeding™: A randomised controlled trial. *Evidence Based Midwifery, 6*(3), 76-82.

Suzuki, K., & Keller, J. M. (1996). *Creation and cultural validation of an ARCS motivational design matrix*. Paper presented at the annual meeting of the Japanese Association for Educational Technology, Kanazawa, Japan.

Sweller, J. (1988). Cognitive load during problem solving: Effects on learning. *Cognitive Science, 12*, 257-285.

Sweller, J. (1994). Cognitive load theory, learning difficulty, and instructional design. *Learning and Instruction, 4*, 295-312.

Tennyson, R. D. (1992). An educational learning theory for instructional design. *Educational Technology, 32*(1), 36-41.

Thomas, W. I., & Thomas, D. S. (1928). *The child in America*. New York: Knopf.

Tilaro, A., & Rossett, A. (1993). Creating motivating job aids. *Performance and Instruction, 32*(9), 13-20.

Tolman, E. C. (1932). *Purposive behavior in animals and men*. New York: Appleton-Century.

Tolman, E. C. (1949). *Purposive behavior in animals and men*. Berkeley: University of California Press. 富田達彦（訳）　1977　新行動主義心理学：動物と人間における目的的行動　清水弘文堂

Torrance, E. P. (1963). The creative personality and the ideal pupil. *Teachers College Record, 3*,

220-226.

Torrance, E. P. (1965). *Rewarding creative behavior: Experiments in classroom creative behavior.* Englewood Cliffs, NJ: Prentice-Hall.

Torrance, E. P. (1969). Curiosity of gifted children and performance on timed and untimed test of creativity. *The Gifted Child Quarterly,* **13**, 3.

Tosti, D. T. (1978). Formative feedback. *NSPI Journal* (October), 19-21.

Truchlicka, M., McLaughlin, T. F., & Swain, J. C. (1998). Effects of token reinforcement and response cost on the accuracy of spelling performance with middle-school special education students with behavior disorders. *Behavioral Interventions,* **13**(1), 1-10.

Tschannen-Moran, M., Woolfolk Hoy, A., & Hoy, W. (1998). Teacher efficacy: Its meaning and measure. *Review of Educational Research,* **68**, 202-248.

Turner, M. L., & Engle, R. W. (1989). Is working memory capacity task dependent? *Journal of Memory and Language* **49**, 127-154.

Van Calster, K., Lens, W., & Nuttin, J. R. (1987). Affective attitude toward the personal future: Impact on motivation in high school boys. *American Journal of Psychology,* **100**(1), 1-13.

Van Merriënboer, J. J. G., Kirschner, P. A., & Kester, L. (2003). Taking the load off a learner's mind: Instructional design for complex learning. *Educational Psychologist,* **38**(1), 5-13.

Venn, J. (1888). *Logic of chance* (3 ed.). London: Macmillan.

Vidler, D. C. (1974). Convergent and divergent thinking, test anxiety, and curiosity. *The Journal of Experimental Education,* **43**(2), 79-85.

Vidler, D. C. (1977). Curiosity. In S. Ball (Ed.), *Motivation in education.* New York: Academic Press.

Viney, L. L., & Caputi, P. (2005). Using the origin and pawn, positive affect, CASPM, and cognitive anxiety content analysis scales in counseling research. *Measurement and Evaluation in Counseling and Development,* **38**, 115-126.

Visser, J. (1990). *Enhancing learner motivation in an instructor-facilitated learning context.* Unpublished Dissertation. Tallahassee, FL: Florida State University.

Visser, J., & Keller, J. M. (1990). The clinical use of motivational messages: An inquiry into the validity of the ARCS model of motivational design. *Instructional Science,* **19**, 467-500.

Visser, L. (1998). *The development of motivational communication in distance education support.* Unpublished doctoral dissertation, Educational Technology Department. The Netherlands: The University of Twente.

Vodanovich, S. J. (2003). Psychometric measures of boredom: A review of the literature. *The Journal of Psychology,* **137**(6), 569-595.

Vroom, V. H. (1964). *Work and motivation.* New York: John Wiley and Sons.　坂下昭宣・榊原清則・小松陽一・城戸康彰（訳）　1982　仕事とモティベーション　千倉書房

Weil, M., & Joyce, B. (1978). *Information processing models of teaching.* Englewood Cliffs, NJ: Prentice Hall, Inc.

Weiner, B. (Ed.). (1974). *Achievement motivation and attribution theory.* Morristown, NJ: General Learning Press.

Weiner, B. (1992). *Human motivation.* Newbury Park: Sage Publications.　林　保・宮本美沙子（監訳）　1989　ヒューマン・モチベーション：動機づけの心理学　金子書房　＜本書は原著（1980）の抄訳＞

Weinstein, R., Madison, S., & Kuklinski, M. (1995). Raising expectations in schooling: Obstacles and opportunities for change. *American Educational Research Journal,* **32**, 121-159.

Westbrook, L. (2006). Mental models: A theoretical overview and preliminary study. *Journal of Information Science,* **32**(6), 563-579.

Westbrook, M. T., & Viney, L. L. (1980). Scales measuring people's perception of themselves as Origins and Pawns. *Journal of Personality Assessment,* **44**(2), 167-174.

Wheelwright, P. (1951). *Aristotle* (2 ed.). New York: The Odyssey Press.
Wheelwright, P. (1962). *Metaphor and reality* (2 ed.). Bloomington, IN: Indiana University Press.
Wheelwright, P. (1966). *The presocratics*. New York: The Odyssey Press.
White, R. W. (1959). Motivation reconsidered: The concept of competence. *Psychological Review*, **66**(5), 297-333.
Wicklund, R. A., & Brehm, J. W. (1976). *Perspectives on cognitive dissonance*. Hillsdale, NJ: Erlbaum.
Wilensky, R. (1983). Story grammars versus story points. *The Behavioral and Brain Sciences*, **6**, 579-623.
Wlodkowski, R. J. (1984). *Motivation and teaching: A practical guide*. Washington, DC: National Education Association.
Wlodkowski, R. J. (1999). *Enhancing adult motivation to learn, Revised edition*. San Francisco: Jossey-Bass Publishers.
Wohlwill, J. F. (1987). Introduction. In D. Gorlitz & J. F. Wohlwill (Eds.), *Curiosity, imagination and play: On the development of spontaneous cognitive and motivational processes* (pp. 1-21). Hillsdale, NJ: Lawrence Erlbaum Associates.
Wolk, S., & DuCette, J. (1974). Intentional performance and incidental learning as a function of personality and task dimensions. *Journal of Personality and Social Psychology*, **29**, 90-101.
Wongwiwatthananukit, S., & Popovich, N. G. (2000). Applying the arcs model of motivational design to pharmaceutical education. *American Journal of Pharmaceutical Education*, **64**, 188-196.
Wood, R., & Bandura, A. (1989). Social cognitive theory of organizational management. *Academy of Management Review*, **14**(3), 361-384.
Woods, R. H. (2002). How much communications is enough in online courses?: Exploring the relationship between frequency of instructor-initiated personal email and learners' perceptions of and participation in online learning. *International Journal of Instructional Media*, **29**(4), 377-394.
Woodworth, R. S. (1918). *Dynamic psychyology*. New York: Columbia University Press.
Woolfolk, A., & Hoy, W. (1990). Prospective teachers' sense of efficacy and beliefs about control. *Journal of Educational Psychology*, **82**, 81-91.
Yeigh, T. (2007). Information-processing and perceptions of control: How attribution style affects task-relevant processing. *Australian Journal of Educational and Developmental Psychology*, **7**, 120-138.
Yerkes, R. M., & Dodson, J. D. (1908). The relation of stimulus to rapidity of habit formation. *Journal of Comparative Neurological Psychology*, **18**, 459-482.
Zaharias, P., & Poylymenakou, A. (2009). Developing a usability evaluation method for e-learning applications: Beyond functional usability. *International Journal of Human-Computer Interaction*, **25**(1), 75-98.
Zimmerman, B. J. (1989). A social cognitive view of self-regulated academic learning. *Journal of Educational Psychology*, **81**, 329-339.
Zimmerman, B. J., & Schunk, D. H. (Eds.). (2001). *Self-regulated learning and academic achievement: Theoretical Perspectives* (2nd ed.). Mahwah, NJ: Erlbaum. 塚野州一（編訳）　2006　自己調整学習の理論　北大路書房
Zuckerman, M. (1971). Dimensions of sensation seeking. *Journal of Consulting and Clinical Psychology*, **36**, 45-52.
Zuckerman, M. (1978). The search for high sensation. *Psychology Today, February*, 38-46, 96-97.
Zuckerman, M. (1979). *Sensation seeking: Beyond the optimal level of arousal*. Hillsdale, NJ: Erlbaum.

索引

●あ
ARCSモデル　47
ARCS-Vモデル　7
青写真　263
アダムス（Adams, J. S.）　196
アルゴリズム的　277
アルシューラ（Alschuler, A. S.）　28

●い
意志　8, 30
意志の保護機能　31
意欲　4
意欲・意志・パフォーマンス理論　10
インストラクショナルデザイン（ID）　25
IDの第1原理　318
IDプロセスとの接点　71
インストラクター情報　213

●う
ヴィッサー（Visser, L.）　283
ヴィッサー（Visser, J.）　311
ウロッドコウスキー（Wlodkowski, R. J.）　35

●お
オペラント条件づけ　181
オムニバスモデル　36

●か
ガーナー（Garner, R.）　122
外因性　188
外発的強化　177
外発的動機づけ　17
外発的な報酬　202
下位分類　49
拡散的探査　84
学習意欲適応型教材　282
学習意欲適応の6レベルモデル　321
学習意欲デザインの簡略版　280

学習意欲の第1原理　319
学習意欲のデザイン　23, 37
学習意欲のデザインプロセス　60
学習意欲のデザインワークシート　209, 218, 223, 233, 245, 250, 256, 266, 272, 274
学習オブジェクト　326
学習環境デザイン　24
学習者の情報を得る　218
学習者分析　63
学習者を分析する　223
学習性無力感　163
学習性楽観主義　164
学習要求　168
学習要件　54
覚醒　95
覚醒理論　81
課題指向と自我指向　166
活動制御理論　9
ガニェ（Gagné, R. M.）　25
科目の興味度調査　289
科目の情報を得る　209
環境中心モデル　32
感じられる関連性　224
感じられる自信　225
関連性　47, 105

●き
既存の教材を分析する　233
期待×価値理論　104
逆U字カーブ　38, 64, 222
キャッテル（Cattell, R. B.）　14
9教授事象　25
教育エージェント　324
教材の学習意欲調査票　292
教材の選択・開発　272
矯正的フィードバック　34, 55
興味　120
緊張　111

● く
クール（Kuhl, J.）　9, 30

● け
芸術的側面　27
欠乏　33
ケラー（Keller, F. S.）　34
ケラー（Keller, J. M.）　6, 10, 47
原因帰属理論　157

● こ
効果　25
好奇心　79, 81
肯定的な結果　57
行動矯正　26
行動制御方略　30
行動変容モデル　33
公平感　203
公平さ　57
公平理論　196
効率　25
ゴール指向性　166
個人的なコントロール　54, 171
古典的条件づけ　178
個別化教授システム　34

● さ
再帰属療法　164
作業質問　63
指し手とコマ　150, 152
ザッカーマン（Zuckerman, M.）　96

● し
識別的妥当性　86
刺激追求　96
刺激般化　180
自己概念　92
自己決定理論　125
自己効力感　153
自己成就予言　158
自己制御　30
自己制御方略　32
自信　48, 142
自然な結果　56
親しみやすさ　53, 138

自滅的予言　161
シャンク（Schank, R. C.）　120
情意的な学習目標　241
情意的領域　13
条件反応　179
詳細な指導案　266
状態　13
将来時間展望　117
将来指向性　117
ジョブエイド　328
処方的なプロセス　59
新奇性効果　242
心理教育　28

● す
随伴性マネジメント　33
スキナー（Skinner, B. F.）　33
鈴木克明（Suzuki, K.）　280

● せ
制御（コントロール）　142
成功の機会　54, 169
正の強化　181
絶対的興味　120
潜在的な満足感　225

● そ
相互作用中心モデル　34
相互作用的アプローチ　39
相対的作用素　120
ソン（Song, S. H.）　282, 323

● た
退屈　50, 93
対照変数　84
代理経験　155
達成指向とパフォーマンス指向　166
達成・親和・権力　114
探究心（の）喚起　50, 99
単調　95

● ち
知覚したニーズ　51
知覚的喚起　50, 98
知覚的剛性　92

チクセントミハイ（Csikszentmihalyi, M.） 127, 130
知的好奇心　83
注意　47, 80
注意のレディネス　224

●て
提供方法　213
適応型教材　321
デザイン　23
デシ（Deci, E. L.）　17, 125, 187
デューイ（Dewey, J.）　120

●と
動因低減説　108
動因理論　83, 107
ドゥエック（Dweck, C. S.）　164, 166
動機づけアイディアのワークシート　285, 286
動機づけオブジェクト　326
動機づけ過剰　234
動機づけ実施チェックリスト　301
動機づけ適応群　323
動機づけとパフォーマンスのマクロモデル　6
動機づけ方策チェックリスト　296
動機づけ飽和群　323
動機づけメッセージ　309, 313, 315
動機づけ目標　241, 246
動機づけ理論　4
動機との一致　52, 136
透視主義　5
同時的妥当性　49, 86
統制の所在　145, 157
トークンエコノミー　183
トールマン（Tolman, E. C.）　108
特性　13
特性5因子論　14
特定的探査　84
ド・シャーム（deCharms, R.）　150

●な
内因性　188
内発的動機づけ　17, 124
内発的な強化　200

●に
人間中心モデル　28
認知的評価　189
認知的不協和　85, 190
認知的領域　13

●の
能力（コンピテンス）　83, 115
能力の増加概念　165
能力の本質概念　165

●は
パーソナリティ因子　14
バーライン（Berlyne, D. E.）　83
背景情報　212
ハイダー（Heider, F.）　194
場の理論　110
パブロフ（Pavlov, I. P.）　179
バランス理論　194
ハル（Hull, C. L.）　108
バンデューラ（Bandura, A.）　153
反復　95

●ひ
ヒューリスティックス　278
評価と改善　274
評価方法　246

●ふ
不安感　93
フェスティンガー（Festinger, L.）　85, 190
不調和　85
不適合理論　83
負の強化　181
不愉快さ　95
フラナガン（Flanagan, J.）　28
フロー　127, 130

●へ
変化性　50, 100
弁別刺激　182

●ほ
方策　24
方策の候補を列挙する　250

方策を選択してデザインする　256
方略　24
飽和　33
ホワイト（White, R. W.）　115
本能理論　107

●ま
マクレランド（McClelland, D. C.）　29, 114
マズロー（Maslow, A. H.）　113
満足感　48

●む
無条件反応　179

●め
メリル（Merrill, M. D.）　318

●も
モー（Maw, E. W.）　86
モー（Maw, W. H.）　86
目的指向性　51, 133
目的的行動　108
目標と評価方法　245
問題解決プロセス　59

●ゆ
誘発性　106
誘惑的増強　122

●よ
予測的妥当性　86
欲求の5段階　113

●ら
ライアン（Ryan, R. M.）　125
ライフスペース　111
ランダ（Landa, L. N.）　278

●れ
レビン（Lewin, K.）　110

●ろ
ロッター（Rotter, J. B.）　145
論理的根拠　211

●わ
ワイナー（Weiner, B.）　158

【監訳者紹介】

鈴木克明（すずき　かつあき）

1959年　千葉県に生まれる。

国際基督教大学教養学部（教育学科），同大学院を経て，
米国フロリダ州立大学大学院教育学研究科博士課程を修了，Ph.D（教授システム学）。
東北学院大学教養学部助教授，岩手県立大学ソフトウェア情報学部教授などを経て，
現在：武蔵野大学響学開発センター教授・センター長
　　　熊本大学名誉教授，同大学大学院教授システム学専攻　客員教授
専門：教育工学・教育メディア学・情報教育
主著：教材設計マニュアル　北大路書房
　　　教育工学を始めよう（共訳・解説）　北大路書房
　　　インストラクショナルデザインの原理（監訳）　北大路書房
　　　人間情報科学とeラーニング（共著）　放送大学教育振興会
　　　放送利用からの授業デザイナー入門　日本放送教育協会
　　　最適モデルによるインストラクショナルデザイン（共編著）　東京電機大学出版局

【訳者担当一覧】（執筆順）

鈴木　克明（監訳者）	第1章
根本　淳子（明治学院大学　准教授）	第2章, 第6章
徳村　朝昭（財団法人日本国際協力センター　講師）	第3章
宇野令一郎（株式会社 Aoba-BBT　執行役員）	第4章
加藤　泰久（東京通信大学情報マネジメント学部　学部長・教授）	第5章
宮原　俊之（帝京大学高等教育開発センター　教授）	第7章
曽山　夏菜（鹿児島工業高等専門学校　准教授）	第8章
中嶌　康二（関西国際大学　准教授）	第9章
髙橋　暁子（千葉工業大学情報科学部　教授）	第10章
市川　尚（岩手県立大学ソフトウェア情報学部　准教授）	第11章
柴田　喜幸（産業医科大学産業医実務研修センター　センター長・教育教授）	第12章

学習意欲をデザインする
―ARCSモデルによるインストラクショナルデザイン―

2010年7月20日	初版第1刷発行	定価はカバーに表示
2025年6月20日	初版第6刷発行	してあります。

著　者　　J. M. ケラー
監訳者　　鈴木克明
発行所　　㈱北大路書房
〒603-8303　京都市北区紫野十二坊町12-8
　　　　　　電　話　(075) 431-0361㈹
　　　　　　FAX　(075) 431-9393
　　　　　　振　替　01050-4-2083

©2010　　制作／見聞社　　印刷・製本／㈱太洋社
　　　　検印省略　落丁・乱丁本はお取り替えいたします。
　　　　ISBN978-4-7628-2721-1　　　　Printed in Japan

・ JCOPY 〈㈳出版者著作権管理機構 委託出版物〉
本書の無断複写は著作権法上での例外を除き禁じられています。
複写される場合は，そのつど事前に，㈳出版者著作権管理機構
（電話 03-5244-5088, FAX 03-5244-5089, e-mail: info@jcopy.or.jp）
の許諾を得てください。